SEGLERS HANDBUCH

SELLEBRUNN
-W
nn-W

Bob Bond/Steve Sleight

SEGLERS HANDBUCH

DELIUS KLASING VERLAG

Redaktion: Susan Berry
Graphik: Bob Gordon
Gestaltung: Julia Goodman
Art Director: Roger Bristow
Illustrationen: David Ashby
David Etchell
Andrew Farmer
John Ridyard
Les Smith
Venner Artists

Die Deutsche Bibliothek – CIP-Einheitsaufnahme

Segler Handbuch / Bob Bond; Steve Sleight.
(Dt. Übers.: Jollensegeln Ramon Gliewe;
Kreuzersegeln Hans G. Strepp).
2. Aufl. – Bielefeld: Delius Klasing, 1994
Einheitssacht.: Dinghy sailing, cruiser handling ‹dt.›
ISBN 3-7688-0700-2
NE: Bond, Bob; Sleight, Steve; EST

Titel der englischen Originalausgabe
Bond/Sleight DINGHY SAILING /
CRUISER HANDLING
First published in Great Britain 1983

Deutsche Übersetzung:
JOLLENSEGELN Ramon Gliewe
KREUZERSEGELN Hans G. Strepp
Foto Seite 2/3 YPS Peter Neumann
ISBN 3-7688-0700-2

Printed in Singapore 1994

Inhalt

Jollensegeln

Kreuzersegeln

Ein Wort voraus

Nicht jeder, der mit dem Segeln beginnt, will auch gleich ein Weltmeister werden, aber der Wunsch der meisten ist es doch, ein Segler zu werden, der sein Boot in allen Lagen sicher beherrscht.

Bei der Planung dieses Buches konnten wir auf einen beträchtlichen Erfahrungsschatz zurückgreifen. Erfahrungen, die auf dem weiten Gebiet des Segelsports gesammelt wurden. Angefangen bei Segelkursen bis hin zur Ausrichtung von Regattaveranstaltungen. Wir hoffen, nicht nur ein leicht verständliches Lehrbuch für Segelanfänger geschrieben zu haben, sondern auch ein praktisches Handbuch für den erfahrenen Segler, mit dem er seine Segeltechnik noch verbessern und sich vervollkommnen kann.

Wir haben zahlreiche Illustrationen verwendet, um den Text so anschaulich wie möglich zu machen, und wir sind Schritt für Schritt vorgegangen, so daß ein Segelneuling ohne alle seglerischen Vorkenntnisse dieses Buch verstehen und danach lernen kann. Es führt ihn bis ans Rennsegeln heran.

Seit frühen Jahren sind wir beide begeisterte Segler und wir hoffen, daß etwas von unserer großen Begeisterung für unseren Sport in diesem Buch seinen Niederschlag gefunden hat. Wir würden uns freuen, wenn es uns gelingt, mit diesem Buch eine neue Generation für das Jollensegeln zu motivieren.

Da andererseits das Fahrtensegeln in wachsendem Maße von einer großen Anzahl von Familien praktiziert wird, hoffen wir mit unserem Buch bei Eltern und ihrem seglerischen Nachwuchs gleichermaßen Anklang zu finden. Es soll dazu beitragen, allen noch mehr Freude bei der Ausübung ihres Hobbies zu vermitteln und Risiken weitgehend auszuschließen.

Mast- und Schotbruch

Bob Bond
Steve Sleight

768

Die Entwicklung des Segelsports

Segeln hat sich zu einer Freizeitbeschäftigung entwickelt, die überall in der Welt ihre begeisterten Anhänger hat. Es ist eine verhältnismäßig junge Sportart. Begonnen hatte es im 18. und 19. Jahrhundert mehr als ein exklusiver Zeitvertreib der feinen Gesellschaft. Man ließ segeln. Seine Popularität erlangte der Segelsport so recht erst nach dem Zweiten Weltkrieg mit dem preiswerten Kunststoff-Serienbau von Booten.

Natürlich hat die See die Menschheit bereits seit Jahrtausenden fasziniert, und der erfinderische menschliche Geist fühlte sich durch sie herausgefordert. So kam er aufs Boot. Flüsse und Seen bildeten nicht nur eine reiche Nahrungsquelle für den frühen Menschen, sondern sie waren auch Verkehrswege, Verbindungen zwischen oft anders unzugänglichen Regionen. Ziemlich sicher ist, daß die ersten „Boote" nur für die Binnenfahrt gedacht waren und nicht für die offene See. Der Mensch besaß noch keine navigatorischen Kenntnisse, und die unbekannte Weite des Meeres erfüllte ihn mit Furcht.

Die frühesten „Boote" waren wohl sicher nichts weiter als simple Baumstämme, die von der Strömung mitgenommen wurden. Was lag dann näher, als mehrere zu einem Floß zusammenzulaschen, das mit Stakstangen dirigiert werden konnte. Wo es kein Holz gab, band man statt dessen Schilfbündel zusammen. Solche archaischen Schilfboote gibt es heute noch am Nil und auf dem Titicacasee in den Anden. Als man gelernt hatte, das Feuer zu beherrschen und scharfe steinerne Werkzeuge herzustellen, wurde der Baumstamm zum Einbaum ausgehöhlt und mit hölzernen Paddeln fortbewegt. Solche Einbäume findet man noch heute in Teilen Afrikas, Südamerikas und der Südsee.

Der Segel-Antrieb

In der Bronzezeit entstand das über ein Spantenskelett gebaute Plankenschiff, und man entdeckte den Wind als Antriebskraft. 1906 wurde in einem ägyptischen Grab das Modell eines Segelschiffes aus der Zeit um 2400 v. Chr. gefunden. Es trägt ein einfaches Rahsegel an einem kurzen mittschiffs stehenden Mast. Gesteuert wurde mit einem großen paddelförmigen Ruder, das am Heck befestigt war. Solche ursprünglich ägyptischen Rahsegel entdeckt man noch in malaiischen Gewässern. Auch das Lateinersegel gilt als eine ägyptische Erfindung. Es revolutionierte die Segelschiffahrt, ermöglichte es doch, weitaus höher am Wind zu segeln als mit einem Rahsegel. Auf Fischerbooten im Mittelmeer und arabischen Daus hat es bis heute überlebt. Eine stärker dem Rahsegel angeglichene Segelform, aber mit guten Am-Wind-Eigenschaften, entwickelten die Chinesen: das Dschunkenrigg. Es war den europäischen Takelagen der Entdeckerzeit eindeutig überlegen. Neuerdings sieht man es gelegentlich auch auf modernen Yachten.

Viele Prinzipien der alten Handelsschiffahrt finden sich auch im Konzept der modernen Sportsegelei wieder. Damals wie heute war es das Ziel, schnelle

Traditionelle Riggs von Arbeitsbooten aus aller Welt.

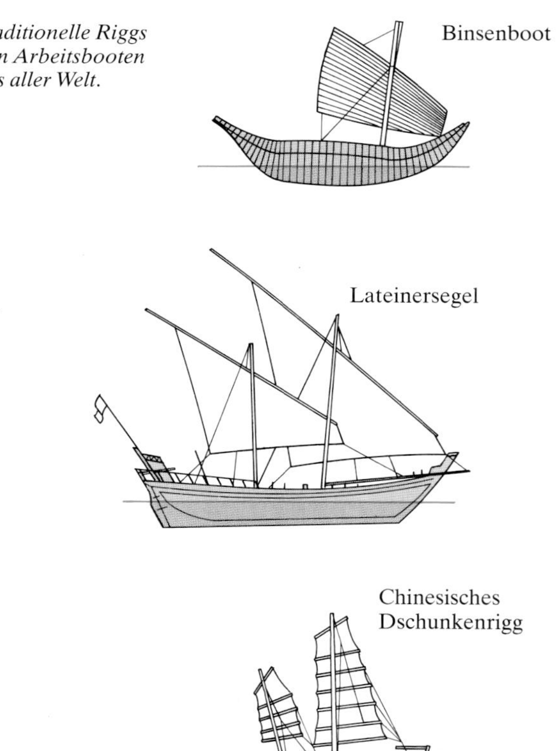

Schiffe zu bauen. Man wußte, daß der Wirkungsgrad der Segel im proportionalen Verhältnis zur Bootsgröße stand. Je größer die Segel, die ein Schiff tragen konnte, um so schneller war es. Der Größe eines Segels aber waren Grenzen gesetzt, dort, wo es nicht mehr zu bedienen war oder zu vieler Arbeitskräfte bedurfte, um es noch zu bedienen. Europäische Bootsbauer versuchten das Problem zu lösen, indem sie die Segelfläche in handigere Größen unterteilten und auf mehrere Masten verteilten. Die Schiffe der Entdeckungsreisenden, die neue Seewege und Kontinente erschlossen, waren nach diesem Prinzip getakelt. Aber auch die Schiffe, die später fast vier Jahrhunderte lang den Welthandel über die Ozeane abwickelten. Und die großen Schulschiffe, die uns heute als Windjammer begeistern, sind es noch immer.

In der Küstenfahrt dagegen, und besonders in der nordeuropäischen, entwickelten sich spezielle Riggs, die den örtlichen Gegebenheiten angepaßt waren. Während die Rahsegler hervorragend geeignet waren, die beständig wehenden Winde auf ihren Ozeanrouten voll zu nutzen, brauchten die Küstensegler Riggs für häufig wechselnde Windverhältnisse. Man kombinierte auf die verschiedensten Weisen Rah- mit Schratsegeln, die besser für vorliche Winde und Kreuzkurse geeignet waren. So entstand eine Fülle charakteristischer Schiffstypen wie Barken, Barkentinen, Briggs, Brigantinen, Schoner und Ketschen.

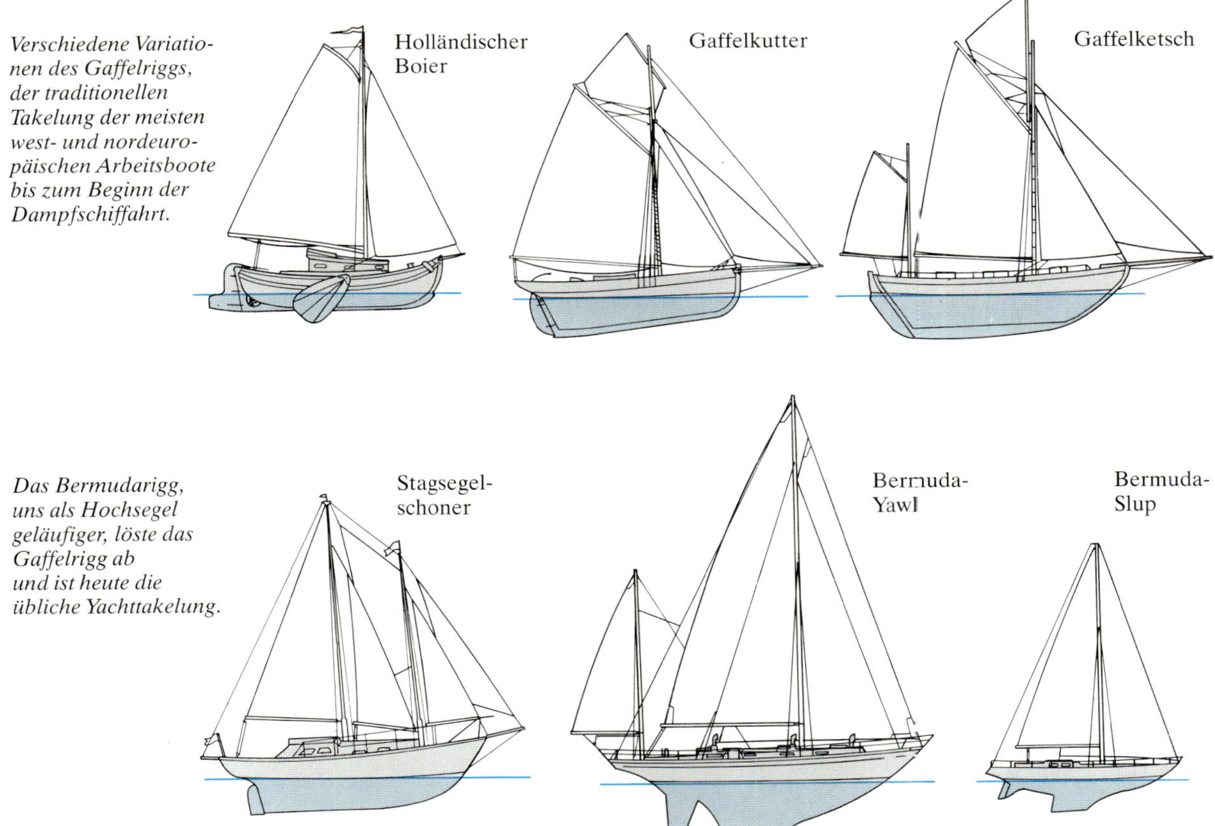

Verschiedene Variationen des Gaffelriggs, der traditionellen Takelung der meisten west- und nordeuropäischen Arbeitsboote bis zum Beginn der Dampfschiffahrt.

Das Bermudarigg, uns als Hochsegel geläufiger, löste das Gaffelrigg ab und ist heute die übliche Yachttakelung.

Im 19. Jahrhundert wurden die großen Frachtschiffe technisch verbessert und schnittiger. Der Wettbewerb auf den Handelsrouten nach Fernost und Australien regte die Konstrukteure an, ihre Aufgabe wissenschaftlicher anzufassen. Revolutionär waren da die aus Amerika kommenden Klipper, deren erster die *Rainbow* von 1845 war. Ihr Skipper meinte, man könne kein Schiff bauen, das sie schlagen könne. Seine Zuversicht war falsch, aber auch verständlich, denn die Klipper brauchten die halbe Reisezeit der herkömmlichen Schiffe. Sie hatten einen sehr schlanken Bug und einen strömungsgünstigen Rumpf, und ihr Rigg war eine Kombination von Rah- und Schratsegeln.

Die feine Art des Yachtsports

Gleichzeitig mit der Entwicklung der großen Handelssegler wuchs ein Interesse an der Nutzung kleiner Arbeitsboote zum Spaß.

Die Holländer segelten schon im 17. Jahrhundert Yachten zum reinen Vergnügen und schenkten König Charles II. von England die Yacht *Mary.* Unter Kaiser Wilhelm II. erst setzte sich in Deutschland die englische Schreibweise mit Y für das friesische Wort durch.

Britenkönig Charles II. war ein begeisterter Segler und beließ es nicht bei der von den Holländern geschenkten Yacht; er ließ 30 weitere bauen, und alle wurden nach seinen Kurtisanen benannt. Gegen seinen Bruder segelte Charles II. von Greenwich nach Gravesand um die Wette und steckte, weil er gewann, 100 Pfund von seinem Bruder ein.

Der erste Yachtclub wurde zwar 1720 in Cork, Irland, gegründet. Es dauerte aber noch hundert Jahre, bis der Yachtsport populärer wurde. Der Yacht-Club von Cowes wurde 1812 gegründet und 1833 in Royal Yacht Squadron umbenannt, der New Yorker Yacht-Club entstand 1844.

Deutschlands erster Yachtclub, der Segelclub Rhe, wurde 1855 in Königsberg, Ostpreußen, gegründet; er residiert jetzt in Hamburg-Blankenese.

Unten: Holländische Boier: Grisaille von Willem van de Velde (17. Jahrhundert)

Rechts: JOLIE BRISE, die Siegerin im ersten Fastnet Race.

6

Zur selben Zeit, als der Yachtsport durch ehrgeizige und aufwendige Prestige-Regatten bekannt wurde, hatte eine kleine Gruppe von Amateuren nur im Sinn, sich in der Führung eines Segelbootes auf See, ohne Wettkampf, zu verbessern. Der erste, von dem wir wirkliche Kunde haben, war Richard Turrell McMullen (1850). Er starb durch Herzversagen 1891 am Ruder seiner Yacht *Perseus* – vier Jahre bevor der Kanadier Joshua Slocum seine Einhand-Weltumsegelung mit seinem Boot *Spray* vollendet hatte. Die Umsegelung des Kap Hoorn mit einem nur zwölf Meter langen Boot galt damals als selbstmörderisch. Was sein Unternehmen so spektakulär machte, war, daß er gegen die vorherrschenden Winde gesegelt war. Es sollte dann 25 Jahre dauern, bis wieder ein kleines Segelboot die Welt umsegelte. Das aber ging durch den Panamakanal und vermied so die Härten der südlichen Breiten von 40 bis 56 Grad mit dem Kap Hoorn.

Das Kreuzer-Segeln fand in Europa schnell Liebhaber – der Kreuzerverband des Deutschen Segler-Verbandes gründete sich 1911. Auch die Amerikaner kamen allmählich auf den Geschmack; das Gründungsjahr des Cruising Club of America ist 1922. In England bildete sich der Royal Ocean Racing Club, der maßgeblichen Einfluß auf die Entwicklung der heutigen Kreuzer-Rennyachten hatte und noch hat. Zwar ist noch immer eine Kluft zwischen den Seglern, die nur rennen, und denen, die nur reisen wollen, aber so unterschiedlich ist die Art der Boote nicht mehr. Dank heutiger Bootsbautechnik sind die Boote schnell, sicher und wenig pflegebedürftig, womit das Fahrtensegeln zur beliebtesten Sparte des Segelsports geworden ist. Die Auseinandersetzung mit den Elementen, die Entdeckung neuer Küsten, die Loslösung von Beruf und Touristenscharen haben viele dazu gebracht, sich im Fahrtensegeln zu versuchen. Man kann sich das passende Boot kaufen, ist selbst Führer seines Schiffes und verantwortlich für dessen Sicherheit und kann frei über Reiseziel und Reiseplan entscheiden. Kein Wunder, daß dies der Sport mit der größten Wachstumsrate seit dem Zweiten Weltkrieg geworden ist.

Links: Die zur Beherrschung einer solchen Rennyacht nötige Technik und Seemannschaft hat viele Erkenntnisse zur Verbesserung von Sicherheit und Gebrauchswert aller Yachten gebracht.

Links: Die an unverstagten Masten gefahrenen, von Wishbonebäumen gestreckten Segel der Ketsch vom Typ Freedom 40 haben eine einem Flugzeugflügel annähernd ähnliche Qualität, und das Rigg ist einfach zu bedienen.

Fahrtenseglers Traum – warmes Wasser, leichter Passat und die Westindischen Inseln.

Das Jollensegeln

Das Angebot an Jollentypen und Jollenklassen ist selbst für Experten unüberschaubar geworden. In fast jedem Land gibt es eine Fülle von nationalen Klassen, die schon im Nachbarland kaum bekannt oder verbreitet sind.

Als echte Jollenvorläufer kann man die bereits um 1875 in den USA gebauten Scharpies bezeichnen. Offene, völlig flachbodige Arbeitsboote mit einem schmalen, sehr langen Mittelschwert, wie es erst für die modernen Gleitjollen wiederentdeckt wurde. 1887 entstand in Irland die erste speziell zum Freizeitsegeln konstruierte Einheitsklasse. Es war die Water Wag, 14 Fuß, 3 Inch (4,33 m) lang. Sie wurde eifrig in der Bucht von Dublin gesegelt. Und es gibt diesen Bootstyp auch heute noch, fast 100 Jahre später.

Die erste Jolle, mit der verhältnismäßig regelmäßig internationale Regatten ausgetragen wurden, war das englische 14-Fuß-Dinghy. Eine sogenannte Grenzmaßklasse, in der man konstruktiv experimentieren kann. Sie wurde in Großbritannien zwar erst 1923 zur nationalen Klasse erhoben – 1927 zur internationalen –, war aber schon vor dem Ersten Weltkrieg entstanden. Allerdings blieb sie im wesentlichen auf Großbritannien und die USA beschränkt. In Deutschland wurde sie überhaupt nicht gesegelt. Das berühmteste 14-Fuß-Dinghy war die von Uffa Fox konstruierte *Avenger.* In 57 Wettfahrten des Jahres 1928 belegte sie 52mal den 1. Platz. Die steigenden Kosten in dieser Klasse führten schon bald zu dem kleineren 12-Fuß-Dinghy, das es dreimal – 1920, 1924 und 1928 – zu olympischen Ehren brachte.

Die eigentliche Wiege des mitteleuropäischen Jollenbaus aber stand an der Spree. Dort entstanden zu Anfang dieses Jahrhunderts verschiedene Typen von Binnenjollen. Von dort führte der Weg zu den Wander- und H-Jollen und den Jollenkreuzern für Binnenfahrtensegler und zu den schnellen Rennjollen. Zu den 10- und 20-m^2-Rennjollen und den 22-m^2-Nationalen Jollen.

Es waren rassige, schmale lange Renner, die noch heute als das Nonplusultra im Jollenbau gelten. Man fand sie vom Platten- bis zum Gardasee auf nahezu allen größeren Binnenrevieren. Die 20-m^2-Rennjolle beispielsweise war 7,70 m lang. Obwohl aus schwerem Vollholz gebaut, kamen diese Rennjollen unter günstigen Voraussetzungen bereits ins

In Handicap-(Yardstick-)Regatten können die verschiedensten Bootsklassen gegeneinander segeln. Hier im Bild ein internationales Kanu, eine Hornet und ein Fireball an einer Wendemarke.

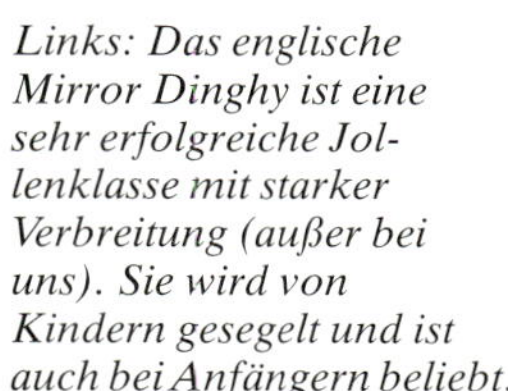

Links: Das englische Mirror Dinghy ist eine sehr erfolgreiche Jollenklasse mit starker Verbreitung (außer bei uns). Sie wird von Kindern gesegelt und ist auch bei Anfängern beliebt.

Der Cherub (links) ist eine sogenannte Konstruktionsklasse, die dem Eigner freistellt, mit Rumpf und Rigg zu experimentieren. Die einzelnen Boote können dementsprechend erheblich voneinander abweichen (wird bei uns nicht gesegelt).

Gleiten. Ihre Geschwindigkeiten blieben unerreicht, bis Anfang der 50er Jahre die modernen Leichtbaujollen auftauchten.
Dagegen war die 1931 von William Crosby im Auftrag der amerikanischen Bootszeitschrift „Rudder“ konstruierte, 4,72 m lange Snipe ein ausgesprochen schwerfälliges und häßliches Boot. Dennoch brachte sie es, durch starken Rückhalt im amerikanischen Mutterland, bis zum Anfang der 50er Jahre auf die größte Jollenklassen-Flotte der Welt. Nur in Deutschland, beziehungsweise der Bundesrepublik, und einigen anderen europäischen Ländern konnte sie nie Fuß fassen.
1938 entstand in dem berühmten amerikanischen Konstruktionsbüro Sparkman & Stephens die 5,80 m lange Knickspantjolle Lightning. Auch sie fand starke Verbreitung, wird aber bei uns auch nicht gesegelt. In Deutschland war von Carl Martens die 5,00 m lange Piratenjolle konstruiert worden, als preiswert herzustellendes Jugendboot, das sich schnell in Österreich und der Schweiz, in Ungarn, Dänemark und Schweden durchsetzte.
Die große Revolution im Jollenbau wurde Anfang der 50er Jahre durch die aus Sperrholz und später Kunststoff gebauten Gleitjollen eingeleitet. Am Anfang steht die von dem Engländer John Westell 1953 gezeichnete, 5,05 m lange 505er-Jolle. Sie stand zusammen mit dem holländischen Flying Dutchman zur Diskussion als Olympiaklasse, verlor dann aber gegen die holländische Jollenkonstruktion. In einem kompetenten Urteil hieß es seinerzeit über den 505er: „Man kann diesen geradezu revolutionären Entwurf nur uneingeschränkt bewundern.“ Alle seitdem entstandenen Gleitjollen-Konstruktionen sind mehr oder minder stark vom 505er beeinflußt worden, weit stärker als vom Flying Dutchman.
In den 60er Jahren stammte fast die Hälfte aller neuen Jollen-Konstruktionen aus Frankreich. Manche von ihnen errangen den internationalen Status. So der 470er, der olympische Klasse wurde.
Um 1960 tauchten auch die ersten Katamarane – Doppelrumpfboote – auf den Jollenrevieren auf und mischten kräftig mit. Erste Einheitsklasse wurde der von den englischen Brüdern Prout konstruierte Shearwater, ein 5,03 m langer Rennkatamaran. Mit dem Tornado kam ein Katamaran zu olympischen Ehren. Auch die Rennkatamarane zählen zu den Jollen. Durch sie wurde die Jollenszene erheblich bereichert.

Links: Die Ex-Weltmeister im 505er, Peter White und John Davis, demonstrieren ihr Können auf dieser anspruchsvollen Hochleistungsjolle.

Die ungewöhnlich große Segelfläche der Bermuda-Einheitsjolle verlangt eine sehr erfahrene Crew.

Bootsbau

Jahrhundertelang war das einzige Bootsbaumaterial Holz. Heute hingegen kann auf verschiedene Materialien zurückgegriffen werden. Die meisten Serienboote werden aus glasfaserverstärktem Kunststoff (GFK) gebaut, einem recht neuen Bootsbaumaterial. Erste Versuche damit wurden Anfang der 40er Jahre in den USA gemacht. Im Yachtbau fand der Kunststoff erst Ende der 50er Jahre Eingang, in Deutschland sogar noch später. Er ermöglichte den modernen, relativ preiswerten Serienbau und trug wesentlich zu der lawinenartigen Ausbreitung des Segelsports bei. Das traditionelle Vollholz wird nur noch in Liebhaberbauten (zu Liebhaberpreisen) verarbeitet. Zweifellos hat es seine Vorzüge. Sorgfältig gebaute Vollholzschiffe haben eine sehr hohe Lebenserwartung.

Klinker und Karweel

Es gibt zwei Arten der Beplankung von Vollholzschiffen: die Klinker- und die Karweelbauweise. Die Klinkerbauweise ist die ältere. Sie geht auf die Wikingerschiffe zurück, wenn nicht gar auf noch frühere Zeiten. Die Planken überlappen dachziegelartig. Früher wurden sie mit den Spanten durch Holzdübel verbunden, später mit Kupfernieten. Da es an der Überlappung der Planken Dopplungen gibt, sind klinkergebaute Schiffe relativ schwer, auch wenn sie mit weniger Spanten auskommen als karweelgebaute. Für schnelle Hochleistungsyachten war diese Bauweise deshalb nicht geeignet. Allerdings ergibt sie äußerst robuste Rümpfe von hoher Lebensdauer.

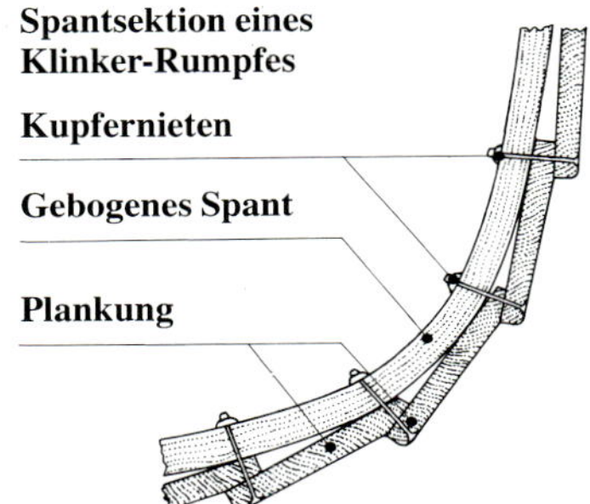

Die traditionelle Klinkerbauweise sieht man heute nur noch bei schweren Arbeitsbooten. Rechts eine Spantsektion mit den überlappenden Plankengängen.

Bei der Karweelbauweise stoßen die Planken plan aneinander. Sie ergibt ebenfalls starke, aber etwas leichtere Rümpfe und eine glatte, strömungsgünstige Außenhaut. Zwischen die Stoßkanten kommt ein flexibles Füllmaterial, früher aus geteerter Baumwolle, heute aus Synthetik. Innen werden die Stoßnähte manchmal durch sogenannte Nahtspanten abgedeckt. Beide Bauweisen haben den Nachteil, daß die Rümpfe undicht werden, wenn sie stärker austrocknen.

Bootsbausperrholz

Die Entwicklung des Bootsbausperrholzes revolutionierte den Holzbootsbau. Es besteht aus wasser- und kochfest verleimten Holzfurnieren und kann kaum schrumpfen, schwellen oder sich verziehen. Eine sorgfältig gebaute Sperrholzbootshaut bleibt immer dicht. Aus Sperrholz kann man ebenso steife und solide Rümpfe wie aus Vollholz bauen, aber sie sind wesentlich leichter. Erst der Sperrholzbau ermöglichte die Konstruktion leichter, moderner Gleitjollen.

Die ersten Sperrholzboote wurden noch recht konventionell gebaut. Im Grunde war es eine Karweelbeplankung, nur daß die Außenhaut aus größeren Platten bestand, die zusätzlich durch Preßdruck mit den Spanten verleimt wurden. Ein Problem gab es allerdings dabei: Die Sperrholzplatten ließen sich nur in einer Richtung krümmen. Wurden sie also in ihrer Länge gekrümmt, um die Kurven des Vor- und Hinterschiffs zu erhalten, konnten sie nicht mehr in der Breite verformt werden, um dem Boot die erwünschte runde Rumpfform geben zu können. So entstand eine neue Konstruktion: die Knickspantbauweise. Der Rumpf – Seitenteile und Boden – bestand aus mehreren Platten, die in verschiedenen Winkeln (Knicken) gegeneinanderstießen. So erhielt er eine, je nach Bootstyp, mehr oder minder

Rechts im Bild ein kleiner sogenannter Doppelender, unten ein alter Yachtrumpf, karweelgeplankt, und eine alte Wanderjolle (ganz rechts). Obwohl neuer, hat auch die Karweelbauweise für den Yachtbau fast nur noch historischen Wert.

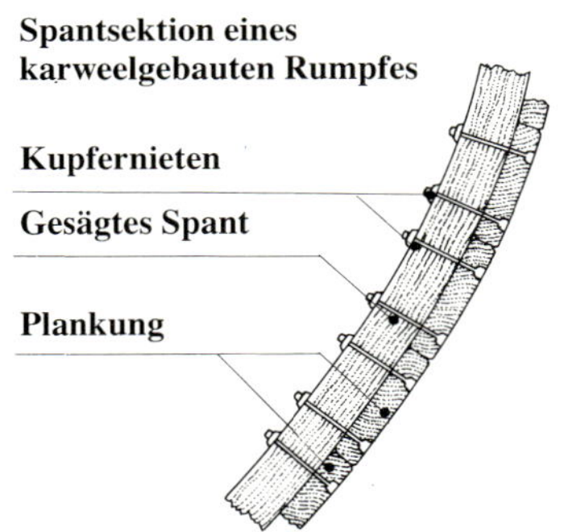

einmal oder mehrfach geknickte Querschnittsform. Da Knickspanter eine größere Formstabilität haben als vergleichbare Rundspanter, war diese Bauweise besonders bei Familien-Jollen beliebt. Man behielt diese Spantform vereinzelt auch später im Kunststoff-Bootsbau bei.

Auch die Klinkerbauweise wurde gelegentlich mit Sperrholz praktiziert, indem die Platten in schmalere Bänder geschnitten wurden, die wiederum ermöglichten, dem Rumpf eine Rundspantform zu geben.

Ein weiterer Schritt in der Entwicklung des modernen Bootsbaus waren die formverleimten Sperrholzrümpfe. Die Außenhaut besteht aus diagonal gegeneinander versetzten Schichten dünner geschälter oder gemesserter Furniere, die miteinander verleimt werden. Je dünner die Furniere sind, um so mehr Schichten und Leimfugen sind notwen-

Oben: Das ausgeformte GFK-Deck wird auf die GFK-Rumpfschale abgesenkt. Unten: Wenn beide verklebt und geputzt sind, wird eine Scheuerleiste auf die Naht gesetzt.

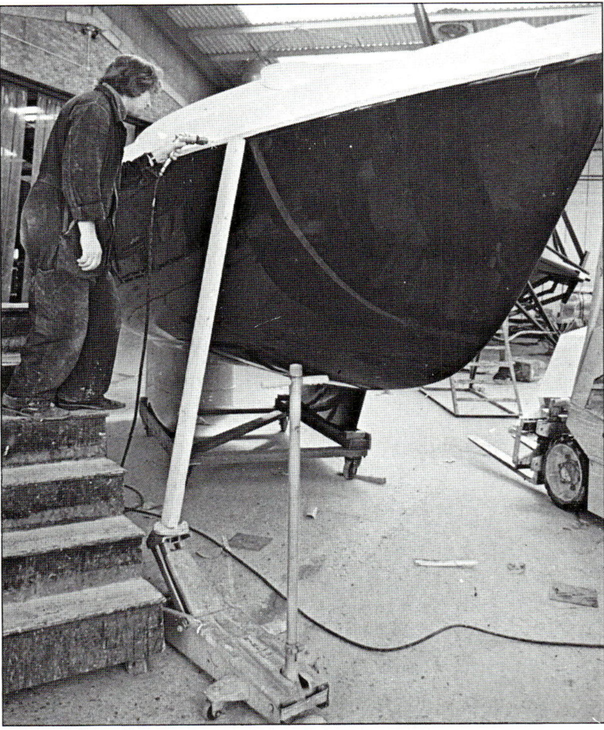

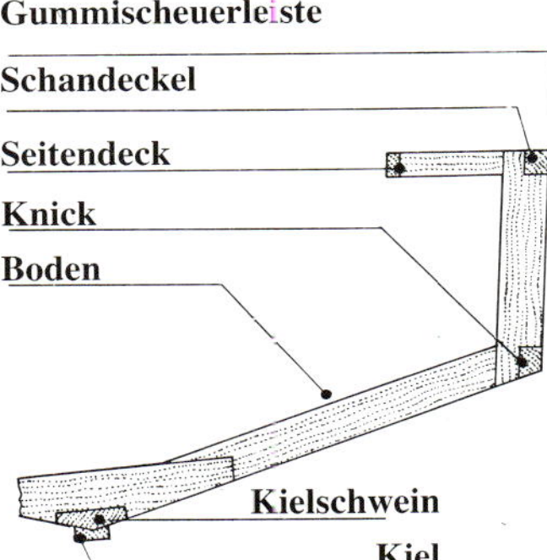

Knickspant-Sperrholz-Bauweise, sie ermöglichte erst die Konstruktion leichter Gleitjollen. Eine verhältnismäßig preiswerte und auch von Amateuren leicht zu bewerkstelligende Bauart.

dig, und um so fester und steifer wird die Bootsform. Spanten sind kaum noch erforderlich, um genügend Querfestigkeit zu erreichen. Die Furniere wiederum eignen sich nur für rundspantige Rumpfformen. Um ihnen die gewünschte Form geben zu können, ist ein festes Blockmodell, auch Baukern genannt, notwendig. Um den hohen Anpreß- und Leimdruck zu erzeugen, gibt es verschiedene Verfahren: vom Nageln bis zu Druckkammern aus Stahlblech.

Der Kunststoff-Bootsbau

Heute werden Jollen fast nur noch, und auch der größte Teil der Yachten, aus Kunststoff gebaut. Ein Material, das fast beliebig verformbar ist, so daß sich jedes Bauteil daraus herstellen läßt. Die Boote werden überwiegend in einer Hohlform oder Matritze und nur selten über einen Kern, die Patritze, gebaut. Für die Herstellung dieser Arbeitsform ist zunächst ein Modell erforderlich, meistens aus Holz. Die Kunststoffrümpfe, man spricht von Schalen, werden entweder im Handauflegeverfahren oder im Spritzverfahren hergestellt. Beide Verfahren eignen sich für jede Formgröße. Zunächst wird die Hohlform mit einem Trennmittel präpariert, um später das Entformen der Schale zu ermöglichen. Dann trägt man mit Pinsel, Lammfellwalze oder Spritzpistole die äußere Deckschicht aus Harz auf, das sogenannte Gelcoat. Ist es ausgehärtet, kommt darauf eine Harzschicht, in die die erste Glasfasereinlage eingebettet wird. Darüber kommt wieder eine Harzschicht. So wird eine Lage nach der anderen eingebracht und mit Harz durchtränkt, bis die vorgesehene Wandstärke erreicht ist. Beim Spritzverfahren hat man eine Harzspritzanlage, die mit einem Schneidwerk kombiniert ist, das die von Spulen zugeführten Glasfaserstränge zu Glasseidenstapeln verschiedener Länge schneidet. Sie werden dann gleichzeitig mit dem Harz unter hohem Druck in die Form gespritzt.

Bei kleineren Booten arbeitet man mit einer einteiligen Rumpfform (Schale), bei größeren Yachten oft mit zweiteiligen. In jeder Form entsteht eine Bootshälfte, die später in der Mittschiffsebene zur kompletten Schale verbunden werden. Deck und Aufbauten bilden fast immer eine gesonderte Form. Wie beim formverleimten Sperrholzbau kommt man auch beim Kunststoffbau mit wenigen Versteifungen des Bootskörpers aus, die nachträglich hineingeklebt – einlaminiert – werden.

Kunststoff (GFK) ist heute das hauptsächliche Baumaterial für Jollen, wie auch für diese 505er. Es ermöglicht, Boote leicht, aber von gleicher Festigkeit wie Holzboote herzustellen und erlaubt einen rationellen Serienbau.

Bekleidung und Sicherheitsausrüstung

Die Bekleidung hängt vom Boot ab, das man segelt, vom Wetter und der Gegend, in der man segelt. Da die Temperatur auf dem Wasser stets niedriger ist als an Land, muß die Bekleidung warmhalten, und außerdem soll sie wasserdicht sein.
Der äußere Schutz muß aber nicht nur wasserdicht, sondern auch reiß- und scheuerfest sein. Da soll man nicht geizen, sondern das Beste nehmen, was man sich leisten kann. Die Auswahl ist riesig, und man wähle mit Bedacht. Von Overalls bis zu zweiteiligen Anzügen, leicht oder schwer, ist alles zu haben. Wichtig ist die Konstruktion der Knopf- oder Schließleisten, denn an denen kommt am ehesten Wasser herein. Die Hosen sollten bis unter die Achseln reichen; bei freundlicherem Wetter kann man sie ohne Jacke tragen.
Jollensegler, die fast ständig Spritzwasser ausgesetzt sind, tragen meistens einen wasserdichten Overall und darunter einen Naßbiber genannten Neoprenanzug. Außerdem sollte man stets ein oder zwei wasserdicht verpackte dicke Pullover dabei haben. Eine Schwimmweste oder, besser noch, eine Rettungsweste sollte an Bord einer Jolle ständig getragen werden.

Der Steuermann trägt einen wasserdichten Overall und eine Schwimmweste darüber.

Seesack (Zampel)

Wenn Sie erstmalig zu einem Törn an Bord gehen, dann erscheinen Sie nur nicht mit einem festen Koffer – mit dem machen Sie sich beim Skipper unbeliebt. Packen Sie Ihr Zeug in eine Segeltasche aus dichtgewebtem Leinen mit kräftigen Tragbändern und Reißverschluß oder in einen Seesack. Auch zwei Taschen, eine für die Kleidung, eine für Klein- und Waschzeug, sind erlaubt. Koffer passen sich der Enge an Bord nicht an.

Bootsschuhe

Die Schuhe gehören de facto zur Sicherheitsausrüstung. Sie müssen flache Sohlen mit einem rutschsicheren Profil haben. Bootsschuhe trägt man bei warmem Wetter, Stiefel bei nassem und kaltem. Stiefel kauft man eine Nummer zu groß, um dicke Socken darin tragen zu können.

Sohlenkontakt

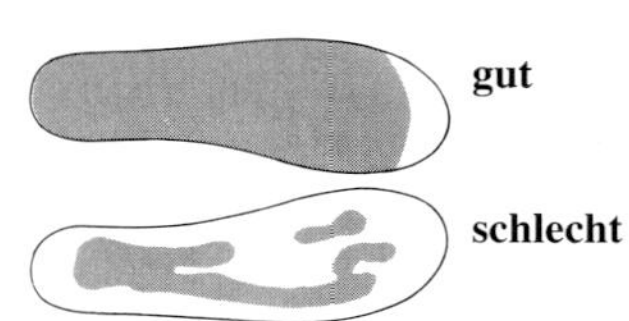

Sohlenprofil

Die Rillen sollen tief und relativ breit sein und soviel Kanten wie möglich haben, damit das Profil auf Deck gut greift.

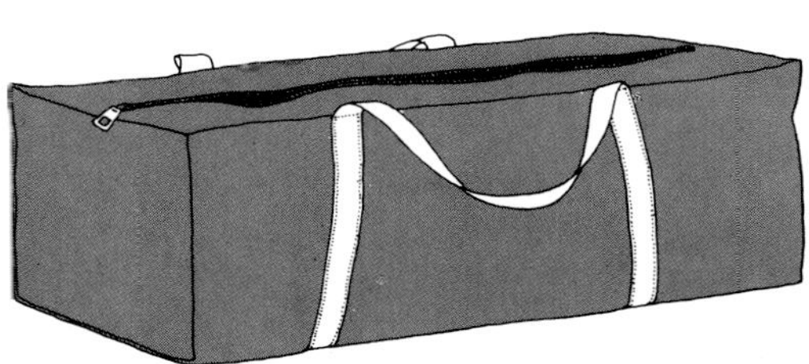

gut

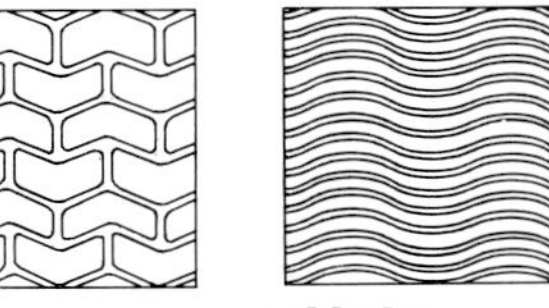

schlecht

„Ölzeug“

Ein strapazierfähiger, wetterfester Anzug mit brusthoher Hose und einer Jacke mit Frontverschluß sind der beste Schutz beim Seesegeln. Hergestellt aus PVC, innen verstärkt mit Futter aus Nylon oder Neopren zur Schwitzwasseraufnahme.

Der Skipper trägt einen zweiteiligen Anzug mit Nyloneinlage. Manche Jacken haben eingebaute Sicherheitsgurte. Das hat den Vorteil, daß der Gurt, wenn nötig, auch tatsächlich getragen wird. Aber die Jacke verschleißt schneller als der Gurt.

Wetterschutz

Seglerkleidung muß wind- und wasserdicht sein, sonst wird das Segeln ungemütlich. Moderne Spezialkleidung ist leicht und hat verschweißte Nähte. Risse sind reparierbar. Man kaufe die beste Qualität. Hosenbeine zieht man über den Stiefelschaft.

Doppelüberlappung hält einigermaßen das Wasser draußen.

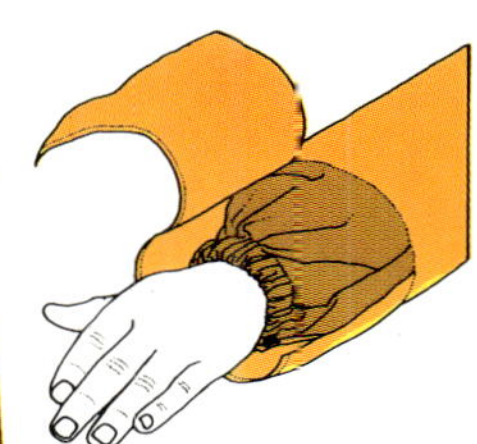

Elastische Sturmmanschetten verhindern, daß Wasser den Ärmel hoch geblasen wird.

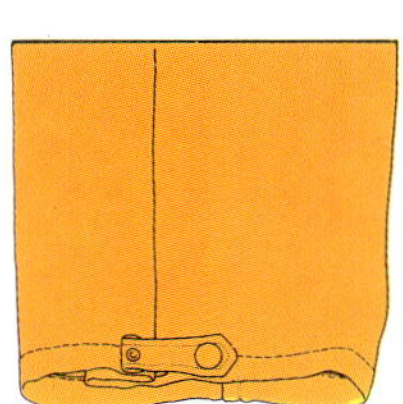

Zurrbünde an den Hosenbeinen schließen um die Stiefelschäfte ab.

Schwimm- und Rettungswesten

Jeder Jollensegler sollte ständig eine Schwimm- oder Rettungsweste tragen. Das Angebot ist groß, und man muß deutlich zwischen den unterschiedlichen Funktionen unterscheiden. Im Gegensatz zur Schwimmweste, die nur als Schwimmhilfe dient, ist die Rettungsweste ohnmachtssicher. Das heißt, sie dreht einen Bewußtlosen in eine stabile Rückenlage und hält sein Gesicht über Wasser. Bewußtlosigkeit kann schnell durch Unterkühlung eintreten. Viele Jollensegler und Segler auf kleineren Binnengewässern ziehen Schwimmwesten vor, auf See aber gehören, aus Sicherheitsgründen, grundsätzlich Rettungswesten. Sie müssen den Richtlinien des Bundesverkehrsministeriums entsprechen und ein amtliches Prüfsiegel tragen.
Schwimmwesten sind durchweg Feststoffwesten, gefüllt mit geschlossen-zelligem Schaumstoff. Rettungswesten dagegen sind fast ausschließlich luftgefüllt. Es gibt verschiedene Aufblassysteme: Entweder wird eine CO_2-Patrone durch Seewasser aktiviert oder mit einer Reißleine ausgelöst oder aber die Weste wird mit dem Mund aufgeblasen. Westen mit Patronenfüllung müssen jährlich gewartet werden. Leib- und Schrittgurte verhindern, daß sich die Weste hoch- oder gar über den Kopf schiebt.
Manche meinen, auf Fahrtenkreuzern sei eigentlich eine Rettungsweste nebensächlich, weil man mit Sicherheitsgurt und Leine alles tue, um nicht über Bord zu fallen. Dennoch muß für jeden eine Rettungsweste vorhanden sein, die beispielsweise im Nebel anzulegen ist, wenn kein Sicherheitsgurt getragen werden sollte, um bei einer möglichen Kollision nicht ans Boot gefesselt zu sein. Auch bei schwerem Wetter soll die Rettungsweste immer angelegt werden. Kinder, Nichtschwimmer oder nervöse Neulinge sollten auch im Hafen Schwimm- oder Rettungswesten tragen. Die Rettungswesten sollten nicht irgendwo im Boot herumfliegen oder in schwer zugänglichen Stauräumen aufbewahrt werden. Sie müssen vor Beschädigungen geschützt werden und für jedermann leicht greifbar sein.

Rechts: Mundaufblas-Weste mit etwas Festauftrieb.
Unten: Aufblas-Rettungsweste ohne Festkörperauftrieb, wird von CO_2-Patrone aufgeblasen. Nachblasen über Mundstück.

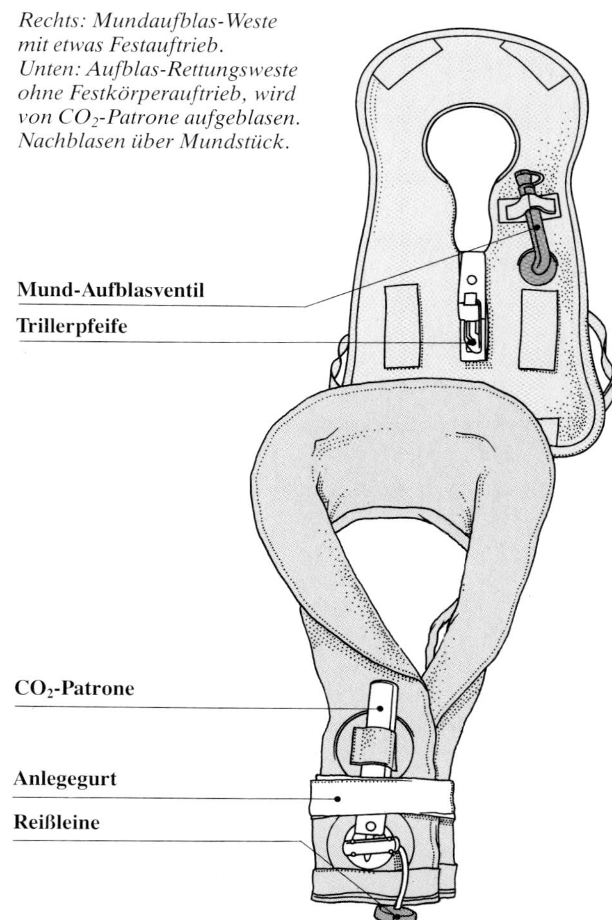

Dieser Laser-Steuermann trägt eine Schwimmweste, wie sie auf Binnenrevieren fast ausschließlich von Jollenseglern getragen werden. Sie sind nur Schwimmhilfen.

Rettungsweste mit Sicherheitsgurt

Theoretisch erledigt diese Kombination die Diskussion, ob Rettungsweste oder Sicherheitsgurt getragen werden soll. Die praktische Frage ist, ob das Aufblasventil noch heil ist, wenn der Sicherheitsgurt einmal seine harte Arbeit hat tun müssen, etwa bei einem Brecher, der übers Boot hinwegfegt. Eine Aufblasautomatik würde dann sicher zu Schaden kommen. Man müßte danach noch eine Rettungsweste in Reserve haben.

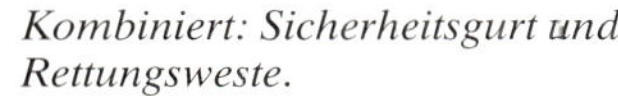

Kombiniert: Sicherheitsgurt und Rettungsweste.

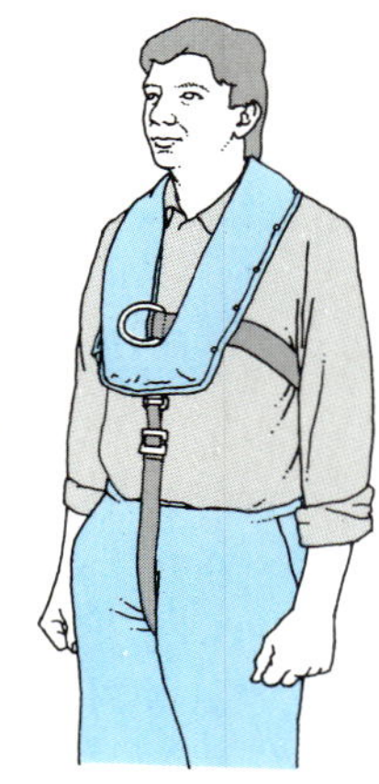

Die Kombination korrekt mit Schrittgurt angelegt.

Sicherheitsgurt und -leine

Ein Gurt, eine Art Schultergerüst, und eine starke Leine mit einem kräftigen Karabinerhaken an jedem Ende sollen Boot und Mann verbinden, damit man auch mit zwei Händen arbeiten kann und nicht vom Boot wegtreibt, wenn man über Bord fällt oder gespült wird. Weil aber diese Verbindung auch gefährlich werden kann, wenn beispielsweise Mast und Stagen von oben gekommen sind, muß die Leine am Boot und am Gurt schnell und einfach abzuhaken sein. Wichtig ist, daß Ring und Karabinerhaken reichlich dimensioniert sind, 8 mm Stärke aus Edelstahl sind das mindeste. Es gibt auch Wetterjacken mit eingebautem Sicherheitsgurt.

Mit Sicherheitsgurt und eingepickter Sorgleine hat man zwei Hände frei zum Arbeiten.

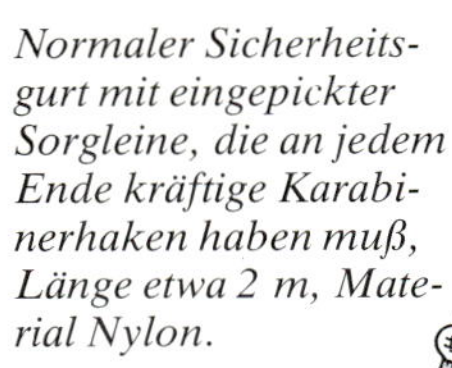

Normaler Sicherheitsgurt mit eingepickter Sorgleine, die an jedem Ende kräftige Karabinerhaken haben muß, Länge etwa 2 m, Material Nylon.

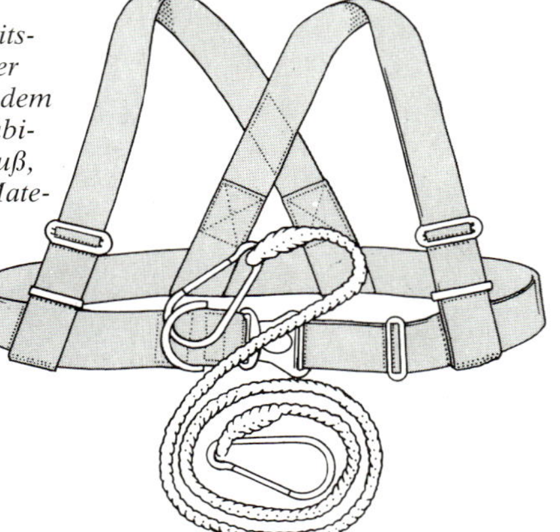

Einklicken des Leinen-Karabiners in den Gurtring

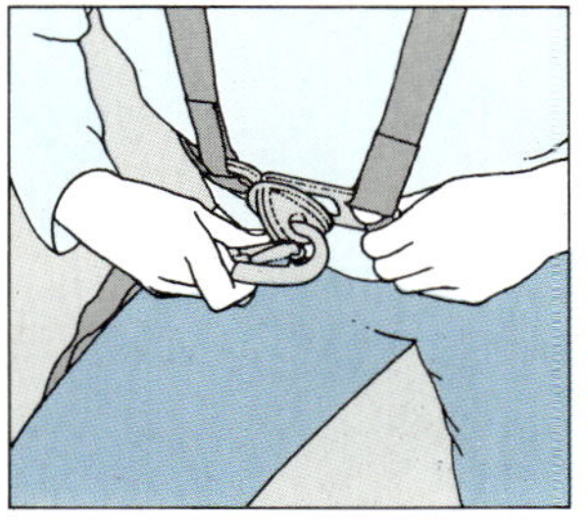

1 *Einpicken eines Karabinerhakens mit Libersperre für das Verschlußstück, ein britisches Fabrikat.*

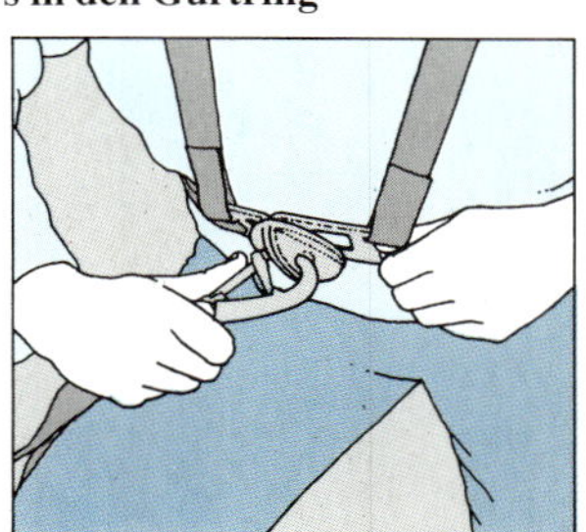

2 *Nicht empfehlenswert, weil er in der Aufregung einer Havarie nicht schnell genug zu öffnen ist. (Bearbeiter)*

470
470
G 1880

JOLLEN SEGELN

Was man vorher wissen muß

Weshalb so viele Menschen segeln und dem Segelsport über Jahre, meist ein ganzes Leben lang treu bleiben, dafür gibt es verschiedene Erklärungen. Freizeitspaß, körperliche Fitneß, ein Hauch von Freiheit und Abenteuer oder auch sportlicher Ehrgeiz. Segeln ist eine Freizeitbeschäftigung für jeden, ob noch voller jugendlichen Tatendrangs oder schon reifer an Jahren, und auch für fast jeden Geldbeutel. Man muß nur für seine Zwecke und sein seglerisches Können das geeignete Boot herausfinden.

Grundsätzlich ist zwischen zwei Konstruktionsprinzipien zu unterscheiden: den offenen Jollen – sie sind das Thema dieses Buches – und den größeren eingedeckten Kajütbooten. Es ist sicher richtig, auf einer Jolle segeln zu lernen. Man bekommt da viel schneller das richtige Gefühl für das Verhalten eines Bootes, weil eine Jolle viel unmittelbarer reagiert als ein schwerfälliges Kajütboot. So unterrichten denn auch die meisten Segelschulen auf Jollen. Niemand sollte sich einfach in ein Boot setzen, um irgendwie loszusegeln. Ohne gründliche praktische Ausbildung geht es nicht. Dazu sind die Gewässer viel zu befahren, gibt es zu viele genau zu beachtende Verkehrsvorschriften. Man würde nur sich und andere in Gefahr bringen. Am besten, man besucht eine Segelschule. Das Studium dieses Buches ist eine hervorragende Vorbereitung auf solch einen praktischen Segelkursus. Ich habe versucht, die Segeltechnik durch Illustrationen so klar und allgemeinverständlich wie möglich darzustellen. Wenn man alles genau befolgt, kann man daraus eine Menge lernen – oder erkennen, was man falsch gemacht hat. Vermitteln möchte ich hier vor allem die Grundkenntnisse des Jollensegelns, aber auch einiges für Fortgeschrittene, wie das Spinnaker- und Trapezsegeln.

Um praktische Segelerfahrungen zu sammeln, ist es nicht notwendig, selbst ein Boot zu besitzen. Im Gegenteil, es ist sogar sinnvoller und besser, zunächst als Vorschoter mit einem erfahrenen Steuermann zu segeln. Erst wenn man sich absolut sicher und allen Situationen gewachsen fühlt, sollte man an den Kauf eines eigenen Bootes denken. Denn Segeln zählt zu jenen Beschäftigungen, in denen die Erfahrungen erst allmählich aus der eigenen Praxis erwachsen und man vielleicht am meisten aus seinen anfänglichen Fehlern lernt.

Segeln ist einfach eine Sache, die viel Spaß macht. Es bedarf dazu keiner außerordentlichen körperlichen Kräfte, nur einer gesunden Konstitution und eines aufgeweckten Geistes. Man lernt dabei, ein gesundes Selbstvertrauen zu entwickeln, seine angeborene Intelligenz zu gebrauchen und wird für die Elemente Wind und Wasser sensibilisiert. Viele werden bald herausfinden – so wie auch ich seinerzeit –, daß Segeln zu einem großartigen Lebensinhalt werden kann.

Ein Mirror Dinghy unter Spinnaker und eine Lark-Jolle.

Einmann-Jollen vom Typ Topper während einer Clubregatta.

6729
21657
8015
9359

Jollentypen

Das Angebot, gerade an Jollen, ist so riesig und unübersichtlich, daß es einen künftigen Bootskäufer vollständig verwirren muß. Man müßte schon ziemlich genau wissen, für welchen Zweck man sein Boot einsetzen will: zum Fahrtensegeln, allein oder mit Familienangehörigen, oder zum sportlichen Segeln. Wer diesbezügliche Ambitionen hat, muß wiederum nach einer Regattaklasse Ausschau halten, die auf seinem Revier – oder von seinem Club – gesegelt wird. Überhaupt spielt auch das künftige Revier bei der Kaufentscheidung eine Rolle. Ist es ein sehr flaches oder tiefes Gewässer? Ein windarmes oder ein windreiches Revier?
Wer ein Gebrauchtboot kaufen möchte, muß sehr genau auf den Umfang der zusätzlichen Ausrüstung achten. Sie kann sich gewaltig im Preis niederschlagen. Wer sein erstes Boot kauft, sollte sich unbedingt von einem erfahrenen Segler beraten lassen oder sogar einen Sachverständigen hinzuziehen.

Ein Mirror Dinghy – der Briten liebstes Kinderboot.

Familien-Jollen

Es gibt ausgesprochen stabile Jollen, die vornehmlich als Wander- oder Fahrtenboote gedacht sind und denen es nicht viel ausmacht, wenn man ihnen einige Kilo Gepäck einlädt. Als reines Familien- und Wanderboot war ursprünglich beispielsweise der 5,80 m lange Zugvogel konzipiert. Im Laufe der Jahre mauserte er sich jedoch immer mehr zu einem Regattaboot. Die ursprünglichen Vorzüge, geräumiges Cockpit für bis zu vier Personen und hohe Stabilität aber sind erhalten geblieben. Da die Bauvorschriften die Cockpiteinrichtung freistellen, gibt es Konstruktionen, die mehr in die eine oder andere Richtung ausgelegt sind. Noch größere Sicherheit für das Familiensegeln bietet die Kielversion des Zugvogel, gedacht auch für Wanderfahrten auf Küstengewässern. Sie ist kentersicher und ebenfalls Regattaklasse. Größere Verbreitung als Familienwanderboot hat die 4,80 m lange holländische VB-Jolle gefunden, ein relativ steifes Boot. Zwei Schläfer haben unter der Zeltkajüte bequem Platz. Erheblich mehr Komfort bieten die Jollenkreuzer. Obwohl mit einer festen Kajüte versehen, sind sie, als reine Schwertboote, den Jollen zuzurechnen.

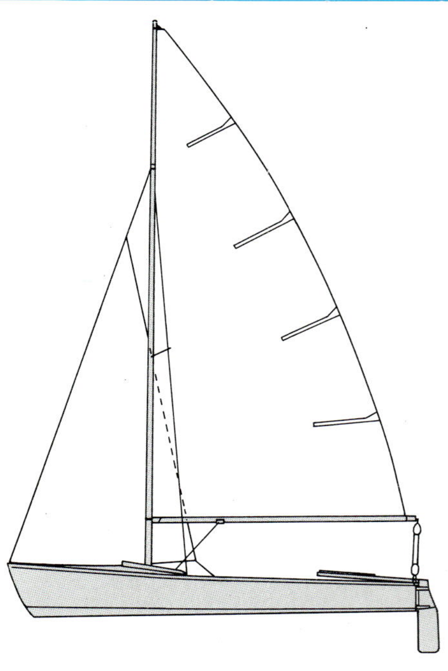

Rennjollen

Die meisten Jollen fallen unter diese Kategorie. Aber da gibt es viele Spielarten. Sie stellen recht unterschiedliche Anforderungen an das seglerische Können und die körperlichen Kräfte des einzelnen. Jüngere und leichtgewichtigere Segler sind mit dem 420er sicher gut beraten. Diese internationale Jollenklasse ist weit verbreitet und wird mit Trapez – zum Ausreiten des Bootes – und Spinnaker gesegelt.
Der 420er ist ein interessantes und noch relativ leichtes Boot, das Regatta-ambitionierten Jungseglern und -seglerinnen viele Möglichkeiten bietet, in Meisterschaften ihr Können unter Beweis zu stellen.
Der 470er ist gewissermaßen der größere Bruder des 420er. Er ist olympische Klasse und dementsprechend noch stärker international verbreitet, stellt aber auch höhere seglerische Ansprüche. Eine geradezu explosionsartige Verbreitung fand der Laser, eine Einmann-Jolle. Innerhalb von elf Jahren wurden über 100 000 Boote gebaut. Er erfreut sich, besonders unter jugendlichen Seglern, großer Beliebtheit. Obwohl simpel zu bedienen – es gibt kein Vorsegel und keine komplizierten Beschläge –, verlangt er große körperliche Gewandtheit und ausgefuchste Segeltechnik. Der Laser II ist die größere Zweimann-Version für leichtgewichtige Segler und ein guter Einstieg in die Regattaszene.
Für Fortgeschrittene bietet sich der Flying Dutchman an, seit 1960 olympische Klasse. Noch anspruchsvoller und schwieriger zu segeln ist der 505er, gewissermaßen das Nonplusultra einer Rennjolle.

Kinderjollen

Wer für seinen jüngsten Seglernachwuchs eine Jolle sucht, ist sicher mit der amerikanischen Kinderjolle Optimist gut beraten. Das nur 2,30 m lange, kastenförmige Boot hat eine unwahrscheinlich schnelle Verbreitung in aller Welt gefunden. Wer damit richtig umzugehen gelernt hat, der kann segeln – so sagt man. Bereits 6jährige tummeln sich im Opti, denn die nur 3,50 m² große Segelfläche können sie schon gut beherrschen. Fortgeschrittenen bieten sich im Opti viele Möglichkeiten, Regatten zu segeln. Sogar internationale Meisterschaften gibt es.
Der Enthusiasmus und das seglerische Geschick, das die kleinen Regattahasen dabei entwickeln, zwingt den Großen oft genug alle Achtung ab. Es gibt auch noch andere Kinderjollen, wie etwa das in England sehr verbreitete Mirror Dinghy, aber keine kann es an Popularität auch nur annähernd mit dem Opti aufnehmen.

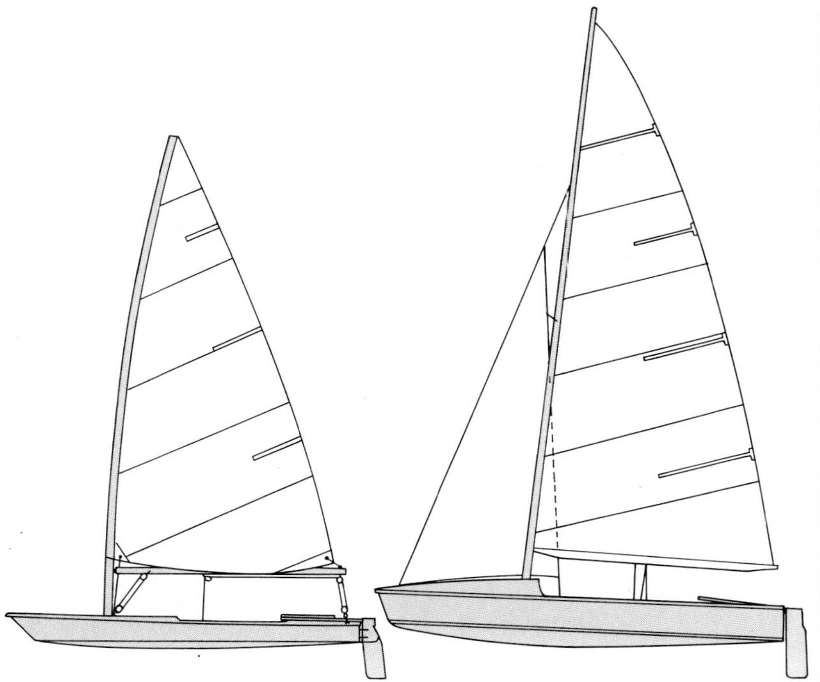

Laser

505er

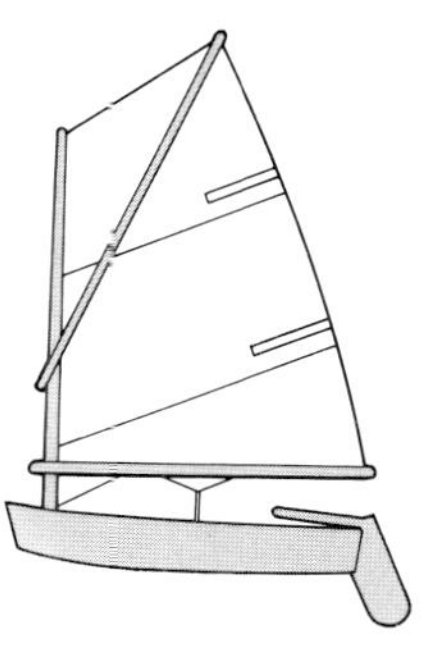

Optimist

Begriffe rund ums Boot

Jedes Boot, ob klein oder groß, hat die gleichen Bestandteile: einen Rumpf, einen Mast, ein Segel, einen Kiel – auf der Jolle ersetzt ihn ein aufholbares Schwert – und ein Ruder. Der Rumpf dient dazu, die Besatzung aufzunehmen und Mast und Segel zu tragen, die man als Rigg bezeichnet. Die Form des Rumpfes ist ganz entscheidend für das Fahrverhalten eines Bootes. In ihm zeigt sich das Können des Konstrukteurs. Einen idealen Rumpf für alle Wind- und Seegangsverhältnisse gibt es nicht. Jeder ist ein mehr oder minder gut gelungener Kompromiß. Das Vorschiff wird als Bug, das Hinter- oder Achterschiff als Heck bezeichnet.
Als Segelform hat sich das Hoch- oder Bermudasegel allgemein durchgesetzt. Größe und Schnitt der Segel sind abhängig von der Größe des Bootes und dem Zweck, für den es konstruiert wurde. Rennjollen beispielsweise tragen auf einem leichten Rumpf eine relativ große Segelfläche, die das Boot zwar schnell macht, aber auch stärker krängt. Deshalb muß es von der Mannschaft „ausgeritten“ werden. Auf den meisten Booten werden die Masten von Drahtseilen gehalten: den Wanten, die am Seitendeck angreifen, und dem Vor- und Achterstag, die zu den Bootsenden führen. Diese Verstagung bezeichnet man als stehendes Gut. Das laufende Gut umfaßt alle beweglichen Leinen und Drähte, mit denen etwas bewegt wird: die Fallen zum Hochziehen der Segel, die Schoten, mit denen die Segelstellung zum Wind reguliert wird, Auf-, Nieder- und Achterholer und Streckertaljen. Am Fuß des Großsegels ist ein sogenannter Baum üblich, der das Segel in Form hält. Der Baumniederholer verhindert ein Steigen.
Die Segel sind aus einzelnen Bahnen zusammengenäht. Als Segeltuch wird überwiegend das aus Polyester entwickelte Dacron verwendet.
Gesteuert wird mit dem Ruder am Heck. Es wirkt mit seiner Unterwasserfläche aber auch der seitlichen Abdrift entgegen, die durch den Winddruck auf die Segelfläche hervorgerufen wird. Hauptsächlich jedoch verhindert das Schwert die Abdrift.

Segelbezeichnungen

Üblich auf Yachten ist als Großsegel das dreieckige Hochsegel, auch als Bermudasegel bezeichnet. Es hat das frühere Gaffelsegel seit der Mitte der 30er Jahre nach und nach verdrängt. Das Gaffelrigg findet man heute eigentlich nur noch auf Oldtimern und in England. Das Großsegel wird im oberen Bereich durch die um den Mast schwenkbare Gaffel ausgespreizt. Noch seltener ist das Luggersegel, bei dem eine ursprüngliche Rah zu einer Gaffel verkürzt ist, die allerdings nach vorne über den Mast hinausragt, ebenso wie meist auch der Baum. Das Segel wird nämlich nicht mit dem Baum am Mast angeschlagen, sondern mit der Gaffel am Mast aufgehängt. Das Sprietsegel ist ein viereckiges, durch eine diagonale Spreize ausgesteiftes Segel. Es ist die charakteristische Besegelung der Kinderjolle Optimist. Hoch- und Gaffelsegel werden meistens mit einem Vorsegel – der Fock oder Genua – kombiniert. Führt ein Boot nur ein Großsegel an einem weit vorne stehenden Mast, spricht man von einer Kattakelung. Fast alle Einmann-Jollen sind solche Katboote.

Jollendetails

Die Illustration zeigt eine 4,20 m lange Jolle mit Hochtakelung für zwei Mann. Sie enthält fast alle typischen Details eines Bootes, das keine allzu hohen seglerischen Anforderungen stellt. Sehr untypisch ist allerdings die englische Heckschotführung. Sie ist bei uns nahezu unbekannt und recht unpraktisch im Gegensatz zu der üblichen Mittelschotführung, wie sie das Bild rechts oben zeigt. Etwas ungewöhnlich ist auch die Ducht.

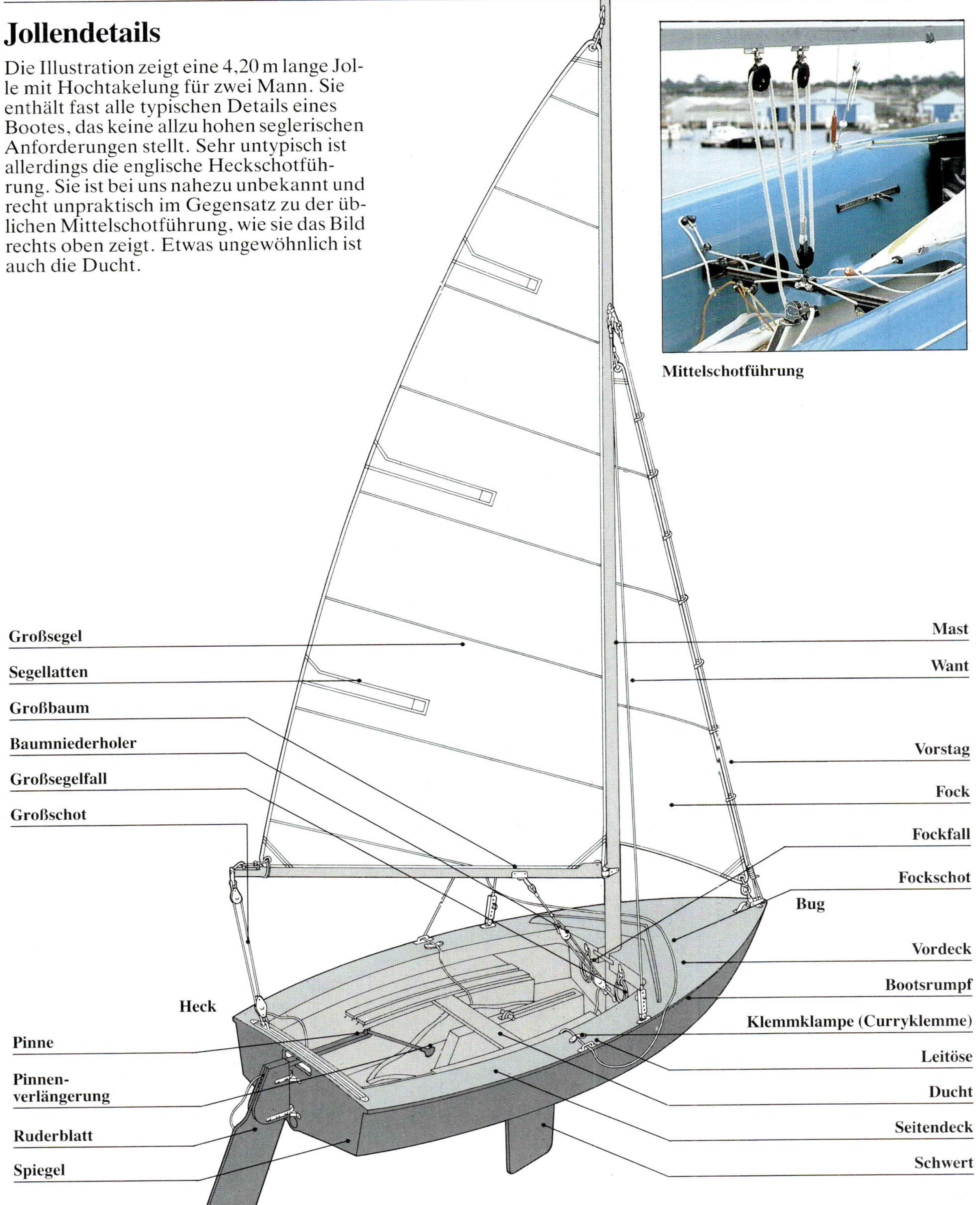

Mittelschotführung

Eindeckung und Sitzgelegenheiten

Fast alle Jollen sind teilweise eingedeckt, um Spritzwasser und überkommendes Wasser, soweit wie möglich, dem Cockpit fernzuhalten. Aber Umfang und Form der Eindeckung sind bei den einzelnen Klassen sehr unterschiedlich. Üblich ist fast immer eine Eindeckung des Vorschiffs bis zum Mast. Nur wenige Typen sind bis zur Bugspitze vollständig offen. Auf manchen Jollen, vornehmlich solchen für Wanderfahrten, ist auch das Hinterschiff eingedeckt. Üblich sind mehr oder weniger breite Seitendecks, die bis an den Spiegel – den hinteren Abschluß des Cockpits – heranreichen. Sie dienen gleichzeitig der Crew als Sitzfläche. Manche Boote haben auch Seitenbänke und/oder eine Ducht – eine Querbank – im Cockpit. Eine solche Querducht ist stets dann erforderlich, wenn das Boot gleichzeitig als Ruderdingi gedacht ist.

Fußgurte

Fußgurte, auch als Ausreit- oder Trimmgurte bezeichnet, sind auf einer Rennjolle unerläßlich. Es sind breite Gewebebänder, die von einem Punkt nahe am Spiegel bis zu einem Punkt in der Nähe des Mastes über den Boden des Cockpits laufen. Nur mit ihrer Hilfe ist es möglich, eine Jolle optimal auszureiten, indem die Mannschaft sich mit dem Fußrist einhängt. Selbstverständlich müssen die Gurte sehr sicher befestigt sein. Reißt einer, führt das unweigerlich zu einem Sturz über Bord. Außerdem sollten sie für Steuermann und Vorschoter unterteilt und in der Länge verstellbar sein. Bändsel oder Gummistropps halten sie hoch, damit man sie jederzeit sofort mit den Fußspitzen angeln kann.

Nylon-Fußgurte, von einem Querstropp angeliftet.

Das Schwert

Mittschiffs in einem wasserdichten Kasten steckt auf einer Jolle ein einziehbares Schwert, entweder aus Holz, Kunststoff oder Metall. Es wirkt der seitlichen Abdrift entgegen. Deshalb muß es auf Kursen am Wind – da ist die seitliche Abdrift am größten – ganz hinuntergelassen werden. Auf Vorm-Wind-Kursen ohne Abdrift dagegen kann man es vollständig aufholen. Es gibt Senk- und Steckschwerter. Das Ein- und Ausfahren eines Senkschwertes geschieht mit dem Schwertfall, das in jeder beliebigen Position in einer Klemme fixiert werden kann. Das Steckschwert beansprucht weniger Platz und wird deshalb vornehmlich auf sehr kleinen Jollen verwendet. Es wird senkrecht in den Schwertkasten hineingesteckt und von einem Gummistropp in Position gehalten. Bei vollständig aufgeholtem Schwert kann es passieren, daß der Baum dagegen schlägt.

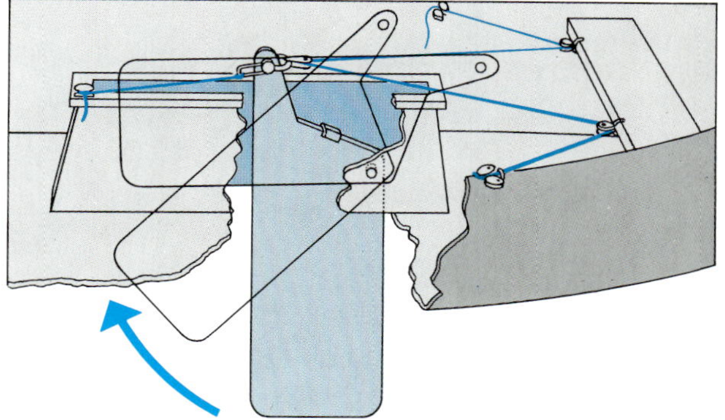

Klapp- oder Senkschwert mit Schwertfall, es hängt an einem Drehbolzen im Schwertkasten.

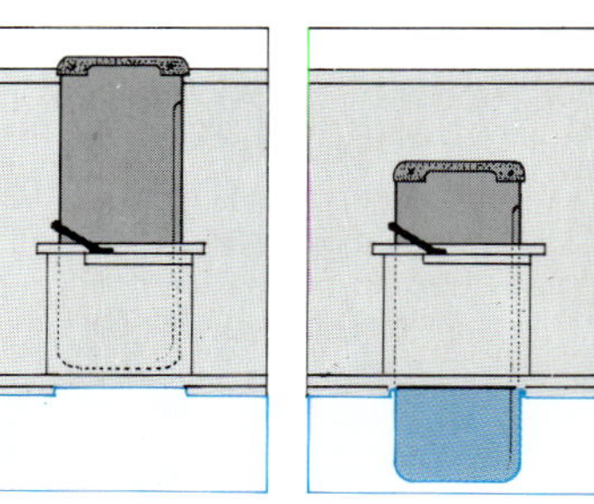

Ein einfaches Steckschwert, aufgeholt und halb gefiert, mit einem Gummistropp arretiert.

Ruder, Pinne und Pinnenausleger

Auf allen Jollen kann man das Ruder abnehmen. Es hängt an Zapfen oder Fingern in entsprechenden Beschlägen am Spiegel. Die meisten Jollen haben ein zwischen zwei Ruderbacken drehbares Ruderblatt, das der Wassertiefe entsprechend, mit einem Ruderfall, aufgeholt oder abgesenkt werden kann. Im Ruderkopf steckt die Pinne, mit der gesteuert wird. Üblich ist heute ein Pinnenausleger. Nur er ermöglicht dem Steuermann, sich beim Ausreiten auf dem Seitendeck weit außenbords zu hängen. Diese Pinnenverlängerung sitzt meist in einem Kardangelenk auf der Pinne und kann daher in alle Richtungen geschwenkt oder geklappt werden. Sie sollte eingeklappt unbedingt eine Arretierungsmöglichkeit haben.

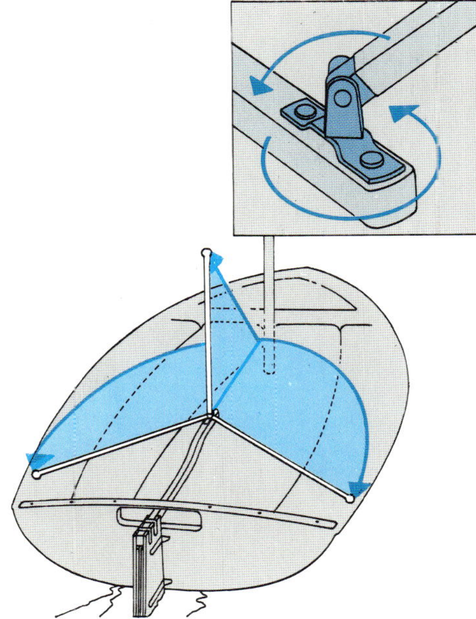

Die Verbindung von Pinnenausleger und Pinne. Die Zeichnung unten veranschaulicht, wie der Pinnenausleger geklappt und gedreht werden kann.

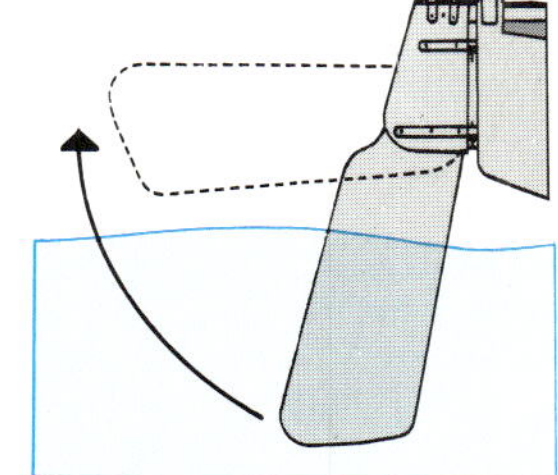

Das schwenkbare Ruderblatt, es wird mit dem Ruderfall aufgeholt, mit einem Niederholer abgesenkt.

Auftriebskörper

Alle Jollen müssen genügend Auftriebskörper besitzen, um das voll Wasser geschlagene Boot und seine Besatzung über Wasser zu halten. Mit anderen Worten: Es muß absolut unsinkbar sein. Art und Anbringung der Auftriebskörper kann sehr unterschiedlich sein. Zum Teil wird sie von der Klassenvorschrift für den entsprechenden Jollentyp festgelegt. Bei vielen Jollen ist der Auftrieb in Form von Lufttanks, die zusätzlich noch ausgeschäumt sein können, gleich in die Decksschale integriert. Die Inspektionsluken sollten gelegentlich zur Belüftung der Tanks geöffnet werden. Auf anderen Booten besteht der Auftrieb aus Schaumstoffblöcken oder aufgeblasenen Luftsäcken unter Vor- und Seitendeck. Sie sind leichter zu kontrollieren, können aber auch leichter beschädigt werden. Auf jeden Fall müssen Luftsäcke gleichmäßig aufgeblasen sein, um einheitlichen Auftrieb zu ergeben. Er ist so zu bemessen, daß bei einer Kenterung das Schwert klar über der Wasseroberfläche bleibt. Auch sollte sich das Boot nach dem Aufrichten von seiner Besatzung wieder leersegeln lassen.

Luftsäcke als Auftriebskörper, üblicherweise sind sie unter den Seitendecks und dem Vordeck verzurrt.

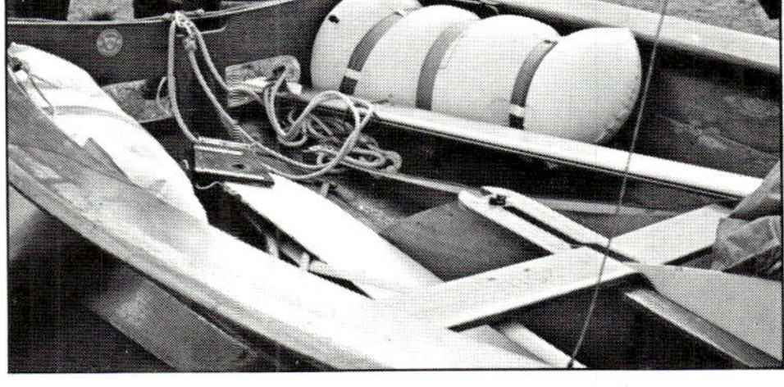

Die meisten modernen Rennjollen haben in Vor- und Seitendeck integrierte Lufttanks, oft auch ausgeschäumt. Auf dem Bild deutlich zu erkennen vorne die Inspektionsluken.

Der Mast

Der Mast trägt das oder die Segel. Die meisten Masten sind aus eloxiertem Aluminium. Hohlverleimte Holzmasten sind sehr selten geworden. Das Hochsegel wird direkt am Mast gefahren. Die Vorderkante des Segels, sein Vorliek, wird in eine Nut an der Rückseite des Mastes eingeführt und darin hochgezogen. Der Mast kann abgenommen werden. Er steht entweder auf dem Kiel oder in einer Mastspur an Deck, auf Jollen häufig in einer Kerb- oder Lochschiene. Sie erlaubt, den Mast zum Trimmen um mehrere Zentimeter nach vorn oder hinten zu versetzen. Kleine Boote, wie Einmann-Jollen, die nur ein Großsegel führen, haben einen unverstagt im Deck stehenden Mast. Das heißt, auf Wanten und Vorstag wird verzichtet. Boote mit einem Vorsegel dagegen kommen ohne Verstagung nicht aus.

Mast und stehendes Gut, typisch für eine kleine Jolle

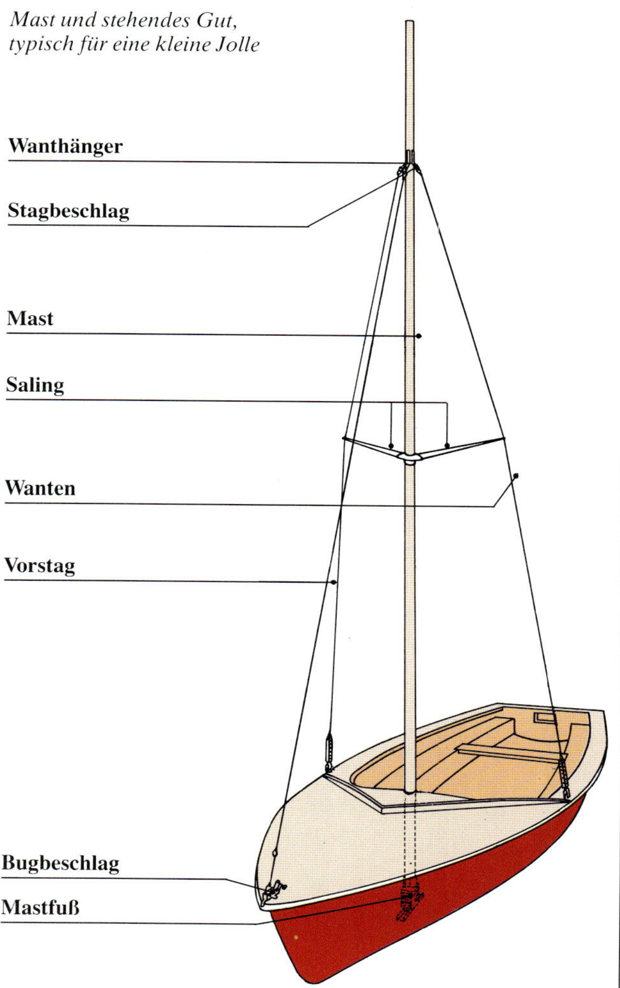

Mastbeschläge

Es gibt eine Reihe von Beschlägen, die dazu dienen, den Mast aufzustellen und zu fixieren und die Verstagung am Mast anzubringen. Unterschiedliche Bootstypen haben auch unterschiedliche Beschläge, entsprechend den seglerischen Anforderungen, die an sie gestellt werden. Auf einer anspruchsvollen Rennjolle beispielsweise ist der Mast ein kompliziertes Instrument zum Segeltrimm unter verschiedenen Segelbedingungen (mehr darüber auf Seite 145). Entsprechend umfangreich ist auch die Bestückung mit Beschlägen. Doch eins gilt für alle Arten von Mastbeschlägen: Sie müssen erstklassig befestigt sein. Beim Segeln treten an den Beschlägen ständig wechselnde Belastungen auf, deshalb sollten sie vor jedem Törn auf Schwachstellen hin kontrolliert werden.

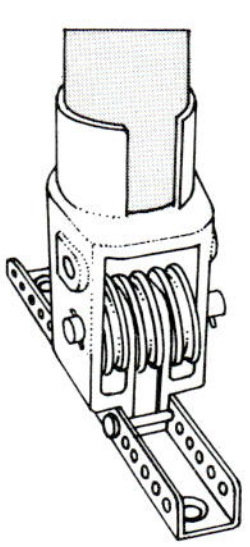

Mastfuß
Die Mastspur hält den Mastfuß in der gewünschten Position. Er kann nach vorne und hinten verstellt werden. Die drei Rollen sind Führungsrollen für Fock-, Großsegel- und Spinnakerfall.

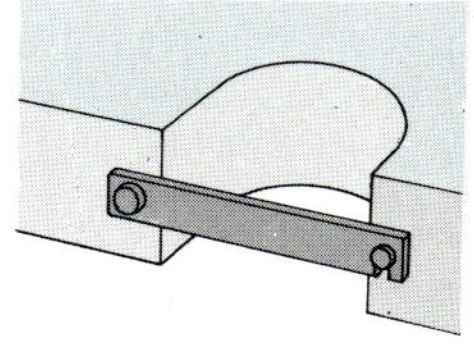

Mastdurchlaß
Masten, die auf dem Kiel stehen, erfahren eine zusätzliche Abstützung durch den Durchlaß. Eine Falle verschließt ihn.

Püttings
So werden die fest mit dem Rumpf verbundenen Stahlplatten bezeichnet, an denen die Wanten sitzen.

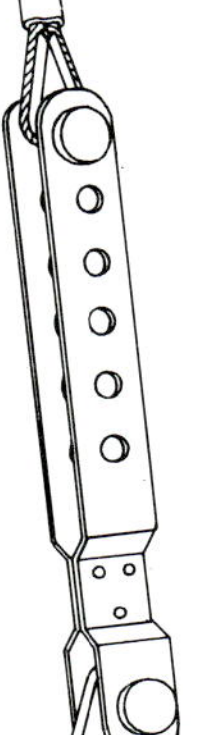

Lochbandbeschlag
Die Wanten können auch direkt mit den Püttings verbunden werden, aber dazwischen gesetzte Lochbänder oder Spannschrauben ermöglichen einen besseren Masttrimm.

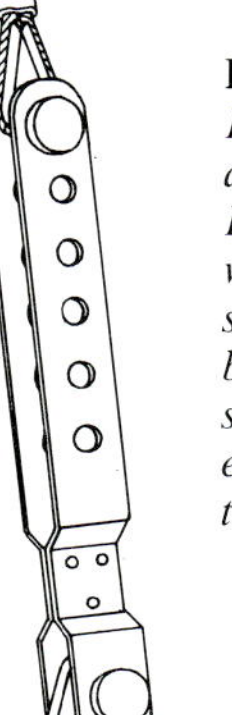

Steckverbindung
Sie dient dazu, die Wanten mit dem Lochband oder Pütting, beziehungsweise mit dem Wanthänger am Mast zu verbinden.

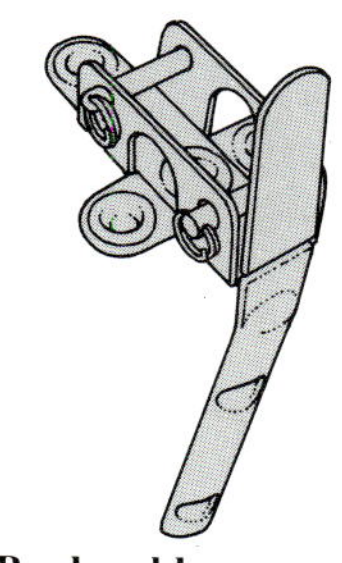

Bugbeschlag
Am Bugbeschlag werden Vorstag, Fockhals und die Vorleine angeschlagen. Da große Zugkräfte auftreten, muß er gut mit dem Deck verbolzt sein. Manchmal ist er – wie hier – mit einer Metallplatte als Stevenschutz verbunden.

Mastsetzen

Zu Beginn der Segelsaison oder – wenn man sein Boot trailert – vor jedem Start muß der Mast gesetzt werden. Das kann man durchaus alleine machen, denn die meisten Jollenmasten sind leicht und handlich; besser aber geht es natürlich zu zweit. Vor dem Aufrichten vergewissert man sich, daß keine Hindernisse, wie etwa elektrische Freileitungen, im Wege sind. Eine Berührung mit dem Alumast kann tödlich sein. Nun legt man den Mast parallel zum Boot, die Mastspitze zum Heck, und klariert die Wanten und das Vorstag. Hat das Boot eine Decksspur, werden die Wanten an ihren Püttings an Deck befestigt, der Mast aufrecht gestellt und aufrecht in seine Spur eingesetzt. Jetzt neigt man ihn, etwas unter Zug, nach vorne und befestigt das Vorstag. Haben die Wanten nicht genügend Spiel, um den Mast neben das Boot zu stellen, wird er längs übers Cockpit gelegt, sein Fuß in die Spur eingeführt und der Mast dann am Vorstag in die Vertikale aufgerichtet. Hat das Boot eine Kielspur und eine Decksdurchführung, zunächst den Mast in seine Spur einsetzen. Falls es eine Decksöffnung mit Falle ist, erst die Falle schließen, damit der Mast nicht nach hinten hinauskippen kann. Danach dann Wanten und Vorstag mit ihren Steck- oder Schraubverbindungen an den Decksbeschlägen anschlagen.

Aufriggen des auf dem Kiel stehenden Mastes eines Fireball.

Decksmastspur

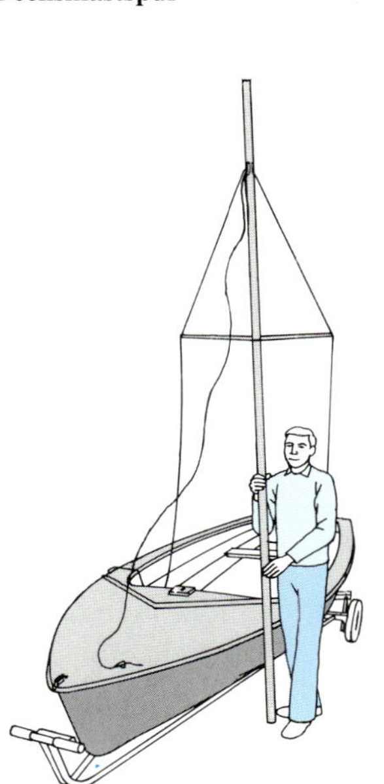

1 *Die Wanten sind an ihren Püttings befestigt, der Mast wird aufgestellt …*

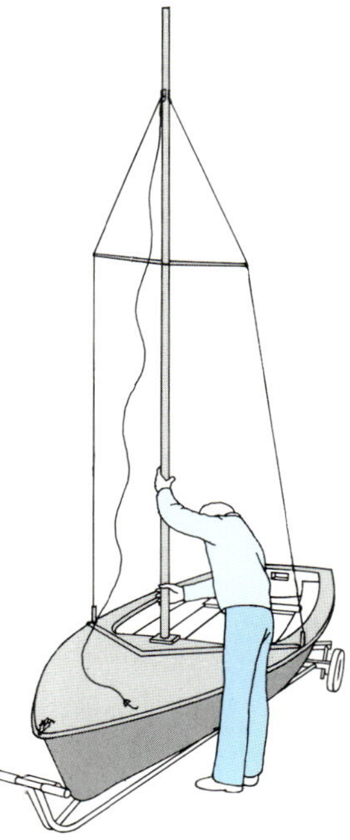

2 *… und in seine Spur an Deck gesetzt und nach vorne geholt, um das Vorstag am Bugbeschlag zu befestigen.*

Der Baum und seine Beschläge

Der Baum ist üblicherweise aus demselben Material wie der Mast, überwiegend also aus Aluminium. Er kann ein rundes, ovales oder rechteckiges Profil haben. Auf der Oberseite befindet sich eine Nut, in die das Fuß- oder Unterliek des Großsegels eingezogen wird. Am vorderen Ende des Baumes gibt es meistens einen Beschlag, an dem der Segelhals – die vordere untere Ecke des Segels – mit einem Schäkel oder Splintbolzen fixiert wird. An einem anderen Beschlag am hinteren Ende des Baumes wird das Schothorn – die hintere untere Ecke des Segels – ausgeholt und befestigt. Die Verbindung zwischen Baum und Mast nennt sich Lümmelbeschlag. Der Lümmel, der von einem Lümmellager aufgenommen wird, kann am Baum, aber auch am Mast sitzen. Es kann ein einfacher Haken, ein rundum schwenkbarer Zapfen, eine Steckbolzenverbindung oder ein Schlitten sein, der auf einer Schiene am Mast auf- und niederfährt. Der Baumniederholer ist eine Talje, die das unerwünschte Steigen des Baumes auf Vorm-Wind-Kursen verhindert. Sie greift auf der Unterseite des Baumes auf etwa einem Viertel der Länge an. Das andere Ende führt zum Mastfuß. Die Zeichnung rechts zeigt einen einfachen Baumniederholer. Auf hochgestochenen Rennjollen handelt es sich um ein raffiniertes System, das dem Trimm von Mast und Segeln dient.

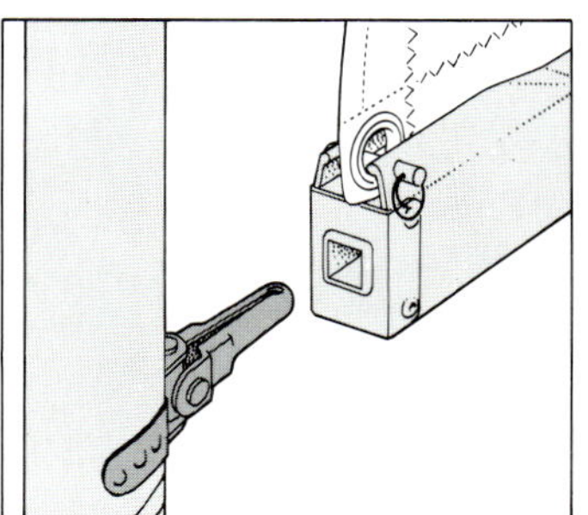

Ein fester Lümmelbeschlag in viereckiger Zapfenform. Der Baum kann nicht gedreht werden.

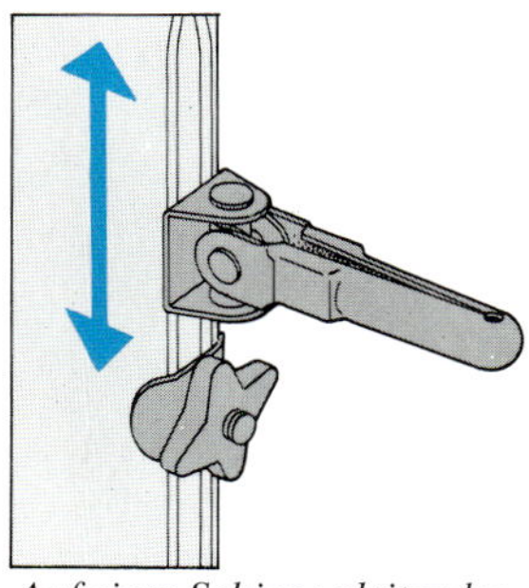

Auf einer Schiene gleitender Lümmelbeschlag mit ebenfalls gleitender Arretierungsschraube.

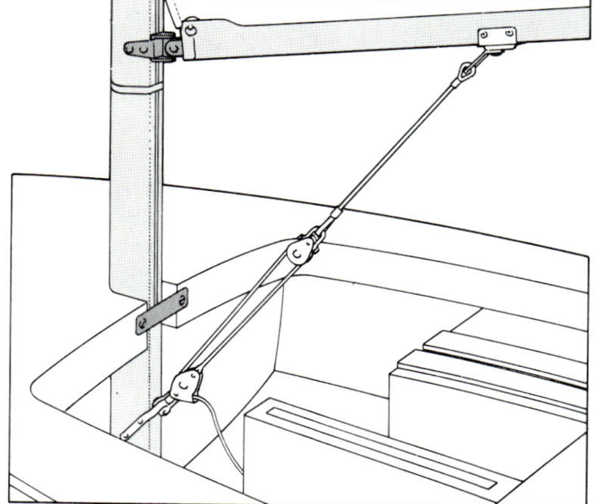

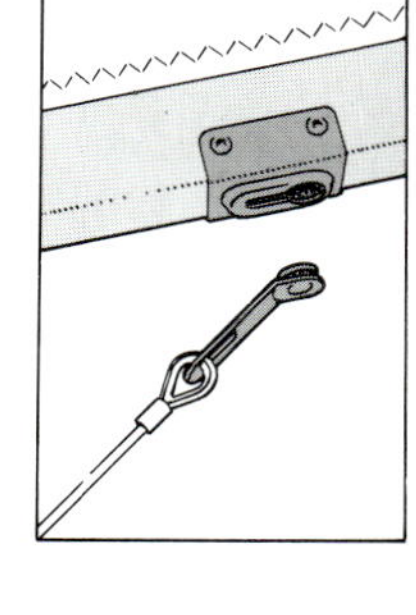

Baumniederholer mit einfacher Talje. Das obere Ende wird in die Platte mit Langloch an der Unterseite des Baumes eingepickt.

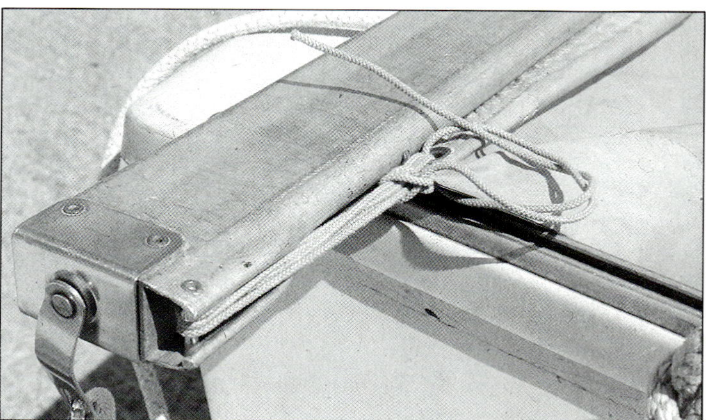

Es gibt verschiedene Systeme, das Schothorn auszuholen. Hier geschieht es mit einem einfachen Bändsel, das über einen Bolzen gezogen wird.

Die Segel

Das Rigg, beziehungsweise die Takelage, bestimmt die Anzahl der Segel. Außer den Einmann-Booten haben fast alle Jollen ein Großsegel und ein Vorsegel (Fock oder Genua). Bis zur Erfindung der Kunstfaser waren Yachtsegel aus Baumwolle. Heute wird fast nur noch das aus Polyester entwickelte Dacron verwendet. Es dehnt sich nicht, hat eine hohe Zerreißfestigkeit und ist wasserabweisend und verrottungsfest. Es leidet allerdings unter ultravioletter Sonnenbestrahlung und ist empfindlich gegen Scheuern und Knicken. Das Tuch wird in verschiedenen Stärken zu Leicht- und Schwerwettersegeln verarbeitet. Einige Boote haben mehrere Satz Segel für unterschiedliche Windverhältnisse. Bei leichtem Wind wird meistens statt der kleinen Fock eine große Genua gefahren. Die Ecken der Segel – als Hals, Kopf und Schothorn bezeichnet – sind verstärkt. Vor- und Fußliek des Großsegels sind mit einem Tau eingefaßt, weil sie in die Nut von Mast und Baum eingezogen werden. Segellatten aus Holz oder Kunststoff in den Lattentaschen am Achterliek des Großsegels dienen der besseren Formgebung und sollen ein Flattern des Achterlieks verhindern. Fock oder Genua werden mit Stagreitern auf das Vorstag gesetzt, auf modernen Rennjollen häufig jedoch auch ohne Stagreiter gefahren. Die Segelstellung wird mit den Schoten reguliert, die entsprechend Vor- und Großschot heißen.

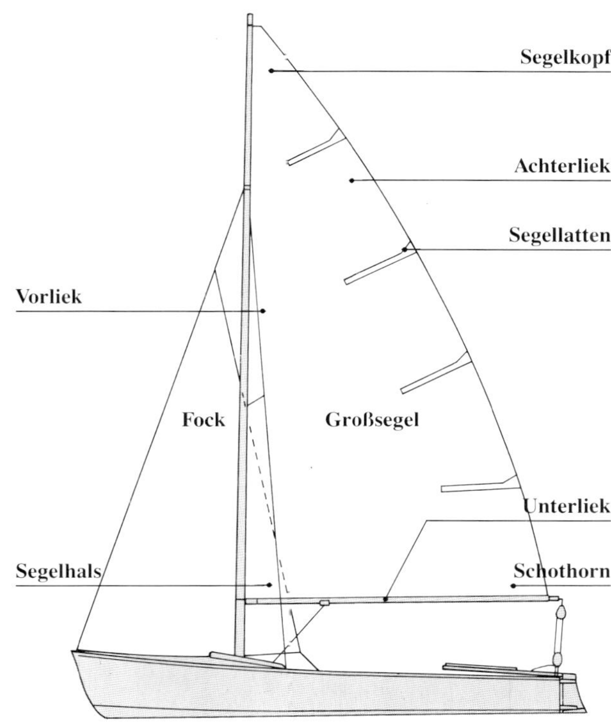

Blöcke

Blöcke sind Gehäuse mit gekehlten Rollen (Scheiben), über die eine Leine läuft. Ein Block kann nur eine Scheibe haben oder aus einer Kombination von Scheiben bestehen. Entsprechend der Art ihrer Verwendung haben Blöcke am Fuß oder am Kopf die unterschiedlichsten Beschläge. Es gibt sie in allen möglichen Größen und aus verschiedenen Materialien. Sie dienen dem Umlenken einer Zugrichtung oder an Taljen, wie beispielsweise der Großschot, der Kraftersparnis.

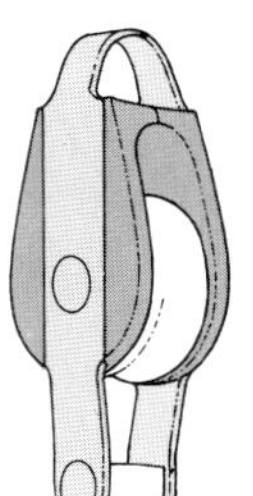
Block mit Auge und Hundsfott

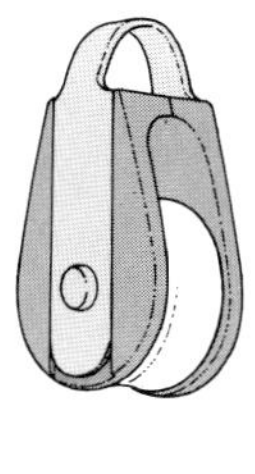
Block mit Auge

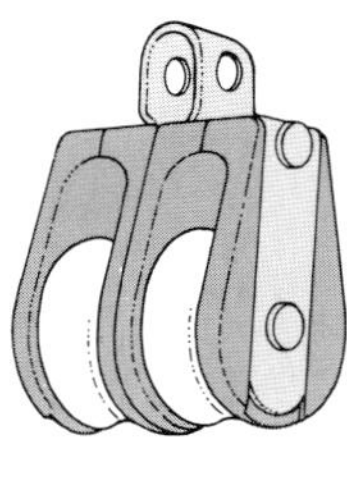
Zweischeibiger Block

Schäkel

Schäkel sind kleine Bügel, heute meistens aus nichtrostendem Stahl, die dazu dienen, alles Mögliche an Bord miteinander zu verbinden. Es gibt sie in verschiedenen Größen und Stärken und verschiedenen Ausführungen für spezielle Verwendungszwecke. Der „klassische" Schäkel ist der D-förmige Schraubschäkel. Daneben gibt es Schlüsselschäkel. Ihr Schäkelbolzen kann nicht heraus- und über Bord fallen, wie es Schraubbolzen gerne tun. Eine andere Spielart sind Schnappschäkel, die ein Federbolzen verschließt. Stets sollte man reichlich Ersatz an Schäkeln bei sich haben.

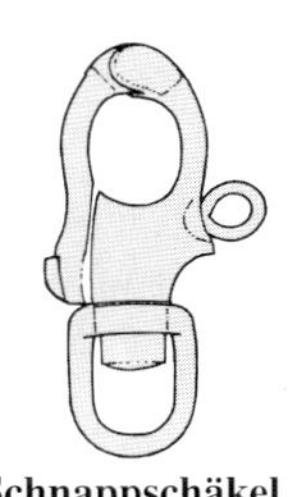
Schnappschäkel

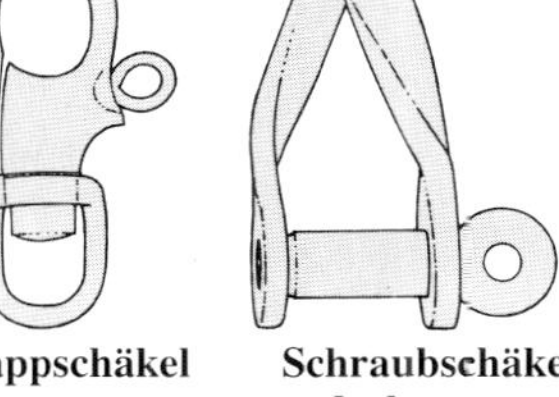
Schraubschäkel gedreht

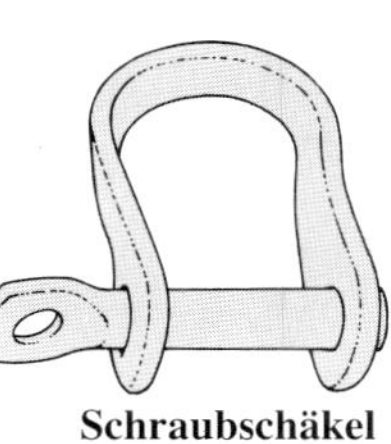
Schraubschäkel geschweift

Das Großsegelfall

Das Großsegelfall ist eine Leine, häufig mit einem Drahtvorläufer. Seltener ist es vollständig aus Draht. Es wird am Kopf des Großsegels angeschäkelt, um das Segel zu setzen. Es läuft zu einer Umlenkrolle in der Rückseite der Mastspitze, dann durch den Mast und tritt im unteren Teil des Mastes über eine weitere Umlenkrolle wieder aus. Üblicherweise an der rechten (Steuerbord-) Seite. Das Fall wird auf einer Klampe am Mast belegt und das Ende, sauber aufgeschossen, dahintergesteckt. Auf älteren Booten läuft das Fall nicht durch den (hohlen) Mast, sondern außen entlang. Ein Drahtfall wird mit einer Schlinge, seemännisch als Auge bezeichnet, über einen Haken gehängt.

Das Fockfall

Es dient zum Setzen des Vorsegels. Es wird ebenfalls am Segelkopf angeschäkelt und besteht meistens aus einer Leine mit einem Drahtvorläufer. Die Führung im Mast ist ähnlich wie beim Großsegelfall, nur tritt es oben an der Vorderseite und unten an der Backbordseite (links) aus. Belegt wird es ebenfalls auf einer Klampe. Auf Hochleistungsjollen allerdings sitzt das Fall häufig auf einem Hebelstrecker (rechts). Er ermöglicht, die gewünschte extreme Spannung auf das Vorliek des Segels zu bringen.

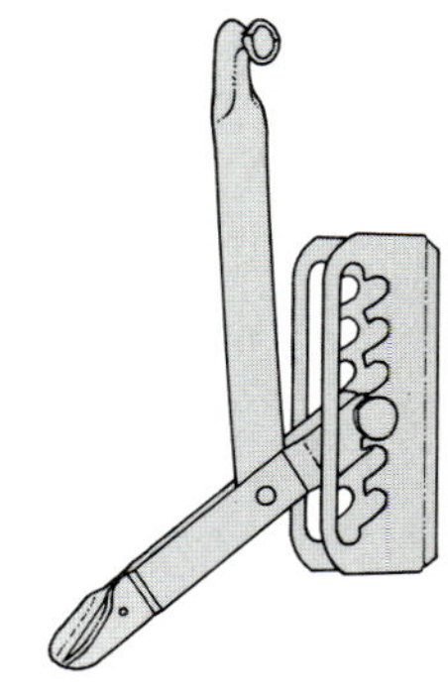

Hebelstrecker oder -spanner für das Fockfall, wie man ihn auf hochgezüchteten Rennjollen findet.

Die Großschot

Die Großschot ist eine geflochtene griffige Leine, mit der das Großsegel bedient wird. Üblich ist auf Jollen die Mittelschotführung. Die Schot sitzt etwa auf der Mitte des Baumes und der Fußblock ebenfalls etwa in der Mitte des Cockpits. Einige ältere und ausländische Jollen, besonders in England, haben eine Heckschotführung. Die Schot greift an der Hinterkante des Bootes, am Spiegel, an. Die Bedienung ist umständlicher. Alle Großschoten sind als Taljen durch Blöcke geschoren, die eine Kraftersparnis von 3:1 bis 4:1 ergeben. Der Fußblock der Mittelschot sitzt häufig auf einem sogenannten Traveller, einer quer übers Cockpit verlaufenden Schiene oder Stange mit einem oft rollengelagerten Schlitten. Der Traveller erlaubt dem Steuermann, die Großschot mehr zur einen oder anderen Seite hin zu fahren, was einen nicht unerheblichen Einfluß auf den Trimm des Segels hat. Alle Rennjollen, bei denen es auf solche Feinheiten ankommt, haben Traveller. Auf einigen Booten wird die Großschot ständig aus der Hand gefahren, auf anderen kann sie in Schotklemmen festgesetzt werden.

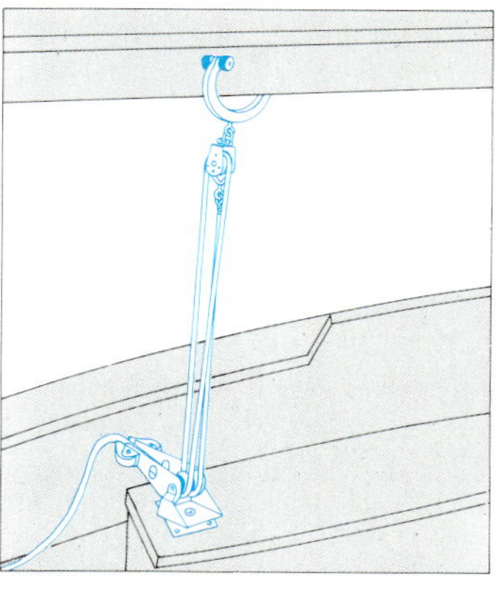

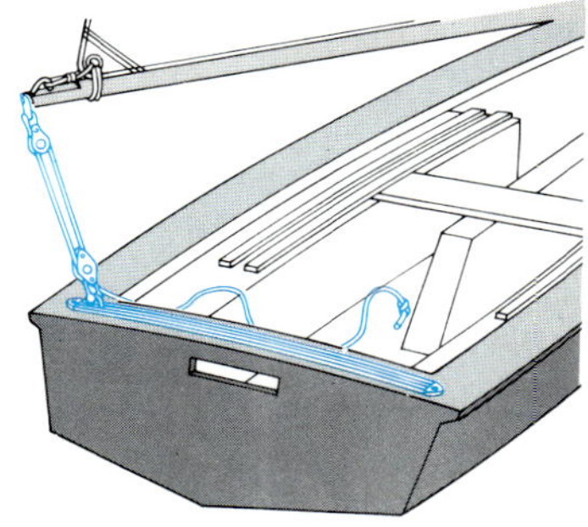

Oben: Heckschotführung mit Traveller, der Fußblock gleitet mit einem Schlitten auf einer Schiene. (Nur noch auf älteren, besonders englischen Jollen zu finden.)

Oben links: Mittelschotführung mit festem Fußblock und Schotring. Er ermöglicht, das Großsegel zu reffen (auf den Baum aufzurollen).

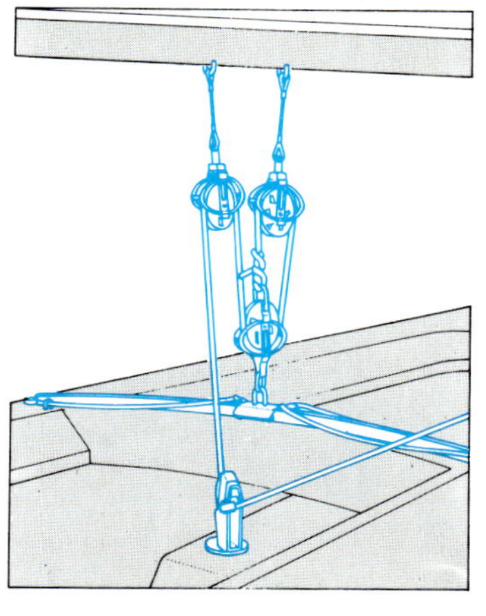

Mittelschotführung mit Traveller und festem Fußblock, wie sie auf allen modernen und internationalen Rennjollen üblich ist.

Die Fockschoten

Das Vorsegel – Fock oder Genua – wird mit zwei Schoten bedient. Sie werden entweder ans Schothorn angeschäkelt oder mit einem Knoten (Palstek) angesteckt. Knoten ist besser, denn der Metallschäkel an einer im Wind schlagenden Fock kann eher Verletzungen verursachen. Ob die Schot besser aus zwei Leinen besteht oder aus einer langen, in der Mitte halbierten, ist Ansichtssache. Man nimmt die beiden Schotenden auf jeder Seite außen um die Wanten herum, fädelt sie durch ihre Leitösen und sichert sie mit einem Achtknoten (s. Seite 150), damit sie nicht ausrauschen können. Die Leitösen sind entweder fest auf dem Seitendeck montierte Ringe oder Bügel, sogenannte Augen, oder sie sitzen verstellbar auf einer Fockschot-Leitschiene – meist einem Lochband mit Federstift.

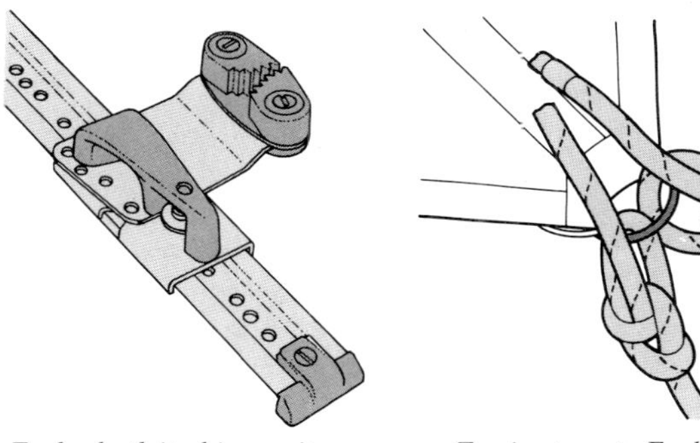

Fockschotleitschiene mit Schlitten, auf dem eine Curryklemme sitzt.

Zwei getrennte Fockschoten, mit je einem Palstek am Schothorn angesteckt.

Klemmen

Es gibt eine Vielzahl von Klemmvorrichtungen aus unterschiedlichen Materialien. Sie dienen alle dem gleichen Zweck: eine unter Zug stehende Leine sicher zu bekneifen und sich blitzschnell lösen zu lassen. Ursprünglich kannte man nur Klampen (unten rechts), doppelarmige Knaggen aus Holz oder Metall, neuerdings auch aus Kunststoff, um die das Tauende achtförmig herumgelegt wurde und sich auf diese Weise bekniff. Zu den eigentlichen Klemmen zählt die Klampe nicht. Wohl am meisten verbreitet ist die nach ihrem Erfinder benannte Curryklemme (unten links, kombiniert mit einer Leitöse). Sie hat zwei bewegliche gezahnte Backen, die sich unter Gegenzug öffnen. Sie wird vorwiegend zum Festsetzen von Schoten und Streckern verwendet. Gleiche Funktion hat die Kammklemme, auch englisch als Clamcleat bezeichnet. Sie bekneift in einem sich verjüngenden geriffelten Spalt. Man findet sie häufig am Schwert- und Ruderfall.

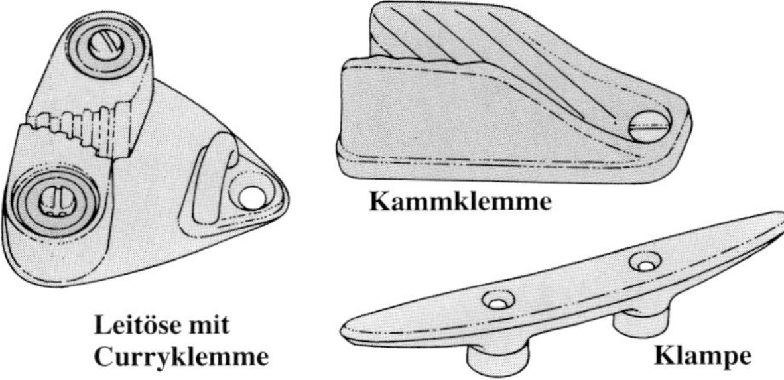

Kammklemme

Leitöse mit Curryklemme

Klampe

Zusätzliche Ausrüstung

Abgesehen von der Ausrüstung, die fest mit dem Boot verbunden ist, braucht man einige zusätzliche Dinge, ohne die man niemals lossegeln sollte. Dazu zählen ein Leichtgewichtanker mit mindestens 20 Meter Leine, zwei Festmacheleinen, zwei Stechpaddel oder Ruder (wenn das Boot zum Rudern eingerichtet ist), Pütz und Schwamm, Reservelenzstopfen, Reserveschäkel und ein Bordmesser mit einem Dorn, um festgefressene Schäkelbolzen zu lösen. Und selbstverständlich gehört für jedes Besatzungsmitglied eine Rettungsweste an Bord. Alle Ausrüstungsgegenstände müssen so – am besten unter dem Vor- oder Seitendeck – gestaut werden, daß sie nicht verloren gehen, falls das Boot kentert. Auszuschließen ist das mit einer Jolle nie.

Lenzeinrichtungen

Eigentlich sollten alle Jollen automatische Lenzeinrichtungen besitzen. Entweder Selbstlenzer im Boden, die das Wasser aus dem Boot saugen, sobald es genügend Fahrt macht, oder aber Lenzöffnungen im Spiegel. Sie können mit Klappen, Stopfen oder ähnlichem verschlossen sein. Manche öffnen automatisch, andere müssen von Hand geöffnet und geschlossen werden.

Weshalb ein Boot segelt

Um segeln zu können, ist es nicht unbedingt erforderlich, die Theorie des Segelns zu kennen. Es gibt sogar sehr erfolgreiche Segler, die sich nie um die Theorie gekümmert haben. Aber es ist schon hilfreich, wenn man eine ungefähre Vorstellung davon hat, welche Kräfte wie auf Boot und Segel einwirken und was sie bewirken. Tatsache aber ist leider auch, daß Anfänger häufig mit sehr viel theoretischem Ballast konfrontiert und dadurch eher verunsichert oder sogar abgeschreckt werden. Besser läßt man sie zunächst einmal selbst herausfinden, was ein Segelboot kann und nicht kann und aus ihren eigenen Beobachtungen lernen. Kinder führen uns vor, wie gut sich diese Methode in der Praxis bewährt. Man lernt schnell, ein Boot allein nach „Gefühl" zu segeln. Und mancher mag sich vielleicht damit zufrieden geben.
Wer jedoch nach mehr Perfektionismus strebt oder nach Regatta-Lorbeeren, der wird ohne Verständnis der Theorie, der aero- und hydrodynamischen Vorgänge am Boot, kaum auskommen.

Wie das Segel arbeitet

Daß Rückenwind schiebt, ist eine jedermann bekannte Tatsache. Nach diesem Prinzip segelt ein Boot vor dem Wind. Das Segel setzt dem Wind einen Widerstand entgegen. Die Luftströmung wird abgebremst. Je größer die Widerstandsfläche ist, um so mehr Luftmasse wird abgebremst und um so größer ist der Schub, der gleichbedeutend mit Vortrieb ist.
Auf andere Art entsteht der Vortrieb beim Segeln im Am-Wind-Bereich. Die Luftmasse wird nicht mehr abgebremst, sondern durch ein flaches, als aerodynamisches Profil geschnittenes Segel störungsfrei abgelenkt – zumindest dann, wenn das Segel richtig geschnitten ist und richtig steht. Die Luftströmung wird dabei gleichzeitig in Luv (der dem Wind zugekehrten Seite) verzögert und in Lee (der Rückseite) beschleunigt. Dabei entsteht ein Überdruck in Luv, und – durch die Beschleunigung der Luftströmung – ein erheblich größerer Unterdruck in Lee. Beide Kräfte – Über- und Unterdruck – wirken als Gesamtkraft in die gleiche Richtung, fast senkrecht zur Richtung des einfallenden Windes. Das Segel arbeitet nach demselben Prinzip wie die Tragfläche eines Flugzeuges. Aus der Aerodynamik stammt denn auch die Bezeichnung „Auftrieb". Er ist nicht mit Vortrieb gleichzusetzen. Der Wind liefert dem Boot überhaupt keinen nach vorn gerichteten Vortrieb, sondern nur einen quer zur Windrichtung orientierten Auftrieb. Wäre das Boot ein flach auf dem Wasser liegendes Brett, würde es einfach seitwärts „segeln". Aber die Lateralfläche – gebildet aus dem Unterwasserschiff, einschließlich Schwert und Ruderblatt – setzt dem seitlichen Abtreiben Widerstand entgegen. Dieser Lateralwiderstand verwandelt einen Teil der quergerichteten Gesamtkraft des durch den Wind erzeugten Auftriebs in Vortrieb. Das heißt, in Fahrt voraus. Je spitzer der Wind von vorne kommt, um so geringer wird der aus der quergerichteten Kraft gewonnene Vortrieb. Schließlich hört er vollständig auf.
Damit der Wind das Segel optimal anströmen kann, spielt der richtige Anstellwinkel des Segels zum Wind eine große Rolle.
Die Zeichnung rechts veranschaulicht, wie sich die Gesamtkraft (durchgezogene blaue Linie) in Vortrieb (= Fahrt voraus) und Querkraft aufteilt. Je seitlicher der Wind einfällt, um so mehr nimmt der Vortrieb zu und die Querkraft ab. Kommt der Wind von hinten, erzeugt er nur noch Vortrieb, die Querkraft hört auf.

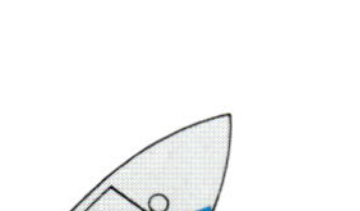

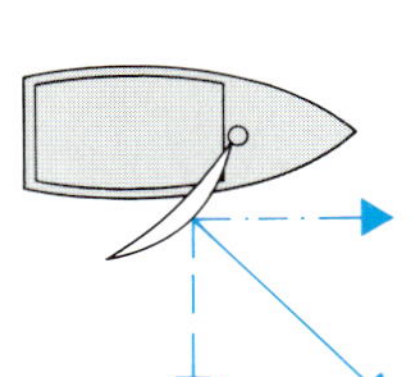

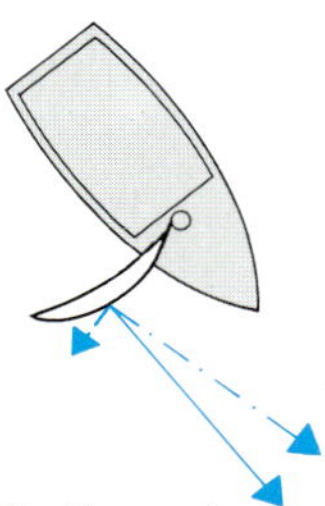

Die Gesamtkraft (durchgezogene blaue Linie) wirkt auf allen Kursen rechtwinklig zum Segel. Die Querkraft nimmt ab, je mehr das Boot vom Wind abfällt.

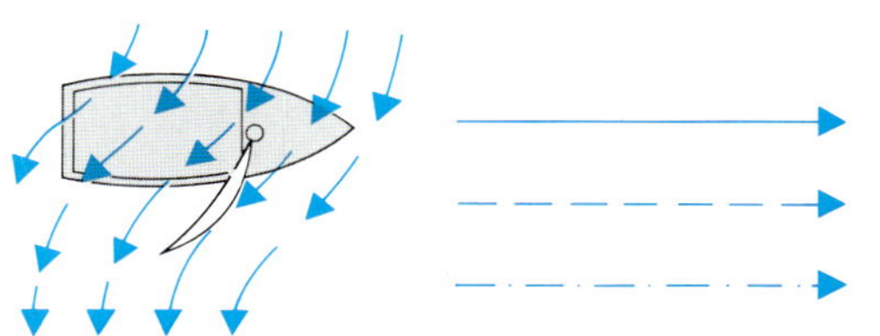

Das Segel spaltet die Luftströmung, dabei entsteht ein Überdruck in Luv und ein Unterdruck in Lee.

Wie das Schwert arbeitet

Auf einer Jolle ist es hauptsächlich das Schwert, das der seitlichen Abdrift entgegenwirkt. Je länger es ist, um so wirksamer ist es. Doch es kann auf Am-Wind-Kursen nicht verhindern, daß das Boot unter dem Winddruck auf das Segel stets etwas in Querrichtung ausweicht. Dieser Winkel zwischen dem gesteuerten und dem tatsächlich gesegelten Kurs wird als Abdrift oder Leeweg bezeichnet. Da die seitliche Abdrift am Wind am größten ist, muß das Schwert auf einem Am-Wind-Kurs vollständig hinuntergelassen werden. Je mehr man auf einen Vorm-Wind-Kurs geht, um so mehr kann das Schwert aufgeholt werden. Wird es auf einem Am-Wind-Kurs aufgeholt, rutscht das Boot zwar zur Seite weg, aber die Krängung – die seitliche Neigung – wird geringer, weil dem Winddruck auf die Segel nur ein sehr geringer Gegendruck der Lateralfläche gegenübersteht. Daraus ergibt sich die Feststellung: Je stärker die Abdrift, desto geringer ist die Krängung.
Aber auch bei starker Krängung verringert sich die Lateralfläche durch die starke Neigung des nur noch teilweise eingetauchten Schwertes und Ruderblattes. Deshalb vergrößert sich bei starker Krängung ebenfalls die seitliche Abdrift. Deshalb ist es so wichtig, eine Jolle so aufrecht wie möglich zu segeln, will man gute Fahrt voraus machen. Das wird erreicht, indem die Mannschaft ihr Gewicht so weit wie möglich nach Luv bringt.

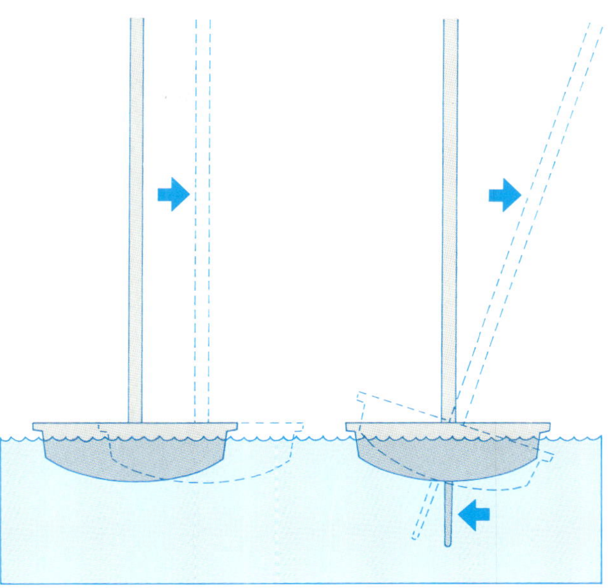

Ein Boot mit aufgeholtem Schwert bietet dem Wind wenig seitlichen Widerstand. Es rutscht zur Seite weg.

Mit dem Schwert unten bildet es unter Wasser einen erheblichen seitlichen Widerstand. Die seitwärts gerichtete Kraft wandelt sich teilweise in eine krängende Kraft um.

Wie das Ruder arbeitet

Das Ruder soll erstens die Lateralfläche vergrößern und so der seitlichen Abdrift entgegenwirken, und zweitens ist es das Steuer eines Bootes. Seine Wirkung beruht auf dem Staudruck, der vor dem Ruderblatt entsteht, wenn es gegen das anströmende Wasser angestellt wird. Schlägt man das Ruderblatt beispielsweise nach Steuerbord (rechts) ein, drückt der Staudruck das Bootsheck zur gegenüberliegenden Seite. Die Spitze des Bootes, der Bug, dreht nach Steuerbord. Genau betrachtet ist es das Heck, das man steuert, nicht der Bug. Die Drehachse liegt vor der Bootsmitte, deshalb vollführt das Heck immer einen größeren Bogen als der Bug. Ein Boot dreht stets in die Richtung, in die das Ruderblatt zeigt, auch beim Rückwärtssegeln. Die Pinne jedoch, mit der das Ruder gelegt wird, zeigt in die entgegengesetzte Richtung. Also bei Steuerbord-Ruder, wenn das Boot nach Steuerbord (rechts) dreht, muß die Pinne nach Backbord (links) gelegt werden. Das irritiert Anfänger manchmal zunächst etwas, geht einem aber schnell in Fleisch und Blut über.
Wird das Ruder zu stark eingeschlagen, verliert es seine Wirkung. Das quergestellte Ruderblatt bildet einen so großen Widerstand im Wasser, daß es nur noch als Bremse wirkt, mit der man tatsächlich zu viel Fahrt abstoppen kann. Auch kleinere Ruderausschläge haben stets eine, wenn auch sehr geringfügige Bremswirkung. Deshalb sollte man, um gut und schnell zu segeln, bei Geradeausfahrt so wenig wie möglich mit dem Ruder arbeiten.

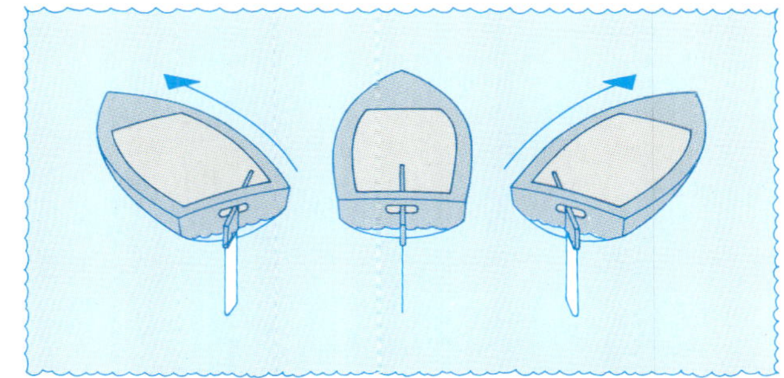

Wird das Ruder nach Backbord gelegt (links), dreht das Heck nach Steuerbord (rechts) und umgekehrt.

Kurse zum Wind

Direkt gegen den Wind ansegeln kann kein Boot. Für jedes gibt es einen unterschiedlich großen Sektor zum Wind, in dem es nicht mehr voraus segelt, sondern sogar rückwärts treibt. Im allgemeinen beträgt dieser tote Sektor 90°, jeweils 45° rechts und links von der Windrichtung. Das macht schon deutlich, wie wichtig es für einen Segler ist, die genaue Windrichtung zu kennen. Da der Wind jedoch nicht zu sehen ist, muß man sich an sichtbare Merkmale halten. Hat man einen Windanzeiger an Bord, einen Verklicker oder Windfäden am Want, wird gerade einem Anfänger die Sache erheblich erleichtert. Der erfahrene Segler hingegen hat ein ziemlich sicheres „Gefühl" für den Wind.

Gesegelt werden kann nur mit dem scheinbaren Wind, der sich aus dem tatsächlich wehenden Wind und dem vom Boot verursachten Fahrtwind zusammensetzt.

Zwischen dem nicht mehr zu befahrenden Sektor am Wind und dem Segeln „platt vorm Laken", das heißt, mit dem Wind genau von hinten, liegen mehrere Kurse. Sie haben ihre eigenen Bezeichnungen und erfordern jeweils eine andere Segelstellung, teilweise auch einen anderen Trimm des Bootes durch die Mannschaft. Auf diesen verschiedenen Kursen zum Wind immer den richtigen Anstellwinkel der Segel zu finden, macht dem Anfänger die meisten Schwierigkeiten. Doch mit zunehmender Praxis bekommt er fast automatisch das richtige Gespür dafür. Er lernt, Windschwankungen rechtzeitig zu erkennen und auszunutzen, und wie er auf Böen reagieren muß.

Alle Kurse zum Wind können über die rechte Bootsseite (Steuerbord) oder die linke Bootsseite (Backbord) gesegelt werden. Ihre Bezeichnung bleibt jeweils gleich.

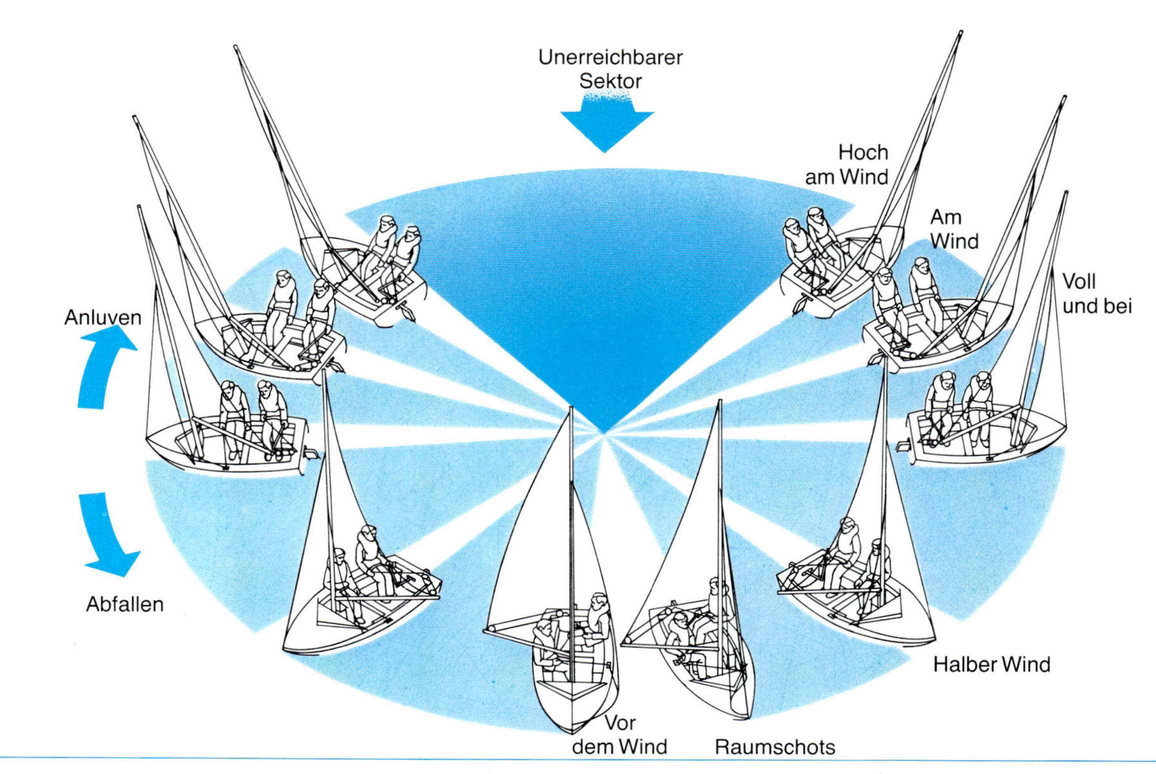

Der unerreichbare Sektor

Es gibt also einen Sektor von 0° (Vorausrichtung) bis zu etwa 45° nach beiden Seiten, in dem ein Boot nicht mehr voraus segelt, sondern entweder mit killenden (flatternden) Segeln stehen bleibt oder sogar rückwärts treibt. Segelt man zu dicht an der Grenze dieses Sektors, beginnt die Fock zu killen und das Boot verliert spürbar an Fahrt. In diesem Fall muß der Steuermann sofort die Pinne zu sich heranziehen und so weit abfallen, bis das oder die Segel wieder voll stehen.

Hoch am Wind

Ein Kurs hart an der Grenze des unerreichbaren Sektors, auf dem das Boot noch Fahrt macht, aber Krängung und Abdrift am größten sind. Die Segel sind so dicht wie möglich geholt, das Schwert ist vollständig unten. Man nennt solches Segeln auch Kneifen. Die Mannschaft muß stark ausreiten.

Halber Wind

Das Boot segelt etwa 90° zum scheinbaren Wind. Das Schwert ist ungefähr halb oder noch etwas mehr aufgeholt, die Segel sind so weit gefiert, daß sie gut voll stehen. Auf diesem Kurs erreichen alle Segelboote ihre größte Geschwindigkeit, besonders aber die leichten Gleitjollen.

Am Wind

Auf diesem Kurs läuft ein Boot seine optimale Höhe. Das heißt, man kommt so am besten zu einem Ziel, das in Luv liegt. Krängung und Abdrift werden etwas geringer, die Geschwindigkeit nimmt merklich zu. Wahrscheinlich wird man die Schoten auf diesem Kurs leicht fieren – etwas schricken – müssen.

Raumschots

Ein Kurs raumer als Halbwind, das heißt, mehr vom Wind weg. Das Großsegel ist bis an die Wanten aufgefiert, der Vorschotmann rutscht zur Bootsmitte, das Schwert wird fast vollständig aufgeholt. Raum nennt man jedoch verallgemeinernd auch alle Kurse zwischen „am Wind" und „vorm Wind".

Voll und bei

Das Boot fällt noch weiter ab, das heißt, es dreht weiter vom Wind weg, die Schoten werden etwas mehr gefiert. Krängung und Abdrift nehmen weiter ab, die Geschwindigkeit nimmt zu. Das Schwert kann etwas aufgeholt werden.

Vorm Wind

Der Wind kommt genau von hinten. Da die Fock jetzt vom Großsegel abgedeckt wird, nimmt man sie auf die andere Seite und fährt sie als „Schmetterling". Die Mannschaft sitzt zum Ausbalancieren auf der rechten und linken Bootsseite. Ein schwieriger Kurs.

Windanzeiger

Es ist für einen Segler wichtig zu wissen, woher der Wind weht. Erfahrene spüren das an ihrem Gesicht, nicht so Erfahrene sollten nach anderen Indikatoren Ausschau halten: In strömungsfreien Gewässern drehen sich Boote vor Anker mit dem Bug in den Wind. Rauch und Flaggen wehen in Zugrichtung des Windes. Auch aus den Wellen lassen sich gewisse Rückschlüsse ziehen, doch erfordert das einiges an Erfahrung, denn sie laufen oft nicht in der gleichen Richtung wie der Wind. Die besten Windanzeiger sind ein sogenannter Verklicker – ein ausgesteifter Wimpel – im Masttopp und Windfäden an den Wanten. Auch stellt sich das Großsegel in Windrichtung, wenn man die Schot losgibt.

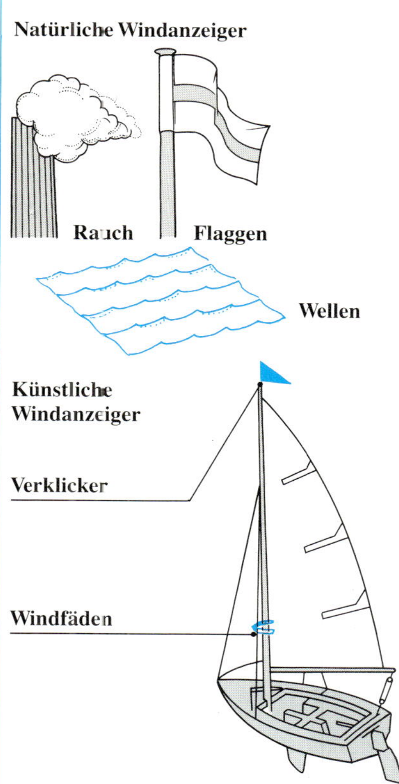

Bootsbedienung

Bevor jemand mit einer Jolle zu segeln beginnt, muß er sich eingehend damit vertraut machen, wie die verschiedenen Einrichtungen an Bord funktionieren, wie sie zu bedienen sind und was man mit ihnen bewirken kann. Obwohl sie, entsprechend der Bootskonstruktion, recht unterschiedlich sein können, funktionieren sie doch nach dem gleichen Prinzip. Steuermann und Vorschoter müssen lernen und wissen, wie sie damit das Beste aus ihrem Boot herausholen.

Bei einer Kursänderung müssen auch Segel- und Schwertstellung, Schot- und Ruderführung und die Sitzposition der Mannschaft geändert werden.

Einsatz der Segel

Abgesehen von der Antriebskraft, die die Segel liefern, haben sie auch größeren Einfluß auf das Kursverhalten eines Bootes. Ein Segel, das sich vor dem Schwert befindet, verleiht dem Bug eine Drehtendenz vom Wind weg. Entsprechend versucht ein hinter dem Schwert gesetztes Segel, das Heck zum Abfallen zu bringen. Stehen die Segel einwandfrei, sind also die Kräfte von Vor- und Großsegel genau ausbalanciert, muß das Boot geradeaus segeln, wenn man die Pinne losläßt. Sind die Segel nicht richtig geschotet, kann es schwierig werden, Kurs zu halten. Wenn man beispielsweise nur die Großschot anholt oder sie wesentlich dichter fährt als die Fockschot, wird das Boot luvgierig (Drehtendenz zum Wind). Holt man dagegen nur die Fockschot dicht, wird das Boot leegierig (Drehtendenz vom Wind weg).

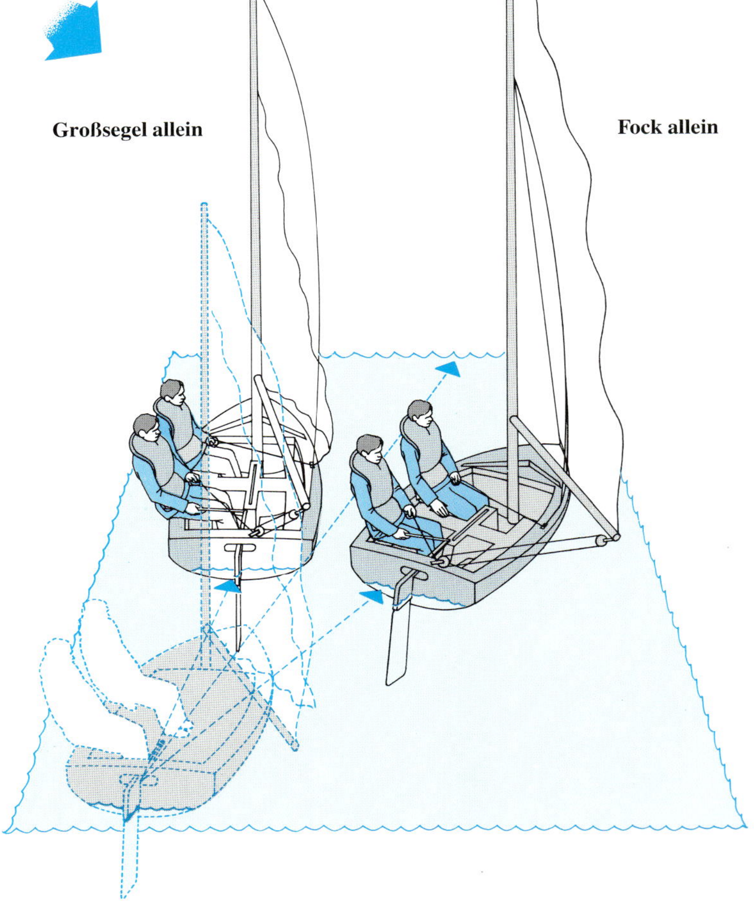

Das Boot liegt mit flatternden (killenden) Segeln in einer Am-Wind-Position. Das Ruder liegt mittschiffs. Läßt man die Fock weiter killen und holt nur das Großsegel dicht, nimmt das Boot Fahrt auf und luvt an (es dreht nach Luv). Holt man in derselben Ausgangssituation nur das Vorsegel dicht und läßt das Großsegel weiter killen, nimmt das Boot ebenfalls langsam Fahrt auf, es fällt aber ab (es dreht nach Lee).

Einsatz des Ruders

Das Ruder wird vom Steuermann mit der Pinne bedient, die häufig einen Pinnenausleger hat. Der Ausschlag des Ruders bewirkt eine Kursänderung des Bootes. Ein nach Luv eingeschlagenes Ruderblatt (Luv-Ruder) dreht das Boot nach Luv, ein nach Lee eingeschlagenes (Lee-Ruder) nach Lee. Die Pinne zeigt stets in die entgegengesetzte Richtung. Beim Anluven drückt der Steuermann die Pinne von sich weg, beim Abfallen zieht er sie zu sich heran. Wegen der starken Bremswirkung sollte das Ruder niemals hart gelegt werden. Bei allen mit dem Ruder eingeleiteten Kursänderungen müssen gleichzeitig die Segel entsprechend bedient werden.

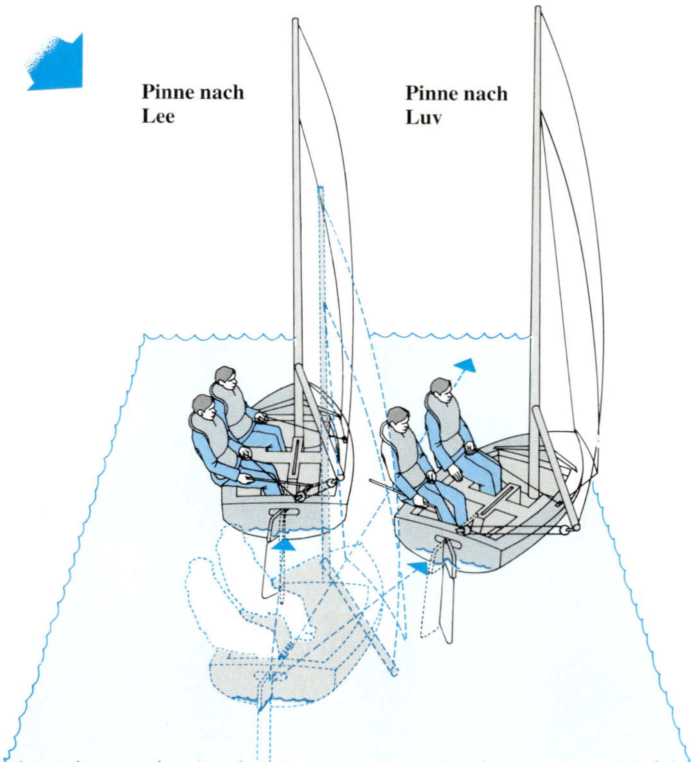

Schiebt der Rudergänger die Pinne von sich weg (nach Lee), luvt das Boot an. Werden die Schoten nicht entsprechend angeholt, fangen die Segel an zu killen. Das Boot kommt zum Stillstand, wenn es vollständig in den Wind gedreht wird. Zieht der Rudergänger die Pinne zu sich heran (nach Luv), fällt das Boot ab. Die Schoten müssen entsprechend gefiert werden, das Boot nimmt mehr Fahrt auf.

Einsatz des Schwertes

Als Anfänger mag es einem schon mal passieren, daß man vergißt, das Schwert hinunterzulassen. Luvt das Boot nicht wie erwartet an, sondern schiebt es sich zur Seite weg, zunächst die Schwertstellung kontrollieren. Mit dem Schwert läßt sich unter Umständen aber auch der Kurs stabilisieren. Ist das Boot leicht luvgierig, genügt es manchmal, das Schwert etwas aufzuholen. Ist das Boot etwas leegierig, mag es genügen, das Schwert vollständig hinunterzulassen.

Bootstrimm

Als Bootstrimm bezeichnet man alle Maßnahmen, die dazu dienen, daß ein Boot besser und schneller segelt. Ist ein Boot so getrimmt, daß es auf „ebenem Kiel“ schwimmt, hat es den richtigen Wasserlinienverlauf und es segelt geradeaus. Sitzt die Besatzung zu weit vorne, wird das Boot buglastig. Der Bug taucht zu tief ein, die Wasserlinie verkürzt sich, das Boot wird langsamer und luvgierig. Sitzt die Besatzung zu weit hinten, wird das Boot hecklastig. Die Wasserlinie verkürzt sich ebenfalls, das Heck saugt sich fest, das Boot wird langsamer und leegierig. Wird es stark zu einer Seite gekrängt, dreht es nach der anderen.

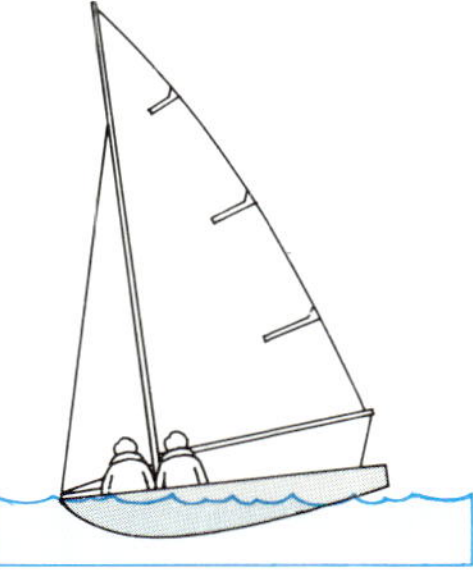

Die Mannschaft sitzt zu weit vorne

Die Mannschaft sitzt zu weit hinten

Segelklar machen

Nur recht kleine und leichte Boote wird man von Hand zu Wasser tragen können. Für etwas größere braucht man Bootsrollen, aus Kunststoff oder aufblasbar, oder einen Trolley, einen Bootskarren. Für Sandböden sollte er möglichst breite Räder haben, die nicht so tief einsinken.
Die Abdeckplane (Persenning) wird abgenommen und die bewegliche Ausrüstung ins Boot gepackt. Dabei ist darauf zu achten, daß die Lenzstopfen drinnen sind. Üblich ist es, das Boot bereits auf dem Bootskarren aufzuriggen und die Segel anzuschlagen, aber noch nicht zu setzen, sondern beizubändseln, damit sie nicht auswehen.

Jollen werden bei leichtem Wind an Land für eine Regatta aufgeriggt.

Bootstransport

Ob man die Segel bereits auf dem Stellplatz setzt oder erst am Slip, mag jedem freigestellt bleiben. Auf überfüllten Stellplätzen kann es jedoch Probleme geben. Üblicherweise liegt das Boot auf seinem Stellplatz so auf seinem Trolley, daß es für den Transport weiter hinausgeschoben werden muß. Dazu hebt einer den Bug an, während der andere den Wagen weiter unterschiebt. Aufpassen dabei, daß man nicht versehentlich die Deichsel an den Kopf bekommt. Um das Heck vor rauhem Bodenkontakt zu bewahren, packt man währenddem am besten einen alten Autoreifen drunter. Liegt das Boot richtig auf dem Trolley, kann man den Handgriff der Deichsel mühelos anheben. Die Vorleine vorsichtshalber am Handgriff belegen, damit das Boot nicht vom Wagen fällt, falls man während des Transports gegen ein Hindernis stößt. Nicht am Boot selbst schieben oder ziehen, sondern nur an der Wagendeichsel. Selbstverständlich achtet man auf Löcher, Steine oder andere Unebenheiten des Bodens. Ist eine Rinne zu queren, geht man sie schräg an und überfährt sie jeweils nur mit einem Rad. Wird das Boot auf einem Slip zu Wasser gelassen, läßt man es mit dem Heck voraus abrollen.
Auf Bootsrollen, die immer wieder hinter dem Heck weggenommen und vor den Bug gelegt werden müssen, ist der Transport etwas mühseliger, aber es geht natürlich auch.

Das Boot liegt gut ausbalanciert für den Transport auf dem Trolley (Slip- oder Bootswagen).

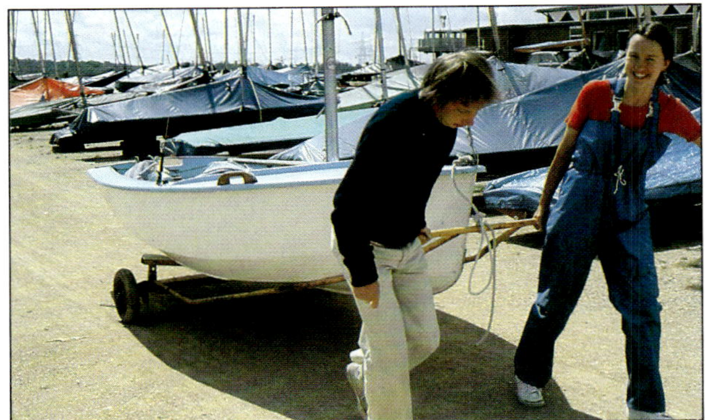

Der Bootswagen wird an der Deichsel gezogen, die Vorleine ist daran befestigt.

Anschlagen des Großsegels am Baum

Das Segel wird aus seinem Sack genommen und mit seinem Unter- oder Fußliek in die Nut auf der Oberseite des Baumes eingezogen. Am besten macht man das zu zweit. Einer führt das Liek ein, der andere zieht das Schothorn bis ans Ende des Baumes. Dann den Segelhals mit seiner Kausch am Baum festsetzen und das Segel mit dem Nockbändsel am Schothorn straff nach hinten ziehen und das Nockbändsel am entsprechenden Beschlag am Ende des Baumes festbinden. Nun die Segellatten in ihre Taschen am Achterliek stekken. Um gleich die richtigen zu finden, sollte man sie sich numerieren. Kontrollieren, ob die Großschot klar durch ihre Blöcke läuft, und dann den Baum als Beschwerung oben auf das Segel legen, damit es nicht ausweht.

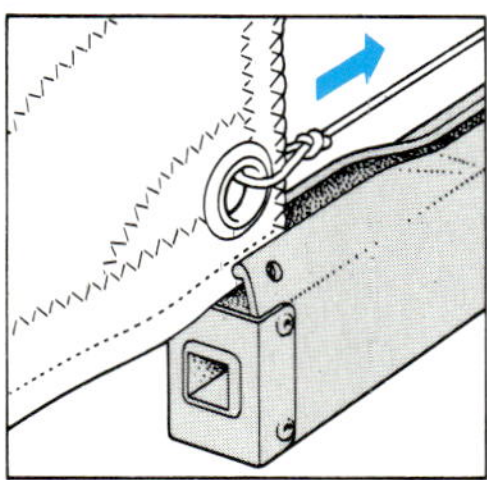

1 Das Unterliek in die Nut des Baumes einführen.

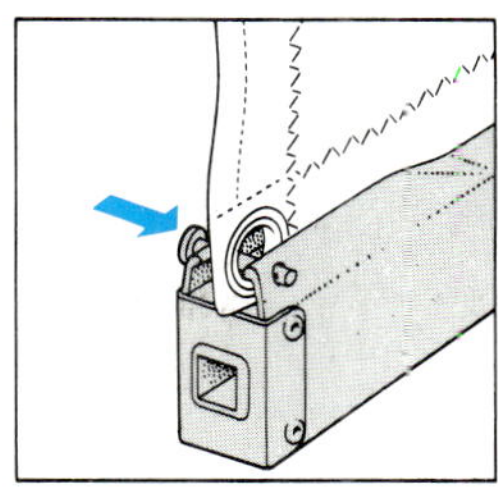

2 Den Splintbolzen durch den Segelhals stecken.

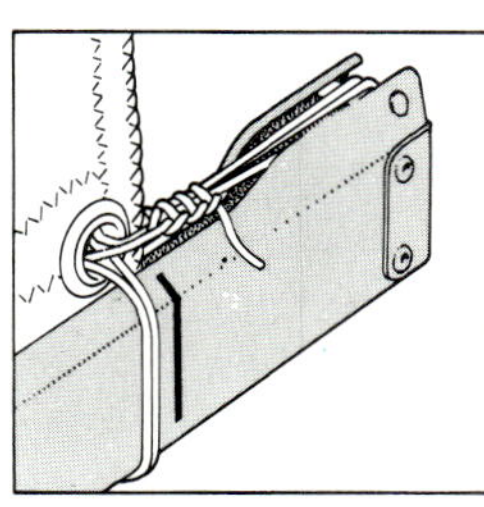

3 Das Schothorn mit dem Nockbändsel durchsetzen.

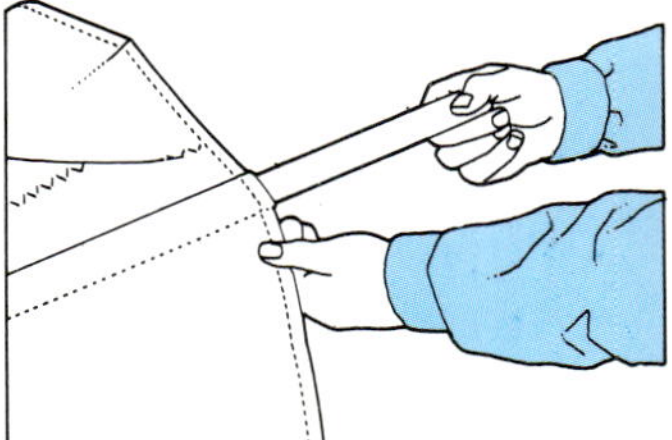

4 Die Segellatten in die Lattentaschen stecken.

5 Ist das Großsegel angeschlagen, den Baum aufs Segel legen, damit es vom Wind nicht hochgeweht wird.

Anschlagen der Fock

Die Fock wird aus ihrem Sack geholt und aufs Vordeck gelegt. Die Ecke mit dem Segelhals heraussuchen und ihn am Bugbeschlag anschäkeln. Dann werden die Stagreiter auf das Vorstag gesetzt, und zwar von unten nach oben. Danach das Fockfall an den Segelkopf schäkeln und die Fockschot ans Schothorn schäkeln oder knoten. Die Fockschoten außerhalb der Wanten zu ihren Leitösen führen und auf die Enden einen Achtknoten setzen. Mit dem Fall oder auch der Fockschot das Segel am Vorstag so beibinden, daß der Wind es nicht auswehen kann.

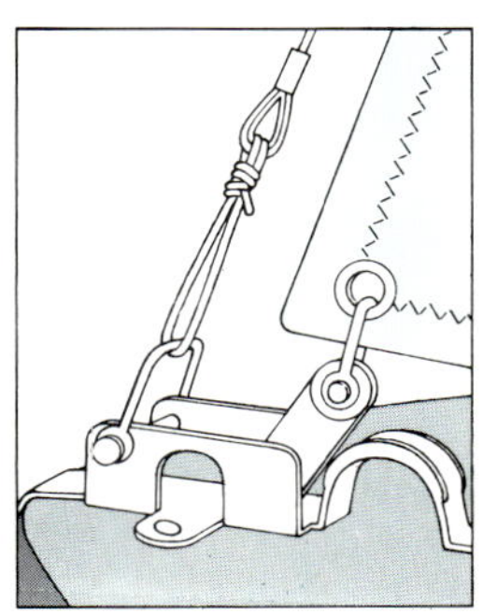

1 Den Segelhals am Bugbeschlag anschäkeln.

2 Die Stagreiter aufs Vorstag setzen.

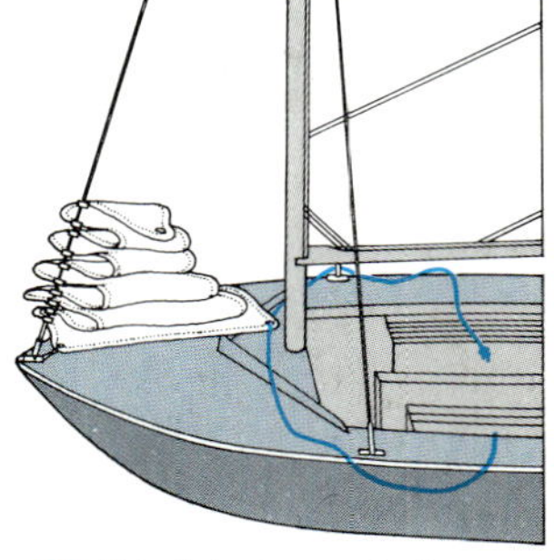

3 Die Schoten anstecken und durch die Leitösen ziehen.

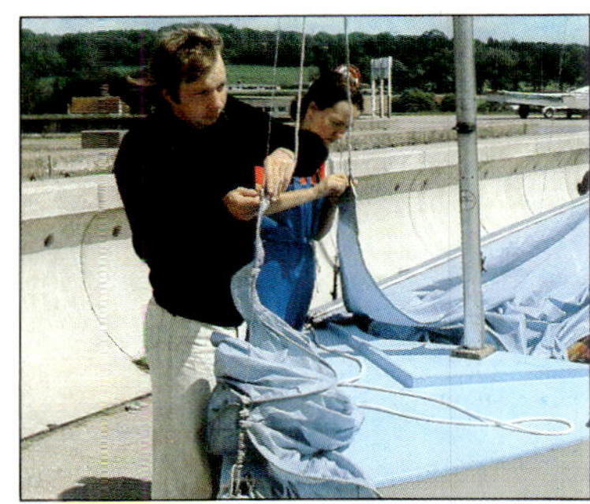

4 Fock- und Großsegelfall am Segelkopf anschäkeln.

Leinen los

Sowohl in den Segelclubs, die Kurse durchführen, als auch in den Segelschulen wird der Anfänger seine ersten Schläge unter den wachsamen Augen eines erfahrenen Ausbilders absolvieren und sich nach dessen Anweisungen richten. Das ist in jedem Fall der beste Weg. Natürlich kann man sich das Segeln auch alleine beibringen. Dann sollte man sich aber bemühen, einen erfahrenen Jollensegler zu finden und ihn bitten, bei den ersten Versuchen mitzusegeln.

Unbedingt sollte ein Segelneuling nur bei leichten Winden starten, bei Windstärken bis allerhöchstens 3. Und auf einem geeigneten und ruhigen Revier. Einem Revier also ohne starke Strömungen, unberechenbare Fallböen oder regen Schiffsverkehr. Wenn man das Revier selbst nicht kennt, sollte man unbedingt vorher genaue Erkundigungen einziehen. Auch schon deshalb, weil es manchmal Sperrungen gibt oder Schutzzonen, die nicht befahren werden dürfen.

Bevor die Leinen endgültig losgeworfen werden können, gilt ein letzter gründlicher Check dem Boot und seiner Ausrüstung. Befindet sich alles in einwandfreiem Zustand? Hat man nichts vergessen? Ist tatsächlich alles an Bord, was man für die Fahrt braucht? Und ist es auch sicher verstaut? Hat man warme Kleidung dabei, wenn es kühler wird oder man länger als geplant braucht, um wieder an Land zu kommen?

Hat man seine Segel bereits an Land angeschlagen, kann es nicht schaden, das Boot auf dem Bootswagen mit der Nase in den Wind zu drehen und Fock und Großsegel einmal hochzuziehen, um zu sehen, ob nichts verhakt oder „vertörnt“ ist, sondern alles klar läuft. Ist es andem, werden die Segel wieder heruntergeholt und gesichert, damit sie nicht auswehen.

Bringt man sein Boot in einem überfüllten Hafen oder an einem betriebsamen Strand zu Wasser, ist es besser, an einen ruhigen Platz zu paddeln und dort, ohne alle Nervosität, seine Segel zu setzen. Ideal ist es, wenn man dazu eine freie Boje findet, an der man mit dem Bug festmachen kann, so daß sich das Boot in Windrichtung legt. Bei Wind, der auf das Ufer oder den Steg zu weht, muß man sich zum Segelsetzen entsprechend weit entfernen. Denn das Boot wird in der ersten Phase, nach dem Loswerfen der Leine, bevor es Fahrt aufnimmt, erheblich achteraus getrieben.

Hat man später erst genügend Segelerfahrung, ist es meist, mit ein paar kleinen Tricks, kein Problem, auch bei auflandigem Wind, direkt vom Slip, Steg oder Strand loszusegeln.

Mit einer Einmann-Jolle ist manches schwieriger, auch wenn nur ein Segel zu bedienen ist. Man hat keinen Zweiten, der einem beim Zuwasserlassen, beim Segelsetzen und vor allem auch beim Ausbalancieren des Bootes hilfreich zur Hand gehen kann. Da Einmann-Jollen im allgemeinen auch eine geringere Stabilität als ein Zweimann-Boot haben, also leichter kentern können, und ein schnelleres Reaktionsvermögen verlangen, sind sie für einen Einstieg in die Segelei nicht unbedingt das Richtige.

Fortgeschrittene setzen die Segel häufig bereits an Land, Anfänger sollten sie besser erst draußen im freien Wasser setzen.

Zu Wasser lassen

Einen Slip – eine Bootsrampe – sollte man sich sehr genau ansehen, bevor man mit seinem mit dem Boot beladenen Trolley rauf rollt: Wie steil er ist, wie glitschig, und ob er nicht abrupt endet, so daß man ins tiefe Wasser fallen kann. Ist es sehr steil und schlüpfrig, sollte man den Trolley mit einer langen, an einem festen Punkt oberhalb des Slips belegten Leine sichern, damit er sich nicht selbständig machen kann. Die Vorleine des Bootes bleibt so lange am Handgriff des Wagens belegt, bis er das Wasser erreicht. Nun dirigiert einer den Trolley so weit ins Wasser, bis das Boot aufschwimmt. Während der Trolley-Lenker den Wagen aus dem Wasser zieht und wegbringt, holt der andere das Boot an der Vorleine seitlich an den Slip, um den Slip für andere freizumachen, die (meistens) schon warten. Dann klettern beide ins Boot. Wer zuerst drin ist, stabilisiert es für den anderen, der gibt dem Boot beim Einsteigen einen kräftigen Stoß, und dann wird zu der Stelle hinausgepaddelt, wo man seine Segel setzen will.

Links außen: Lösen der Vorleine von der Wagendeichsel, bevor der Wagen ins Wasser gerollt wird. Daneben: Das Boot schwimmt auf, einer hält es an der Vorleine, der andere zieht den Wagen darunter weg.

An Land holen

Wenn sich das Boot dem Slip nähert, muß einer raus, bevor es mit dem Boden auf den Slip aufsetzt. Dabei muß er aufpassen, nicht danebenzutreten und ins tiefe Wasser zu fallen. Er hält das Boot so lange neben dem Slip fest, bis der andere mit dem Trolley heran ist. Den Wagen so tief ins Wasser schieben, daß das Boot eingeschwommen werden kann. Niemals das Boot mit Gewalt auf den nicht tief genug abgetauchten Trolley zerren. Zu leicht kann der Wagen dabei beschädigt werden. Nun die Vorleine am Handgriff des Wagens belegen und das Gespann den Slip heraufziehen. Ist er steil und sehr schlüpfrig, wieder eine längere Sicherungsleine an Land ausbringen, damit der Trolley einem nicht entgleitet oder man selbst mitsamt dem Gespann ins Wasser schliddert.

Sowie das Boot richtig auf dem Wagen sitzt, die Vorleine an der Wagendeichsel festmachen und dann erst den Trolley herausziehen.

Rudern

Um sein Boot zum Segelsetzen an einen bestimmten Platz zu bringen oder bei Flaute überhaupt nach Hause zu kommen, muß es gepaddelt oder gerudert – seemännisch gepullt – werden. Gepullt wird mit den Riemen. Sie lagern in Dollen (Drehgabeln). Man sitzt mit dem Rücken nach vorne auf der Ducht (Ruderbank). Beim Ausholen des Riemens sind die Arme nicht ganz ausgestreckt, der Oberkörper wird leicht vorgebeugt. Beide Riemen werden gleichzeitig eingetaucht und durch ruckartiges Beugen der Arme und kurzes Zurückreißen des Oberkörpers aus dem Kreuz heraus durchs Wasser geholt. Werden die Ruderblätter von vorn nach hinten durchs Wasser geholt, macht das Boot Fahrt voraus. Bei einseitigem Pullen mit nur einem Riemen dreht das Boot nach der Seite, auf der nicht gepullt wird. Durch gleichzeitiges Eintauchen des anderen Riemens wird die Drehbewegung noch beschleunigt. Die meisten Jollen haben keine Einrichtung (Dollen und Ducht) zum Rudern. Außerdem lassen sich die langen Riemen schlecht im Boot unterbringen.

Entweder rudert einer mit beiden Riemen, während der andere steuert, oder beide rudern mit je einem Riemen (rechts). Nur bei exakt gleichzeitigen Aktionen der beiden Ruderer bleibt das Boot auf (Geradeaus-)Kurs.

Paddeln

Man sitzt mit dem Paddel in Fahrtrichtung. Die Hand zur Wasserseite umfaßt den Schaft, die andere Hand den Aufgriff des Paddels. Das Blatt wird fast senkrecht ins Wasser gestoßen und nach hinten gerissen. Die Hand auf dem Aufgriff übt dabei einen leichten Gegendruck aus. Der Oberkörper folgt der Bewegung mit einer kleinen ruckartigen Beugung nach vorne. Wird nur auf einer Seite gepaddelt, dreht das Boot zur anderen und der Steuermann muß ständig mit dem Ruder gegenanhalten. Ist man allein, mal auf der einen, mal auf der anderen Seite paddeln, um die Drehbewegung jeweils sofort wieder aufzuheben. Oder man wriggt. Beim Wriggen wird das Paddel mit einem Anstellwinkel von etwa 45° hinter dem Heck von rechts nach links bewegt oder umgekehrt. Am Ende des Weges dreht man das Paddel um 90°, so daß es jetzt in einem entgegengesetzten Anstellwinkel zum Wasser steht, dann wird es von links nach rechts oder umgekehrt bewegt und so fort in ständigem Wechsel.

Links außen: Wriggen mit dem Paddel über Heck. Daneben: Paddeln zu zweit über die Seite.

Segelsetzen auf dem Wasser

Um dem Wind beim Setzen der Segel keine Angriffsfläche zu bieten, muß das Boot mit dem Bug im Wind liegen. Deshalb ist es gut, wenn man mit dem Bug an einer Boje oder ähnlichem festmachen kann. Dann stellt sich das Boot, ähnlich einer Wetterfahne, selbst in den Wind. Das Großsegel wird zuerst gesetzt oder geheißt (nicht gehißt!). Dazu muß die Großschot los sein. Wenn bisher noch nicht geschehen, wird das Fall am Großsegelkopf angeschäkelt und das Segel, Hand über Hand, hochgezogen. Zum Schluß wird das Fall in einer Bucht um die Klampe genommen und mit der rechten Hand in das unter Zug stehende Stück des Falls – die sogenannte feste Part – eingefallen, um genügend Spannung auf das Vorliek zu bekommen. Eventuell hebt man den Baum etwas an, um das Fall steifer durchsetzen zu können. Dann das Fall auf der Klampe belegen und das Ende aufschießen und über die Klampe hängen (s. Seite 153). Hat der Baum am Lümmelbeschlag eine Streckertalje, diese ebenfalls steif durchsetzen. Danach, wenn vorhanden, den Baumniederholer am Baum einpicken und durchsetzen.
Vorm Vorsegelsetzen schnell noch ein kontrollierender Blick, ob alle Stagreiter angeschlagen und nicht miteinander verhakt sind, ob die Schoten durch ihre Leitösen gezogen und mit einem Achtknoten gesichert sind. Das Fall wird so steif durchgesetzt, daß das Vorstag gerade anfängt, lose zu kommen. Es geht leichter, wenn man mit einer Hand ins Vorstag einfällt. Dann das Fall auf der Klampe belegen, das Ende aufschießen und über die Klampe hängen. Alle Vorsegelfallen kommen stets an die Backbordseite des Mastes, das Großsegelfall wird an Steuerbord belegt. Hat das Fockfall zum Durchsetzen einen Hebelstrecker, das Drahtauge im Fall über den Haken hängen und den Streckerhebel umlegen.

Mit dem Boot an einer Mooring liegend, wird zunächst die Fock . . .

. . . und dann das Großsegel gesetzt. (Bei uns wird die Reihenfolge genau umgekehrt gelehrt.)

Erste Segelerfahrungen

Nachdem nun also die Segel gesetzt worden sind, kann endlich losgesegelt werden. Eigentlich sollte man wenigstens auf dieser ersten Ausfahrt einen erfahrenen Segler mit an Bord haben, sofern man sich nicht in der Obhut eines Segellehrers befindet. Um erstmal etwas sicherer im Umgang mit Schot und Pinne zu werden, sollte man zunächst das Wenden üben (s. Seite 58). Ideal ist es, wenn man irgendwo zwei Bojen oder ähnliche Schwimmkörper hat, um die man in 8-Form herumkurven kann. Auf jeden Fall hält man sich bei seinen ersten Segelversuchen stets in Landnähe. Gerät man in irgendwelche Schwierigkeiten, einfach in den Wind drehen und die Schoten loswerfen. Das Boot bleibt dann fast auf der Stelle liegen, und man kann überlegen, was zu tun ist.

Und schließlich muß man auch wieder an Land. Zum Segelbergen macht man dort wieder fest, wo man seine Segel gesetzt hat und paddelt dann zurück zum Slip, Strand oder Steg.

Um die Fahrt aus dem Boot zu nehmen, einfach auf einem Kurs „voll und bei" die Schoten loswerfen und die Segel auswehen lassen.

Schot und Pinne

Zunächst geht es darum, daß Steuermann und Vorschoter richtig sitzen. Der Steuermann üblicherweise auf dem Seitendeck, gut klar vom Ausschlag des Pinnenendes. Er steuert mit der hinteren Hand und hält in der vorderen die Großschot. Pinnen ohne Pinnenausleger gibt es kaum noch. Man hält den Pinnenausleger in der Hand mit dem Daumen oben drauf, oder zwischen Daumen und Zeigefinger. Die zweite Methode ist günstiger, wenn man sich beim Ausreiten weit hinaushängen muß. Immer darauf achten, daß sich das Ende der Großschot nicht irgendwo verhakt, und sei es zwischen den eigenen Füßen. Um die vordere Hand zum Holen der Großschot freizubekommen, klemmt man sich die Schot entweder zwischen die Knie oder bekneift sie zwischen Pinne und Pinnenhand. Beim Auffieren läßt man sie durch die Hand laufen. – Der Vorschoter muß jeweils dort sitzen, wo er mit seinem Gewicht das Boot am besten ausbalancieren kann, damit es aufrecht segelt.

Mit Schot und Pinne so lange jonglieren, bis man ein Gefühl für die Reaktionen des Bootes bekommt.

Lossegeln voll und bei

Sobald die Besatzung ihre Positionen eingenommen hat, kann es losgehen. Der Vorschoter holt die Leeschot, der Steuermann die Großschot an, damit das Boot allmählich in Fahrt kommt. Das Schwert ist gut halb gefiert (hinuntergelassen). Der Steuermann zieht die Pinne etwas zu sich heran, bis der Verklicker im Masttopp einen Winkel von nicht ganz 80° erreicht, der anzeigt, daß das Boot voll und bei segelt. Nun die Pinne mittschiffs legen und Vor- und Großschot so einregulieren, daß das Vorliek der Segel nicht killt. Auf diesem Kurs zum Wind lernt man wohl am besten das richtige Gespür für Kurs und Segeltrimm. Bewegt man die Pinne leicht hin und her, kann man die Kursänderungen an den Bewegungen des Bugs gegenüber dem Horizont sofort erkennen. Und man merkt auch, wie das Boot schneller oder langsamer wird. Jetzt sucht man sich einen festen Punkt an Land und steuert ihn an, um korrektes Kurshalten zu lernen. Hat man damit keine Schwierigkeiten mehr, kann man sich auf den richtigen Trimm der Segel konzentrieren. Damit beginnt man bei jedem Segel einzeln. Die Schot wird jeweils so weit gefiert, bis das Vorliek anfängt zu killen. Dann wird sie wieder so weit dichtgeholt, bis das Killen gerade verschwindet. So stehen die Segel für diesen Kurs optimal. Windfäden an den Segeln können eine große Hilfe sein. Da der Wind niemals konstant aus einer Richtung weht, muß man den Stand der Segel häufiger auf die beschriebene Weise korrigieren. – Das Gewicht der Besatzung muß so verteilt werden, daß das Boot aufrecht segelt. Krängt es nach Lee, muß die Mannschaft auf der hohen Luvkante ausreiten. Krängt es nach Luv, muß sie sofort ins Boot zurückrutschen.

Für den ersten Törn gutes Wetter und leichten Wind wählen, wenn auch andere Boote draußen sind.

Anluven

Beim Anluven gilt es, alle Kräfte zu nutzen, die eine Luvtendenz des Bootes fördern, und alle auszuschalten, die ihr hinderlich sind. Will man anluven, das heißt, höher an den Wind herangehen, wird zunächst die Großschot dichter genommen, danach erst die Fockschot. Auch das Schwert wird vorher gefiert. Dann schiebt der Steuermann die Pinne gleichmäßig von sich fort. Zwar ist es im Prinzip günstig, wenn das Boot zum Anluven nach Lee krängt, doch möglicherweise luvt es dadurch schneller und höher an den Wind als der Besatzung lieb ist. Sie hält sich bereit, sofort mehr auszureiten, um der zunehmenden Krängung entgegenzuwirken, die durchs Anluven entsteht. Sowie der neue Kurs anliegt, werden die Segel wieder richtig eingestellt.

1 *Anluven aus einem Kurs voll und bei. Das Schwert vollständig fieren.*

2 *Luv-Ruder legen (Pinne nach Lee) und die Schoten entsprechend anholen.*

3 *Das Boot ist auf einem Am-Wind-Kurs angeluvt, es krängt mehr, die Crew muß entsprechend stärker ausreiten, die Schoten sind dichtgeholt.*

Abfallen

Beim Abfallen (vom Wind) muß das Boot unbedingt aufrecht segeln. Allenfalls kann es etwas nach Luv krängen. Krängt es nach Lee, erhält es eine heftige Tendenz zum Anluven. Sie kann so stark sein, daß es unmöglich ist, gegenanzusteuern. Zumal, wenn man gerade eine Bö erwischt und die – nun zu dicht gefahrene – Großschot festsitzt. Wenn man vorher das Schwert etwas aufholt, hilft das dem Boot erheblich. Segelt es aufrecht, zum Abfallen zunächst die Großschot auffieren, dann erst Ruder legen, indem man die Pinne zu sich heranzieht. Dieses sollte man sich zum Prinzip machen, um instinktiv richtig zu reagieren, wenn man sehr plötzlich abfallen muß, etwa um einem unvorhergesehenen Hindernis auszuweichen. Liegt der neue Kurs an, werden die Segel entsprechend geschotet.

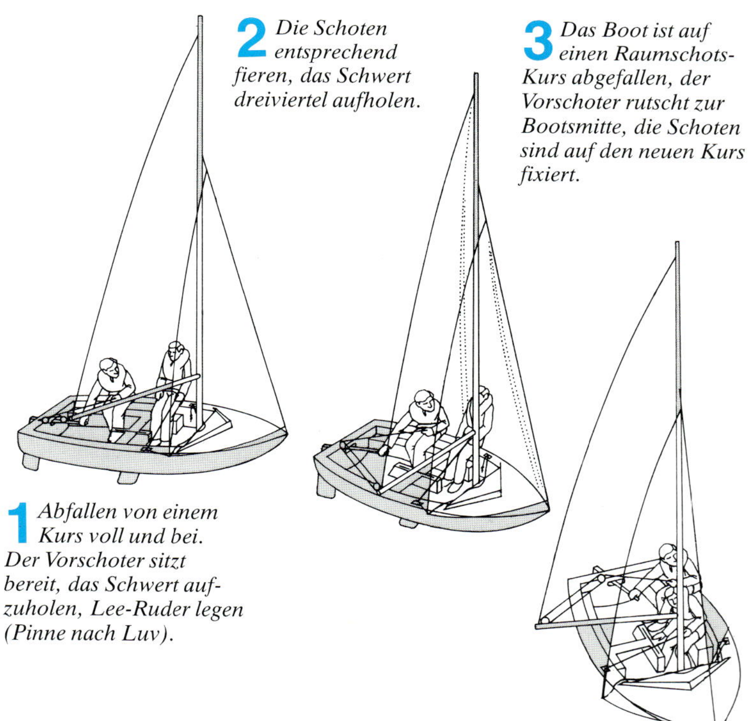

1 *Abfallen von einem Kurs voll und bei. Der Vorschoter sitzt bereit, das Schwert aufzuholen, Lee-Ruder legen (Pinne nach Luv).*

2 *Die Schoten entsprechend fieren, das Schwert dreiviertel aufholen.*

3 *Das Boot ist auf einen Raumschots-Kurs abgefallen, der Vorschoter rutscht zur Bootsmitte, die Schoten sind auf den neuen Kurs fixiert.*

Beidrehen

Um ein Boot vorübergehend zum Stehen zu bringen, kann man entweder auf einem Am-Wind-Kurs in den Wind schießen, das heißt, den Bug genau in den Wind drehen, oder auf einem Halb-Wind-Kurs anluven und die Schoten fieren (einen Nahezu-Aufschießer fahren). In beiden Fällen wird das Boot nicht lange so liegen bleiben, sondern rückwärts treiben, wenden oder abfallen und wieder Fahrt aufnehmen, also ein unkontrolliertes Eigenleben entwickeln. Nicht so beim Beidrehen. Die übliche Methode beizudrehen sieht so aus: Wenden, aber die Fockschot nicht loswerfen, so daß die Fock – in Luv – backsteht. Nun die Großschot fieren und die Pinne nach Lee drücken und dort gegebenenfalls festsetzen. Der Fock, die das Boot nach Lee rumdrücken will, wirkt das gefierte Großsegel und das Luv-Ruder entgegen, so daß sich die beiden Drehmomente weitgehend aufheben. Das Boot treibt nur minimal nach Lee und liegt relativ ruhig, und man hat Zeit, irgendwelche Dinge zu klarieren. Das Schwert sollte dabei viertel bis halb aufgeholt sein. Das muß man ausprobieren. Wie man überhaupt ausprobieren muß, ob und wie sich das eigene Boot beidrehen läßt. Viele Jollentypen lassen sich nämlich gar nicht beidrehen. Um aus beigedreht wieder loszusegeln, braucht man nichts weiter zu tun, als die Fock in Luv loszuwerfen, auf die andere Seite zu nehmen und die Großschot anzuholen.

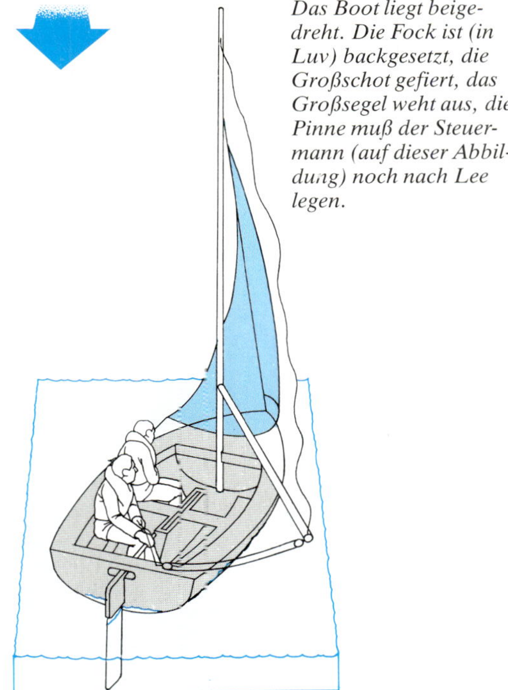

Das Boot liegt beigedreht. Die Fock ist (in Luv) backgesetzt, die Großschot gefiert, das Großsegel weht aus, die Pinne muß der Steuermann (auf dieser Abbildung) noch nach Lee legen.

Wollfäden

Die Segel sind richtig getrimmt, wenn die Lieken nicht mehr killen. Eine große Hilfe für den korrekten Trimm sind feine Wollfäden, die etwa zwei Handbreit hinter dem Vorliek aufgesetzt sind. Diese feinen Fäden, auf beiden Seiten am Segel befestigt, liegen bei richtiger Segelstellung glatt an, ohne zu flattern. Die Abbildungen zeigen zwar nur die Befestigung der Fäden an der Fock, jedoch kann man ebenso mit dem Großsegel verfahren.

Kontrolle des Segeltrimms

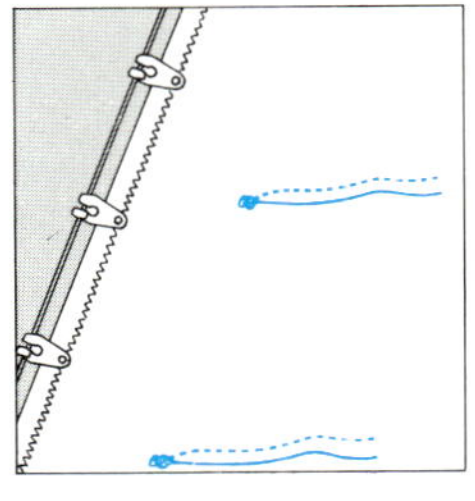

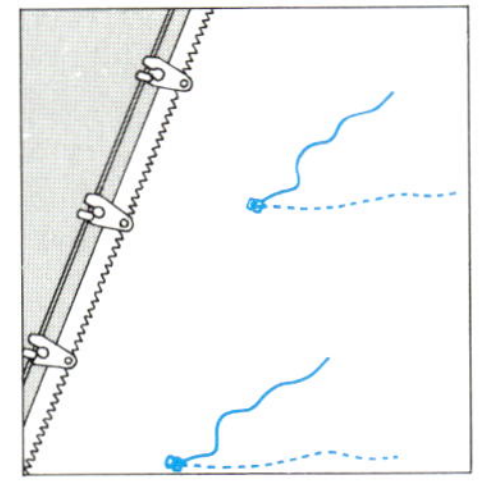

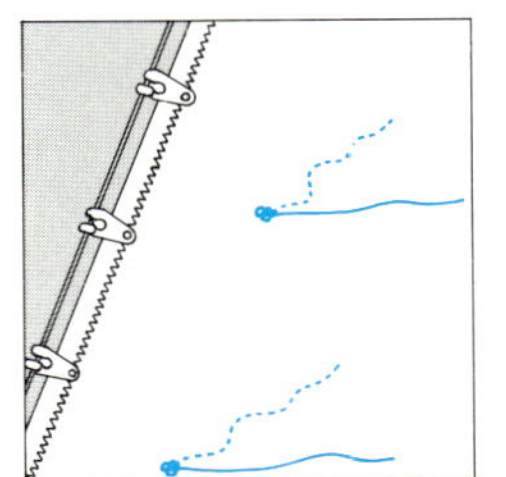

1 *Windfäden parallel – die Fock steht richtig.*

2 *Windfäden wehen in Luv hoch – Fockschot dichter holen.*

3 *Windfäden wehen in Lee hoch – Fockschot auffieren.*

Wenden

Häufig wird schon kurz nach dem Ablegen vom Steg oder von der Boje das erste Wendemanöver fällig. Wenden heißt, mit dem Bug durch den Wind gehen, so daß der Wind nach dem Manöver von der anderen Seite einfällt. Im Bordalltag wird das Wenden oft auch als über Stag gehen bezeichnet. Wie bei allen Manövern müssen auch beim Wenden Steuermann und Vorschoter gut aufeinander eingespielt sein. Zur Verständigung von Steuermann und Vorschoter dienen sogenannte Kommandos, die genau festgelegt sind. Sie werden vom Steuermann gegeben.
Für manchen Anfänger ist das Wenden zuerst recht verwirrend, weil er dabei leicht die Orientierung auf dem Wasser verliert. Doch das gibt sich schnell. (Die praktische Erfahrung widerspricht der unten vertretenen Ansicht des Autors. Gerade Segelneulinge schaffen die Wende häufig nicht, wenn sie aus einem Kurs voll und bei oder gar halber Wind andrehen. – Bearbeiter)

Für einen Anfänger ist es leichter, aus einem Kurs voll und bei zu wenden (links). Der zu durchmessende Kreisbogen beträgt etwa 180°. Die Crew braucht nichts zu überstürzen, sondern hat mehr Zeit zum Überlegen. Schneller wendet man natürlich aus einem Am-Wind-Kurs (rechts).

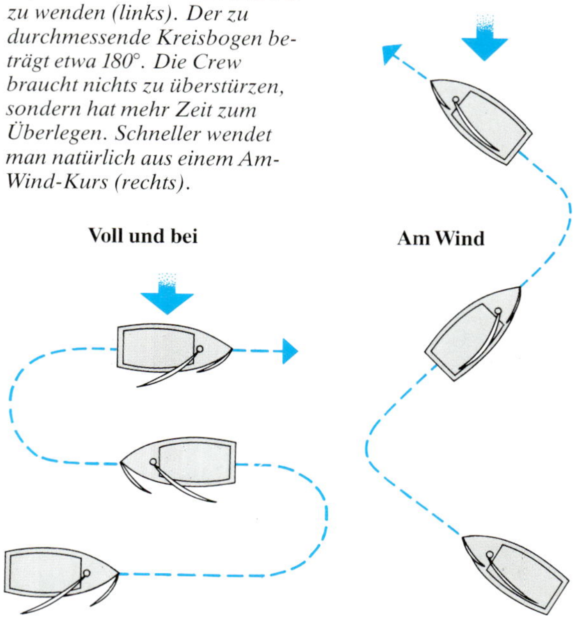

Voll und bei **Am Wind**

So wird gewendet

Wichtig beim Wenden ist, daß das Boot während des ganzen Manövers genügend Fahrt behält und nicht mit dem Bug im Wind stehen bleibt, rückwärts treibt oder auf den alten Bug zurückfällt. Mit Jollen ist deshalb vor dem Wenden von einem raumen Kurs aus unbedingt auf einen Am-Wind-Kurs zu gehen. So vermeidet man, daß sich das Boot während der langen Drehphase totläuft. Um Fahrt im Boot zu behalten, darf auch das Ruder nicht ruckartig und hart eingeschlagen werden. Es wird langsam und weich gelegt. Sonst liegt das Ruderblatt schon quer, bevor das Boot überhaupt andrehen konnte, und stoppt gleich zu Anfang die Fahrt ganz erheblich. Die Ruderlage muß sich dem Drehmoment des Bootes anpassen und darf ihm nicht vorauseilen. Ist das Boot auf die neue Leeseite abgefallen, wird sanft Gegenruder gelegt, um das Drehmoment aufzuheben. Geht ein Boot schwer durch den Wind – wie beispielsweise leichte Katamarane –, läßt man die Vorschot belegt. Die Fock kommt dann nach einiger Zeit auf dem neuen Bug back und unterstützt dadurch die Drehung. Erst auf das Kommando „Über vorn!" wird die Fock losgeworfen und rübergenommen. Üblicherweise wirft der Vorschoter die Fockschot los, sowie das Vorsegel während des Drehens an zu killen fängt. Sobald es auf die neue Leeseite übergegangen ist, holt er die Fockschot dicht. Dieser Augenblick muß genau abgepaßt werden. Holt nämlich der Vorschoter die neue Lee-Fockschot zu früh dicht, kann sich die Fock backstellen und das Boot auf den alten Bug zurückfallen lassen. Hat sie aber erst einmal voll Wind gefangen, ist sie, ohne Winsch, selbst auf kleineren Booten kaum noch dicht zu bekommen. Die Großschot fährt man auf Jollen aus der Hand. Durch Mittschiffsholen des Großbaums kann man das Wendemanöver unterstützen. Die Mannschaft wechselt in dem Augenblick auf die andere Seite, da das Boot im Wind liegt und der Baum mittschiffs kommt.
Anfängern wird es immer mal passieren, daß ihnen das Boot beim Wenden im Wind liegenbleibt. Das Ruder hat nun keine Wirkung mehr. Es muß langsam auf Rückwärtsgang gelegt werden, weil das Boot allmählich achteraus zu treiben beginnt. Der Vorschoter hält nun die Fock mit der Hand back. Er darf sie jedoch nicht zu weit nach Luv hinaushalten, denn dann wirkt sie nicht auf Drehung, sondern unterstützt nur die Achterausfahrt. Das auf Achterausfahrt gelegte Ruder und die backgehaltene Fock werden den Bug meistens doch noch zum Abfallen bringen. Sobald der Wind gut von der neuen Seite ins Segel fällt, wird die Fock übergenommen und das Ruder auf Vorausfahrt gelegt. Sollte das Boot auf den alten Bug zurückfallen, muß man zunächst

WEITER AUF SEITE 60

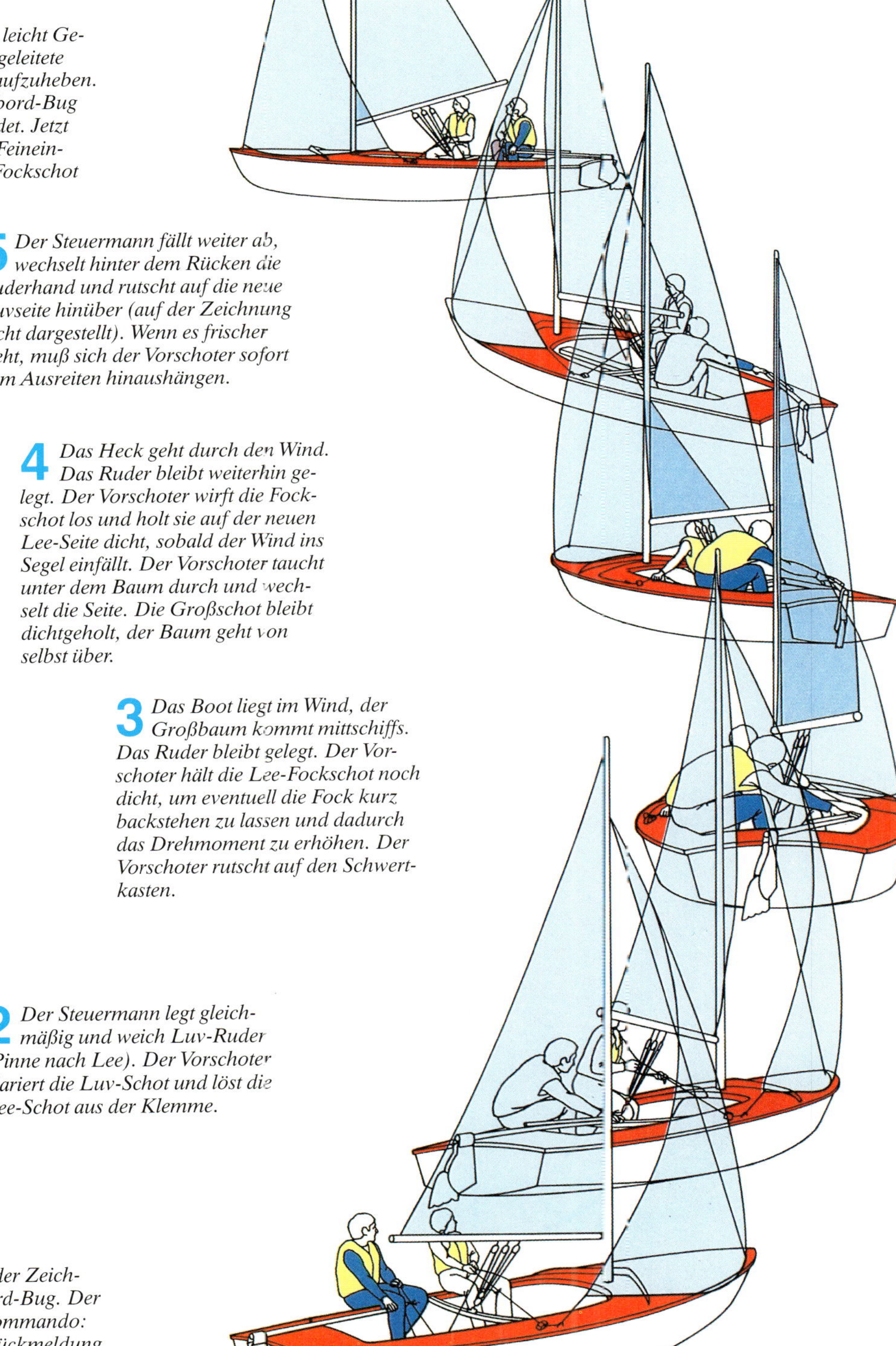

6 *Der Steuermann legt leicht Gegenruder, um die eingeleitete Drehtendenz rechtzeitig aufzuheben. Das Boot läuft auf Backbord-Bug ab. Das Wenden ist beendet. Jetzt kann gegebenenfalls die Feineinstellung von Groß- und Fockschot erfolgen.*

5 *Der Steuermann fällt weiter ab, wechselt hinter dem Rücken die Ruderhand und rutscht auf die neue Luvseite hinüber (auf der Zeichnung nicht dargestellt). Wenn es frischer weht, muß sich der Vorschoter sofort zum Ausreiten hinaushängen.*

4 *Das Heck geht durch den Wind. Das Ruder bleibt weiterhin gelegt. Der Vorschoter wirft die Fockschot los und holt sie auf der neuen Lee-Seite dicht, sobald der Wind ins Segel einfällt. Der Vorschoter taucht unter dem Baum durch und wechselt die Seite. Die Großschot bleibt dichtgeholt, der Baum geht von selbst über.*

3 *Das Boot liegt im Wind, der Großbaum kommt mittschiffs. Das Ruder bleibt gelegt. Der Vorschoter hält die Lee-Fockschot noch dicht, um eventuell die Fock kurz backstehen zu lassen und dadurch das Drehmoment zu erhöhen. Der Vorschoter rutscht auf den Schwertkasten.*

2 *Der Steuermann legt gleichmäßig und weich Luv-Ruder (Pinne nach Lee). Der Vorschoter klariert die Luv-Schot und löst die Lee-Schot aus der Klemme.*

1 *Anlaufen (hier auf der Zeichnung) auf Steuerbord-Bug. Der Steuermann gibt das Kommando: „Klar zum Wenden!“ Rückmeldung des Vorschoters: „Ist klar!“*

weiter abfallen, um erneut Fahrt aufzunehmen, um das Wendemanöver wiederholen zu können.
Die Gründe für ein mißglücktes Wendemanöver noch einmal zusammengefaßt:
1. Das Andrehen zum Wenden aus einem zu raumen Kurs. Wenn nicht gleichzeitig die Schoten dichtgeholt werden, verliert man bei dem langen Andrehen zu viel Fahrt. Aus dem Wenden wird ein Aufschießer.
2. Das Boot segelt vor dem Wenden mit zu wenig Fahrt zu hoch am Wind, deshalb verhungert es in der Wende.
3. Durch ruckartiges hartes Ruderlegen ist das Boot zu stark abgebremst worden.
4. Die Fockschot ist zu früh losgeworfen worden.
Ein weiterer Fehler, der von Anfängern häufiger gemacht wird: Sie fallen nach dem Wenden auf dem neuen Bug zu weit ab, obwohl sie auf einem Am-Wind-Kurs weiterlaufen wollten. Die Schoten aber sind nun für den raumeren Kurs zu dicht geholt, und das Boot läuft nicht mehr. Um wieder in Fahrt zu kommen, müssen die Schoten zunächst gefiert werden, und dann wird langsam auf den Am-Wind-Kurs angeluvt.

Wenden mit der Trapez-Jolle

Die meisten anspruchsvolleren Zweimann-Jollen können oder müssen sogar mit Trapez gesegelt werden. Das Wendemanöver eines solchen Bootes ist natürlich im Prinzip nicht anders als das eines Bootes ohne Trapez. Neu hinzu kommt hier nur, daß der Vorschoter zum Wenden ins Boot zurückkommen, den Trapezgurt aus- und wieder einhaken und auf der neuen Luvseite wieder ins Trapez einsteigen muß. Bei alledem darf er nicht vergessen, seine Fockschot zu bedienen.

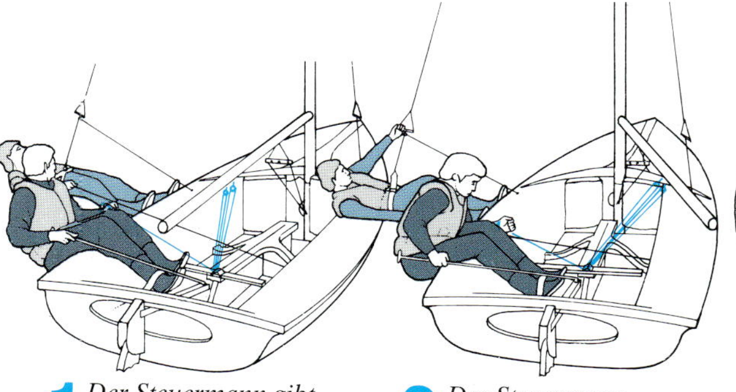

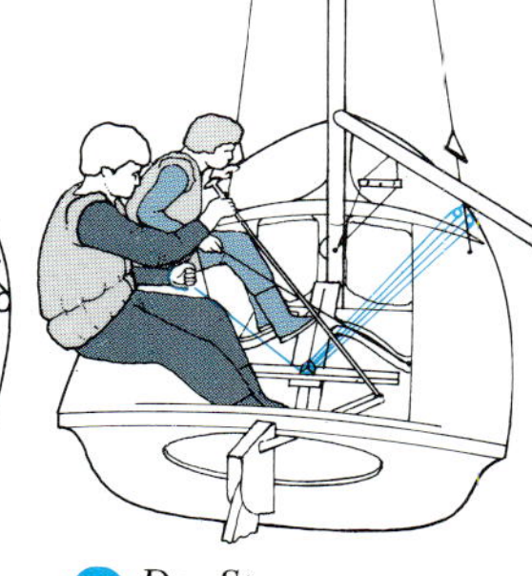

1 *Der Steuermann gibt das Ankündigungskommando „Klar zum Wenden!" und nimmt die Großschot aus der Klemme. Rückmeldung des Vorschoters: „Ist klar!"*

2 *Der Steuermann rutscht ins Boot. Der Vorschoter greift in den Trapezgriff, schwingt sich ins Boot und löst die Fockschot aus ihrer Klemme.*

3 *Der Steuermann nimmt die Füße aus den Fußgurten und legt Luv-Ruder. Der Vorschoter hakt den Trapezgurt ab und steigt über den Schwertkasten.*

Wenden mit der Einmann-Jolle

Da Einmann-Jollen sehr sensible Boote sind und sofort auf Veränderungen im Gewichtstrimm reagieren, müssen alle Bewegungen beim Wenden schnell, aber geschmeidig und fließend ausgeführt werden.

1 *Das Boot segelt fast aufrecht. Der Steuermann legt die Pinne.*

2 *Der Baum kommt mittschiffs, der Steuermann bückt sich und taucht unter ihm durch.*

Das Wenden sollte man üben, bis man die einzelnen Handgriffe ganz automatisch tut, bei jedem Wind und Wetter.

4 *Die Crew taucht unter dem übergehenden Baum durch. Der Steuermann klappt den Pinnenausleger zur anderen Seite rum. Der Vorschoter wirft die Fockschot los.*

5 *Das Boot ist über Stag gegangen. Die Mannschaft hat die Seite gewechselt, der Steuermann Schot- und Pinnenhand. Der Vorschoter holt die Fockschot und hakt seinen Trapezgurt ein.*

6 *Der Steuermann holt die Großschot für den neuen Am-Wind-Kurs dicht und angelt sich die Fußgurte. Der Vorschoter greift sich den Trapezgriff und beginnt, ins Trapez zu steigen.*

7 *Das Boot liegt auf Kurs. Steuermann und Vorschoter reiten aus. Die Schoten sind in ihren Klemmen arretiert (sofern sie nicht aus der Hand gefahren werden).*

3 *Der Bug ist durch den Wind. Der Steuermann holt hinter dem Rücken die Pinne wieder mittschiffs.*

4 *Der Steuermann setzt sich auf die neue Luvseite und wechselt Schot- und Pinnenhand.*

5 *Der Steuermann trimmt das Segel auf dem neuen Bug und reitet gegebenenfalls aus.*

Halsen

Halsen ist der Wechsel der Windseite vor dem Wind, also das Mit-dem-Heck-durch-den-Wind-drehen. Dieses Manöver erfordert schon etwas Übung. Auf einer Jolle sollte man sich zunächst nur bei leichtem Wind daran versuchen. Aber selbst für eine geübte Crew kann das Halsen bei viel Wind gefährlich werden. Die meisten Kenterungen passieren beim Halsen.

Zunächst muß soweit abgefallen werden, bis das Boot genau vor dem Wind segelt. Der Steuermann fiert die Großschot entsprechend auf. Dann holt er die Schot schnell, aber gleichmäßig dicht, bis der Großbaum mittschiffs steht. Nun wird das Ruder langsam und leicht so weit gelegt, daß der Großbaum von selbst übergeht. Man nennt dieses Herumschwenken des Baumes von der einen auf die andere Seite schiften. Jetzt wird die Großschot blitzschnell Hand über Hand gefiert, damit es nicht zu einem harten Einrucksen des Großbaums in die noch dichtgeholte Schot kommt. Sie muß sofort nachgeben können, wenn Kraft darauf kommt. Das Boot muß unbedingt so lange vor dem Wind gehalten werden, bis die Großschot auf der neuen Leeseite bis in die Vorm-Wind-Stellung aufgefiert worden ist. Erst danach kann wieder angeluvt, die Großschot entsprechend angeholt und auf den gewünschten Kurs gegangen werden.

Achtung: Der Steuermann muß darauf gefaßt sein, daß in dem Moment, da das Großsegel übergeht, das Boot schlagartig eine scharfe Drehtendenz zur neuen Luvseite hin erhält. Wenn er in diesem Augenblick nicht Gegenruder – auch Stützruder genannt – gibt, sondern das Boot anluven läßt, gerät es gleich darauf mit der noch angeholten Großschot quer zum Wind. Die nach außen gerichtete Zentrifugalkraft kommt hinzu, und das Boot kann kentern. Das Fieren der Großschot nützt dann kaum noch etwas, weil das Boot bereits so stark gekrängt ist, daß das Baumende ins Wasser taucht und der Baum dadurch wieder nach hinten gedrückt wird. Die meisten Kenterungen beim Halsen werden durch diesen Fehler verursacht.

Die richtige Dosierung des Stützruders verlangt Erfahrung und etwas Fingerspitzengefühl vom Steuermann. Wird nämlich zu stark Gegen- oder Stützruder gelegt, schlägt der Baum wieder auf die alte Seite zurück. Das kann ebenfalls zu einer Kenterung führen und sogar zu Bruch in der Takelage. Da das Halsen schneller und vehementer vonstatten geht als das Wenden, muß auch die Besatzung entsprechend schneller reagieren. Wenn er nicht schon vorher dort hockte, setzt sich der Vorschoter bei dem Vorbereitungskommando „Klar zum Halsen!“ auf den Schwertkasten. Der Steuermann wechselt auf die neue Luvseite, wenn der Baum überkommt. Beim Halsen muß die Crew ganz besonders auf den übergehenden Baum achten, damit sie ihn nicht an den Kopf bekommt. Da das Boot vor dem Wind liegt, kann die Fock bereits vorher auf die künftige Leeseite rübergenommen werden. Sonst geschieht es, während der Großbaum überkommt.

Hier noch einmal die Fehler zusammengefaßt, die einem Anfänger beim Halsen unterlaufen und dazu führen können, daß das Manöver mißglückt: 1. Die Großschot wird zu früh dichtgeholt, nämlich, wenn das Boot noch nicht vor dem Wind liegt. Das Großsegel geht nicht über, und es entsteht eine starke und gefährliche Drehtendenz des Bootes nach Luv. 2. Beim Übergehen des Baumes wird kein Stütz- oder Gegenruder gelegt. Das kann, bei einer stärkeren Brise, zu einer Kenterung führen. 3. Es wird zu hart und lange Stützruder gelegt. Das Boot fällt auf den alten Bug zurück. Der Großbaum schlägt mit Wucht ebenfalls zurück.

Noch ein weiterer Punkt ist beim Halsen mit einer Jolle zu beachten: Das Schwert sollte niemals vollständig gefiert sein, sondern mindestens zur Hälfte aufgeholt werden. Das gefierte Schwert bildet sozusagen einen Stolperfuß, über den eine Jolle beim Halsen kentern kann.

Die hier beschriebene sogenannte Blockhalse muß jeder Anfänger sicher beherrschen, dann kann er an die Regattahalse herangehen (S. 64).

6 Ist das Boot wieder ins Gleichgewicht gekommen, luvt der Steuermann auf einen Raumschots-Kurs an. Groß- und Fockschot werden entsprechend angeholt, das Boot läuft (in diesem Fall) auf Steuerbord-Bug ab. Das Halsen ist beendet. Der Vorschoter hat während des gesamten Manöverablaufs seinen Platz auf dem Schwertkasten nicht verlassen.

5 Sobald der Großbaum auf die andere Seite übergeht, muß der Steuermann blitzschnell die Großschot fieren und gleichzeitig Stütz- oder Gegenruder legen, um dem sehr starken Drehmoment des Bootes nach Luv entgegenzuwirken.

4 Der Baum kommt mittschiffs. Der Steuermann legt weiter Ruder. Die Großschot ist vollständig dichtgeholt.

3 Das Boot liegt genau vor dem Wind. Der Steuermann holt die Großschot schnell, aber gleichmäßig Hand über Hand dicht, während er die Pinne mit dem Bein abstützt, und wechselt dabei die Seite. Der Vorschoter wirft die Fockschot los, die Fock geht meistens in dieser Phase bereits über.

2 Der Steuermann fiert die Großschot vollständig und legt das Boot direkt vor den Wind. Er erhebt sich und klemmt sich die Pinne in die Kniekehle, um die Hände zum Dichtholen der Großschot freizuhaben.

1 Das Boot läuft (hier auf der Zeichnung) auf Backbord-Bug auf einem Raumschots-Kurs an. Der Steuermann gibt das Vorbereitungskommando „Klar zum Halsen!" Der Vorschoter meldet: „Ist klar!" Der Steuermann legt Lee-Ruder (Pinne nach Luv), um auf einen Vorm-Wind-Kurs abzufallen. Er sitzt in Luv, der Vorschoter mittschiffs auf dem Schwertkasten.

Schiften

Schiften bedeutet – auf einem Kurs vor dem Wind – das Übernehmen der Segel von einer Seite auf die andere. Beispielsweise beim Halsen. Es ist sogar die entscheidende Phase bei dem ganzen Halsemanöver. Deshalb sollte das Schiften – zunächst bei leichten Winden – so lange geübt werden, bis man es souverän beherrscht. Geschiftet wird aber nicht nur beim Halsen. Es kann auch aus einem anderen Grund auf einem Vorm-Wind-Kurs notwendig werden. Beispielsweise bei einer leichten Winddrehung. Oder aus Gründen des besseren Trimms, denn nicht jedes Boot liegt auf jedem Bug gleich gut auf dem Ruder. Beim Regattasegeln muß man manchmal schiften, um eine Bahnmarke auf der richtigen Seite runden zu können, oder aber, um sich Wegerecht zu verschaffen. Beim Schiften kann man beispielsweise Steuerbord-Bug und Backbord-Bug wechseln. Backbord-Bug aber hat Wegerecht vor Steuerbord-Bug, ein entscheidender Vorteil.

Die Regattahalse

An der Regattahalse sollten sich Anfänger nur bei leichtem Wind versuchen. Sie ist etwas für erfahrene Jollensegler. Sie unterscheidet sich vom üblichen Halsen (der sogenannten Blockhalse) insofern, als die Großschot beim Schiften nicht dichtgeholt wird. Der Steuermann greift oben um die Schot und nimmt das Segel von Hand, mit etwas Schwung, auf die andere Seite rüber.

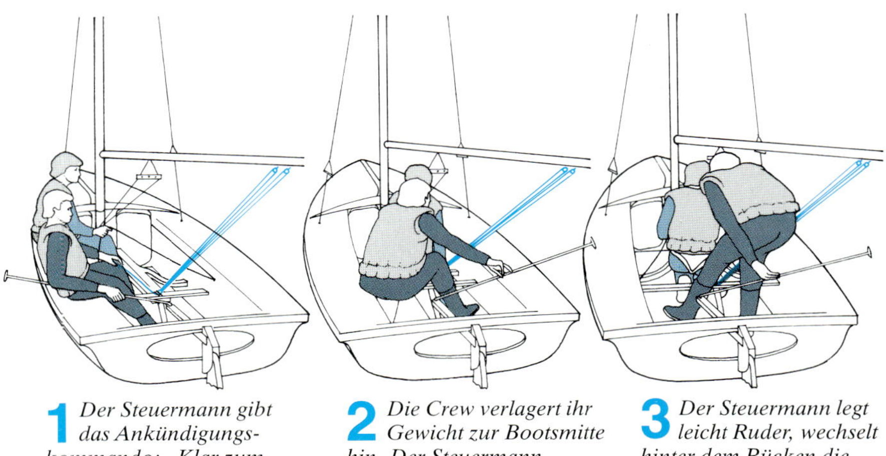

1 *Der Steuermann gibt das Ankündigungskommando: „Klar zum Halsen!" und arretiert die Großschot.*

2 *Die Crew verlagert ihr Gewicht zur Bootsmitte hin. Der Steuermann klappt den Pinnenausleger zur künftigen Luvseite herum.*

3 *Der Steuermann legt leicht Ruder, wechselt hinter dem Rücken die Pinnenhand und umfaßt die Großschot. Der Vorschoter sitzt auf dem Schwertkasten und legt die neue Lee-Schot klar.*

Halsen mit der Einmann-Jolle

Das Prinzip ist natürlich das gleiche wie auf einer Zweimann-Jolle, nur muß der Steuermann das Boot alleine ausbalancieren. Das Boot muß vor dem Schiften aufrecht oder sogar etwas nach Luv gekrängt segeln. (Auf der nebenstehenden Bildserie wird mit lose hängender Schot gehalst. Das ist bedenklich und nur bei leichtem Wind möglich – Bearbeiter).

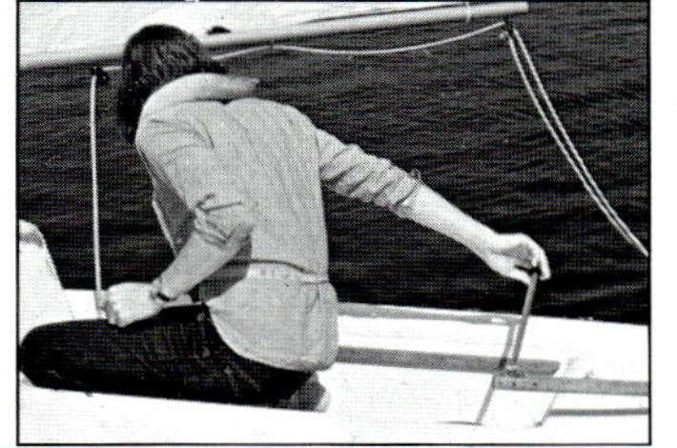

1 *Das Boot wird genau vor den Wind gebracht, der Steuermann sitzt mittschiffs.*

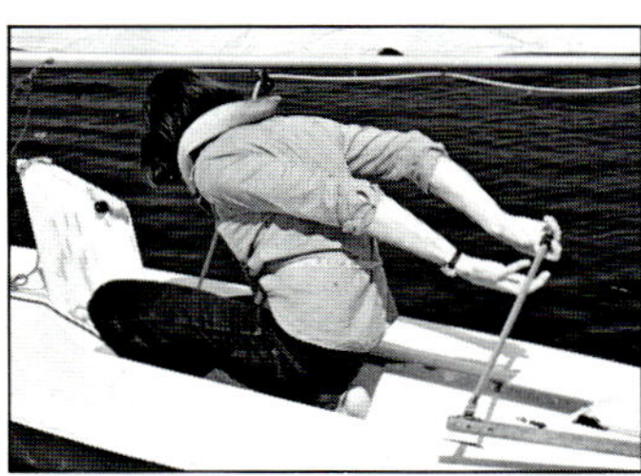

2 *Der Steuermann wechselt die Pinnenhand ...*

Einmann-Rennjollen, wie das olympische Finn-Dinghy hier im Bild, sind schwieriger zu halsen als übliche Jollen und erfordern viel seglerische Erfahrung.

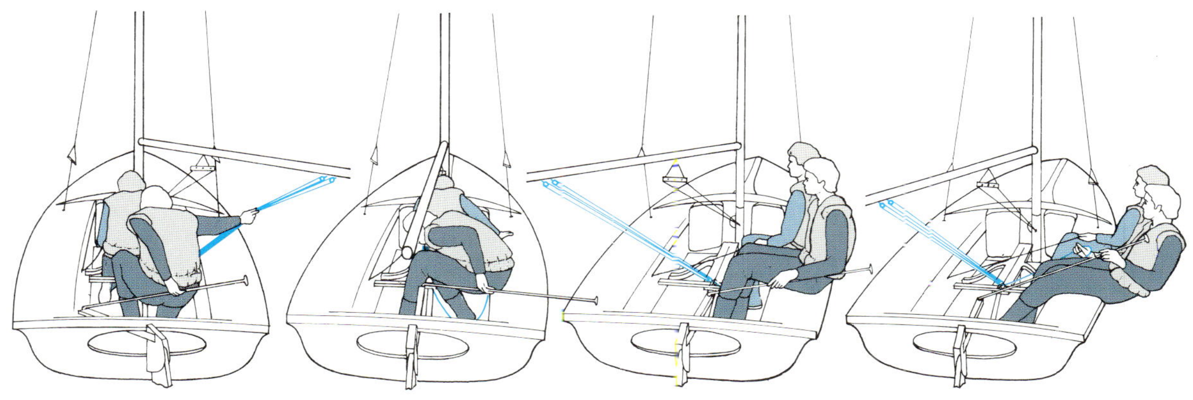

4 *Der Steuermann legt weiter Ruder und holt den Großbaum an der Großschot mittschiffs.*

5 *Die Crew taucht unter dem übergehenden Baum durch, der Steuermann gibt ihn von Hand an der Schot zur anderen Seite hinüber. Dann legt er Gegenruder.*

6 *Die Crew hat die Seite gewechselt. Das Ruder liegt wieder mittschiffs. Der Steuermann nimmt die Großschot aus der Klemme, der Vorschoter trimmt die Fockschot.*

7 *Das Halsen ist beendet. Der Steuermann hat wieder auf einen Raumschots-Kurs angeluvt.*

3 *. . . und legt Ruder, während er sein Gewicht gleichzeitig nach Luv verlagert.*

4 *Der Baum geht über, der Steuermann gibt Stützruder und wechselt auf die neue Luvseite.*

5 *Das Halsen ist beendet. Die Schot wurde nicht bedient (kann bei stärkerem Wind zur Kenterung führen).*

Richtig segeln auf allen Kursen

Als Manöver bezeichnet man im Segelsport alle Tätigkeiten, die irgendwelche Veränderungen in der Bootsführung bewirken. So auch das Wenden, Halsen oder Aufschießen. Nachdem diese Basismanöver hinlänglich geübt worden sind und sitzen, kann man sich auf die richtige Segeltechnik auf den verschiedenen Kursen zum Wind konzentrieren. Dazu zählt die richtige Ruderführung, die richtige Stellung der Segel und der für den jeweiligen Kurs richtige Trimm des Bootes durch die Besatzung. Die größte Aufmerksamkeit erfordern die Kurse hoch am Wind und direkt vorm Wind. Am Wind wird leicht übersteuert, und das Boot macht keine Fahrt mehr. Vorm Wind besteht immer die Gefahr einer sogenannten Patenthalse, bei der der Baum unbeabsichtigt zur anderen Seite rüberschlägt. Die Kurse voll und bei bis raumschots sind verhältnismäßig problemlos.

Segeln am Wind

Der Am-Wind-Kurs erfordert ein hohes Maß an seglerischem Fingerspitzengefühl. Die richtige Segelstellung muß ausprobiert werden. Man holt den Großbaum so weit dicht, daß sein Ende etwa über Ecke Heck steht. Jetzt kneift man sich vorsichtig so hoch an den Wind heran, bis das Vorliek des Großsegels zu killen beginnt – in diesem Fall leicht nach Luv beutelt. Dann fällt man gerade so weit ab, daß diese Erscheinung wieder verschwindet. Nun gilt es, den Stand von Vor- und Großsegel miteinander in Einklang zu bringen. Das Vorsegel wird so dicht geholt, daß der Abwind das Großsegel im Vorliekbereich nach Luv beutelt. Nun die Vorschot vorsichtig fieren, bis die Falten oder Beutel wieder verschwinden. So sind die Segel für den Am-Wind-Kurs optimal getrimmt. Hat man die ideale Einstellung von Groß- und Vorsegel zueinander gefunden, möglichst nicht mehr so viel mit den Schoten arbeiten, sondern kleine Richtungsänderungen des Windes mit leichten Kurskorrekturen durch das Ruder parieren. Diese Windschwankungen sind auch der Grund, wenn die Segel eben noch einwandfrei standen, plötzlich aber das Vorliek des Vorsegels zu killen beginnt, ohne daß man seinen Kurs geändert hätte. Der Wind hat geschralt. Das heißt, er fällt mehr von vorne ein. Man muß sofort entschlossen abfallen, bis die Segel erneut voll stehen. Kaum bemerkt wird jedoch von einem nicht so erfahrenen Steuermann, wenn er zu weit abfällt. Das Boot läuft dann auch nicht mehr richtig, weil jetzt die Segel zu dicht stehen. Sie werden nicht mehr optimal vom Wind angeströmt. Es kommt sogar zu einer fahrthemmenden Verwirbelung der Luftströmung am Segel. Eine gute Orientierungshilfe ist, wie immer, der Verklicker im Masttopp. Er muß stets parallel zum Kopfbrett des Großsegels stehen.

Die Jolle segelt auf einem Am-Wind-Kurs und wird von ihrer Mannschaft auf der hohen Kante ausgeritten.

Am Wind ist die seitliche Abdrift am größten. Deshalb muß das Schwert vollständig abgesenkt (gefiert) sein. Wie bereits auf Seite 43 dargestellt, rutscht das Boot zur Seite weg, wenn das Schwert aufgeholt wird, aber die Krängung nimmt ab. Man kann eventuell also, um die Krängung zu verringern, das Schwert etwas aufholen, muß dann dafür aber eine geringere Fahrt in Vorausrichtung und eine höhere Abdrift in Kauf nehmen. Jede Jolle muß von ihrer Mannschaft ausgeritten werden. Bei kräftiger Brise, indem sie sich weit hinaushängt oder der Vorschoter ins Trapez steigt. Die richtige Sitzposition der Crew hängt von den Windverhältnissen ab. Bei leichtem Wind konzentriert sie ihr Gewicht zur Bootsmitte hin, bei kräftigerem Wind ungefähr am Ende des zweiten Drittels der Bootslänge.

Segeln mit raumem Wind und vorm Wind

Auch auf dem Halb-Wind-Kurs weht raumer Wind, denn das Boot läuft einen Kurs in einem Winkel von etwa 120° zum wahren Wind. Groß- und Vorsegel werden so weit gefiert, daß das Vorliek gerade noch nicht killt. Es ist dies der Kurs, auf dem alle Segelboote ihre Höchstgeschwindigkeit erreichen.
Raumschots-Kurs bedeutet, noch weiter über den Halb-Wind-Kurs hinaus abzufallen. Meist beginnt das Boot hier schon wieder langsamer zu werden. Auf diesen Kursen steigt der Baum, und das Großsegel verwindet sich. Ein verwundenes Segel aber büßt erheblich an Wirksamkeit ein. Deshalb muß spätestens jetzt der Baumniederholer steif durchgesetzt werden. Schralen und Raumen des Windes wird auf diesen Kursen nicht mehr mit dem Ruder ausgeglichen, weil man seinen anliegenden Kurs unbeirrt durchhalten kann, sondern mit den Schoten. Der Verklicker ist eine verläßliche Orientierungshilfe für die Stellung des Großsegels. Je raumer der Wind kommt, um so geringer wird die Abdrift. Entsprechend kann das Schwert aufgeholt werden, gut bis zur Hälfte. In Böen wird eine Jolle auch auf diesen Kursen noch von der Mannschaft auf der hohen Kante ausgeritten werden müssen. Bei leichten Winden bringt der Vorschoter sein Gewicht mehr zur Bootsmitte hin. Eventuell auf den Schwertkasten.
Beim Vorm-Wind-Segeln kommt der Wind genau von hinten. Das Großsegel ist vollständig aufgefiert. Da das Vorsegel jetzt vom Großsegel abgedeckt wird, fällt es ein. Es kann vom Vorschoter zum Schmetterlingssegeln auf die andere Seite, nach Luv, genommen und dort eventuell mit dem Bootshaken oder Paddel ausgebaumt werden. Vom Steuermann verlangt dieser Kurs angespannte Aufmerksamkeit, denn allzu leicht kann ihm das Boot aus dem Ruder laufen und mit einer Patenthalse das Großsegel auf die andere Seite herumschlagen. Das kann zu einer Kenterung führen. Außerdem ist die Gefahr für die Mannschaft groß, den Baum beim Übergehen gegen den Kopf geschlagen zu bekommen. Ein noch unsicherer Steuermann sollte deshalb bei mehr Wind lieber einen etwas raumeren Kurs steuern, auf dem nicht ständig die Gefahr einer Patenthalse droht. Krängung braucht auf diesem Kurs kaum noch ausgeglichen zu werden. Deshalb verteilt sich die Mannschaft zum Ausbalancieren auf die beiden Bootsseiten. Der Steuermann am besten in Luv, von wo er das Großsegel besser beobachten kann, der Vorschoter vorne in Lee, sicherheitshalber mit einer Hand am Großbaum.

Einen Kurs absegeln und kreuzen

Um in der Bootsführung sicherer, im Umgang mit Schot und Pinne noch vertrauter zu werden, sollte man sich als nächstes vornehmen, konsequent einen bestimmten Kurs abzusegeln, der um einige Wendemarken – Bojen, vor Anker liegende Boote oder ähnliches – herumführt. Dabei kann man vorzüglich das Wenden und Halsen und alle Kurse zum Wind üben. Man sollte sich unbedingt auch ein Ziel wählen, das genau dort liegt, wo der Wind her weht. Gegen den Wind ansegeln kann man bekanntlich nicht. Man muß also eine andere Taktik anwenden und gegen den Wind aufkreuzen: Man nähert sich, abwechselnd über Steuerbord-Bug und Backbord-Bug segelnd, im Zick-Zack-Kurs seinem Ziel. Den jeweils auf einem Bug zurückgelegten Weg bezeichnet man als Schlag. Im allgemeinen gilt fürs Kreuzen, die einzelnen Schläge möglichst hoch am Wind zu segeln und so wenig Weg wie möglich nach Lee – vom Ziel weg – zu verschenken. Doch ist das nicht unbedingt immer die schnellste Art und Weise, um ans Ziel zu kommen. Nicht selten erreicht man es auf einem etwas raumeren Kurs schneller, obwohl das Boot einen längeren Weg zurückzulegen hat, weil auf diesem raumeren Kurs die Geschwindigkeit größer und die seitliche Abdrift geringer ist. Man spricht in diesem Fall von der optimalen Höhe, die ein Boot läuft. Auf den einzelnen Schlägen wird dann gewendet, wenn man das Ziel querab hat. Nur vor dem letzten Schlag direkt auf das Ziel zu sollte man es achterlicher als querab haben. Sonst wird man es unter Umständen noch nicht anliegen können, weil das Boot beim Wenden etwas zurückgefallen ist oder aber weil Abdrift durch Strömung oder Wind stärker waren als man geglaubt hatte.

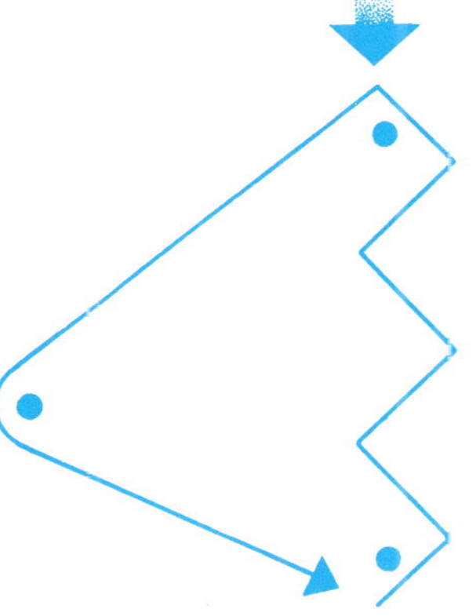

Ein Dreieckskurs um nicht zu weit auseinanderliegende Bojen ist vorzüglich geeignet, sich in der praktischen Bootsführung zu vervollkommnen und auch das Kreuzen zu üben.

Der Leeweg

Obwohl es Aufgabe des Schwertes ist, der seitlichen Abdrift entgegenzuwirken, läßt sich ein gewisser Grad von Abdrift nicht vermeiden. Sie tritt besonders stark auf Am-Wind-Kursen auf. Der Winkel zwischen dem gesteuerten und dem wirklich gesegelten Kurs wird als Leeweg bezeichnet. Er führt in Lee an einem angesteuerten Ziel vorbei. Deshalb muß man auf Am-Wind-Kursen stets in Luv von seinem Ziel halten. Wie groß der Vorhaltewinkel, der gleichbedeutend mit dem Leeweg ist, sein muß, das lehrt allein die Erfahrung. Er ist abhängig von der Höhe am Wind, die das Boot läuft, von der Windstärke und auch vom Bootstyp. Lediglich auf einem Kurs vor achterlichem oder nahezu achterlichem Wind kann der Leeweg vergessen werden.

Scheinbarer Wind

Wenn vom Wind gesprochen wird, muß unterschieden werden zwischen wahrem und scheinbarem Wind (s. auch Seite 44). Richtung und Stärke des wahren Windes kann man nur an einem festen Punkt feststellen. Sobald ein Boot Fahrt aufnimmt, werden Richtung und Stärke durch den Fahrtwind beeinflußt. Der wahre Wind wandelt sich zum scheinbaren Wind. Nur dieser ist an Bord spürbar und maßgeblich für die Kurse. Der scheinbare Wind fällt stets vorlicher ein als der wahre Wind. Die Zeichnungen veranschaulichen, wie man Richtung und Stärke des scheinbaren Windes ermitteln kann.

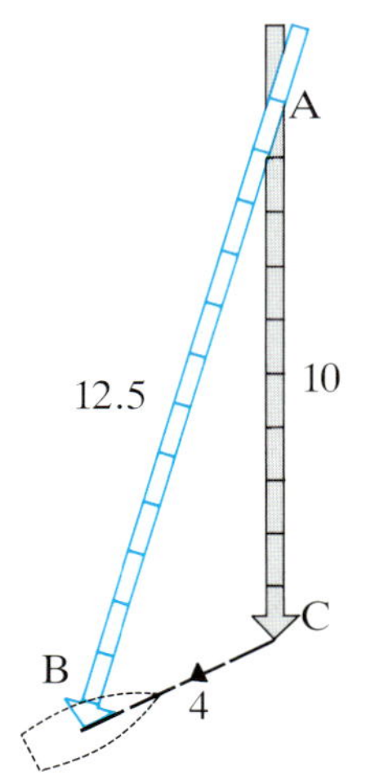

Die Verbindung der Punkte A – C gibt Richtung und Geschwindigkeit des wahren Windes an. Auf einem Am-Wind-Kurs (oben rechts) ist der wahre Wind schwächer als der scheinbare. Auf einem Raumschots-Kurs (rechts unten) ist der wahre Wind stärker als der scheinbare Wind.

Wahrer Wind

Scheinbarer Wind

Fahrtwind (abhängig von der Bootsgeschwindigkeit)

Geschwindigkeit in Knoten

0 1 2 3 4 5

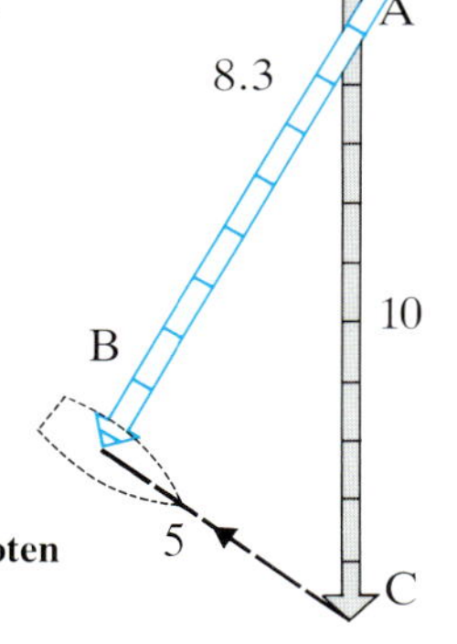

Winddrehungen

Der Wind wechselt häufig Richtung und Stärke. Nur wer die kleinste Veränderung bemerkt und die entsprechenden Korrekturen vornimmt, holt das Beste aus seinem Boot heraus. Ein gutes Training ist, am Wind ein Ziel anzusteuern, das schon fast im unerreichbaren Sektor liegt. Jede kleinste Winddrehung wirkt sich dann zum Vorteil oder Nachteil aus, je nachdem ob der Wind schralt oder raumt. Ein „Schraler" ist ein Wind, der mehr von vorn kommt und zum Abfallen zwingt, beim „Raumer", der seitlich einfällt, kann man anluven. Schralt der Wind, bedeutet das also, daß man weiter abfallen muß und womöglich noch einen Kreuzschlag zu segeln hat. Raumt der Wind, kann ein zuvor vielleicht nicht erreichbares Ziel direkt angelaufen werden.

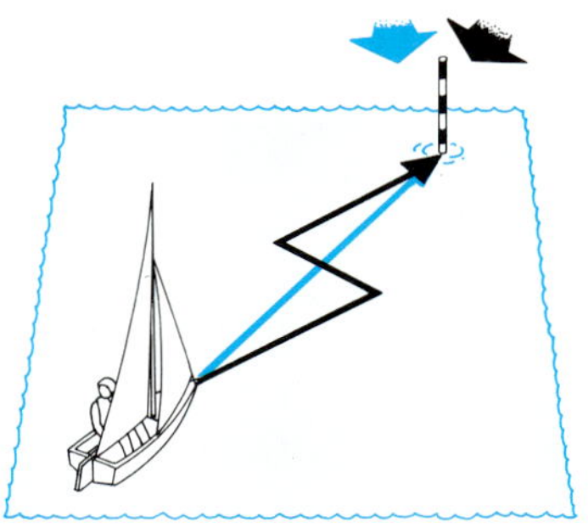

Schraler
Bei einem Schraler auf einem Am-Wind-Kurs kann das Boot sein Ziel nur mit einem Kreuzschlag erreichen.

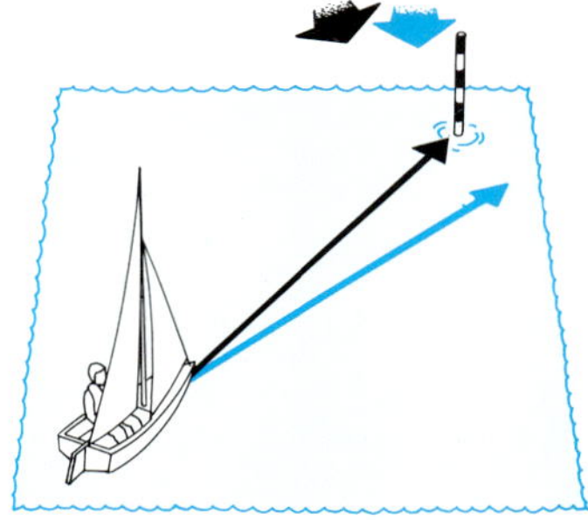

Raumer
Mit einem Raumer hat das Boot keine Probleme, das Ziel auf direktem Kurs zu erreichen, selbst wenn es vorher nicht erreichbar war.

Wenden und Halsen ohne Ruder – Rückwärtssegeln

Typisch für Anfänger ist, daß sie viel zu hart Ruder legen. Beim Wenden kann das Boot dadurch so stark abgebremst werden, daß es gar nicht mehr durch den Wind geht. Deshalb sollte man sich stets vergegenwärtigen, daß Kursänderungen auch durch Trimm-Maßnahmen erreicht werden können, wie bereits auf Seite 56 beschrieben. Noch einmal kurz zusammengefaßt: Zum Abfallen zuerst das Großsegel fieren und das Boot leicht nach Luv krängen, dann erst Ruder legen. Die Fockschot bleibt zunächst angeholt. Der Druck aufs Vorsegel erleichtert das Abfallen. Zum Anluven erst das Großsegel dichter nehmen, das Boot nach Lee krängen und die Fockschot etwas fieren. Die Wirkung dieser Trimmveränderungen an Boot und Segel läßt sich am besten erproben, wenn man einfach mal das Ruder aushängt. Das Schwert bleibt halb gefiert, damit man sich ganz auf den Gewichts- und Segeltrimm konzentrieren kann. Eine halbe Stunde Wenden und Halsen um zwei Bojen, ohne Ruderhilfe, bringt mehr Erkenntnisse über den wirkungsvollen Einsatz von Trimm-Maßnahmen als wochenlanges normales Segeln. Selbst wenn man zunächst nur Schörkel zu segeln schafft.

Man muß auch üben, unter Vor- und unter Großsegel allein zu segeln und zu manövrieren. Man braucht das gelegentlich, um beispielsweise an einem Steg oder einer Mooring anzulegen. Manchmal ist es sogar notwendig, rückwärts zu segeln. Zunächst schießt man in den Wind, dann drückt der Vorschoter den Baum des Großsegels bis an die Wanten heraus. Der Wind fällt nun von vorne ein und schiebt das Boot achteraus. Das Ruderblatt in die Richtung legen, in die das Boot rückwärts segeln soll.

Bei sehr leichtem Wind kann es sinnvoll sein, das Boot etwas nach Lee zu krängen, damit die Segel besser stehen. Auch sollte dann die Crew möglichst tief im Boot sitzen, um wenig Luftwiderstand zu erzeugen. Bei leichtem Wind sitzt sie weiter vorne, nimmt der Wind zu, etwa auf Mitte Cockpit. Auf Raumschots-Kursen, wenn das Boot gleitet, rutscht sie ziemlich weit nach hinten. Will man wissen, ob sein Boot in der Längsschiffsachse richtig getrimmt ist, genügt ein Blick ins Heckwasser: Ist es stark verwirbelt, muß das Gewicht weiter nach vorne.

Rückwärtssegeln

1 *Das Boot liegt im Wind, der Vorschoter drückt den Baum nach vorn – das Großsegel wird backgehalten –, das Boot nimmt Fahrt achteraus auf.*

2 *Das Ruder auf Achterausfahrt legen – das Ruderblatt in die Richtung, in die das Boot drehen soll. Crewgewicht nach vorne.*

Unten: Segeln ohne Ruder. Mit etwas Übung gelingt sogar das Halsen.

Kentern

In der Regel kentert ein Boot aus zwei Gründen: Entweder ist der Wind zu stark, so daß die Besatzung die Krängung nicht mehr ausgleichen kann, dann kentert das Boot nach Lee. Oder aber die Besatzung macht grundsätzliche Fehler. Das geschieht vielfach auf Raumschots-Kursen, wenn das Boot aus dem Ruder läuft und dann nach Luv kentert. Allerdings sind die meisten Jollen gutartig und lassen manchen Fehler zu, ohne daß es zur Kenterung kommt. Rennboote dagegen sind erheblich sensibler, weil sie meistens extrem leicht sind und mehr Segelfläche tragen.

Die Gefahr des Kenterns besteht bei allen Schwertbooten, und daher ist wichtig zu wissen, wie man sich bei einer Kenterung verhält und wie man ein Boot wieder aufrichtet. Das zu üben, sollte zur Grundausbildung jedes Jollenseglers gehören. Am besten fängt man damit an, das Boot bei ruhigem Wetter selbst zu kentern und dann zu lernen, wie man es am besten wieder auf die Beine stellt. Dabei gewinnt man nicht nur Erfahrung, sondern auch Selbstsicherheit.

Da alle Jollen zusätzlich Auftrieb haben, besteht keine Gefahr, daß sie sinken. Man sollte nicht vergessen, die Auftriebskörper von Zeit zu Zeit zu überprüfen. Wichtig ist das richtige Auftriebsvolumen, denn zu viel des Guten führt dazu, daß das hoch aufschwimmende Boot zu schnell abgetrieben wird, oder daß man nicht auf das Schwert steigen kann. Die Methode des Aufrichtens hängt von den jeweiligen Umständen (Kenterung nach Luv oder Lee) und vom Bootstyp ab.

Was auch immer zu einer Kenterung geführt hat, auf jeden Fall muß die Besatzung beim Boot bleiben, weil sie mit dem Boot zusammen leichter gefunden wird und am Boot einigermaßen sicher ist. Lebensgefährlich ist es, zu versuchen, an Land zu schwimmen, weil die Entfernungen immer unterschätzt und die eigenen Kräfte überschätzt werden, auch von guten Schwimmern.

Die „Hineinschaufel“-Methode

Nach dieser Methode wird der Vorschoter beim Aufrichten sozusagen ins Boot geschaufelt. Dazu steigt der Steuermann aufs Schwert und richtet das Boot durch sein Gewicht und Zug an der Fockschot auf. Der Vorschoter hängt sich an die Ausreitgurte. Da er beim Aufrichten gleich mit ins Boot kommt, kann er das Boot, dessen Cockpit voll Wasser ist, austrimmen und verhin-

1 *Der Vorschoter prüft, ob das Schwert voll ausgefahren ist. Dann löst er die Großschot, falls sie in einer Klemme festsaß. Der Steuermann schwimmt zum Heck und kontrolliert, ob das Ruder noch in seinem Beschlag sitzt.*

4 *Der Vorschoter hält sich an den Ausreitgurten beziehungsweise am Schwertkasten fest, während der Steuermann auf das Schwert klettert und sich an der Fockschot hochzieht.*

dern, daß es gleich wieder kentert. Und er kann auch dem Steuermann behilflich sein, ins Boot zu kommen. Natürlich müssen Steuermann und Vorschoter ihre Aktionen genau koordinieren. Der Vorschoter darf sich beispielsweise nicht ins Cockpit hängen, bevor der Steuermann auf dem Schwert steht, sonst würde er mit seinem Gewicht das Boot kieloben drehen (durchkentern). (Dies ist eine spezielle, vom englischen Autor Anfängern gelehrte Methode. Sie funktioniert nur bei leichteren Winden – die Bildserie zeigt Flaute – und nicht mit allen Jollen und darüber hinaus nur dann, wenn der ins Cockpit zu Schaufelnde nicht gerade ein Schwergewicht ist. Die übliche Methode finden Sie auf der nächsten Seite beschrieben. – Bearbeiter)

2 *Der Vorschoter hält das Heck fest, während der Steuermann die Großschot über das Heck nimmt und mit ihr, als Sicherheitsleine, in der Hand zum Schwert herumschwimmt.*

3 *Während der Steuermann das Schwert erreicht, ist der Vorschoter zum Cockpit geschwommen, hat dort die Luv-Fockschot klariert und wirft sie, über das Seitendeck, dem Steuermann zu.*

5 *Der Steuermann steht auf dem Schwert, und nachdem er sich überzeugt hat, daß der Vorschoter klar ist, hängt er sich voll in die Fockschot und beginnt, das Boot aufzurichten.*

6 *Der Vorschoter liegt bereits mit dem Oberkörper im Cockpit, der Steuermann klettert schließlich über das Seitendeck ins Boot. Die Besatzung macht sich klar, das Boot sofort lenzzusegeln.*

Kentern nach Luv

Kentert eine Jolle nach Luv, zeigt der auf der Wasseroberfläche liegende Masttopp in Windrichtung. Beginnt nun die Besatzung mit dem Aufrichten, kann passieren, daß der Wind unter das Segel faßt und das Boot plötzlich hochschnellt und der Mannschaft auf den Kopf kippt. Oder aber, daß es gleich zur nächsten Seite kentert. Deshalb muß vor dem Aufrichten der Bug in den Wind gedreht werden. Dann stellt oder stemmt sich die Crew aufs Schwert und drückt – eventuell durch Wippen – das Boot hoch. Dies ist auch die übliche Methode bei einer Kenterung nach Lee. Sobald sich die Jolle in der Horizontalen befindet, ziehen sich Steuermann und Vorschoter von je einer Seite – dadurch das Boot stabilisierend – zugleich ins Cockpit. Das ist, besonders mit vollgesogener Kleidung, nicht immer ganz leicht. Meistens wird man jedoch einen Fußgurt oder den Traveller erreichen und sich dann, von einer kräftigen Beinschere unterstützt, ins Cockpit halb ziehen und halb wälzen können.

Das Boot ist gerade im Begriff, nach Luv zu kentern, eine versierte Crew hätte es davor bewahren können.

Aufrichten eines durchgekenterten Bootes

Reagiert die Besatzung nicht schnell genug, kann eine Jolle leicht durchkentern. Befindet man sich unter dem Boot – keine Panik. Man greift nach Scheuerleiste oder Spiegel und taucht unter durch. Echt schwierig wird das Aufrichten dann, wenn das Schwert in den Schwertkasten zurückgerutscht ist. Man fischt sich ein Schotende, holt es über den Bootsboden, stemmt sich auf der gegenüberliegenden Seite mit den Fußspitzen gegen die Scheuerleiste und zieht kräftig. Befindet sich das Boot erst in der 90°-Lage, schwimmt einer zum Mast und drückt ihn hoch. In diesem Fall muß der Masttopp in Windrichtung zeigen, damit der Wind unter das Segel fassen und das Aufrichten unterstützen kann. Dabei ein Schotende fest in der Hand behalten, damit das Boot nicht allein davonsegelt, nachdem es sich aufgerichtet hat. Einfacher geht es, wenn das aus dem Boden herausragende Schwert von der Besatzung als Hebel benutzt werden kann. Das Aufrichten aus der 90°-Lage erfolgt dann wie oben beschrieben.

1 *Die Mannschaft steht oder kniet auf Scheuerleiste oder Bootsboden und hängt sich mit ganzer Kraft ans Schwert beziehungsweise die Fockschot.*

2 *Allmählich richtet sich das Boot auf. Der Mann am Schwert kann sich jetzt mit seinem ganzen Körpergewicht ranhängen und hebeln.*

Aufrichten einer Einmann-Jolle

Im Prinzip unterscheidet es sich in nichts vom Aufrichten einer Zweimann-Jolle, außer in einem Punkt: daß man allein ist und allein auch wieder ins Boot muß. Deshalb sollte man versuchen, das Boot erst gar nicht zu verlassen. Kenterungen nach Lee vollziehen sich manchmal nahezu im Zeitlupentempo, so daß man nicht ins Wasser katapultiert wird, sondern auf der Bordwand sitzen oder bäuchlings kleben bleibt. Man braucht sich manchmal nur an die Bordkante zu hängen, um das Boot wieder in die Senkrechte zu hebeln. Oder man rutscht übers Seitendeck aufs Schwert, und kurz bevor das Boot in die Horizontale herumschlägt, zieht man sich übers Seitendeck zurück ins Cockpit. Dabei muß man nur höllisch aufpassen, daß man den herumschwingenden Baum nicht gegen den Kopf bekommt.

1 *Sowie das Segel durchs Wasser schleift, zieht sich der Steuermann an der Scheuerleiste hoch, sein Gewicht so weit wie möglich aufs Seitendeck verlagernd.*

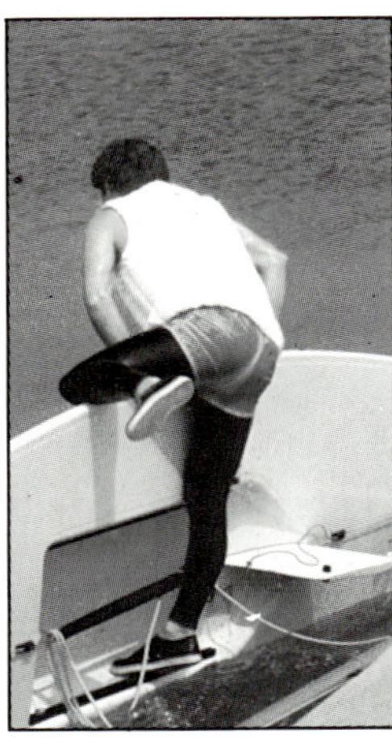

2 *Dann steigt er über aufs Schwert und wippt das Boot wieder in die Horizontale.*

Lenzsegeln

Manche Jollen schaufeln sich beim Aufrichten viel Wasser ins Cockpit, andere dagegen bleiben fast trocken. Hat das Boot Selbstlenzer, segelt man es über die Lenzer auf einem Raumschots-Kurs leer. Dabei muß es möglichst waagerecht gehalten werden. Krängt es, läuft das Wasser über das Lee-Deck ab. Das macht das Boot äußerst instabil, so daß die Gefahr einer erneuten Kenterung besteht. Wer keine Selbstlenzer hat oder wenn so viel Wasser im Cockpit verblieben ist, daß sie es nicht schaffen, muß von Hand Wasser geschöpft – geöst – werden. Dazu wird das Boot beigedreht. Und während es ein Mann durch entsprechende Gewichtsverlagerung gut ausbalanciert – denn es ist in diesem Zustand hochgradig instabil –, schöpft der andere. Wenn er die Pütz wie eine Schaufel benutzt, schafft das sehr schnell das Wasser außenbords.

Mast im Grund

Kentert eine Jolle im flachen Wasser durch, kann es natürlich geschehen, daß sich ihr Mast in den Grund bohrt. In diesem Fall ist es nicht sinnvoll, zum Aufrichten auf den Bootsboden zu steigen. Das zusätzliche Gewicht würde den Mast nur tiefer in den Schlick drücken. Meist wird es der Mannschaft nicht gelingen, ihr Boot von Hand aufzurichten. Man muß die Hilfe eines zugkräftigen Motorbootes in Anspruch nehmen. Eine starke Schleppleine wird sicher am Want befestigt, über den Boden hinweg- und am Schwert vorbei- und auf die Heckklampe des Schleppers genommen. Das Motorboot muß langsam im rechten Winkel zur Kiellinie der Jolle anschleppen und wenn möglich in Windrichtung ziehen.

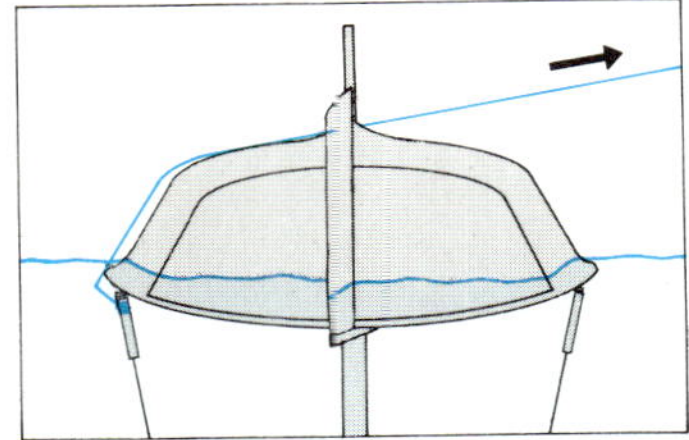

1 *Die Leine über den Bootsboden führen und möglichst am Leewant befestigen, so daß das Segel in Lee hoch kommt.*

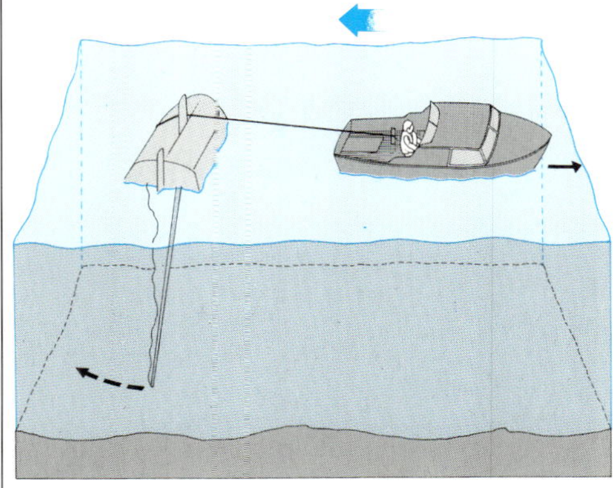

2 *Im rechten Winkel zum gekenterten Boot anschleppen und möglichst auch in Richtung gegen den Wind.*

Mann über Bord

Nicht nur auf einer seegehenden Yacht bedeutet „Mann über Bord“ äußerste Lebensgefahr. Auch auf einer Jolle, auf einem geschützten Binnenrevier, kann es gefährlich werden, wenn das Wasser sehr kalt ist oder der über Bord Gefallene, aber auch der im Boot Zurückgebliebene in Panik gerät. Jemand kann leicht „zu Bach“ gehen, wenn beispielsweise die Fußgurte reißen. Es ist wichtig, daß nicht nur der Steuermann, sondern auch der Vorschoter genau weiß, was zu tun ist, wenn der andere außenbords geht. Wie er, plötzlich allein, das Boot zu ihm zurück bringt und wie er ihn wieder an Bord kriegt. Das Manöver muß absolut sitzen und kann deshalb nicht oft genug geübt werden. Dabei genügt es nicht, nur mit einer Boje oder irgendeinem Schwimmkörper zu üben. Denn wenn da plötzlich ein Mensch im Wasser schwimmt, sieht alles ganz anders aus und – die größte Schwierigkeit besteht darin, ihn überhaupt wieder ins Boot zu bekommen.

Die sicherste Methode, um zurückzukehren, ist, das Boot sofort auf Halb-Wind-Kurs zu bringen, abzulaufen und eine sogenannte Kuhwende zu fahren. Auch wenn es mit Halsen womöglich schneller geht, sollte man das – besonders als Anfänger – besser lassen, zumal man sehr wahrscheinlich nur noch alleine im Boot sitzt und plötzlich das Ruder und zwei Segel bedienen muß.

Der Fußgurt ist gerissen, der Vorschoter schießt rücklings ins Wasser.

Mann im Wasser

Wer unvorbereitet außenbords geht, zumal wenn das Wasser ziemlich kalt ist, erhält schon einen gehörigen Schock. Dann ist es gut, sich sofort klarzumachen, daß man ja von seiner Rettungsweste getragen wird und nicht befürchten muß, unterzugehen. War die Rettungsweste beim Fall ins Wasser nicht aufgeblasen, sofort die Gaspatrone auslösen. Ist sie nur von Mund aufzublasen, sollte man sie unbedingt zumindest halbaufgeblasen tragen. Es ist nämlich viel schwieriger als man glaubt, eine Rettungsweste im Wasser vollständig aufzublasen, besonders wenn das Wasser kalt ist und Panik oder Schock den Atem kurz werden lassen. Sobald man dazu in der Lage ist, den Arm über dem Kopf schwenken, damit man von Bord aus besser gesehen wird. Rettungswesten haben eine Trillerpfeife, mit der man sich akustisch bemerkbar machen kann. Wenn das Boot nicht in unmittelbarer Nähe hält, nicht versuchen, hinzuschwimmen. Das bringt nichts in der schweren Segelbekleidung und mit der Rettungsweste. Man vergeudet nur nutzlos seine Kräfte, die man nachher womöglich dringend braucht, um wieder ins Boot zu gelangen.

Der Mann im Wasser schwenkt seinen Arm überm Kopf, damit er von Bord aus besser zu sehen ist.

Zurücksegeln

Wenn auf einer Jolle jemand außenbords geht, wird sie augenblicklich krängen und aus dem Ruder laufen, weil ein Trimmgewicht fehlt. Deshalb muß der an Bord Gebliebene zunächst das Boot wieder ausbalancieren und auf Kurs bringen. Ist es der Vorschoter, läßt er die Fock fliegen und rutscht nach hinten und übernimmt Großschot und Pinne. Sofort auf einen Halb-Wind-Kurs gehen, gleichgültig, ob man auf einem Am-Wind- oder einem Vorm-Wind-Kurs gesegelt ist. Gleichzeitig ein orientierender Blick zurück, wo genau sich der Mann im Wasser befindet. Dann eine Kuhwende fahren und wieder auf Halb-Wind-Kurs gehen und neben dem Schwimmer einen Nahezu-Aufschießer fahren. Zum Nahezu-Aufschießer wird angeluvt, etwa drei Bootslängen bevor man seinen Mann querab hat. Wichtig ist es, das Boot unmittelbar neben ihm zum Stehen zu bringen. (Darüber, ob man den Nahezu-Aufschießer in Luv oder Lee des außenbords Gegangenen fährt, gibt es unterschiedliche Auffassungen. Während Autor Bond den Aufschießer in Lee propagiert, wird in den meisten deutschen Segelschulen ein Aufschießer in Luv erwartet. Beide Manöver haben Vor- und Nachteile. – Bearbeiter)

Beim Nahezu-Aufschießer neben dem Schwimmer segelt das Boot auf einem Am-Wind-Kurs.

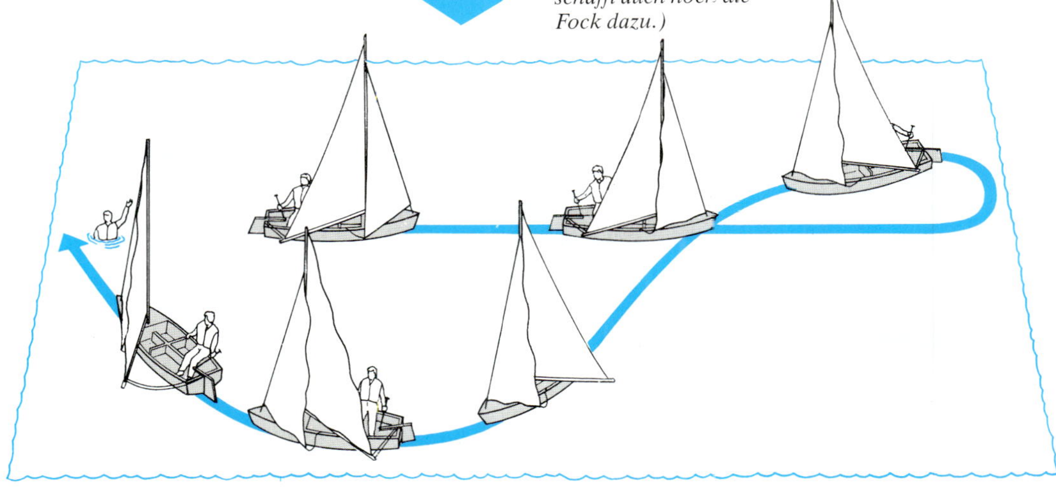

1 Ist jemand über Bord gefallen, kurz die Lage überdenken und sich das Manöver genau überlegen. Seinen Mann dabei nicht aus dem Auge verlieren.

2 Auf Halb-Wind-Kurs abfallen und, sofern man allein ist, die Fockschot loswerfen, um sich auf Ruder und Großschot konzentrieren zu können. (Ein erfahrener Segler schafft auch noch die Fock dazu.)

3 Anluven und eine Kuhwende fahren, dabei seinen Mann im Auge behalten.

4 Wieder abfallen und auf Halb-Wind-Kurs gehen. Der Mann im Wasser bleibt in Luv.

5 Anluven zum Nahezu-Aufschießer, wenn sich der Mann etwa in Verlängerung des Großbaums befindet.

6 Großschot los und das Boot in Lee des Mannes auslaufen lassen, so daß man ihn etwa in Höhe des Cockpits hat.

Mann an Bord

Sobald man sein Boot in Lee des über Bord Gefallenen zum Stehen gebracht hat, muß man ihn so schnell wie möglich zu fassen bekommen. Ist er in Reichweite, die Pinne kräftig nach Luv drücken und loslassen. Dann rutscht man bis zu den Wanten nach vorne und packt seinen Mann. Er wirkt wie eine Art Treibanker, der das Boot nach Luv herumdreht. Doch das Lee-Ruder wirkt diesem Drehmoment entgegen, so daß sich das Boot nicht mit dem Bug in den Wind legt oder Fahrt aufnimmt. Es liegt beigedreht. Ist der Schwimmer kräftig und in guter Verfassung, wird er sich ohne große Hilfe über das Seitendeck ins Cockpit ziehen können. Aber schwere nasse Kleidung schränkt seine Bewegungsfreiheit doch ziemlich ein. Wenn gar noch Auskühlung oder Schock hinzukommen, wird er es ohne fremde Hilfe nicht schaffen. Gibt es Schwierigkeiten, sollte man ihn zunächst mit einer unter den Armen hindurchgenommenen Leine sichern. Wenn irgend etwas schief läuft, verliert er so wenigstens nicht den Kontakt mit dem Boot. Er sollte immer über das Seitendeck aufgefischt werden, nicht übers Heck. Bei der Übernahme übers Heck nimmt das Boot wieder Fahrt auf und wird dabei äußerst instabil*. Die einzige Ausnahme von dieser Regel besteht dann, wenn der über Bord Gefallene hilflos und die Jolle so instabil ist, daß sie bei einer Übernahme seitwärts kentern würde. Nun krängt man dem Schwimmer das Boot so weit wie möglich entgegen. So wird er in der Lage sein, sich mit dem Oberkörper übers Seitendeck zu legen, und es ist ein Leichtes, ihm unter die Arme zu packen und ihn vollends ins Cockpit zu ziehen. Falls das Schwierigkeiten bereitet, gibt es noch eine andere Methode: Man holt den Mann auf dem Rücken der Länge nach längsseits, den Kopf dicht hinter den Wanten, die Füße zum Heck hin. Dann hält er sich mit der bootsseitigen Hand am Want fest und versucht, einen oder beide Füße aufs Seitendeck zu legen. Dann packt man ihn am Gurt der Rettungsweste oder am Hosenbund, während er gleichzeitig das Kreuz durchdrückt, und rollt ihn ins Cockpit.

1 *Der Steuermann krängt das Boot . . .*

2 *. . . und zieht seinen Mann übers Seitendeck rein.*

* In den meisten deutschen Segelschulen ist man da anderer Auffassung. Sie lehren die Übernahme übers Heck, bei der es üblicherweise keine Probleme gibt, zumal noch das Ende der Großschot als hilfreiche Handreichung gegeben werden kann. Das Boot wird dabei nicht unstabiler als bei einer Übernahme über die Seite. Im Gegenteil, mit leichten Jollen besteht bei seitlicher Übernahme stets die Gefahr einer Kenterung. Auch nimmt das Boot dabei keineswegs Fahrt auf. Es sei denn, die Schoten haben sich verhakt, so daß die Segel nicht frei auswehen können, sondern Wind fangen. Wird allerdings über das Seitendeck aufgenommen, muß der Nahezu-Aufschießer in jedem Fall in Lee des Schwimmers erfolgen. Würde das Boot in Luv liegen, würden Baum und Großschot und die in Lee peitschende Fockschot die Übernahme stark behindern, wenn nicht gar unmöglich machen. Außerdem ist die Gefahr einer Kenterung in dem Fall noch größer. Bei der Übernahme in Luv muß sich der Helfer im Cockpit nur vor dem möglicherweise herumschlagenden Baum in acht nehmen, besonders dann, wenn er – der Empfehlung des Autors entsprechend – das Boot stark krängt. – Bearbeiter

Reffen

Je mehr der Wind zunimmt, um so schwieriger wird es für die Besatzung, eine Jolle auszureiten. Bis dann der Punkt kommt, an dem die Kräfte nicht mehr ausreichen. Eine erfahrene Crew weiß zwar mit allerlei Trimmtricks diesen Zeitpunkt länger hinauszuzögern, aber irgendwann riskiert jeder eine Kenterung, wenn er seine Segelfläche nicht verkleinert.
Da gibt es zwei Möglichkeiten: Entweder man wechselt seine Segel gegen kleinere aus, oder man verringert die Fläche seiner gesetzten Segel, ein Vorgang, den man als Reffen bezeichnet. Wer sie sich leisten kann, ist mit kleineren Starkwindsegeln besser bedient, weil ein gerefftes Segel nie so gut steht und deshalb auch nicht so wirkungsvoll ist. Es gibt verschiedene Methoden zu reffen: Einbinden des überschüssigen Tuches (Bindereff) oder Aufwickeln des Segels auf den Baum oder Mast (Rollreff). Rennjollen allerdings lassen sich meistens gar nicht reffen. Wieviel Segelfläche eingerefft werden muß, ist reine Erfahrungssache. Wie weit man ein Segel überhaupt reffen kann, hängt beim Bindereff von der Anzahl der Reffreihen ab. Mit dem Rollreff kann das Segel beliebig verkleinert werden. Bei unsicherer Wetterlage ist es ratsam und vor allem einfacher, schon vor dem Ablegen zu reffen. Befindet man sich auf dem Wasser, wird zum Reffen oder Ausreffen beigedreht.

Das Bindereff

Die traditionelle Art, ein Segel zu reffen, ist mit dem Bindereff, wie es ähnlich schon die Rahschiffe hatten. Man kommt heute mehr und mehr auf diese Reffart wieder zurück, weil ein so gerefftes Segel besser steht. Für jede Reffposition befindet sich eine Reihe Reffbändsel im Segel. Diese Reffbändsel steigen in einer Kurve zum Mast leicht an, damit man auch den Segelbauch glatt und straff einbinden kann. Im Vorliek und Achterliek des Segels sind am Ende jeder Reffreihe starke Kauschen eingeschlagen, mit denen das Segel an Hals und Schothorn durchgesetzt und festgemacht wird. Die Reffbändsel dienen zum Auftuchen und Festmachen des eingerefften Segeltuchs.

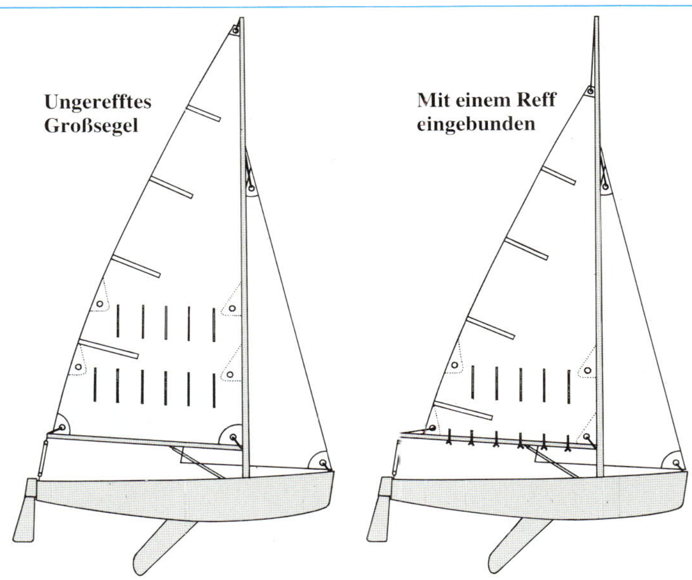

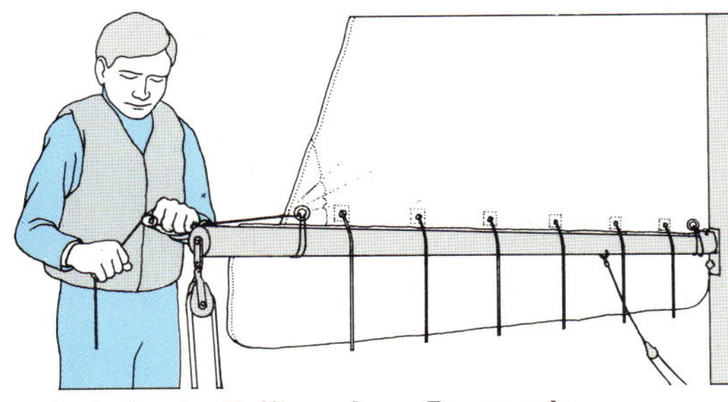

Ausholen der Reffkausch zur Baumnock

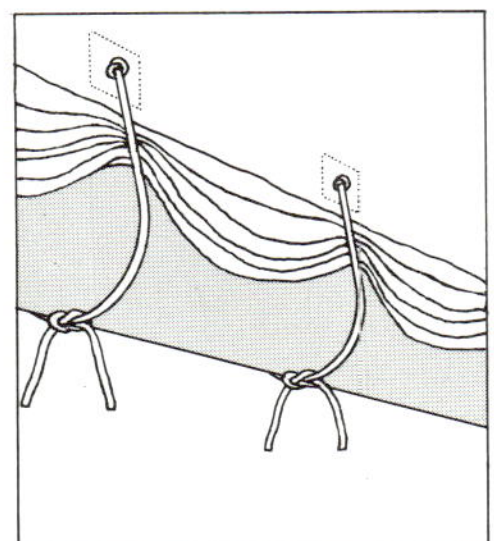

Reffbändsel mit Kreuzknoten

Baumniederholer und Großsegelfall los und das Großsegel so weit fieren, daß die Reffkausch auf den Baum kommt. Dann das Segel wieder durchsetzen und das Fall belegen. Mit dem sogenannten Schmeerreep, einem starken Bänsel, die hintere Reffkausch auf den Baum herunter- und nach hinten ausholen. Dann das Tuch am Baum aufrollen und mit den Reffbändseln festbinden. Danach den Baumniederholer durchsetzen.

Das Rollreff

Diese Art zu reffen ist nur dann möglich, wenn die Großschotblöcke nicht fest am Baum sitzen, sondern an einem Schotring oder einem drehbaren Beschlag an der Baumnock. Ansonsten ist es die simpelste Reffmethode: Der Baum wird aus seinem Lümmelbeschlag genommen und das Segel von Hand aufgerollt. Hat der Baum einen Niederholer, hilft man sich mit einem Segelsack, so wie rechts unten gezeigt. Wichtig ist, das Achterliek in Falten auf den Baum zu legen, bevor mit dem Aufrollen begonnen wird. Sonst sitzt der Baum nicht waagerecht, wenn das gereffte Segel wieder durchgesetzt wird.

1 *Vorm Einrollen des Segels eine Falte von etwa 15 cm ins Achterliek schlagen und auf dem Baum auftuchen, damit sich das Segel glatt aufrollt.*

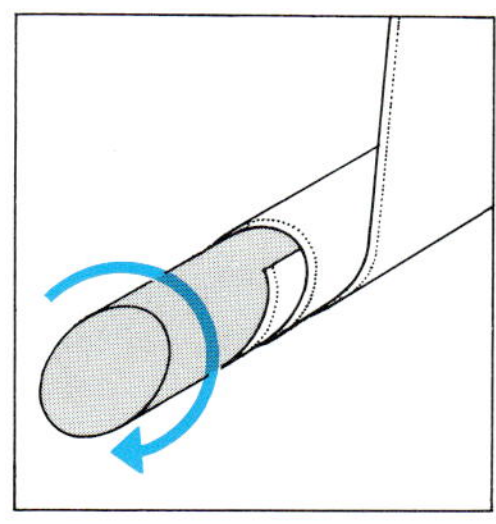

2 *Den Baum drehen und dabei das Segel an Vor- und Achterliek straffziehen.*

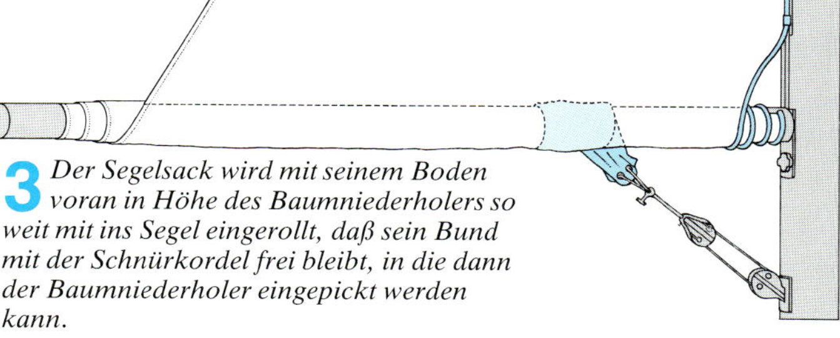

3 *Der Segelsack wird mit seinem Boden voran in Höhe des Baumniederholers so weit mit ins Segel eingerollt, daß sein Bund mit der Schnürkordel frei bleibt, in die dann der Baumniederholer eingepickt werden kann.*

Reffen um den Mast

Manche Boote, bei denen das Segel mit einer Tasche am Mast befestigt ist, können gerefft werden, indem das Segel um den Mast gerollt wird. Auch wenn der Reffvorgang manchmal unterschiedlich ist, das Prinzip ist gleich. Um den Mast drehen zu können, muß der Baum abgenommen werden. In beiden Fällen müssen Halsstrecker und Schothornstrecker gelöst und nach dem Reffen wieder festgesetzt werden.

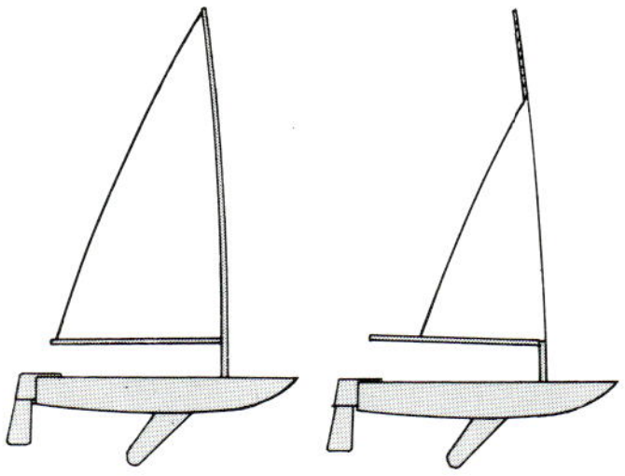

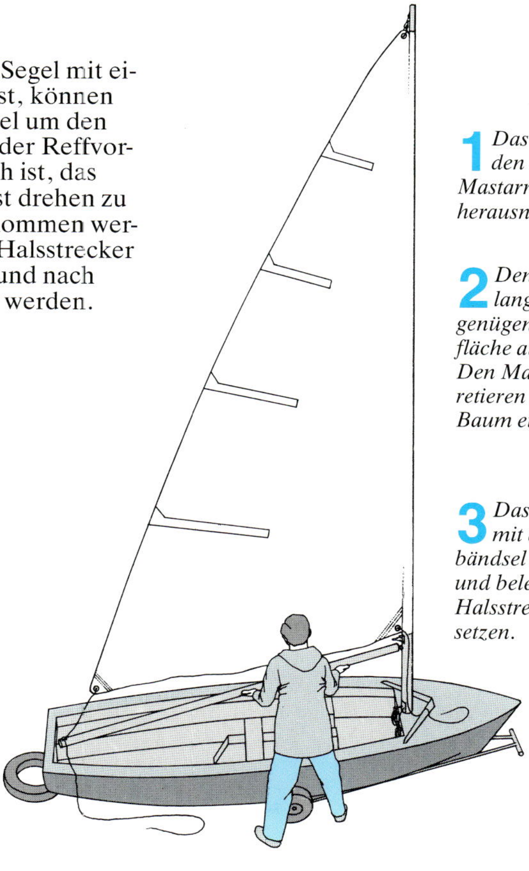

1 *Das Nockbändsel am Schothorn lösen, den Baum auspicken, Halsstrecker und Mastarretierung lösen, eventuell Segellatten herausnehmen.*

2 *Den Mast so lange drehen, bis genügend Segelfläche aufgerollt ist. Den Mast wieder arretieren und den Baum einhängen.*

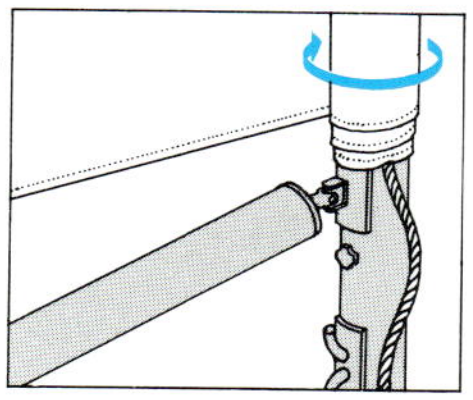

3 *Das Schothorn mit dem Nockbändsel ausholen und belegen, den Halsstrecker durchsetzen.*

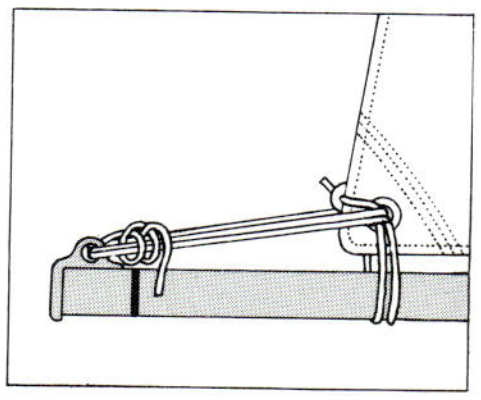

Ungerefft **Gerefft**

Reffen der Fock

Hat man das Großsegel gerefft und die Fock nicht verkleinert, wird man schnell feststellen, daß das Boot schwieriger zu segeln ist, weil sich die Segelfläche gewissermaßen nicht mehr im Gleichgewicht befindet. Manche Jollen haben denn auch eine große Genua für leichten Wind und eine kleinere Fock für Starkwind. Wer kein kleineres Vorsegel zum Auswechseln hat, kann seine Fock verkleinern, indem er sie aufs Vorstag aufrollt. Die Fockschot wird abgeschlagen und das Segel einige Male stramm um das Vorstag gewickelt, ohne das Fall zu fieren. Erscheint einem die übriggebliebene Segelfläche klein genug, wird die Schot wieder angepickt oder -geknotet. Manche Jollen haben auch einen fest mit dem Vorstag verbundenen Fockroller, der vom Cockpit aus bedient wird. Das Vorsegel wird auf eine Spindel aufgerollt und kann so stufenlos verkleinert werden.

Durch Aufrollen aufs Vorstag ist die Segelfläche der Fock verkleinert worden.

Reffen auf dem Wasser

Mit einem Bändselreff ist es kein Problem, auch draußen auf dem Wasser zu reffen, sobald man merkt, daß es zu stark bläst. Man überzeugt sich vorher, ob man genügend freien Seeraum hat, denn während des Reffens ist man weitgehend manövrierunfähig. Dann dreht man das Boot bei und holt das Schwert zur Hälfte hoch. Es dauert einige Zeit, bis man mit dem Einbinden des Reffs fertig ist, und man wird erstaunt sein, wie weit das Boot währenddem getrieben ist. Der Steuermann drückt die Pinne mit dem Bein oder Fuß nach Lee, um die Hände zum Arbeiten freizuhaben. Gerefft wird, wie auf Seite 77 beschrieben. Auch mit dem Rollreff kann man auf dem Wasser die Segelfläche verkleinern. Wenn die Crew gut eingespielt ist, geht es sogar schneller.

Am Steg gereffte Boote vorm Auslaufen bei frischer Brise.

Eine Jolle liegt zum Reffen des Großsegels auf dem Wasser beigedreht.

Start und Landung am Ufer

Obschon die meisten Jollen direkt vom Ufer aus zu Wasser gebracht werden können, sind damit einige Schwierigkeiten verbunden. Abgesehen von der Frage des Zugangs zum Ufer von der Straße oder dem Parkplatz aus können die Uferbeschaffenheit – Sand oder Schilf –, die Frage, ob Hoch- oder Niedrigwasser herrscht, Probleme bereiten. Sofern es möglich ist, sollte man sich das betreffende Ufer bei Niedrigwasser ansehen, um festzustellen, ob und wo es Unterwasserhindernisse gibt, wie der Böschungswinkel des Ufers ist etc. Ist das nicht möglich, kann man aus dem Charakter des Ufers Rückschlüsse ziehen. Sandige Uferbereiche lassen auf einen allmählich abfallenden Grund schließen, steinige Ufer fallen meistens sehr schnell auf größere Tiefen ab, Schilfgürtel versprechen Flachwasser.

In Tidengewässern sollte man vor dem Absegeln berechnen, wie der Wasserstand bei der Rückkehr sein wird. Zweckmäßigerweise sollte man zwei Stunden vor oder nach Hochwasser abfahren oder zurückkehren. Von überfüllten Ufern oder Ufern mit modrigem Untergrund paddelt man am besten ein Stück weg, bevor man die Segel setzt.

Eine große Rolle spielt auch, ob es sich um eine Luv- oder Leeküste handelt. An einer Luvküste weht ablandiger Wind. Hier ist es ziemlich einfach, vom Ufer wegzukommen, zurückzukommen ist dagegen schwieriger. An einer Leeküste weht auflandiger Wind. Er macht das Wegsegeln vom Ufer schwierig oder bei Brandung gar unmöglich. Das Boot wird immer wieder ans Ufer zurückgeworfen oder von der Brandung vollgeschlagen.

Bei ablandigem Wind wird, gerade von einem Anfänger, nur allzu leicht die Windstärke unterschätzt, weil er sich beim Lossegeln unter der Landabdeckung befindet. Er ist dann vielleicht nicht auf das vorbereitet, was wirklich „draußen" los ist. Deshalb muß man sich vor dem Start alle nur zugänglichen Wetterinformationen beschaffen. Wer alleine segelt, muß jemand die Zeit seiner Rückkunft mitteilen und sich – wenn irgend möglich – auch daran halten.

Meistens ist die Rückkehr ans Ufer unproblematischer als der Start, es sei denn, das Ufer ist einem fremd. Nähert man sich dem Ufer, müssen die Fallen klarliegen, damit die Segel auch schnell geborgen werden können. Ebenso wichtig ist es, auf die abnehmende Wassertiefe zu achten, um Schwert und Ruderblatt rechtzeitig entsprechend aufzuholen.

(In England spielt sich die Jollensegelei teilweise vor der Küste ab. Deshalb findet das Küstensegeln hier eine recht ausführliche Würdigung. Für uns hingegen gilt: Jollen gehören grundsätzlich nicht auf die See, weil das zu risikoreich ist. Es sei denn im Rahmen von Hochleistungsregatten, die unter entsprechenden Sicherheitsvorkehrungen durchgeführt werden. – Bearbeiter)

Ein Laser kehrt bei starkem Wind und Brandung an eine Leeküste zurück. Der Steuermann läßt das Boot höchste Geschwindigkeit laufen, um zu vermeiden, daß die Wellen überm Heck brechen und einsteigen. Bei einer Brandung wie dieser ist es wahrscheinlich kaum möglich, in den Wind zu schießen, um die Fahrt abzustoppen. Da kann man nur direkt auf den Strand zulaufen, in allerletzter Minute rausspringen und das Boot schnell aus der Brandung ziehen.

Rechts: Diese Segelschüler haben es leicht. Der Wind weht parallel zur Küste, sie können ihre Boote direkt vom Ufer weg- und zurücksegeln.

Start von einer Luvküste

Es macht keinen grundlegenden Unterschied, ob man flaches oder tiefes Wasser hat, aber es gibt zwei Möglichkeiten, um vom Ufer wegzukommen. Die erste Methode ist einfacher, aber auch weniger kontrolliert im Ablauf. Die zweite empfiehlt sich für eine versierte Mannschaft und wenn wenig Platz zur Verfügung steht.

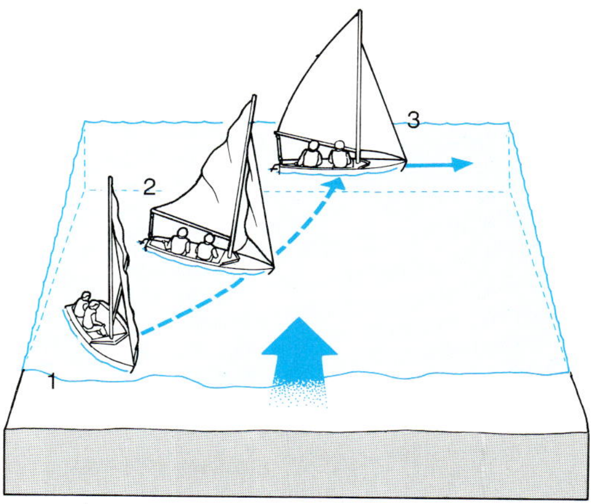

Methode 1
Das Boot wird mit dem Bug in den Wind gelegt, die Segel werden gesetzt, die Besatzung steigt ein (1) und wartet, bis das Boot genügend abgedriftet ist (2) und geht dann auf Kurs (3).

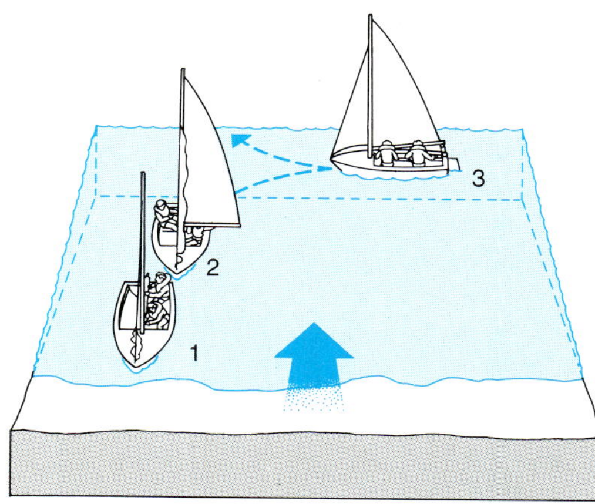

Methode 2
Das Boot liegt mit dem Bug im Wind, die Segel sind gesetzt, die Mannschaft ist an Bord (1). Mit backgehaltenem Großsegel wird rückwärts gesegelt (2), die Pinne zu der Seite eingeschlagen, nach der man wegsegeln will. Ist das Wasser tief genug, Großsegel rüber, Fock anholen und auf Kurs gehen (3).

Start von einer Leeküste mit tiefem Wasser

Das Boot liegt, den Bug im Wind, mit dem Heck auf dem Strand. Die Segel sind gesetzt, das Ruder ist eingehängt. Die Mannschaft hält den Bug im Wind und beobachtet die Brandung (1). Sobald eine Welle unter dem Rumpf durchgelaufen ist, zieht sie das Boot blitzschnell ins Wasser, hechtet hinein und drückt dabei den Bug in Fahrtrichtung (2). Der Steuermann holt nun die Großschot dicht, der Vorschoter fiert das Schwert und holt die Fockschot dicht. Der Steuermann fällt etwas ab (3), damit das Boot mehr Fahrt aufnimmt. Dann wendet er, falls er zu dicht unters Ufer gekommen ist. Sonst hält er Kurs. Sofern das Boot in der Brandung Wasser übergenommen hat, wird mit dem Lenzen gewartet, bis das Boot frei von der Brandungszone ist.

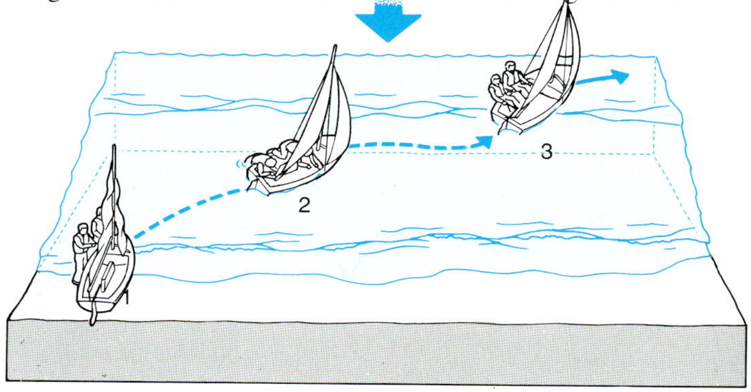

Start von einer Leeküste mit flachem Wasser

Die Segel sind gesetzt (1), die Besatzung schiebt das Boot bis in etwa hüfthohes Wasser und fiert entsprechend das Schwert. Der Steuermann steigt ein (2), der Vorschoter drückt den Bug nach Lee und steigt ebenfalls ein. Der Rudergänger holt die Großschot an, legt etwas Ruder (3), damit das Boot Fahrt aufnimmt, und versucht, sich vom flachen Wasser freizusegeln. Sobald es die Wassertiefe erlaubt, wird das Schwert vollständig gefiert. Die Fock wird angeholt, sobald das Boot Fahrt voraus macht und nicht mehr nach Lee treibt (Position 3 oder 4).

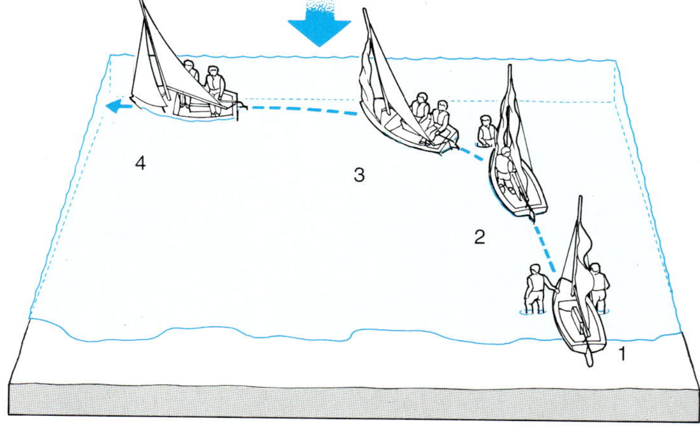

Der Start vom Ufer eines Binnensees ist meistens völlig unproblematisch. Sind womöglich Stege vorhanden, macht das die Sache noch einfacher: Die Crew kann trockenen Fußes an Bord und vom Boot wieder an Land steigen.

Oben: Start von einer Leeküste. Der Steuermann dieses Sunfish sitzt bereits drin, klariert Schot, Ruder und Schwert, während der zweite Mann das Boot, Bug zum Wind, ins tiefe Wasser zieht.

Steht vor einer Leeküste Brandung, müssen die Boote ziemlich weit hinausgezogen werden, bevor man lossegeln kann. Wem es nicht gelingt, schnell genug ins Boot zu hechten und die Schoten dichtzuholen, der wird unweigerlich wieder zurückgeworfen.

Landen an der Luvküste

Weht der Wind ablandig vom Ufer weg, kann man nicht direkt auf die Küste zusegeln, sondern muß aufkreuzen. Dabei kann man beobachten, daß der Wind nur ganz selten rechtwinklig vom Ufer herweht. Bei sorgfältiger Überlegung wird man so auch den günstigen Kurs zum Ufer finden. Ist das Boot schon dicht unterhalb des Ufers, hält sich der Vorschoter bereit, um ins Wasser zu springen und das Boot festzuhalten, damit es nicht wieder zurücktreibt.

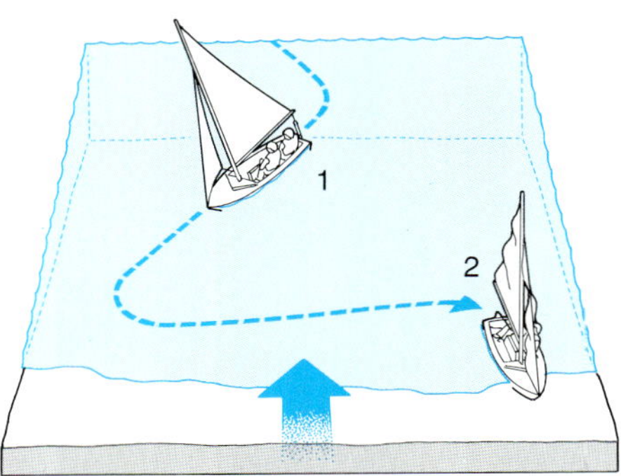

Landen auf tiefem Wasser
Man kreuzt gegen das Ufer auf, bis man dicht unter Land ist (1). Der letzte Kreuzschlag wird parallel zum Ufer so angelegt, daß man das Boot mit einem Aufschießer am gewünschten Landeplatz zum Stillstand bringt (2).

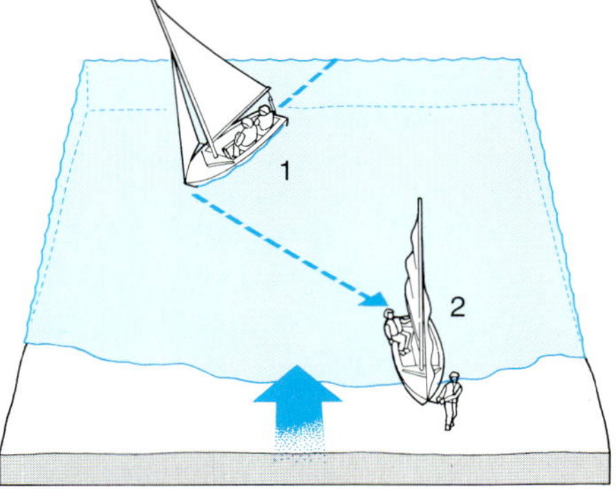

Landen auf flachem Wasser
Man kreuzt gegen das Ufer auf, bis man in flachem Wasser ist (1). Schwert und Ruderblatt werden der Wassertiefe entsprechend aufgeholt, der letzte Kreuzschlag wird gegen das Ufer gesegelt. Der Steuermann schießt gegen das Ufer auf, der Vorschoter springt mit der Vorleine an Land (2).

Landen an der Leeküste

Da man mit achterlichem Wind segelt, ist die Landung ziemlich einfach. Gefahr droht jedoch von der Brandung bei steilen, brechenden Wellen. Unter solchen Umständen sollte man mit möglichst hoher Fahrt auf das Ufer zulaufen, damit die Wellen nicht über das Heck ins Boot einsteigen. Im flachen Wasser springt die Besatzung über Bord, stoppt das Boot von Hand ab und dreht es mit dem Bug in den Wind. Keinesfalls sollte man nach Lee aus dem Boot springen, da die Gefahr besteht, dabei unter das von einem Brecher zur Seite geschleuderte Boot zu geraten.

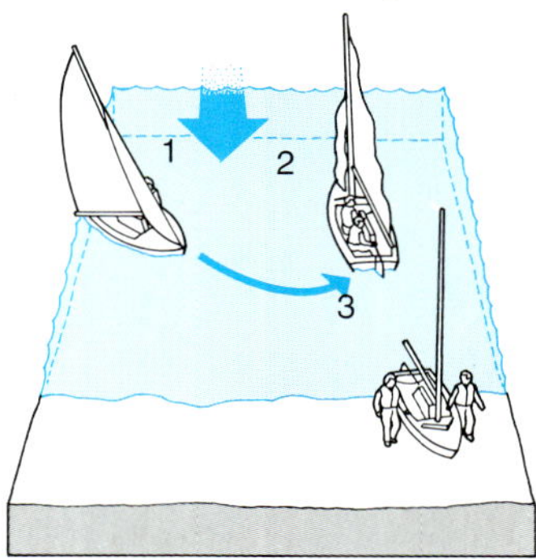

Flaches Wasser
Auf Halb-Wind-Kurs anlaufen (1), in hüfthohem Wasser aufschießen (2) und die Segel bergen, aussteigen und das Boot, Bug voran, an Land ziehen (3).

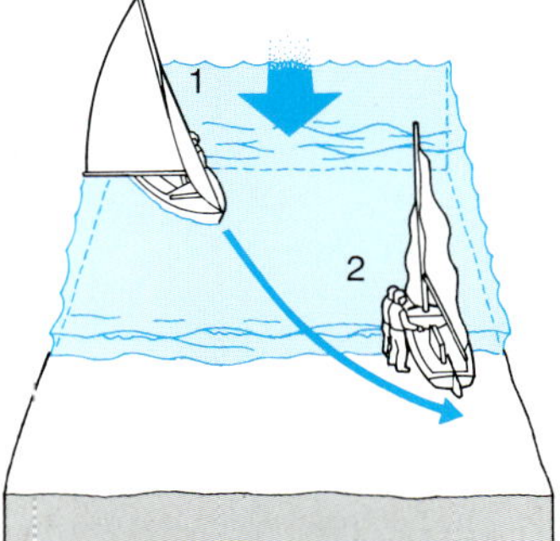

Tiefes Wasser und Brandung
Anlaufen auf Raumschots-Kurs (1). Kurz bevor das Boot auf Grund läuft, springt die Crew in Luv über Bord und dreht den Bug in den Wind (2).

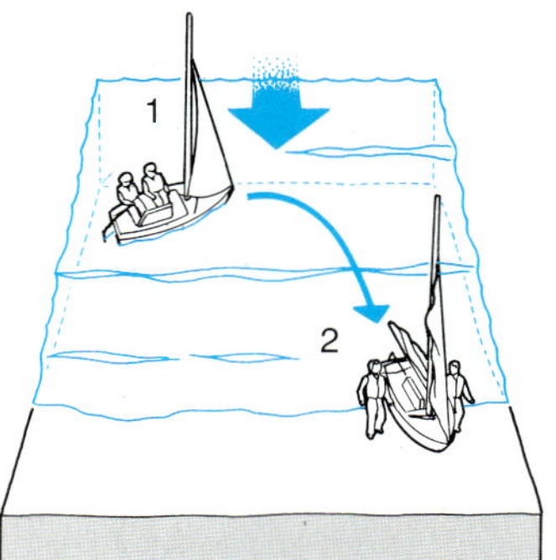

Tiefes Wasser ohne Brandung
In den Wind schießen und das Großsegel bergen (1) und auf Halb-Wind-Kurs unter Fock aufs Ufer zulaufen, die Fock auswehen lassen, über Bord springen und das Boot an Land ziehen (2).

Ab- und Anlegen am Steg

In vielen Fällen muß vom Steg abgelegt werden. Manchmal ist er der einzige Zugang zum Wasser, von dem man auch das Boot zu Wasser bringen muß. Meistens befinden sich aber Slipanlagen in der Nähe, die ein bequemes Slippen ermöglichen. An- und Ablegen am und vom Steg hat den Vorteil, daß das Boot stets manövrierfähig ist. Man kann es dort zum Segelsetzen festmachen und auch vorübergehend liegenlassen, ohne daß etwas passiert. Schwimmstege oder Pontons in Gezeitengewässern haben den Vorzug, daß sie wasserstandsunabhängig sind und man keine Probleme mit den Festmacherleinen hat. Der Nachteil ist nur, daß eine quersetzende starke Strömung ein längsseits liegendes Boot gegen den Ponton drückt oder sogar darunter, was zu Beschädigungen führen kann.

Da Pontons und Stege an beliebten Segelplätzen meist belegt sind von festgemachten oder an- und ablegenden Booten, ist beim Näherkommen mit dem eigenen Boot besondere Vorsicht geboten. Der Anlaufkurs muß gut überlegt sein, damit Kollisionen mit anderen Booten vermieden werden. In strömenden Gewässern kann es zusätzliche Schwierigkeiten geben, wenn der Strom gegen Wind steht. Ideal ist es natürlich, wenn man das Boot gegen den Wind elegant zum Stillstand bringen kann. Dabei sollte der Anlaufkurs möglichst immer so eingerichtet werden, daß man notfalls auch wieder abdrehen kann. Weht der Wind in einem Winkel auf den Steg zu, legt man in strömungsfreiem Gewässer an der Leeseite des Steges an. Dabei stellt sich die Besatzung darauf ein, sich am Steg festzuhalten, damit das Boot nicht abtreibt. Sobald das Boot steht, springt der Vorschoter mit der Vorleine in der Hand an Land und belegt sie, wo es am zweckmäßigsten ist. Bleibt das Boot längere Zeit am Steg liegen, werden die Segel heruntergenommen und beigebändselt. Auch wird das Boot mit einer Achterleine festgemacht, notfalls mit der Großschot.

Längsseits gehen am Steg bei ablandigem Wind. Der Vorschoter hält das Boot am Steg fest, damit es nicht wieder abtreibt, in der anderen Hand hat er die Vorleine, mit der er gleich auf den Steg übersteigen wird. Der Steuermann balanciert die Jolle aus.

Ablegen bei ablandigem Wind

Das Boot liegt im Wind, das Schwert ist gefiert, die Segel sind gesetzt. Nun ist zu überlegen, wie man sich am besten vom Steg freisegelt. Hat man genügend Freiraum hinter dem Heck, wird wie auf der linken Abbildung verfahren. Andernfalls muß man so oder ähnlich, wie auf der rechten Abbildung dargestellt, ablegen.

Rechts: Nichts ist leichter, als bei ablandigem Wind von einem Steg abzulegen. Man braucht das Boot nur abzudrücken.

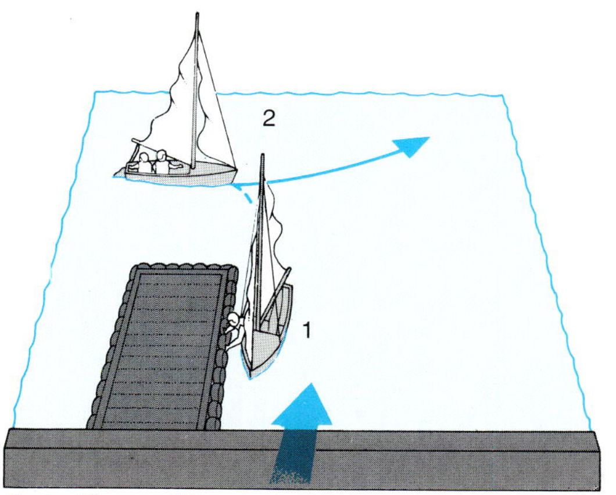

Freier Raum achteraus
Der Vorschoter macht die Vorleine vom Steg los, schiebt das Boot kräftig achteraus (1) und hält die Fock back. Der Steuermann legt die Pinne auf Rückwärtsfahrt und läßt das Boot so weit abfallen, daß die Schoten für einen Kurs voll und bei angeholt werden können (2). Der Vorschoter läßt die Fock übergehen und holt die Fockschot dicht. Das Boot fällt ab und nimmt Fahrt auf.

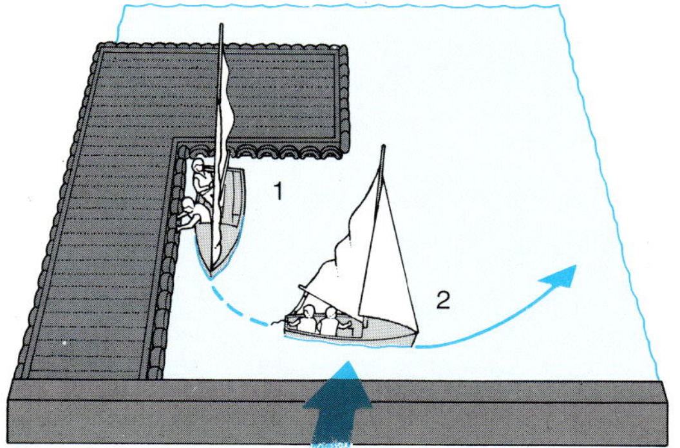

Kein freier Raum achteraus
Der Steuermann sitzt an der Pinne. Der Vorschoter macht die Vorleine los, schiebt das Boot kräftig voraus, während der Steuermann Lee-Ruder legt. Der Vorschoter nimmt die Fock auf der Seite zum Steg back, bis das Boot genügend abgefallen ist (2). Dann werden die Schoten angeholt – das Boot nimmt Fahrt auf und segelt sich frei.

Ablegen bei auflandigem Wind

Das Boot wird von Hand an den Stegkopf verholt (1). Der Steuermann setzt die Segel (Großsegel zuerst) und fiert das Schwert (2). Ist das Boot segelklar, drückt der Vorschoter den Bug vom Steg ab und gibt dem Boot einen kräftigen Pull voraus. Der Steuermann legt leicht Lee-Ruder, die Schoten werden dichtgeholt, und das Boot läuft auf Am-Wind-Kurs ab (3).

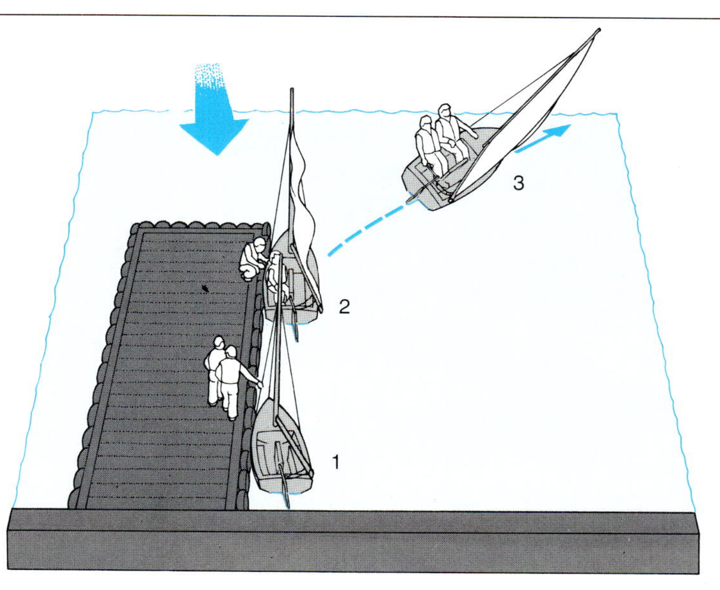

Anlegen bei ablandigem Wind

Zum Anlegen an einem Steg bei ablandigem Wind läuft man möglichst dicht unter Land, parallel zum Ufer, an. Der Aufschießer zum Steg wird so gefahren, daß man notfalls wenden und wieder ablaufen kann. Ist man am Steg, sollte das Boot mit losen Schoten kaum noch Fahrt machen, damit die Besatzung sich am Steg festhalten kann. Liegt das Boot längsseits, springt der Vorschoter mit der Vorleine an Land und macht sie fest.

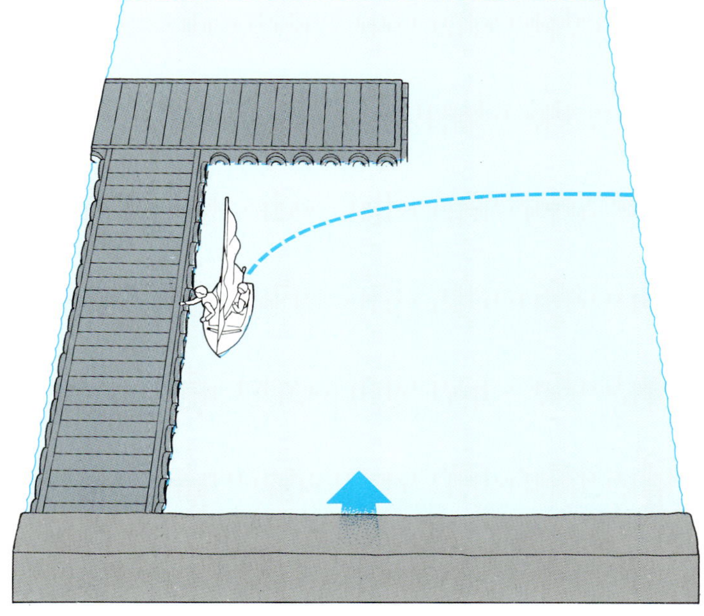

Je nach Windrichtung raumschots oder mit halbem Wind den Steg anlaufen und dicht daneben aufschießen. Der Vorschoter hält das Boot am Steg fest und belegt die Vorleine so schnell wie möglich.

Anlegen bei auflandigem Wind

Nähert man sich einem Steg bei auflandigem Wind, wählt man den Kurs möglichst dicht entlang des Steges, bevor man das Boot mit einem Aufschießer zum Halten bringt. Wichtig dabei ist, daß man genügend Raum für den Aufschießer vor dem Steg zur Verfügung hat und das Boot nicht den Steg rammt. Andererseits ist der Aufschießer nicht zu spät zu fahren, sonst läuft das Boot über das Stegende hinaus. Liegt der Steg parallel zum Ufer, also nicht im rechten Winkel, wird das Großsegel vorher geborgen und nur unter der Fock angelegt.

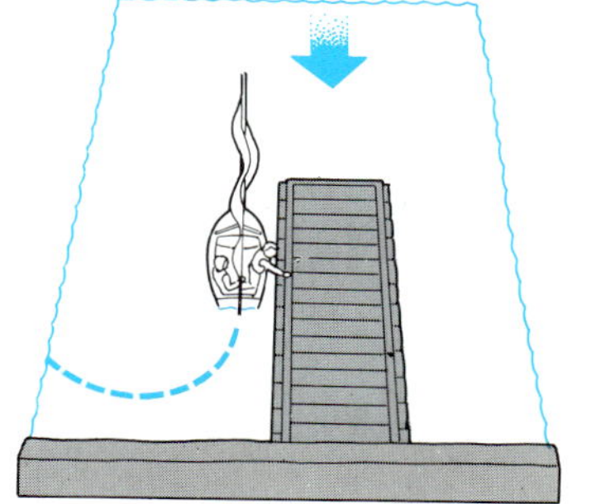

Steg im rechten Winkel zum Ufer
Angelaufen wird mit Halbwind auf das Ufer zu, dann wird ein Aufschießer parallel zum Steg gefahren, damit das Boot längsseits zum Stillstand kommt.

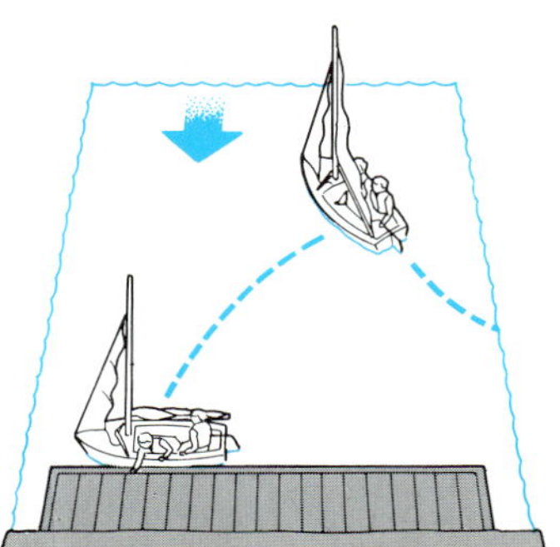

Steg parallel zum Ufer
Angelaufen wird auf Am-Wind-Kurs, aufschießen (1), das Großsegel bergen, abfallen und unter Fock zum Steg laufen. Kurz vorher die Fockschot loswerfen, anluven und parallel zum Steg zum Stehen kommen (2).

Ablegen in strömendem Gewässer

Das Ablegen vom Steg in strömendem Gewässer hängt davon ab, ob der Wind oder die Strömung stärker ist. Ist die Strömung stärker als der Wind, entscheidet ihre Richtung, von wo aus abgelegt wird. Als Regel gilt, immer von der Seite abzulegen, die sich in Lee des stärkeren Elementes befindet. Besondere Aufmerksamkeit ist dann geboten, wenn ein kräftiger Wind gegen den Strom bläst. Dabei entsteht ein unangenehmer kurzer Seegang auf der Strom-Leeseite von Schwimmstegen.

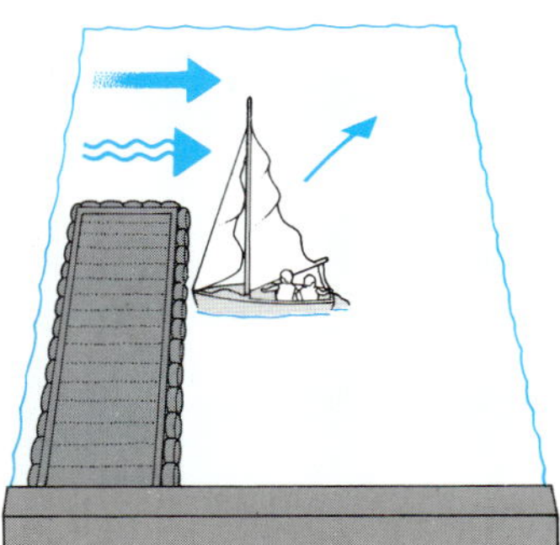

Wind und Strom gleiche Richtung
Das Boot wird zum Stegende mit dem Bug gegen Strom und Wind festgemacht. Der Vorschoter nimmt die Vorleine auf Slip, steigt ein, hält die Fock back und läßt die Vorleine ausrauschen. Der Steuermann legt die Pinne auf Rückwärtsfahrt und läßt das Boot abfallen, bis die Segel Wind fangen und die Schoten angeholt werden können.

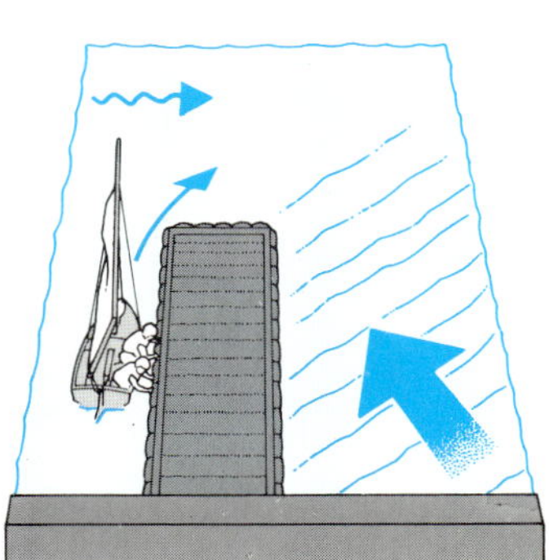

Wind gegen schwächeren Strom
Das Boot liegt zum Segelsetzen an der Wind-Leeseite des Steges. Die Mannschaft verholt es von Hand zum Ende des Steges, drückt es kräftig so weit wie möglich vom Steg ab und holt die Schoten dicht auf Halbwind-Kurs. Wichtig ist es, so schnell wie möglich Fahrt aufzunehmen, um nicht vom Strom auf den Steg gesetzt zu werden.

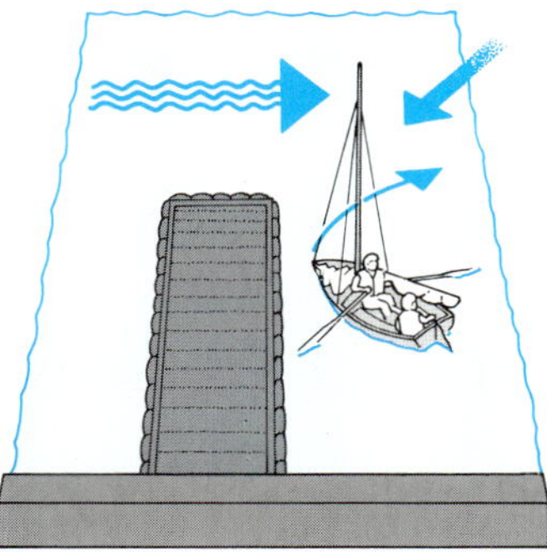

Starker Strom gegen leichten Wind
Das Boot liegt an der Strom-Leeseite des Pontons, Bug in Richtung gegen den Strom. Die Besatzung paddelt oder rudert das Boot mit dem Strom vom Steg frei. Befindet sich das Boot in freiem Wasser, wird es in den Wind gedreht, das Schwert gefiert und die Segel werden gesetzt.

Anlegen in strömendem Gewässer

Auf strömenden Gewässern sollte, wenn irgend möglich, immer gegen das jeweils stärkere Element – Wind oder Strom – angelegt werden. Das muß vor dem Anlegemanöver ermittelt werden. Am einfachsten ist es natürlich, wenn Wind und Strom aus der gleichen Richtung kommen. Dabei darf aber nicht vergessen werden, daß das Boot auch ohne Segel mit dem Strom weitertreibt. Am schwierigsten ist das Anlegemanöver, wenn Wind gegen Strom steht. Treffen Wind und Strom etwa gleichstark im rechten Winkel aufeinander, hat man zuweilen die Wahl, gegen den Wind oder den Strom aufzuschießen.

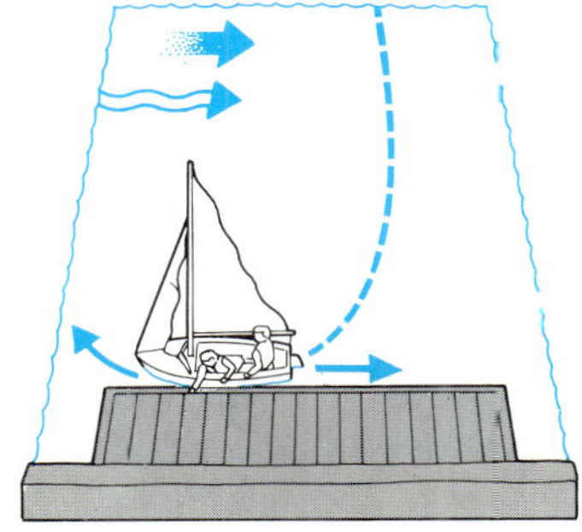

Wind und Strom aus der gleichen Richtung
Anlaufen mit halbem Wind und kurz vor dem Steg aufschießen. Auf Raum achteraus achten, denn das Boot wird nach dem Auslaufen rückwärts treiben, so lange, bis die Leinen fest sind.

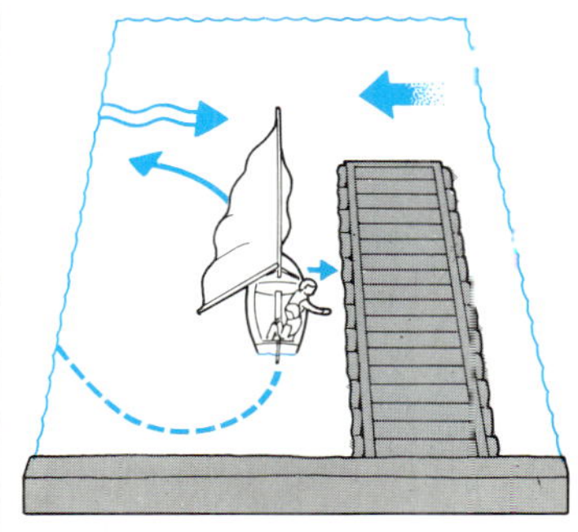

Wind gegen Strom
Angelaufen wird die Wind-Leeseite des Stegs, die gleichzeitig Strom-Luvseite ist. Vor dem Steg wird gewendet und das Boot mit aufgefierten Schoten neben dem Steg zum Stehen gebracht.

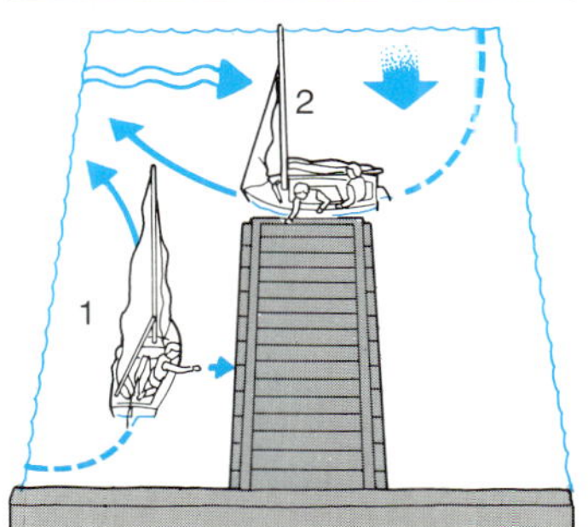

Wind und Strom im rechten Winkel
Will man an der Strom-Luvseite festmachen, läuft man mit Am-Wind-Kurs an und läßt das Boot gegen den Wind auslaufen (1). Will man am Stegende anlegen, wird das Großsegel geborgen und unter Fock zum Steg gesegelt (2).

Ab- und Anlegen an der Mooring-Boje

Eine Mooring besteht aus einem Grundgewicht – meist einem Betonklotz – oder einem Anker oder einer im Grund verankerten schweren Kette, einer Bojenkette und einer Boje. Sie dient zum ständigen Festmachen meist größerer Kielyachten, wenn keine oder nicht genügend Hafen- oder Stegliegeplätze vorhanden sind. Seltener liegen Jollen während der Segelsaison an einer Mooring-Boje. Aber fast jeder Jollensegler wird gelegentlich mal an einer Boje festmachen müssen oder wollen, beispielsweise um Segel zu setzen oder zu bergen.
Durch die Länge der Ankerkette kann eine Mooring leicht unterschiedlichen Wasserständen angepaßt werden. Es gibt verschiedene Arten von Moorings, aber das Boot wird immer mit einer Leine am Ring der Boje oder mit einem Stropp an der Bojenkette festgemacht.
Häufig liegen die einzelnen Bojenplätze so dicht nebeneinander, daß man beim An- und Ablegen äußerst vorsichtig sein muß. Zum Bojenplatz kommt man entweder mit einem kleinen Dingi oder mit einem Versetzboot. Bevor man ablegt, muß das Boot natürlich segelklar gemacht werden, das Ruder wird eingehängt, das Schwert gefiert, und die Segel werden gesetzt. Zum Ablegen von der Boje wird die Vorleine auf Slip gelegt, das heißt, das freie Ende der Vorleine wird durch das Bojenauge genommen und an Deck belegt. Dann wird die Vorleine geslipt, nachdem alles klar ist und der Ablaufkurs festliegt.
Bevor man seine Mooring anläuft, sollte man die Lage der anderen Boote zu Wind und Strom beobachten, weil das eigene Boot später die gleiche Lage einnehmen wird. Der Kurs muß immer so eingerichtet werden, daß man gegen das stärkere Element – Wind oder Strom – aufschießen kann. Läuft Strom, geht man besser hinter verankerten Bojen herum, damit man nicht vom Strom gegen sie getrieben wird. Hat man die Boje gefaßt, gleich die Vorleine festmachen, denn bei starkem Strom kann man das Boot nicht lange von Hand an der Boje halten. Dann werden die Segel geborgen, aufgetucht oder abgeschlagen, wird das Boot gelenzt und aufgeklart. Bleibt es einige Zeit an der Boje liegen, werden die Segel und alle losen Ausrüstungsgegenstände von Bord genommen, Schwert und Ruderblatt aufgeholt, damit das Boot frei um die Boje schwojen kann. Oder man hängt das Ruder überhaupt aus. Sinnvoll ist es auch, zumindest das Cockpit mit einer Plane (Persenning) abzudecken, um Schmutz und Regen fernzuhalten. Die Auftriebskörper sollten in jedem Fall in Ordnung sein, damit das vom Regen eventuell doch vollgeschlagene Boot nicht womöglich auf Tauchstation geht.

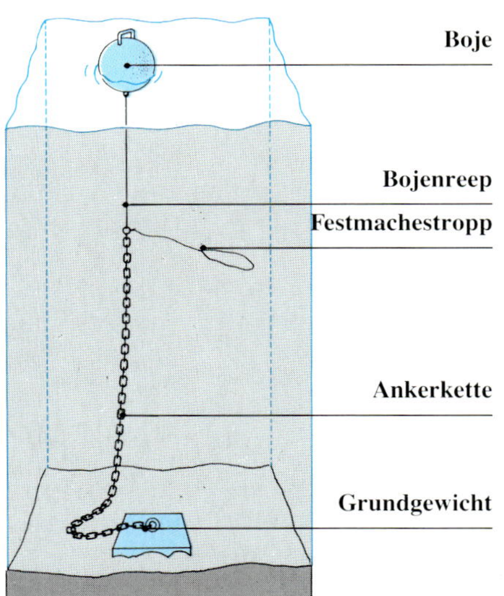

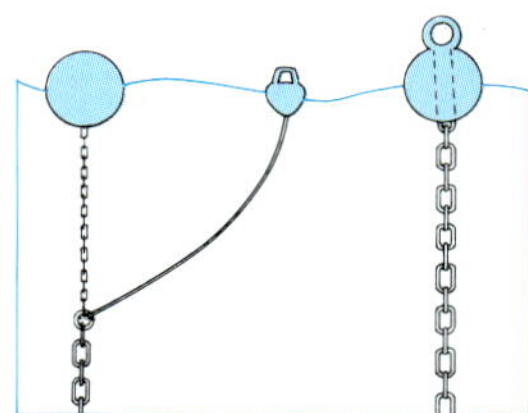

Links eine Mooringboje mit einer kleinen Fangboje zum Aufnehmen des unter Wasser schwimmenden Festmachestropps, der unterhalb des Bojereeps an der Kette sitzt. Rechts eine einfache Festmacheboje mit einem Ring oder Auge, durch das die Festmacheleine geschoren wird.

Ein Nahezu-Aufschießer in Lee der Boje. Präzisionsarbeit wäre es, wenn der Vorschoter die Boje in Höhe des Wants fischen könnte, ohne solche Verrenkungen übers Vordeck anstellen zu müssen.

Ablegen von der Boje

Vor dem Ablegen in strömungsfreien Gewässern wird zunächst das Schwert gefiert und die Vorleine auf Slip genommen. Nachdem die Segel gesetzt sind, holt sich der Vorschoter an die Boje heran und nimmt sie auf die Seite, die zur Luvseite werden soll. Dann wird die Vorleine losgeworfen und sich an der Boje so weit wie möglich voraus verholt. Je weiter, um so besser fällt das Boot ab.

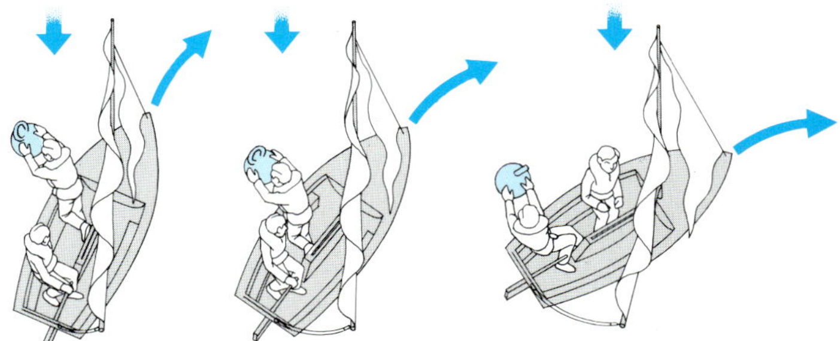

Boje los am Bug
Die Fock muß noch backgenommen werden, um weiter abzufallen.

Boje los mittschiffs
Das Boot ist schon so weit abgefallen, daß man wohl direkt lossegeln kann.

Boje los achtern
Es brauchen nur noch die Schoten angeholt zu werden, um ablaufen zu können.

Anlegen in stehendem Gewässer

Der Aufschießer neben der Boje muß so bemessen werden, daß der Vorschoter sie gut zu fassen bekommt. Wenn irgend möglich, wählt man deshalb einen Am-Wind-Kurs und macht einen Nahezu-Aufschießer in Lee der Boje, so daß sie sich kurz hinter dem Luv-Want befindet und mühelos vom Vorschoter vom Cockpit aus gefischt werden kann. Der Steuermann hält derweil das Boot im Gleichgewicht.

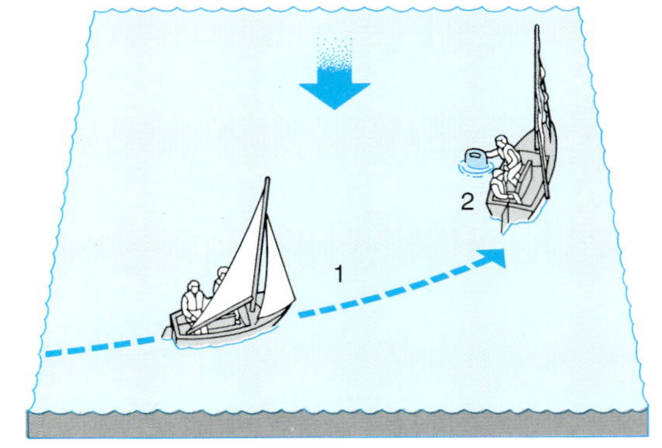

Der Anlauf erfolgt auf Am-Wind-Kurs (1). Neben der Boje aufschießen und die Boje fischen (2).

Festmachen an der Boje

Die Mooringboje muß so angelaufen werden, daß der Vorschoter sie in Luv fassen kann. Dann fischt er sich den Festmachestropp aus dem Wasser, führt ihn durch die Buglippe und belegt ihn auf der Bugklampe oder am Bugbeschlag. Dann werden die Segel geborgen. Hat die Boje keinen extra Festmachestropp, wird die Vorleine am Auge der Boje eingepickt.

Der Vorschoter fischt die Boje.

Ablegen in strömenden Gewässern

Liegt das Boot in strömenden Gewässern an der Boje, wird es sich immer in die Richtung des stärkeren Elementes – Wind oder Strom – drehen. Liegt es mit dem Bug im Wind, überwiegt die Windstärke. Sind Wind und Strom gleich stark, liegt das Boot etwa quer zu beiden. Bei stärkerer Strömung dreht es sich mit dem Bug in Stromrichtung.

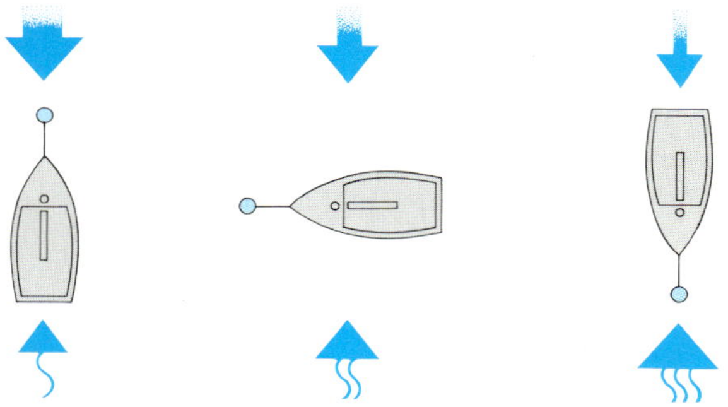

Wind stärker als Strom

Wind und Strom gleich stark

Strom stärker als Wind

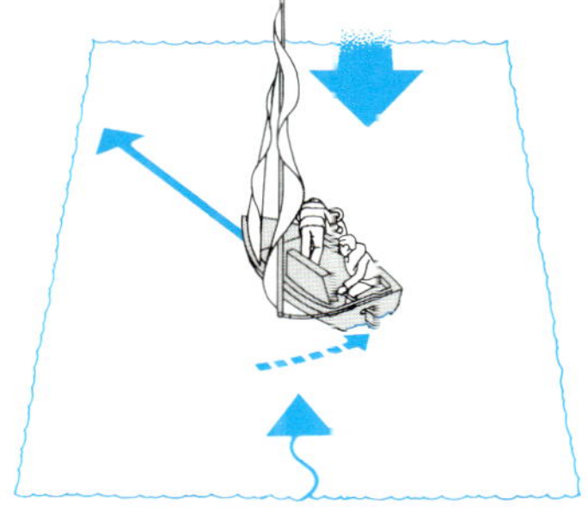

Ablegen – Wind stärker als Strom
Segel setzen, Schwert fieren. Die Boje auf die Seite nehmen, die Luv werden soll. Die Fock backhalten und die Vorleine loswerfen. Ist das Boot freigefallen von der Boje, Fock über und auf Kurs gehen.

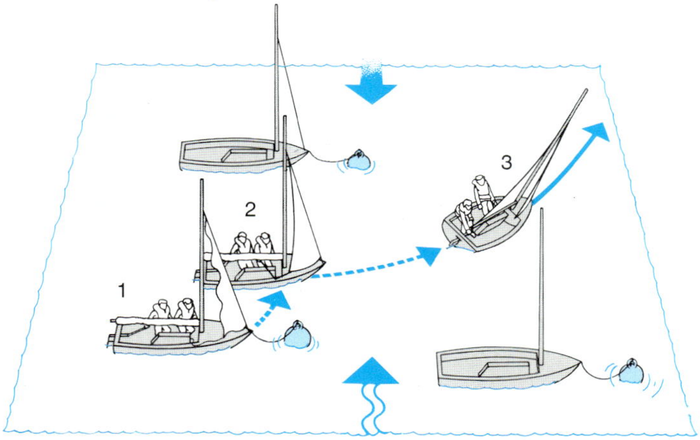

Ablegen – Wind und Strom gleich stark
Vorleine auf Slip legen und die Fock setzen (1). Die Boje in Stromluv nehmen, das Schwert fieren und Vorleine los. Fockschot dichtholen und sich von anderen Bojenliegern freisegeln (2). Dann anluven und das Großsegel setzen und auf Kurs gehen (3).

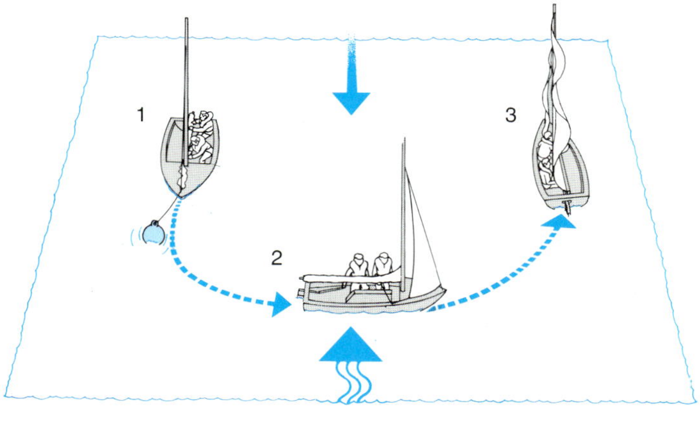

Ablegen – Strom stärker als Wind
Die Segel klar zum Setzen anschlagen. Das Schwert fieren, die Boje auf die Seite nehmen, die zur Leeseite werden soll. Fock hoch, Vorleine los und die Fockschot anholen (2) und zum Großsegelsetzen anluven (3).

Anlegen in strömendem Gewässer

Will man in strömendem Gewässer an eine Boje gehen, muß vorher Stärke und Richtung des Stroms in Relation zum Wind geprüft werden und wie sie den Kurs beeinflussen können. Die Stärke des Stroms kann man am besten an Tonnen oder ähnlichem beobachten, an ihrer „Bugwelle“ und der Wirbelschleppe dahinter. Es kann für ein Gelingen des Manövers durchaus hilfreich sein, erst einen Probelauf zu unternehmen, bevor man tatsächlich an die Boje geht. Haben Wind und Strom die gleiche Richtung, kann man regulär neben der Boje aufschießen, muß aber berücksichtigen, daß das Boot sofort beginnt, achteraus zu treiben. Kreuzen Wind und Strom sich, schießt man in Stromluv neben der Boje auf. Steht Wind gegen Strom, muß einkalkuliert werden, daß das Boot nach dem Aufschießer nicht zum Stillstand kommt, sondern weitertreibt.

Vor der Tonne bildet sich eine „Bugwelle“, dahinter eine Wirbelschleppe. Aus beiden kann man Schlüsse ziehen auf die Richtung des Stromes und – mit einiger Erfahrung – auch auf seine Stärke.

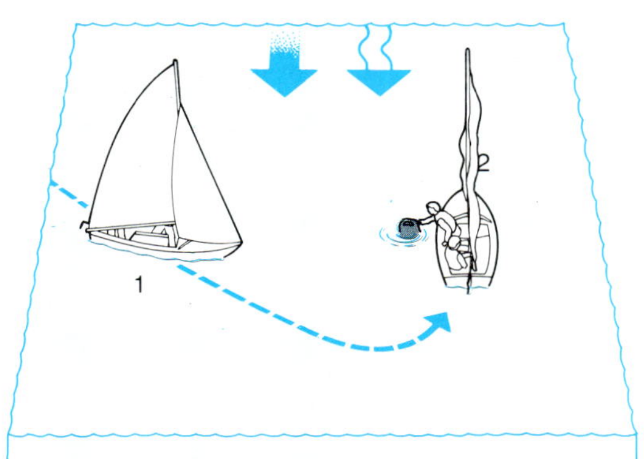

Wind und Strom aus der gleichen Richtung
Angelaufen wird raumschots oder mit halbem Wind. Wegen der Abdrift durch den Strom muß etwas vorgehalten werden (1). Der Aufschießer wird so bemessen, daß die Boje mittschiffs gefaßt werden kann (2).

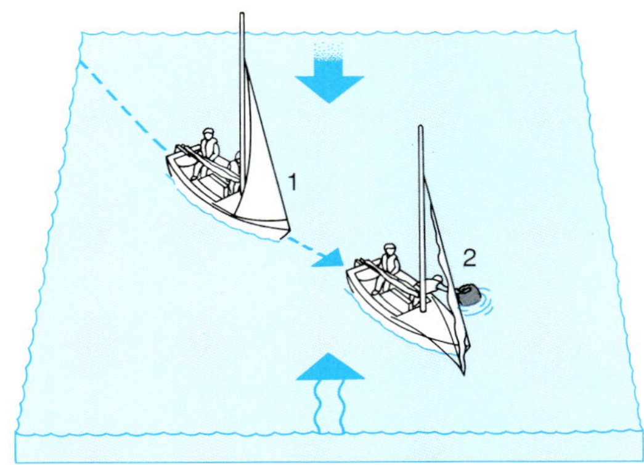

Wind gegen Strom
Ist der Wind stärker als der Strom, wird die Boje so angelaufen, wie auf Seite 92 für ein stehendes Gewässer beschrieben. Ist der Strom stärker, zunächst einen Aufschießer fahren und das Großsegel bergen. Dann abfallen und allein unter Fock die Boje anlaufen. Ist die Vorleine fest, Schwert hoch und Fock runter.

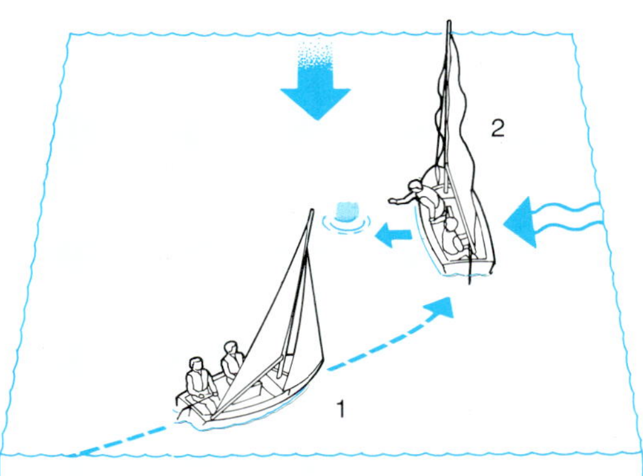

Wind und Strom kreuzen sich
Anlaufen auf einem Am-Wind-Kurs (1). Der Aufschießer erfolgt etwas in Stromluv der Boje, das Boot wird vom Strom seitlich auf die Boje zugetrieben (2).

Ankern

Ein Anker dient dazu, ein Boot sicher am Grund festzuhalten. Auch mit einer Jolle muß hin und wieder geankert werden. Beispielsweise um etwas an Bord zu reparieren, zu baden oder um bei Flaute nicht von einer starken Strömung davongetragen zu werden. Deshalb gehören Anker und Ankerleine einsatzbereit an Bord jeder Jolle, und man muß natürlich auch wissen, wie man mit ihnen umgeht. Es gibt verschiedene Ankertypen, die ihre Vor- und Nachteile haben. Einige kommen von Größe und Gewicht her für Jollen jedoch nicht in Frage.

Eine Jolle vor Anker

Die Ausrüstung

Der Anker ist auf einer kleinen Jolle stets auch ein Platzproblem. Ein Anker mit großer Haltekraft ist der Danforth-Anker, der sich beigeklappt hervorragend stauen läßt. Allerdings hält er nicht so sehr gut auf stark verkrautetem oder steinigem Grund. Der Falt- oder Schirmdraggen ist ein kleinerer Anker. Die Arme lassen sich an den Schaft klappen und dort sichern. Er ist unter Jollenseglern beliebt wegen seines geringen Platzbedarfs. – Die Ankerleine sollte aus Polyamid sein – es verbindet hohe Bruchfestigkeit mit großer Elastizität – und unten am Anker einen Kettenvorlauf haben. Er zieht durch sein Eigengewicht den Ankerschaft herunter und verstärkt durch seine Haftreibung auf dem Grund die Haltekraft. Eine Leine muß am Anker angeschäkelt werden. Ein Knoten kann sich durch die Reibung leicht lösen. Auf dem Vordeck sollte sich möglichst eine Klampe befinden, um die Ankerleine zu belegen, und zumindest auf einer Seite des Vorstags eine Lippklampe. Sie ist wichtig, weil sie den Bug in Zugrichtung der Ankerleine hält. – Den Anker staut man unter dem Vordeck oder am Boden vor dem Schwertkasten. Dort muß er so verzurrt werden, daß er nicht hin- und herrutschen kann, sich aber schnell wieder lösen läßt. Der beste Platz für die Ankerleine ist ein Eimer unter dem Vordeck, in dem man sie sauber aufschießt, klar zum Auslaufen, mit dem Anker obendrauf. Selbstredend muß das Ende der Leine auf der Klampe oder am Mast fest belegt sein, damit Anker und Leine nicht auf Nimmerwiedersehen in der Tiefe verschwinden.

Weil man die Flunken an den Schaft klappen kann, läßt sich der Faltanker gut auf engem Raum stauen. Seine Haltekraft aber ist nicht so groß wie die des Danforth-Ankers.

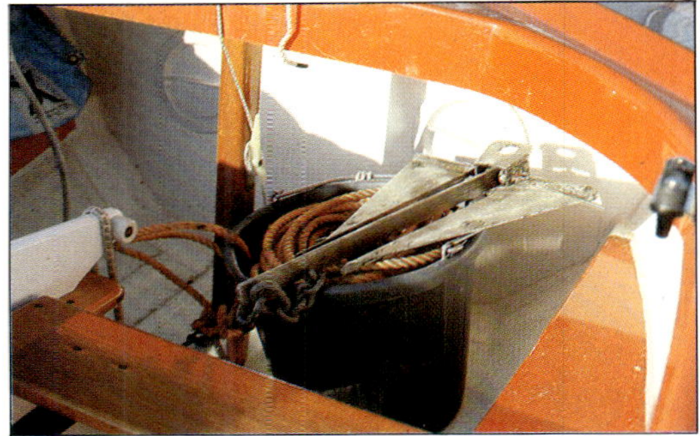

Ankern in stehenden Gewässern

Hat man seinen Ankerplatz ins Auge gefaßt, dreht man sein Boot bei, um Anker und Ankerleine zu klarieren. Der Anker liegt auf dem Bootsboden, das Ende der Ankerleine wird vorne durch das Bugauge gezogen und wieder zurück zur Klampe geführt. Ist kein Bugauge vorhanden, muß die Ankerleine mit einem Tampen am Vorstag beigebändselt werden. Das Auge in diesem Tampen muß so groß sein, daß sie glatt durchläuft. Aufpassen, daß sich die Leine nirgendwo verhakt und man nicht mit den Füßen drin steht. Meistens allerdings wird es kaum erforderlich sein, beizudrehen, um den Anker zu klarieren. Sinnvoller ist es, die Fock zu bergen, um das Vorschiff frei zu haben und nicht durch die Fockschoten behindert zu werden. Ist alles klar, am vorgesehenen Ankerplatz aufschießen und den Anker an der Leine Hand über Hand außenbords geben – nicht einfach über Bord werfen. Wenn man merkt, daß er den Grund erreicht hat, weiter so viel Leine ausgeben, daß ihre Länge mindestens der vierfachen Wassertiefe entspricht. Durch kurzes Festhalten der auslaufenden Leine kann man prüfen, ob der Anker auch tatsächlich gefaßt hat. Die beste Kontrolle, um festzustellen, ob das Boot nicht treibt, ist eine Seitenpeilung zu einem Objekt an Land. Das Großsegel wird nicht eher geborgen, um bei einem möglicherweise erforderlich werdenden zweiten Ankermanöver sofort manövrierfähig zu sein. Ein zweites Manöver muß dann gefahren werden, wenn der Anker nicht hält und Gefahr besteht, beispielsweise auf einen anderen Ankerlieger zu treiben.

Wenn keine Lippklampe vorhanden, wird die Ankerleine am Vorstag beigebändselt.

Die Ankerleine wird Hand über Hand ausgegeben, bis der Anker den Grund erreicht hat.

Ankerlichten

Zunächst werden das Großsegel und die Fock gesetzt. Die Fock aber noch beigebändselt, damit sie beim Ankerholen nicht behindert. Dann wird die Ankerleine Hand über Hand eingeholt. Dabei holt man das Boot an den Anker heran. Steht die Ankerleine etwa senkrecht, den Anker mit einem kurzen Ruck aus dem Grund brechen, hochholen, abspülen und an Deck nehmen. Vorsicht, daß er nicht die Bordwand verkratzt oder beschädigt. Ähnlich wie beim Ablegen von der Boje holt man den Anker an der künftigen Luvseite ein. Die Fock wird ausgerissen und backgehalten und Lee-Ruder gelegt, bis der Bug weit genug abgefallen ist, um Fahrt voraus aufnehmen zu können.

Ausspülen des (schmutzigen) Ankers nach dem Aufholen.

Ankern in fließendem Gewässer

Zunächst ist festzustellen, wer den größeren Einfluß auf das Boot ausübt: der Wind oder der Strom. Man erkennt das an anderen Ankerliegern, ob sie mit dem Bug in Wind- oder Stromrichtung zeigen. Ist der Strom stärker, wird sich auch mein Boot mit dem Bug in Stromrichtung legen, sobald der Anker gefaßt hat. Steht Wind gegen Strom oder kommt der Wind in einem Winkel bis etwa querab zum Strom, ist es kaum oder gar nicht möglich, den Wind aus dem Großsegel zu bekommen, um es nach dem Ankern bergen zu können. In diesem Fall macht man vorher einen Aufschießer gegen den Wind, nimmt das Großsegel weg und läuft seinen gewählten Ankerplatz allein unter Fock an. Die Fock nachher zu bergen ist selbst bei achterlichem Wind kein Problem. – Beim Ankeraufgehen stellt sich das gleiche Problem. Zunächst muß man feststellen, woher der – schwächere – Wind weht. Kommt er aus dem vorderen Sektor, werden Großsegel und Fock gesetzt, und man holt den Anker ein, wie beschrieben. Kommt der Wind jedoch aus dem hinteren Sektor, kann man das Großsegel nicht, sondern nur die Fock setzen. Der Anker wird aufgenommen, und man läuft unter Fock ab, bis man genügend Raum hat, um so hoch an den Wind zu gehen, daß es möglich ist, das Großsegel zu setzen. Dann wird der Anker klariert, damit er sofort wieder einsatzbereit ist.

Anlaufen des Ankerplatzes allein unter Fock, gegen den Strom. Der Vorschoter ist gerade im Begriff, den Anker außenbords zu geben.

Schleppen

Wahrscheinlich wird man als Jollensegler selten in die Lage kommen, ein anderes Boot zu schleppen. Aber man sollte wenigstens wissen, wie es gemacht wird. Eher wird man selber der Geschleppte sein, etwa wenn der Wind einschläft oder auch nach einer Kenterung. Dann muß man wissen, wie man die Leine anzunehmen, zu belegen und sich zu verhalten hat. Normalerweise wird der Schlepper ein Motorboot sein. Üblich ist es, achteraus zu schleppen (Seite 100). Nur bei glattem Wasser und auf engem Raum kann es sinnvoller sein, längsseits zu schleppen. Manchmal – wenn beispielsweise ein ganzes Regattafeld in einer Flaute liegen bleibt – wird es notwendig, im Verband zu schleppen. Das erfordert eine besondere Schlepptechnik, die auf Seite 100 gezeigt und beschrieben wird.

Längsseits schleppen

Bei Wellengang kann man nicht längsseits schleppen. Die Boote würden heftig gegeneinander schlagen und könnten sich gegenseitig beschädigen. Bei glattem Wasser aber kann längsseits schleppen durchaus vorteilhaft sein, besonders in Schleusen und engen Fahrwassern. Man hat das Boot viel besser unter Kontrolle als ein nachgeschlepptes. Allerdings läßt sich das schleppende Motorboot schlechter manövrieren. – Auf der Jolle werden die Segel geborgen und weggestaut. Das Schwert wird vollständig aufgeholt und das Ruder ausgehängt. Zwischen beide Boote kommen kräftige Fender. Sie müssen erhebliche Druck- und Schubkräfte aufnehmen. Festgemacht wird mit einer Vor- und Achterleine und einer Spring vom Bug des Motorbootes zum Heck der Jolle. (Eine zweite Spring in umgekehrter Richtung wäre auch nicht schlecht für den Fall, daß auch mal rückwärts manövriert werden muß.) Bleibt die Jollencrew bei sich an Bord, balanciert sie, etwa im hinteren Drittel sitzend, ihr Boot gut aus.

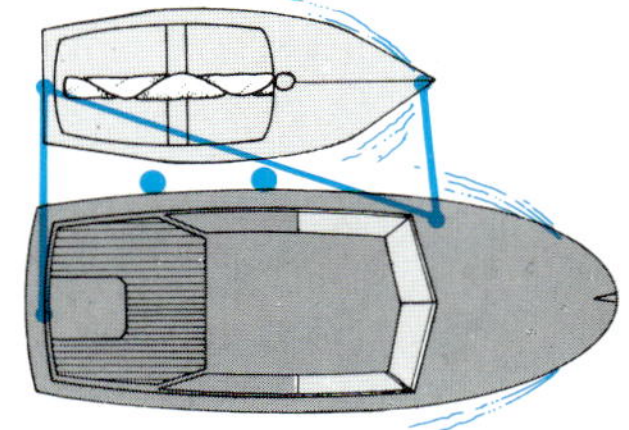

Oben und links: Eine Jolle wird längsseits geschleppt. Die Segel sind weggestaut, die Crew hält das Gleichgewicht. Abweichend von der Zeichnung sollte die (kleinere) Jolle weiter vorne längsseits genommen werden, damit das Motorboot besser manövrieren kann.

Rechts: Ein Schleppverband. Besser sollten die Segel geborgen werden, wie auf den ersten Booten. Allerdings ist das bei den Topper-Jollen hinten nicht ganz so einfach, weil das Großsegel über den Mast gezogen ist. Aber es muß wenigstens frei auswehen können.

40

Achteraus schleppen

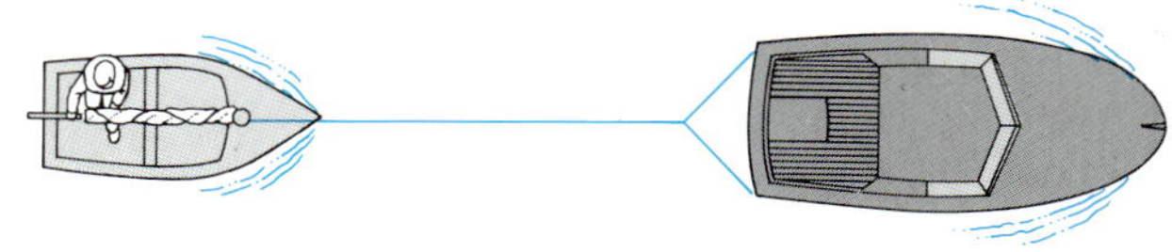

Auch hier gilt zunächst: die Segel bergen und das Schwert hochholen. Das Ruder jedoch wird nicht ausgehängt. Hat die Jolle eine Vorschiffsklampe, wird die Schleppleine zunächst nur mit einem Rundtörn belegt, um beim Anschleppen elastisch nachgeben zu können und ein hartes Einrucksen der Leine zu vermeiden. Dann wird das Ende der Schleppleine mit einem Slipstek am Mast belegt, um notfalls schnell loswerfen zu können. Gibt es keine Vorschiffsklampe, muß die Schleppleine am Vorstag beigebändselt werden. Das Motorboot nimmt die Schleppleine auf die Heckklampe. Sitzt sie nicht mittschiffs, empfiehlt es sich, die Leine über eine Hahnepot (s. Zeichnung) auf die beiden Heckklampen zu führen, damit der Anhang nicht fortwährend nach einer Seite zieht. Der Steuermann der Jolle sitzt weit hinten und hält sich im Kielwasser des Motorbootes.

Der Schleppverband

Sollen mehrere Boote geschleppt werden, auf allen die Segel bergen, das Schwert aufholen und die Schleppleinen klarlegen. Die Schleppleine des ersten Bootes wird auf der Heckklampe des Zugbootes belegt. Die Leinen der folgenden werden – in Ermangelung von Heckbefestigungsmöglichkeiten – an der Mittelducht oder den Fußgurten des Vorgängers festgemacht. Alle Boote, bis auf das letzte, hängen ihre Ruder aus. Die Crew plaziert sich weit hinten im Boot. Der Steuermann des letzten Bootes im Verband hält den ganzen Pulk auf Kurs im Kielwasser des Schleppers. Das erfordert Aufmerksamkeit und Geschick. Deshalb sollte der erfahrenste Steuermann in das letzte Boot gesetzt werden. Bei glattem Wasser kann der Verband auch verkürzt werden, indem man je einen Pulk auf die beiden Heckklampen des Zugbootes hängt (linke Abbildung). Der Mann im letzten Boot jedes Anhangs muß so steuern, daß die Boote nicht zusammenstoßen.
Nach einer anderen Methode schleppt das Zugboot eine starke Trosse nach, in die in einem Abstand von ungefähr 5 Metern Augen eingespleißt sind. Die Jollen brauchen sich dort mit ihren Vorleinen nur einzupikken. Oder – wenn die Trosse keine Augen hat – stekken sie ihre Schleppleine mit einem Stopperstek an. Und zwar rechts und links der Trosse auf Lücke. Nebeneinander festgemacht, würden sich die Bootskörper gegenseitig ansaugen. In diesem Fall darf die Schleppleine nicht am Vorstag beigebändselt werden. Sie darf auch nicht auf einer weit vorne sitzenden Vorschiffsklampe belegt werden, denn der Bug muß abscheren können, damit das Boot geradeaus läuft. Das Abscheren bewirkt die Ruderlage, jeweils von der Trosse weg. Festgemacht wird die Leine am Mast. Auch muß das Schwert etwas gefiert bleiben, um die Ruderwirkung zu verbessern.

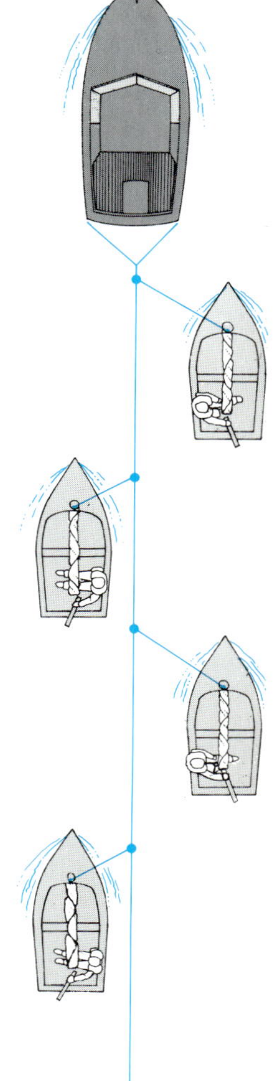

Rechts: Die Boote sind an eine zentrale Schlepptrosse angesteckt. Allerdings sollten sich die Steuerleute besser im Auge behalten, anstatt sich den Rücken zuzukehren. Außerdem erhält das geschleppte Boot ohnehin ein krängendes Moment leineneinwärts.

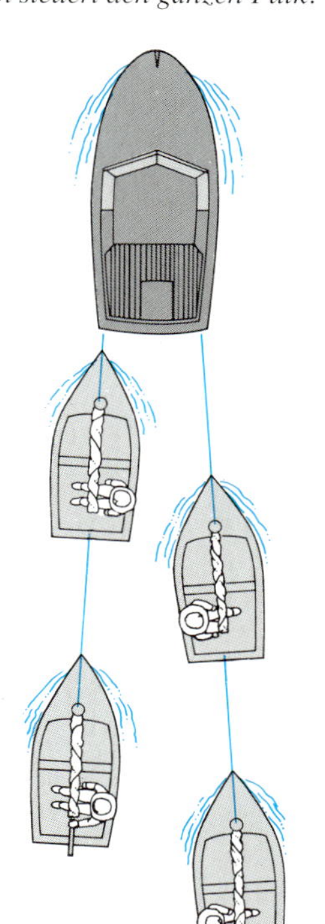

Unten: Nur bei glattem Wasser möglich. Der Mann im letzten Boot steuert den ganzen Pulk.

Auf dem Schlepper

Niemand sollte versuchen, ein Boot zu schleppen, so lange er nicht im Umgang mit seinem Motorboot hinlänglich vertraut ist. Und um einen Verband von mehreren Booten in rauhem Wasser zu schleppen, bedarf es schon einiger Erfahrung. Es sollten stets zwei an Bord sein: einer, der fährt, und einer, der den Schlepp beobachtet. Wenn man ein Boot im Seegang schleppt, muß die Leinenlänge so bemessen sein, daß sich beide Boote in der gleichen Wellenphase befinden, also gleichzeitig entweder auf dem Wellenkamm oder im Wellental. Werden mehrere Boot geschleppt, kann die Leine verkürzt werden. Bei achterlichem Wind und einem leichten Boot im Schlepp muß die Leine so weit verlängert werden, daß das Boot nicht auf der Heckwelle des Schleppers ins Surfen kommen kann und möglicherweise aufs Heck kracht. Das Motorboot darf nur so schnell fahren, daß die sogenannte Rumpfgeschwindigkeit eines kleinen Anhangs nicht überschritten wird, sonst besteht die Gefahr des Quer- und Umschlagens. Die Besatzung auf dem Anhang muß so weit wie möglich achtern sitzen, damit das Boot nicht giert, und das Schwert aufholen. Beim Loswerfen der Schleppleine am Ziel unbedingt darauf achten, daß sie nicht in den Propeller gerät.

Schleppen unter Segeln

Gelegentlich wird man auch als Jollensegler – beispielsweise bei einem Notfall – ein anderes Boot abschleppen müssen. Es ist recht schwierig, eine Schleppverbindung herzustellen, wenn sich beide Boote unter Segeln befinden. Deshalb ist es keine schlechte Entscheidung, wenn beide die Segel bergen und per Paddel Kontakt aufnehmen. In jedem Fall muß das zu schleppende Boot vorher die Segel bergen. Es behält das Schwert so lange unten, bis die Schleppleine festgemacht ist. Wird die Schleppverbindung unter Segeln hergestellt, nimmt der Schlepper die Leine in Luv über. Er läuft hoch am Wind an und braucht dann neben dem anderen Boot nur die Schoten zu fieren, um in Ruhe die Leine überzunehmen und bei sich auf der Heckklampe oder an den hinteren Fußgurten festzumachen. Dann die Schoten wieder dichtholen und langsam die Schleppleine steiffahren. Danach weiter abfallen, um mehr Fahrt aufzunehmen. Mit einem Boot im Schlepp kann man alle Segelmanöver fahren, nur nicht sehr hoch an den Wind gehen. Die Besatzung auf dem Anhang ist jeweils über die geplanten Manöver zu verständigen. Sie hat das Schwert ungefähr dreiviertel hoch, sitzt im hinteren Drittel des Bootes und steuert im Kielwasser des Schleppers.

Es sollten stets mindestens zwei Mann an Bord des schleppenden Motorbootes sein: einer der fährt, und einer, der den Anhang nicht aus dem Auge läßt.

Zurück an Land

Will man sich Boot und Ausrüstung lange erhalten, muß man pfleglich damit umgehen. Sobald man wieder an Land zurück ist, sollten sie mit klarem Wasser abgespritzt werden. Vor allem dann, wenn man in Salzwasser war, aber auch in verunreinigten Binnengewässern. Segel und Schoten müssen ebenfalls abgespült und getrocknet werden, bevor man sie verstaut. Ruder und Ausrüstung nur dann im Boot lassen, wenn man einen diebstahlsicheren Stellplatz hat. Die Segel sollte man in jedem Fall mit nach Hause nehmen. Die Fallen werden mit Stropps vom Mast zurückgebunden, damit sie im Wind nicht dagegen schlagen können. Inspektionsluken der Lufttanks zur Belüftung öffnen und ebenfalls die Lenzer. Das Boot sollte stets mit einer Plane abgedeckt und am Boden verankert werden, damit es der Wind nicht umwerfen kann.

Abgedeckte Jollen auf ihren Landstellplätzen.

Zusammenlegen des Großsegels

Dazu breitet man das Segel glatt auf dem Boden aus. Wenn man es zu zweit macht, geht es schneller und besser. Vor dem Zusammenlegen müssen die Segellatten entfernt werden.

1 *Ausgegangen wird vom Unterliek. Das Segel wird in einem Abstand von etwa 1 m zum Unterliek hin eingeschlagen.*

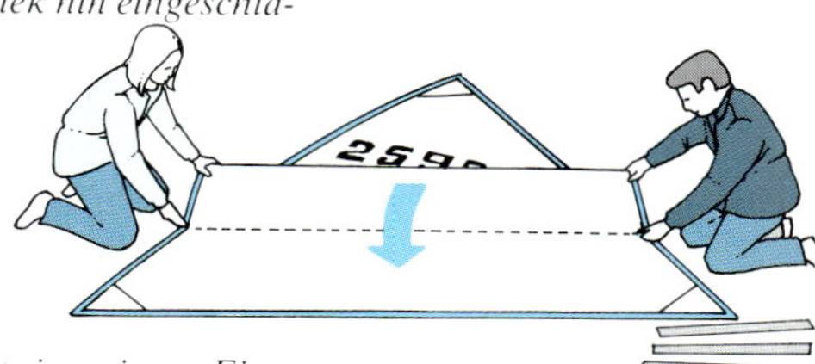

2 *Es folgt ein weiterer Einschlag.*

3 *Und so weiter schichtet man Bahn für Bahn fächerartig übereinander …*

4 *… bis schließlich der Segelkopf obenauf liegt.*

5 *Nun wird das Segel von der Seite her zu einem handlichen Paket zusammengefaltet und dann im Segelsack verstaut.*

Aufrollen der Fock

Die meisten Vorsegel haben ein Drahtvorliek, deshalb sollten sie nicht eingeknickt, sondern so zusammengerollt werden, wie es hier gezeigt wird. Die Schot sollte besser abgenommen werden.

1 *Das Segel wird am Vorliek angefaßt . . .*

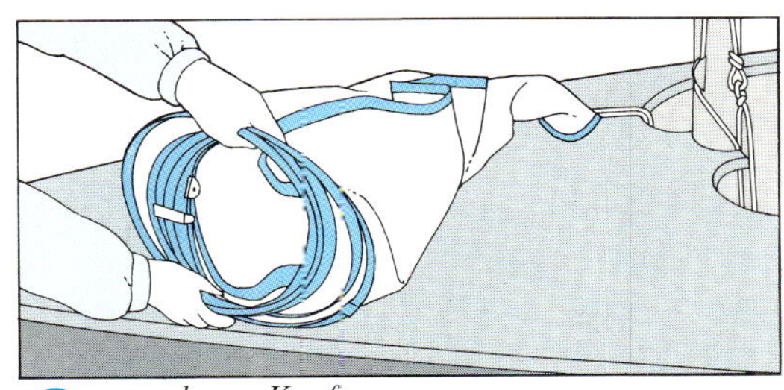

2 *. . . und vom Kopf zum Hals hin eingerollt.*

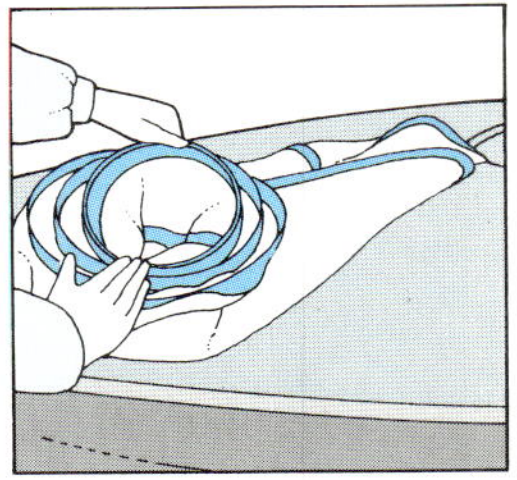

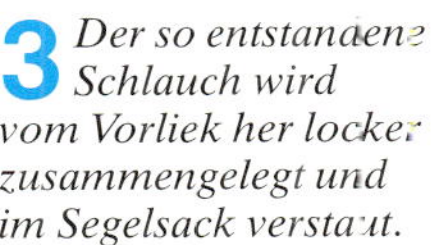

3 *Der so entstandene Schlauch wird vom Vorliek her locker zusammengelegt und im Segelsack verstaut.*

Lagern des Bootes

Nur die wenigsten Jollen haben einen Liegeplatz im Wasser, die überwiegende Mehrheit wird an Land gelagert. Wie man sein Boot lagert, hängt von der Größe und der zur Verfügung stehenden Lagermöglichkeit ab. Wo vorhanden, können kleine, leichte Boote in entsprechenden Stellagen gestapelt werden. Größere Jollen lagern am besten auf ihrem Slipwagen, der Bug angehoben. So kann eingedrungenes oder Kondenswasser zu den Lenzern im Spiegel auslaufen. Das Boot wird mit einer Plane – einer Persenning – abgedeckt.

Eine spezielle Trolley- und Trailerkombination für ein Kiel-Rennboot.

Abdecken des Bootes
Diese Jolle ist mustergültig abgedeckt und aufgebockt. Die Persenning ist mit Stropps unter dem Bootsboden gesichert, der Rumpf mit Steinen am Boden verankert. Durch die Schrägstellung kann mögliches Kondenswasser aus den Lenzöffnungen im Spiegel abfließen.

Eine ums Boot gezogene Persenning als Rumpfschutz.

Dach- und Trailertransport

Nur wenige Segler sind in der glücklichen Lage, daß sie ihr Boot nahe am Wasser abstellen können und es bei Bedarf einfach nur abzuslippen brauchen. Die Mehrzahl von ihnen muß ihr Boot weit vom Wasser entfernt abstellen. Wer sein Boot mit nach Hause nehmen muß oder Regattasegler, die ihr Boot über größere Distanzen befördern müssen, stehen vor dem Problem des Bootstransports. Am einfachsten ist es, das Boot auf dem Wagendach zu befördern, sofern es hinsichtlich Größe und Gewicht den Bestimmungen der Straßenverkehrsordnung entspricht. Zur Halterung des Bootes werden zwei gepolsterte Einzelträger auf das Wagendach montiert. Boot, Mast und Baum werden sorgfältig auf diesen Trägern gelascht. Die Segel und andere Ausrüstungsgegenstände kommen ins Auto. Ist das Boot für den Dachtransport zu groß oder zu schwer, wird es auf einem Spezialtrailer hinter dem Auto gezogen. Abhängig vom Typ des Trailers wird das Boot entweder auf dem Trailer direkt verladen, oder gleich auf seinem Slipwagen montiert auf dem Trailer befördert. Für den Dachtransport gibt es keine Geschwindigkeitsbegrenzung. Beim Trailertransport beträgt die Höchstgeschwindigkeit in der Bundesrepublik 80 km/h. Im Ausland gelten zum Teil andere Geschwindigkeitsbeschränkungen.

Verladen des Bootes

Gewöhnlich transportiert man das Boot kieloben auf dem Wagendach, so daß es mit seinem flachen Deck sicher auf den Dachträgern liegt. Muß es aus besonderen Gründen andersherum befördert werden, ist auf besonders sorgfältige Verzurrung zu achten. Außerdem sollte es gegen Regenwasser abgedeckt werden. Das Boot wird mit dem Bug voran transportiert und mit Gummistropps oder Tauwerk seitlich überkreuz mit dem Dachträger verschnürt. Bug und Heck werden mit den Stoßstangen verlascht, damit sich das Boot bei schneller Fahrt nicht abhebt. Um Schäden an Rumpf und Farbe zu vermeiden, sollten Dachträger und Haltetauwerk mit Schaumstoff oder ähnlichem unterlegt werden.

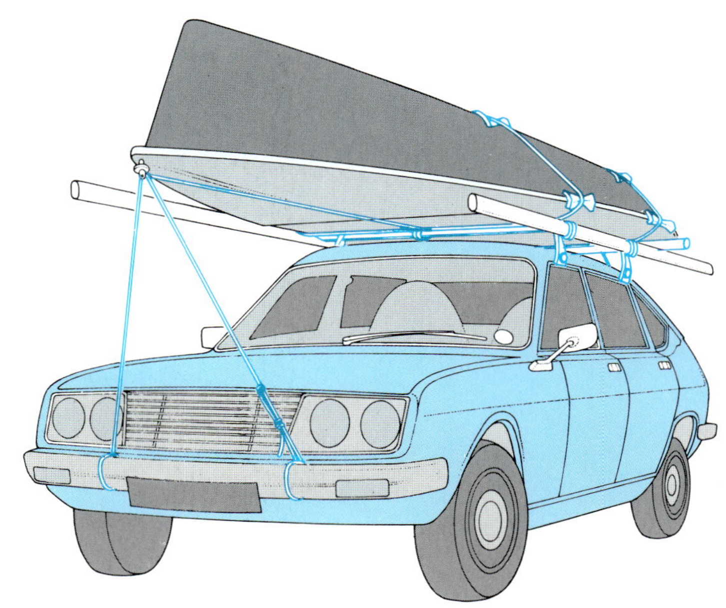

Aufladen allein

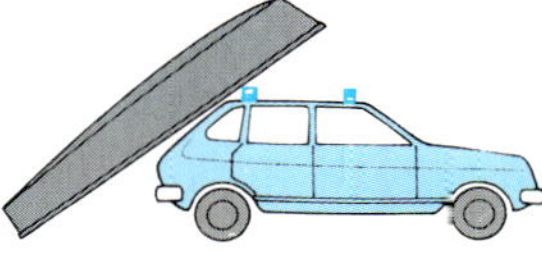

1 Das Boot mit dem Heck so hinter dem Wagen aufstellen, daß das Vordeck auf dem hinteren Dachträger ruht.

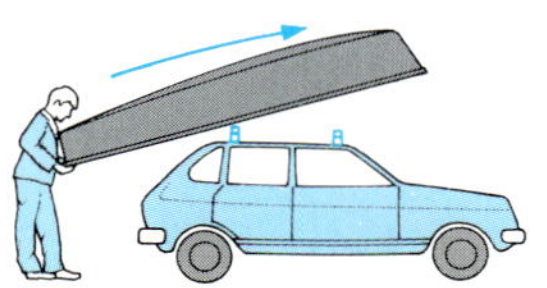

2 Dann das Heck anheben und das Boot nach vorne schieben, bis es sicher mit seiner ganzen Länge aufliegt.

Aufladen zu zweit

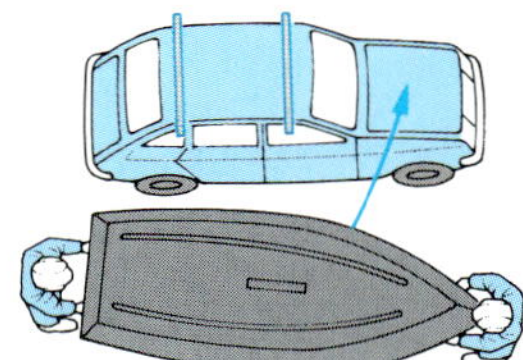

Das Boot an Bug und Heck anheben und von der Seite – das Heck zuerst – auf den Dachträger schieben.

Trailer

Man kann zwischen zwei Konstruktionsarten von Trailern wählen, denen mit einem T-Rahmen und denen mit einem A-Rahmen. In beiden Fällen lagert das Boot auf verstellbaren Auflagen oder Gummirollen. Mast und Baum liegen in einer besonderen Halterung. Der Trailer mit dem T-Rahmen hat einen starken Zentralrohrrahmen. Seine Bootshalterungen sind verstellbar. Der Trailer mit dem A-Rahmen hat den Vorteil, daß man darauf das Boot auf seinem Slipwagen huckepack befördern kann.
In jedem Fall muß der Trailer Brems-, Schluß- und Blinkleuchten, Rückstrahler und Nummernschildbeleuchtung haben und ein Typenschild des Herstellers. Er ist steuerfrei, erhält aber ein eigenes polizeiliches Kennzeichen und muß regelmäßig zum TÜV. Bei einer Anhängelast ab 750 kg muß der Trailer eine eigene Bremsvorrichtung haben.

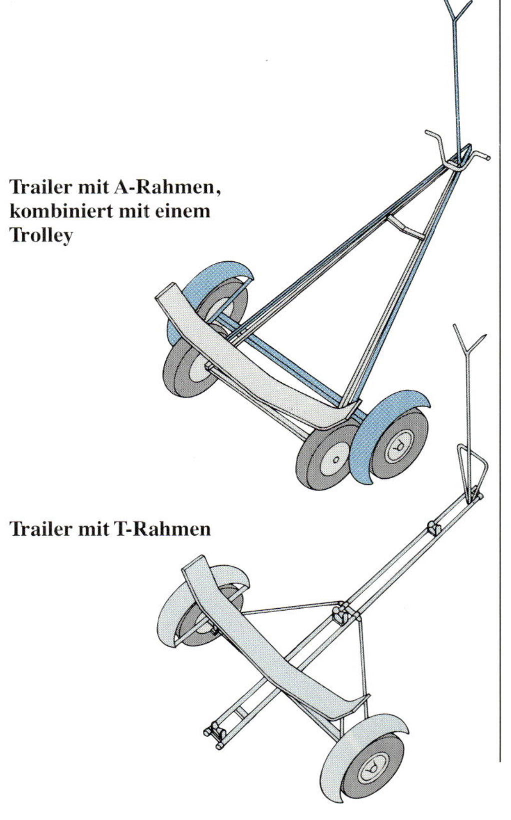

Trailer mit A-Rahmen, kombiniert mit einem Trolley

Trailer mit T-Rahmen

Beladen des Trailers

Es ist leichter, den Trailer zu beladen, wenn er bereits am Zugwagen angekoppelt ist. Wird das Boot direkt auf dem Trailer befördert, benötigt man mehrere Helfer, um es sauber auf die Auflagen zu heben. Auch ist es sorgfältig mit dem Anhänger zu verzurren, damit es nicht verrutscht. Will man das Boot auf dem Slipwagen verladen, bringt man es hinter den Trailer und zieht es so weit über den Anhänger, bis der Slipwagen auf den Rollen des Trailers aufliegt. Dann wird er so weit nach vorn gezogen, daß seine Radachsen in ihre Halterungen einrasten.

Aufladen auf einen kombinierten Trailer

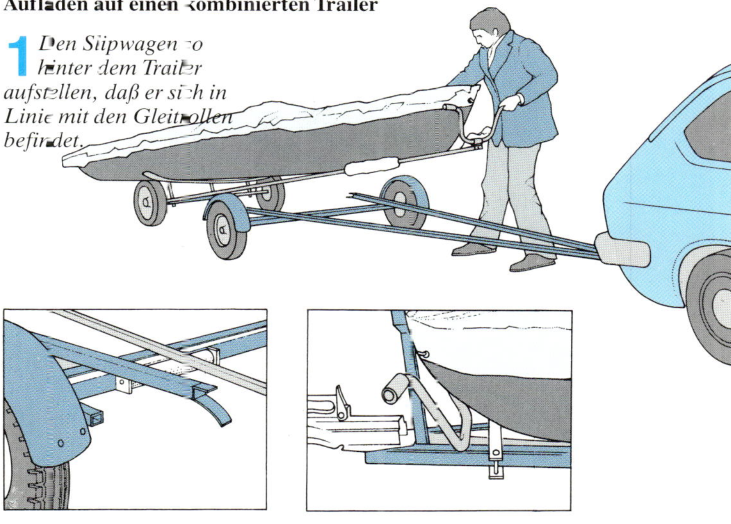

1 *Den Slipwagen so hinter dem Trailer aufstellen, daß er sich in Linie mit den Gleitrollen befindet.*

2 *Den Trolley nach vorne ziehen, bis seine Radachsen in die Halterungen einrasten.*

3 *Trolley und Trailer werden mit einer Falle fest verbunden und gesichert.*

Vorbereitung für den Straßentransport

Der Mast wird in seine Halterung gelegt, Wanten, Stage und Fallen werden bei gebändselt oder mit Tape am Mast fixiert. Alle lose Ausrüstung wird aus dem Boot entfernt oder sicher gestaut. Boot oder Ausrüstung dürfen nicht mehr als 1,00 m nach hinten hinausragen. Beim Transport innerhalb von 100 km bis zu 3 m. Sie müssen bei Tag und Nacht markiert sein, durch ein rotes Schild beziehungsweise rotes Licht und roten Rückstrahler.

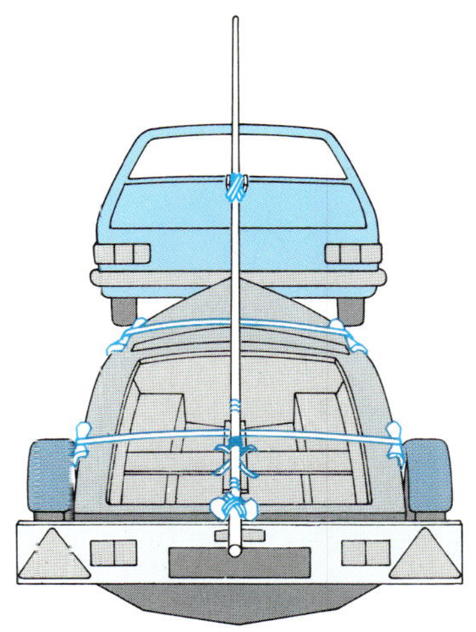

Ausweichregeln

Auch auf dem Wasser gibt es Vorfahrts- beziehungsweise Ausweichregeln. Sie weichen auf Binnen- und Küstengewässern etwas voneinander ab, doch als Grundregel gilt: Motorboote haben Segelbooten auszuweichen. Die Berufsschiffahrt hat in jedem Fall Vorrang. Auf Binnengewässern besitzt sie das uneingeschränkte Vorfahrtsrecht. Aber auch wenn der Segler Vorfahrt hat, sollte er nicht unbedingt darauf beharren, zumal Motorbootfahrer manchmal Kurs und Fahrt eines Seglers nicht richtig einschätzen können.
Fahrwasser und Schiffahrtswege sind möglichst rechtwinklig zu kreuzen. Durchgehender Verkehr hat Vorfahrt. Im übrigen hat man sich an der rechten Seite eines Fahrwassers zu halten und links zu überholen. Im freien Seeraum kann auf jeder Seite überholt werden. Für Segler untereinander gelten besondere Regeln, die hier erläutert sind. Sie gelten prinzipiell auch als Ausweichregeln bei Segelregatten (s. Seite 139).

Rechts: Ein Steuerbord-Bug-Boot (Nr. 14) kreuzt den Bug eines Backbord-Bug-Bootes in der Hoffnung, noch genug Raum zu haben. Würde es zu einer Kollision kommen, wäre die Nr. 14 schuldig.

Wegerecht

Um sicher zu sein, wer Wegerecht hat, muß man wissen, was Steuerbord- und Backbord-Bug ist. Bläst der Wind von Backbord, segelt das Boot auf Steuerbord-Bug. Kommt er von Steuerbord, segelt es auf Backbord-Bug. Es ist also jeweils die Seite, auf der der Baum gefahren wird. Zum besseren Merken kann man sich Aufkleber auf die entsprechende Innenseite des Baumes machen. Bestehen irgendwelche Zweifel am eigenen Wegerecht, passiert man den anderen hinter seinem Heck. Nie vor dem Bug vorbeilaufen.

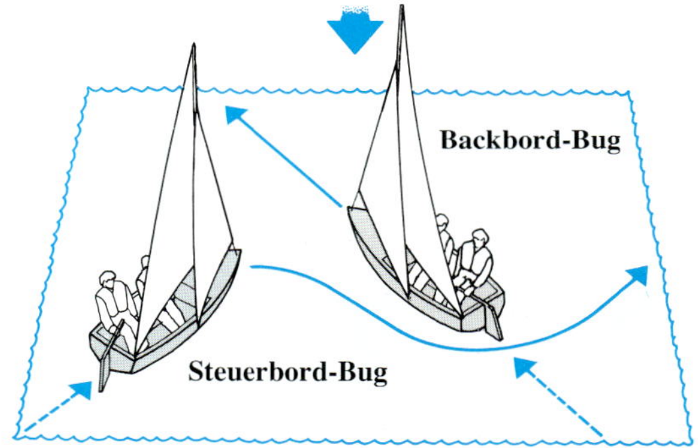

Segler auf unterschiedlichem Bug
Segeln zwei Boote auf unterschiedlichem Bug, hat Backbord-Bug Vorfahrt vor Steuerbord-Bug.

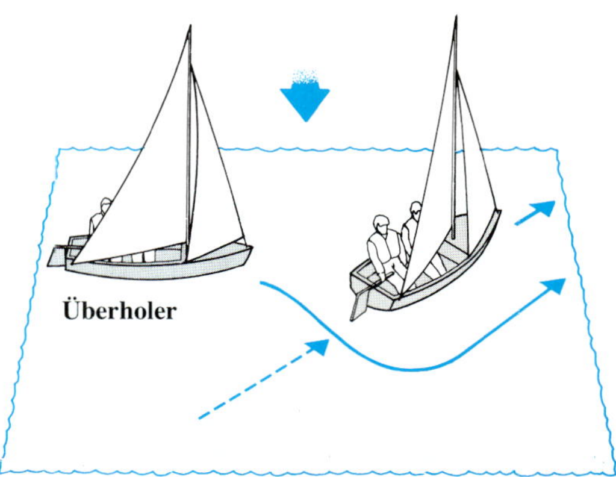

Überholregel
Der Überholer muß sich freihalten. Auf Binnenschiffahrtsstraßen muß er – abweichend von dieser Abbildung – in Luv überholen.

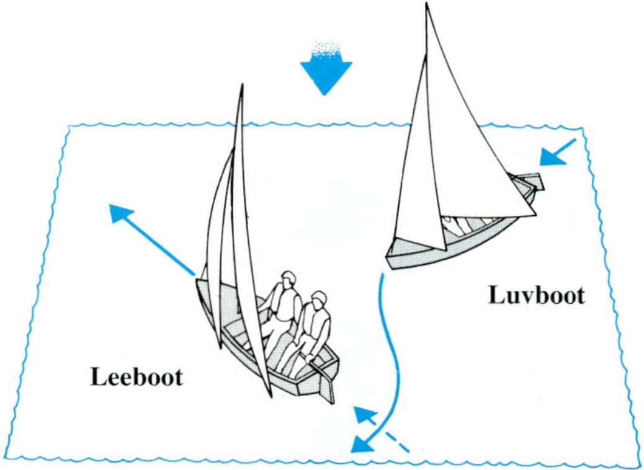

Segler auf gleichem Bug
Segeln zwei Boote auf gleichem Bug, hat das Leeboot Vorfahrt vor dem Luvboot.

16
14

Segeln für Fortgeschrittene

Beherrscht man die Grundkenntnisse des Segelns, möchte man natürlich auch schneller und sportlicher segeln können. Die Geschwindigkeit eines Bootes hängt von einer Reihe von Faktoren ab: Erfahrung und Können der Crew, Konstruktionsmerkmale des Bootes, Schnitt und Stand der Segel und optimales Rigg für die unterschiedlichen Segelbedingungen. Der erste und wichtigste Schritt zum Erfolg ist ständige Praxis, durch die man das Gefühl dafür bekommt, wie die einzelnen Trimmeinrichtungen das Verhalten des Bootes auf den verschiedenen Kursen zum Wind beeinflussen. Beherrscht man den Boots- und Segeltrimm, kann man auf ein schnelleres Boot umsteigen.

Rennjollen sind feinnervige, leichtgewichtige Segelmaschinen mit großer Segelfläche. Sie verlangen eine behutsame und erfahrene Hand. Außerdem besitzen sie eine Vielzahl sinnvoller Trimmeinrichtungen, die großen Einfluß auf ihre optimale Entfaltung haben. Fast alle Rennjollen haben ein Trapez, das der Besatzung erlaubt, noch weiter auszureiten und zusätzliches Trimmgewicht einzusetzen. Außerdem haben sie Spinnakergeschirr. Der Umgang mit dem Trapez und dem Spinnaker wird auf den Seiten 110 bis 125 erläutert. Was man allein durch einen optimalen Trimm des Riggs unter verschiedenen Windverhältnissen erreichen kann, lesen Sie auf den Seiten 142 bis 145.

Gleiten

Alle Boote werden erheblich schneller, bringt man sie zum Gleiten. Dabei reiten sie auf ihrer eigenen Bugwelle. Die meisten Jollen kommen erst bei Windstärken um 10 kn ins Gleiten, leichtere Boote neigen schneller dazu. Im allgemeinen kommen Boote mit halbem Wind am leichtesten ins Gleiten, manche können es auch auf Am-Wind-Kurs, ja sogar vor dem Wind, wenn es stark genug weht. Das Geheimnis, ein Boot ins Gleiten zu bringen, liegt in dem Vermögen, rechtzeitig eine einfallende Bö zu erkennen. Bevor sie da ist, fällt der Rudergänger etwas ab und fiert die Schoten leicht auf, damit das Boot nicht so stark krängt und möglichst aufrecht segelt. Hebt sich der Bug aus dem Wasser, verlagert die Besatzung ihr Gewicht weiter nach achtern. Nimmt die Geschwindigkeit zu, werden die Schoten wieder etwas angeholt, weil ja auch der scheinbare Wind vorlicher kommt. Ist die Bö vorüber, kann man das Boot im Gleiten halten, indem man etwas weiter anluvt und die Großschot etwas dichterholt. Dadurch bleibt der scheinbare Wind konstant und das Boot weiter im Gleiten.

Eine Jolle in einer Bö, auf einem Kurs voll und bei in rasanter Gleitfahrt. Die Mannschaft sitzt weit hinten und reitet aus.

Der 470er

Eine moderne Rennjolle hat gewöhnlich eine Menge von Einrichtungen, die sie von einer normalen Jolle unterscheidet. Bootsrumpf und Beschläge sind aus leichterem Material hergestellt. Die Großschot hat gewöhnlich mehrere mehrscheibige Blöcke, die die höheren Zugkräfte auf die Schot durch das größere Großsegel reduzieren. Rennjollen haben gewöhnlich eine Trapezeinrichtung und können mit Spinnaker gesegelt werden. Feintrimmeinrichtungen am Baumniederholer, am Schwert oder an der Fockschotführung bieten der Besatzung eine Vielzahl von Trimmöglichkeiten für Boot und Segel.

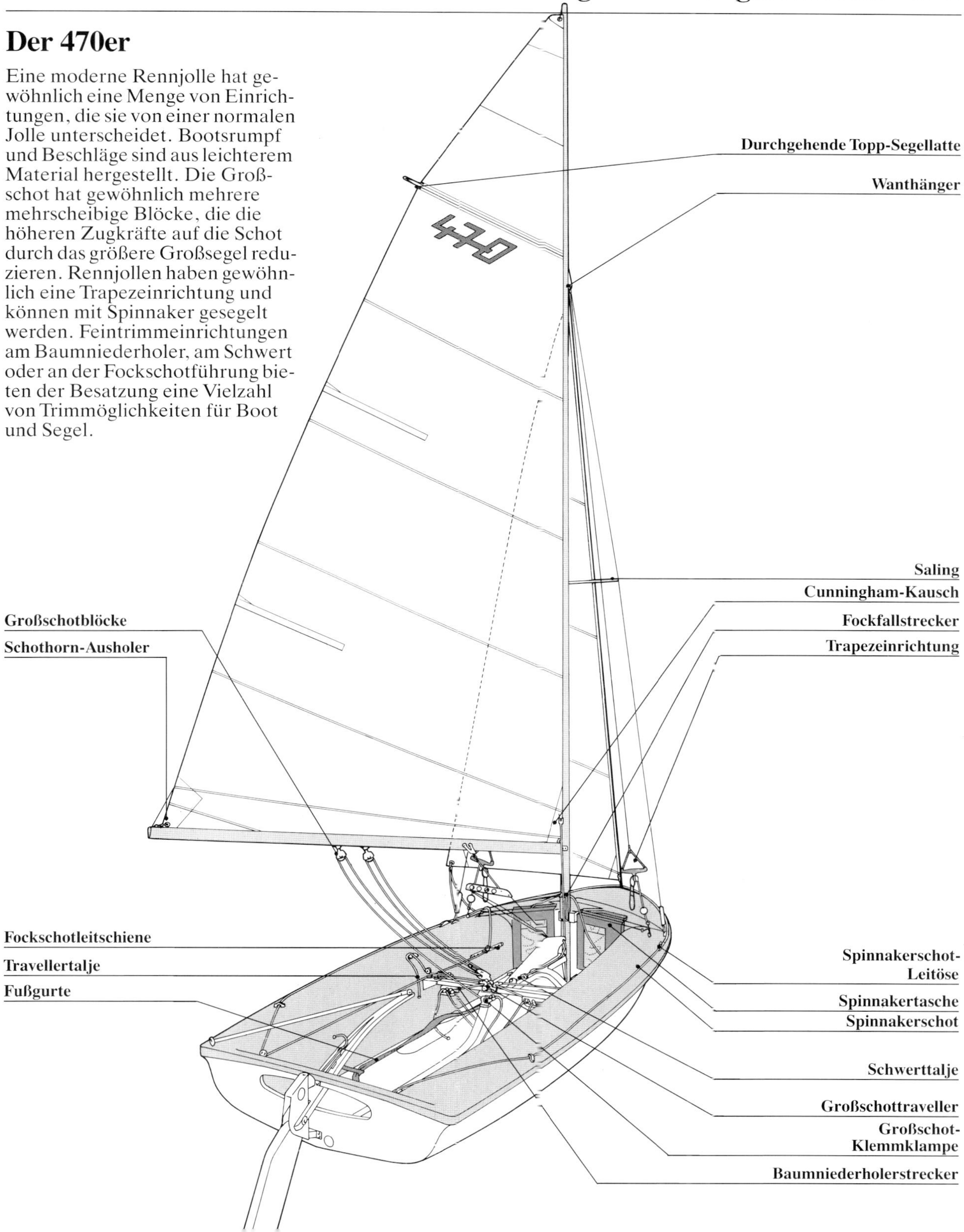

Durchgehende Topp-Segellatte

Wanthänger

Saling

Cunningham-Kausch

Fockfallstrecker

Trapezeinrichtung

Großschotblöcke

Schothorn-Ausholer

Fockschotleitschiene

Travellertalje

Fußgurte

Spinnakerschot-Leitöse

Spinnakertasche

Spinnakerschot

Schwerttalje

Großschottraveller

Großschot-Klemmklampe

Baumniederholerstrecker

Spinnaker

Der Spinnaker – auch kurz Spi oder von den Seglern Blase genannt – ist ein dreieckiges, bauchig geschnittenes Vorsegel aus leichtem Tuch. Er wird auf Raumschots- und Vorm-Wind-Kursen bei leichtem und mittlerem Wind gesetzt. Seine Fläche ist manchmal größer als die von Groß- und Vorsegel zusammen. Der Spinnakerschnitt hat sich mittlerweile zu einer speziellen Wissenschaft der Segelmacher entwickelt. Der Spinnaker wird – im Gegensatz zu anderen Segeln – nicht mit einem Liek fest angeschlagen, sondern „fliegend" gefahren. Nur der jeweilige Segelhals wird am Spinnakerbaum eingepickt.

Es gibt eine Vielzahl von Spinnakerschnitten für die verschiedenen Kurse, zwischen denen man wählen kann. Ebenso unterschiedlich und abhängig vom Bootstyp sind die Arten der Aufbewahrung und des Setzens und Bergens. Alle diese verschiedenen Systeme dienen dazu, den Spinnaker schnell zu setzen und zu bergen, ohne daß er vertörnt oder sonst unklar kommt. Die meisten Jollen bewahren ihren Spinnaker in einem Behälter im Mastbereich auf oder haben eine trompetenähnliche Öffnung am Bug, aus der heraus der Spinnaker gesetzt und in die er wieder hineingezogen wird.

Der Umgang mit dem Spinnaker erfordert sehr viel Erfahrung und gutes Zusammenspiel zwischen Vorschoter und Steuermann. Abhängig vom System besteht eine Arbeitsteilung insofern, als der Steuermann alles bedient, was achtern in seinem Bereich ist. Der Vorschoter versorgt alle Spinnakereinrichtungen im Vorschiffsbereich. Da der Spinnaker ein sehr lebendiges Segel ist und leicht außer Kontrolle geraten kann, ist es ratsam, die ersten Versuche damit bei schwachem Wind und unter Anleitung eines Spinnakerexperten zu machen.

Spinnakerschnitte

Die ersten Spinnaker waren asymmetrisch, mehr wie eine bauchige Genua geschnitten und wurden mit einer langen Spiere ausgebaumt. Um 1930 tauchten bei der 6-m-Klasse symmetrische Spinnaker auf, die mehr unseren heutigen glichen. Die ersten Spinnaker waren aus Baumwolle, ein schweres und entsprechend auch schwer zu handhabendes Tuch. Um 1950 kam Nylon als Spinnakertuch auf, ein leichtes und widerstandsfähigeres Kunstfasergewebe. In den letzten Jahren wurde eine Vielzahl unterschiedlicher Spinnakertypen entwickelt. Auf Jollen sind die üblichen Schnitte: der Horizontalschnitt, der Radial-Kopf- und der Triradialschnitt. Welchen Spinnaker man wählt, hängt von dem Jollentyp ab, den man segelt und den Wetterbedingungen, unter denen man überwiegend segelt. Der Horizontalschnitt wird für leichteres Wetter und kleinere Segel verwendet, die beiden anderen wählt man hauptsächlich für größere Segel.

Horizontalschnitt
Er dehnt sich hauptsächlich im Oberteil und eignet sich besonders für Vorm-Wind-Kurse.

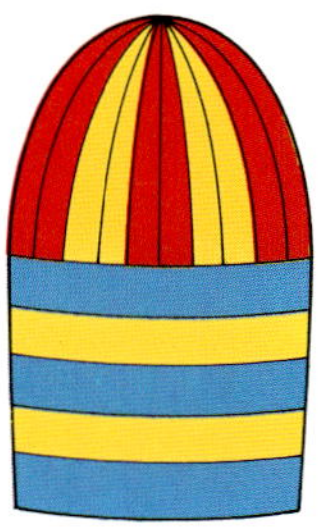

Radial-Kopf
Ein Allround-Spinnaker für leichte Winde, kombiniert die Eigenschaften des Radial und Horizontal.

Triradial
Eine Kombination dreier Schnitte, universell auf allen raumen Kursen einzusetzen.

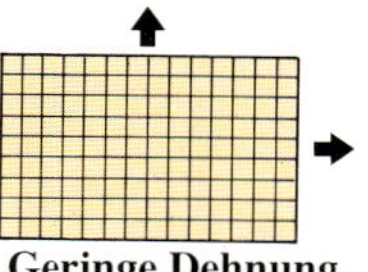

Geringe Dehnung

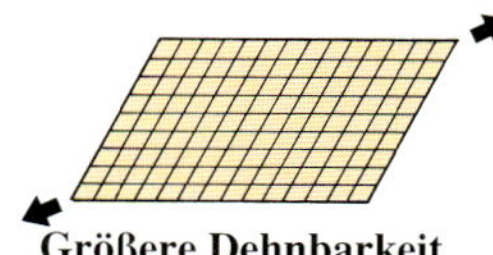

Größere Dehnbarkeit

Spinnakertuch
Spinnakertuch muß leicht und reißfest sein und darf sich wenig dehnen. Das hauptsächlich verwendete Nylon ist kaum dehnbar in Richtung von Kette und Schuß, sondern nur in der Diagonalen.

Die Spinnakerausrüstung

Außer dem Spinnaker braucht man noch einiges an zusätzlicher Ausrüstung: den Spinnakerbaum, das Spinnakerfall, eine Spinnakertasche oder Trompete, aus der heraus der Spinnaker gesetzt wird, die außerhalb der Wanten laufenden Spinnakerschoten, zusätzliche Leitösen und Schotklemmen. Die Schot auf der jeweiligen Luvseite wird Achterholer genannt. Damit der Spinnaker optimal steht, sollten die Leitösen auf dem Seitendeck so angebracht sein, daß Schot und Achterholer einen Winkel von etwa 25° mit dem Seitendeck bilden.

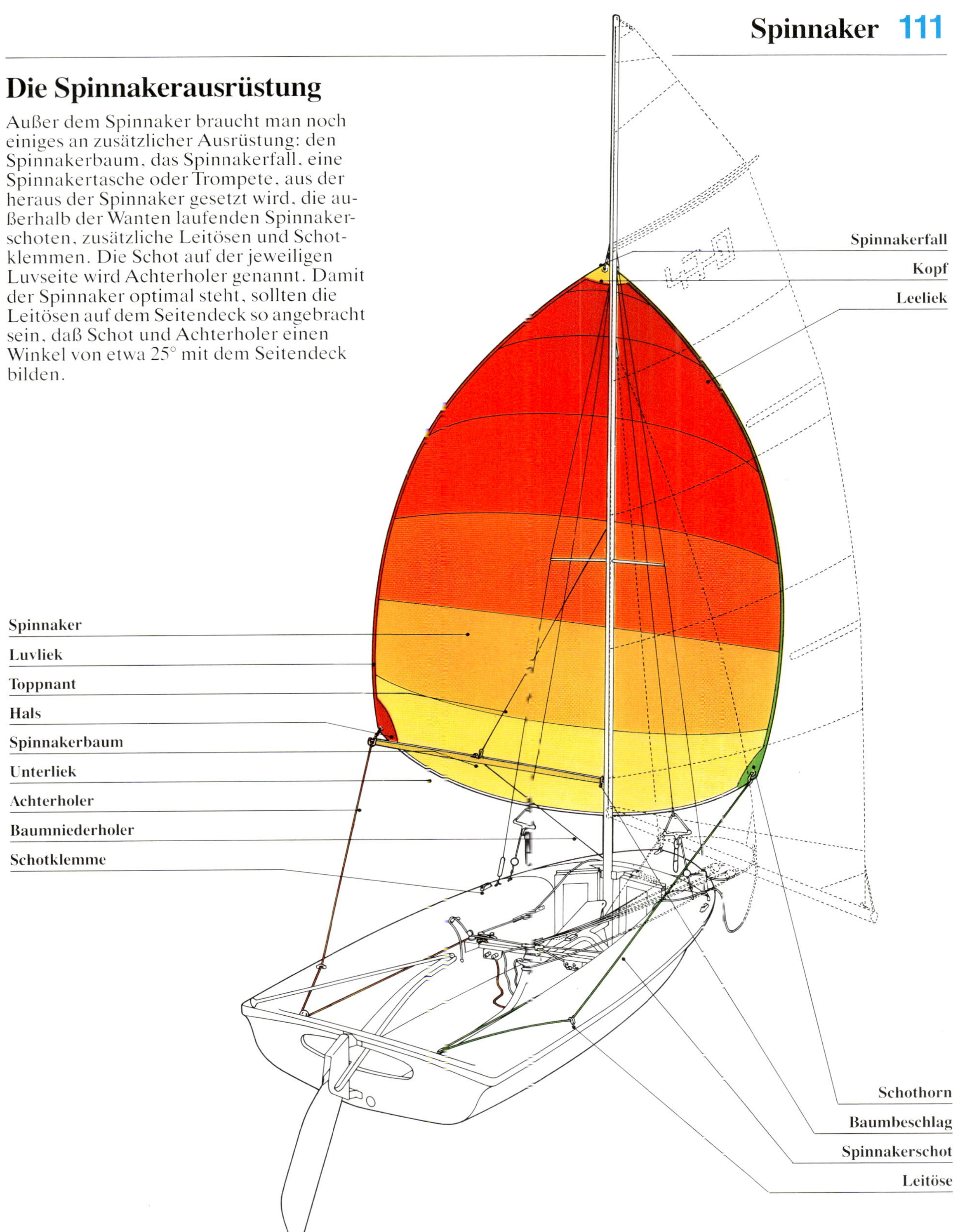

Der Spinnakerbaum

Gehalten wird der Spinnaker vom Spinnakerbaum, der mit einem seiner Enden am Hals des Segels, mit seinem anderen Ende auf der Luvseite des Bootes in den Baumbeschlag am Mast eingepickt wird. Dabei ist darauf zu achten, daß die Schnapphaken am jeweiligen Baumende mit der Öffnung nach oben eingepickt werden. Von oben wird der Spinnakerbaum durch den Toppnant gehalten, während der Niederholer ihn am Steigen nach oben hindert.

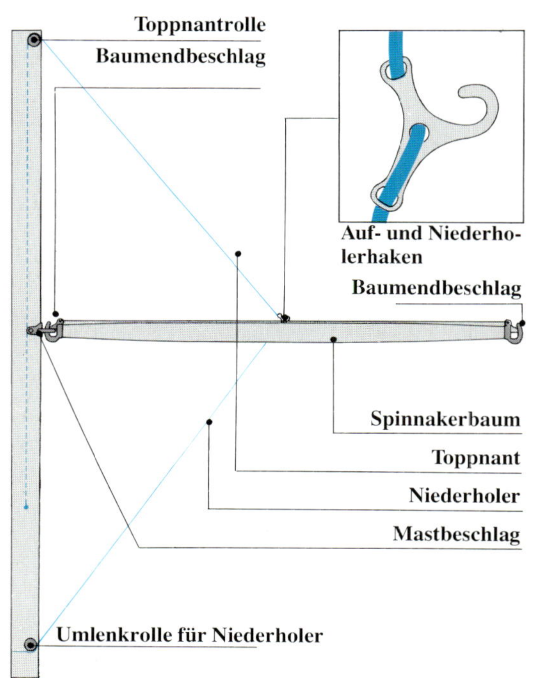

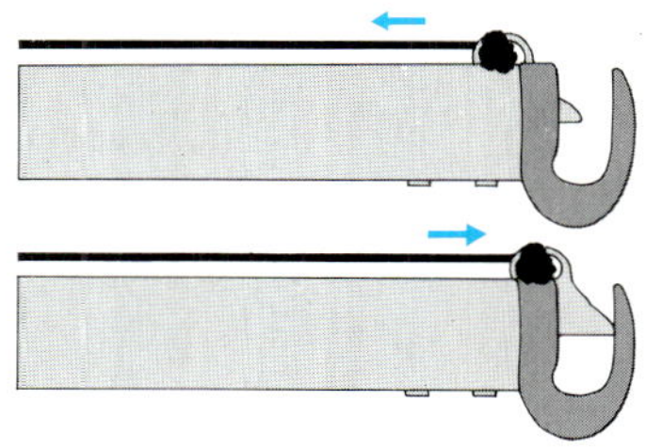

Spinnakerbaumstellung

Der Winkel des Spinnakerbaumes zum Mast muß so eingestellt werden, daß Hals und Schothorn des Segels in einer Ebene liegen. In der Regel beträgt dieser Winkel 90°.

Baum korrekt gesetzt

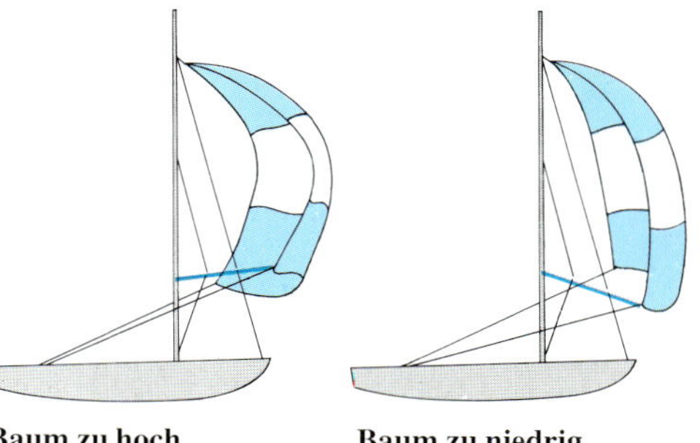

Baum zu hoch

Baum zu niedrig

Oben: Auf einem Am-Wind-Kurs kann der Spinnakerbaum höher getrimmt werden, um den Spinnaker weiter und höher von Groß und Fock wegzubekommen.
Rechts: Ein perfekt gesetzter Spinnaker auf einem 505er auf Halb-Wind-Kurs.

K5060

Spinnakertaschen

Manche Jollen haben zum Stauen des Spinnakers mit Klappen versehene Taschen an der Achterkante des Vordecks. Gesetzt wird der Spinnaker direkt aus der Tasche. Daher ist es wichtig, daß er sorgfältig klariert so verstaut wird, daß Kopf, Hals und Schothorn obenauf liegen, damit sie sofort angeschlagen werden können.

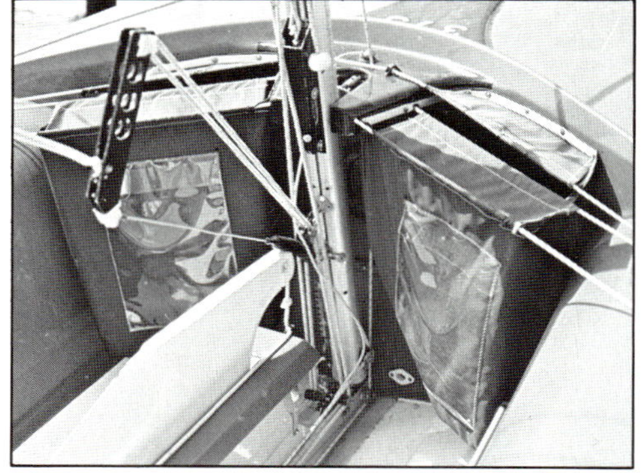

Dieser 470er hat je eine Spinnakertasche auf jeder Seite vom Mast. Jede hat eine durch Gummistropps unter Spannung gehaltene Verschlußklappe. Auf den Taschen durchsichtige Plastiktaschen.

Spinnaker stauen

Außerordentlich wichtig ist, daß der Spinnaker in der Packtasche richtig gestaut worden ist. Sonst gibt es beim Setzen bestimmt Schwierigkeiten. Wahrscheinlich wird er eine sogenannte Eieruhr bilden. Das Stauen muß zur reinen Routine werden und sollte zunächst an Land geübt werden. Am besten, man packt das Boot auf den Trolley und setzt nur den Spinnaker allein, den ein erfahrener „Packer" zuvor korrekt in der Tasche verstaut hat. Man macht das zu zweit. Einer fiert das Spinnakerfall, der andere zieht sich am Hals das Luvliek heran und stopft es in die Tasche, aber so, daß der Hals draußen bleibt. So arbeitet er sich bis zum Segelkopf vor, der ebenfalls draußen bleibt. Dann wird der verbliebene Rest des Spinnakers in die Tasche gestopft, bis das Schothorn übrig bleibt. Die drei Ecken des Spinnakers bleiben also außerhalb der Tasche, beziehungsweise obenauf liegen. Fall und Schoten bleiben angeschlagen, der Spinnaker ist – so gepackt – sofort klar zum Setzen.

1 *Der Spinnaker ist korrekt gesetzt worden. Dann fiert einer das Spinnakerfall,*

2 *während der andere Spinnakerhals und Luvliek packt und das Segel in die Tasche stopft, Hals, Kopf und Schothorn obenauf.*

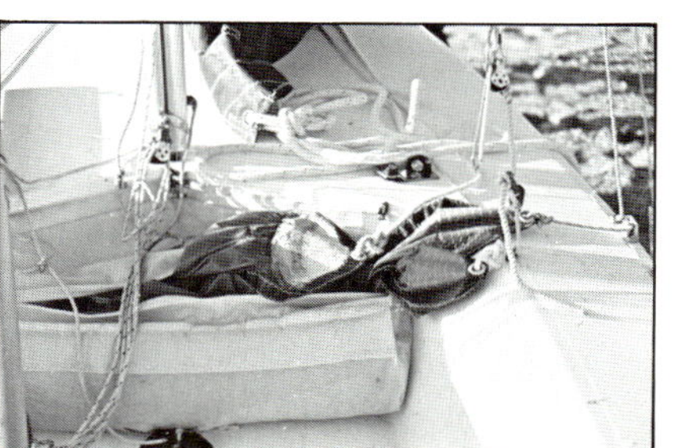

3 *So sehen Hals, Kopf und Schothorn aus der Tasche hervor. Das Fall bleibt angeschlagen, festgesetzt in der Schotklemme, damit es nicht ausweht – so ist der Spinnaker augenblicklich klar zum Setzen.*

Die Spinnakertrompete

Viele Rennjollen haben eine sogenannte Spinnakertrompete. Das ist eine trichterförmige Öffnung im Vordeck mit einem Führungsrohr, in das der Spinnaker vom Cockpit aus mit einem Niederholer hineingezogen wird. Dieses System hat den Vorteil, daß der Spinnaker nicht vertörnt und man ihn genauso wieder setzen kann, wie man ihn beim Bergen hineingezogen hat. Der Nachteil dieser Trompete ist, daß vorne überkommendes Wasser durch die Öffnung ins Boot läuft. Der Spinnaker wird an einem „endlosen" Fall gesetzt, das mit einem Ende am Kopf angeschlagen ist und mit dem anderen Ende an der Niederholerbefestigung auf der Vorderseite des Spinnakers. Dieses Ende läuft durch die Trompete nach hinten zu einer Umlenkrolle, so daß der Spinnaker beim Fieren des Falls einfällt und automatisch in die Trompete hineingezogen wird.

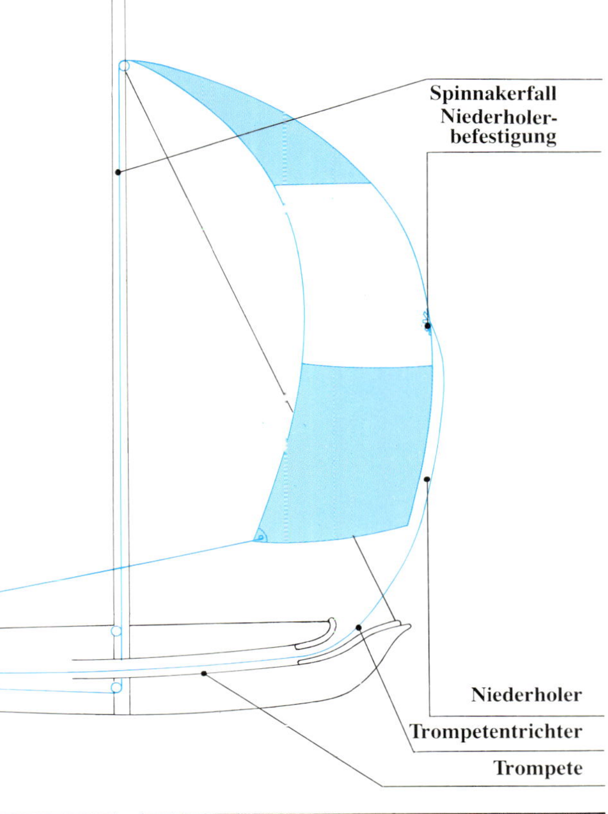

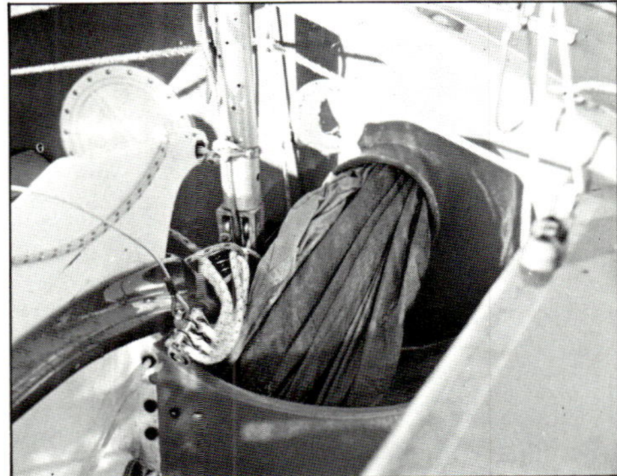

Oben und links: Die Spinnakertrompete auf einem Fireball. Man findet dieses System hauptsächlich auf Rennjollen, auf denen es bei Spinnakermanövern um Sekunden geht.

Setzen und Bergen des Spinnakers

Auch beim Setzen und Bergen des Spinnakers darf die Besatzung ihre sonstigen Aufgaben an Bord nicht vernachlässigen. Der Steuermann muß lernen, breitbeinig im Boot stehend, mit der Pinne zwischen den Beinen zu steuern, damit er die Hände frei hat, um die Spinnakerschoten zu bedienen. Die Art und Weise, wie der Spinnaker gesetzt und geborgen wird, hängt vom Stausystem ab. Grundsätzlich geschieht es auf einem Vorm-Wind-Kurs. Großschot und Fockschot werden so lange belegt.

Flying Dutchman unter Spinnaker auf einem Raumschots-Kurs während einer Regatta.

Setzen aus dem Leebehälter

Das Spinnakersetzen aus dem Leebehälter ist wesentlich einfacher, als ihn aus dem Luvbehälter zu holen. Es ist daher wichtig, vor dem Bergen zu überlegen, welcher der beiden Behälter auf dem nächsten Spinnakerkurs in Lee sein wird. Zum Spinnakersetzen geht der Steuermann auf Vorm-Wind-Kurs, während der Vorschoter noch einmal die Spinnakereinrichtung überprüft.

1 *Der Vorschoter pickt den Baum in den Hals ein, schlägt Toppnant und Niederholer am Baum an . . .*

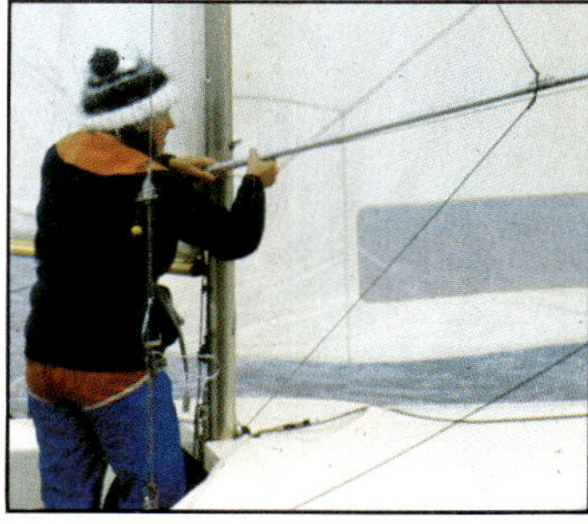

2 *. . . und hakt den Baum in seinen Mastbeschlag ein. Währenddem setzt der Steuermann mit dem Fall den Spinnaker und bedient die Schoten. Sowie der Vorschoter vorne klar ist, kümmert er sich um die richtige Schotführung des Spinnakers.*

3 *Der Steuermann konzentriert sich wieder auf den Kurs, während der Vorschoter die Schoten trimmt (s. Seite 120).*

Setzen aus dem Luvbehälter

Den Spinnaker aus dem Luvbehälter heraus zu setzen, erfordert viel Geschick und etwas Glück. Deshalb ist es wichtig, den Spinnaker beim Bergen immer so zu stauen, daß er aus einem Leebehälter heraus gesetzt werden kann.

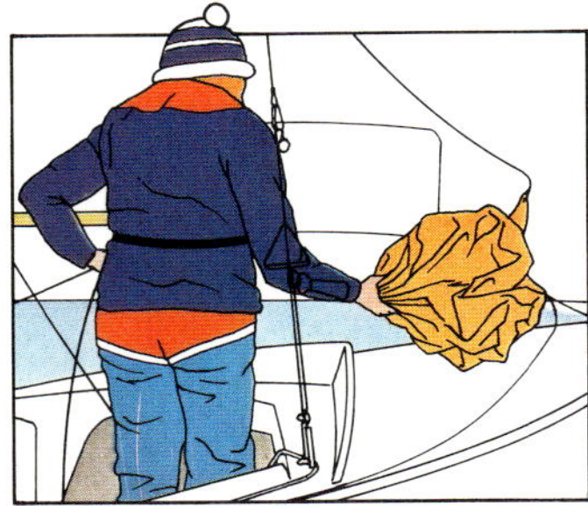

1 *Der Vorschoter holt den Spinnaker aus dem Luvbehälter und hält ihn fest gebündelt, innerhalb vom Want, in einer Hand, während die andere Hand die Leeschot klar hält. Der Steuermann übernimmt das Fall, während er mit den Knien steuert.*

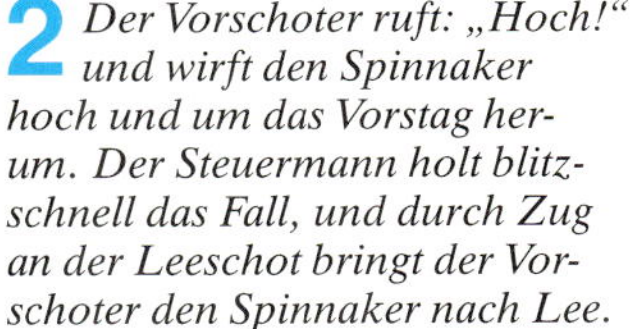

2 *Der Vorschoter ruft: „Hoch!" und wirft den Spinnaker hoch und um das Vorstag herum. Der Steuermann holt blitzschnell das Fall, und durch Zug an der Leeschot bringt der Vorschoter den Spinnaker nach Lee.*

Der Steuermann übernimmt die Spinnakerschoten, und erst jetzt pickt der Vorschoter den Baum an Hals und Mastbeschlag ein und fixiert Toppnant und Baumniederholer. Dann übernimmt er die Schoten.

Mit Spinnakertrompete

Mit Spinnakertrompete ist alles einfacher. Zuerst setzt der Vorschoter die Schoten an den markierten Stellen (s. Seite 120) in den Klemmen fest. Und während der Steuermann den Spinnaker mit dem Fall setzt und dabei darauf achtet, daß er gut voll steht, pickt der Vorschoter den Baum am Mastbeschlag und am Segelhals ein und fixiert Toppnant und Niederholer am Baum. – Zum Bergen übernimmt der Steuermann den mit dem Fall verbundenen Spinnakerniederholer und zieht das Segel in die Trompete. Der Vorschoter hakt den Hals vom Baum ab, pickt Baumniederholer und Toppnant aus und den Baum vom Mast ab.

Spinnakerbergen in den Behälter

Beim Behältersystem kann der Spinnaker entweder in den Luv- oder Leebehälter niedergeholt werden. Je schneller und je zügiger das Bergen vor sich geht, desto weniger besteht die Gefahr, daß der Spinnaker sich am Rigg vertörnt. Einen Spinnaker zu bergen ist so lange kaum möglich, wie er noch voll steht. Deshalb muß zunächst der Wind aus dem Tuch gebracht werden. Man fiert Achterholer und Schot so lange, bis der Spinnaker einfällt.

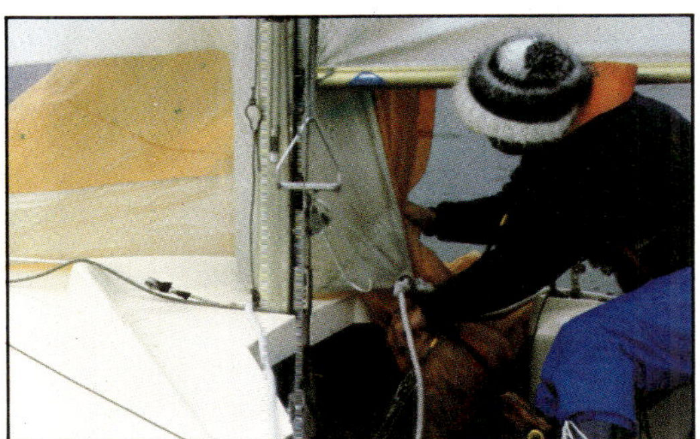

Bergen in Lee
Der Steuermann geht vor den Wind und macht das Fall klar. Der Vorschoter pickt den Hals vom Baum los und zieht den Spinnaker ins Cockpit, während der Steuermann gleichmäßig das Fall fiert. Dann verstaut der Vorschoter den Spinnaker in seinem Behälter und nimmt den Baum vom Mast.

Bergen in Luv
Der Steuermann geht auf einen Halbwind-Kurs und übernimmt das Fall. Der Vorschoter pickt den Baum vom Mast, löst Toppnant und Baumniederholer und pickt den Hals ab. Dann stopft er den Spinnaker in den Luvbehälter, während der Steuermann das Fall fiert. (Eine unübliche Methode.)

Schiften des Spinnakers

Schiften bedeutet, den Baum von einer Seite auf die andere zu nehmen. Das Manöver erfordert eine gut eingespielte Crew. Auf Jollen wird meistens eine andere als die hier dargestellte Methode praktiziert: Der Vorschoter pickt den Baum am Mast aus und am bisherigen Schothorn ein. Vorübergehend, während der Steuermann den Großbaum schiftet, wird der Spinnaker mit beiden Schotecken am Baum gefahren. Jetzt den bisherigen Hals am Spinnaker auspicken und das freigewordene Ende des Baumes wieder am Mast einhaken.

1 *Großsegel und Fock werden auf die neue Leeseite übergenommen.*

Rechts: Während des Schiftens darf der Spinnaker nicht einfallen oder außer Kontrolle geraten, will man nicht eine empfindliche Geschwindigkeitseinbuße in Kauf nehmen.

2 *Während der Steuermann mit der Pinne zwischen den Beinen Achterholer und Schot bedient, pickt der Vorschoter den Baum am Hals und Mast aus und . . .*

3 *. . . pickt ihn auf der neuen Luvseite in Schothorn und Mastbeschlag wieder ein. Die bisherige Schot ist jetzt Achterholer geworden, der bisherige Achterholer Schot.*

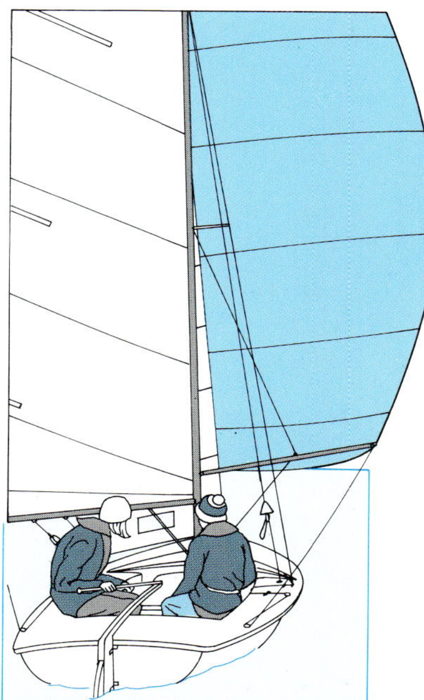

4 *Der Vorschoter übernimmt die Schoten vom Steuermann, trimmt den Spinnaker mit der Schot und belegt den Achterholer.*

K
693
74

Spinnakertrimm

Der richtige Stand des Spinnakers erfordert ständige Aufmerksamkeit und Korrekturen. Der Baum wird so weit es geht zur Seite ausgebracht und die Schot so weit gefiert, daß das Segel gerade noch nicht killt.
Während man den Spinnaker mit der Schot trimmt, wird der Achterholer belegt, damit er nicht ausrauscht. Je höher am Wind mit dem Spinnaker gesegelt wird, desto schwieriger ist die Schotführung. Die Schot soll möglichst weit achtern und außen gefahren werden, damit sich das Leeliek öffnet. Fällt der Spinnaker ein, muß der Steuermann schnell abfallen und die Schot dichter geholt werden. Der Spinnaker steht gut, wenn sich der Kopf im rechten Winkel zum Mast befindet.

Bei starkem Wind, vor allem auf Vorm-Wind-Kurs, neigt er zum Steigen. In diesem Fall ist es besser, Schot und Achterholer weiter vorn zu fahren. Dadurch wird das Segel niedergehalten und flacher gezogen. Es pendelt nicht mehr so stark hin und her und ist so leichter zu kontrollieren. Bei mittleren Winden wird das Fall etwa 20 bis 30 cm aus dem Mast gefiert. So kommt der Spinnaker etwas mehr nach vorne und gibt dem Boot mehr Fahrt. Bei schwachen Winden, wenn das Segel nicht mehr richtig voll steht, kann man den Baum etwas tiefer fahren. In jedem Fall müssen die Unterliekecken in einer Ebene liegen.
Um den richtigen Anstellwinkel für den Baum zu finden, holt man ihn so weit nach achtern, daß der Spinnaker gerade noch nicht einfällt. Im allgemeinen heißt dies, daß der Spinnakerbaum in einem rechten Winkel zum scheinbaren Wind steht. Will der Spinnaker aber nicht voll stehen, muß der Baum vorlicher getrimmt werden. Auf keinen Fall darf er jedoch am Vorstag anliegen, er könnte dort verbiegen oder brechen.

Bei starkem und besonders böigem Wind kann der Spinnaker durchaus zu einem Kreuz werden. Als hier die Bö einfiel, war keins der beiden Boote in der Lage, daraus Nutzen zu ziehen. Eins der Boote kenterte (rechts), während das andere, um zu überleben, seinen Spinnaker fliegen lassen mußte.

Markierung der Schoten

Man kann sich die Bedienung des Spinnakers etwas erleichtern, wenn man sich für die verschiedenen Kurse die Schoten markiert. Dies geschieht mit Farbe oder verschiedenfarbigem Klebeband an den Stellen, wo, bei richtigem Trimm, die Klemmen sitzen müssen. So kann beispielsweise der Achterholer bereits vor dem Spinnakersetzen belegt werden. Hat man mehrere solcher Fixpunkte herausgefunden und markiert, braucht man nicht jedesmal wieder groß mit den Schoten zu spielen, sondern es bedarf nur noch kleinerer Korrekturen. Beim Segeln unter Spinnaker soll der Vorschoter in Luv sitzen, damit er das Vorliek des Segels ständig beobachten kann. Das bedeutet, daß der Steuermann auf Vorm-Wind- und Raumschots-Kurs in Lee sitzt, damit das Boot möglichst auf ebenem Kiel segelt. Auch auf Halbwind-Kursen sollte der Steuermann so lange es geht in Lee bleiben. Nur bei frischem Wind und beginnender Krängung wechselt er nach Luv und balanciert das Boot mit aus.

Rechte Seite: Eine Jollencrew beim Trimmen ihres Spinnakers. Geblendet vom Gegenlicht, ist es gar nicht so leicht, das Beste aus seinem Spinnaker herauszuholen.

K-7182

Das Trapez

Die übliche Trapezeinrichtung besteht aus je einem Stahldraht auf jeder Seite, der oben am Wanthänger des Mastes angeschäkelt ist. Ein am Pütting, über oder unter Deck befestigter Gummistropp hält das andere Ende der Drähte unter Spannung, so daß sie nicht frei ausschwingen können. Unten am Draht befindet sich ein Handgriff und ein Ring, in den der Trapezgurt eingehakt wird. Ein geübter Vorschoter bewegt sich blitzschnell vom Boot aus ins Trapez und wieder zurück, um so auf Böen oder Kursänderungen zu reagieren. Zu den Feinheiten der Trapezarbeit gehört es, sein Gewicht aus Trimmgründen auf der Scheuerleiste weiter nach vorn oder achtern zu verlagern oder auch mal in die tiefe Hocke zu gehen.
Tatsache ist, das Trapez verlangt schon etwas Können und viel Übung. Wer aber die Technik erst einmal richtig beherrscht, wird sich Segeln ohne Trapez kaum noch vorstellen können.

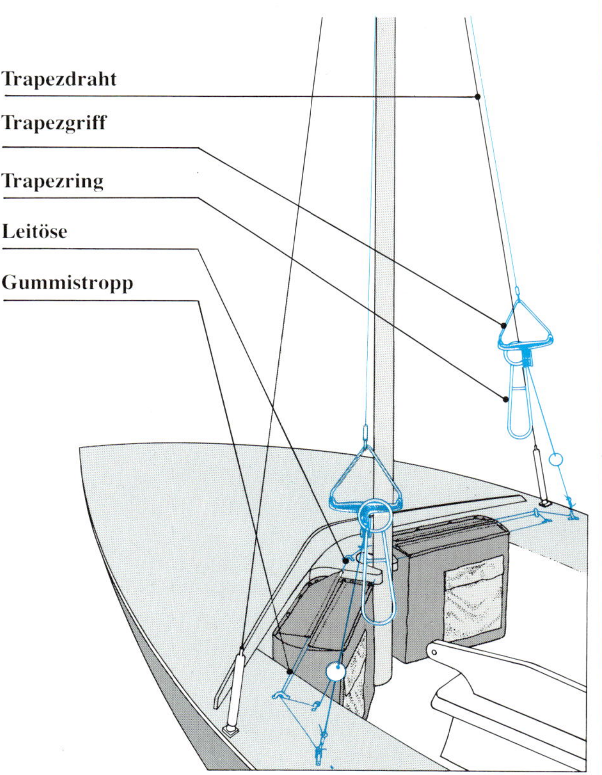

Rechts: Das Standard-Trapezsystem, wie es auf den meisten Rennjollen üblich ist. Unten: Das verfeinerte Endlos-System. Es ermöglicht dem Vorschoter, von einer Seite auf die andere zu wechseln, ohne sich ab- und wieder einhaken zu müssen.

Segeln im Trapez

Am besten beginnt man Trapezsegeln bei mittleren Windstärken mit einem Trapez-erfahrenen Rudergänger, der in der Lage ist, Fehler auszugleichen. Der Vorschoter soll sich ständig bereithalten, rasch und kontrolliert ins Trapez zu gehen, wenn das Boot krängt. Der Anfänger muß zunächst das Aus- und Einsteigen und den Seitenwechsel gründlich üben. Wichtig vor allem ist die gute Verständigung zwischen Rudergänger und Vorschoter. Er muß über alle geplanten Kursänderungen verständigt werden.

So sieht ein korrekt sitzendes Trapezgeschirr aus. Das breite Rückenteil stützt den Körper und verteilt die Zugkräfte des Drahtes. Vorne, etwa in Nabelhöhe, sitzt eine Metallplatte mit dem Trapezhaken. Die Gurte sind verstellbar. (Es gibt die verschiedensten Ausführungen von Trapezgeschirren.)

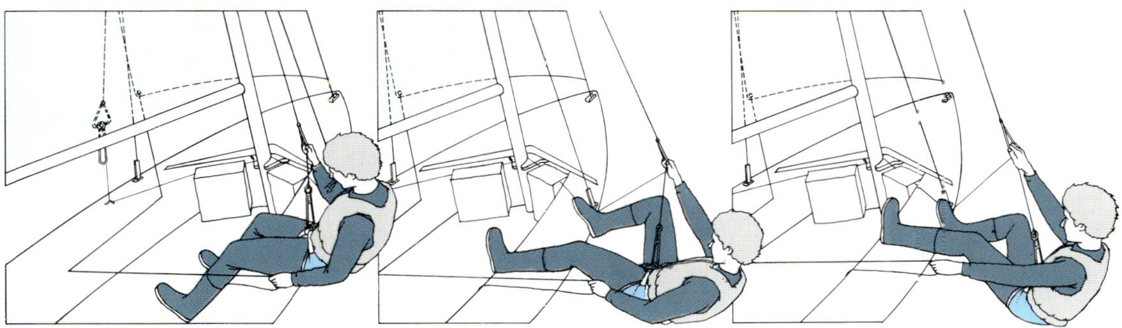

1 *Die Fock ist dichtgeholt. Der Vorschoter faßt mit seiner vorderen Hand den Trapezring und hakt ihn ein. Dann greift er mit derselben Hand den Trapezhandgriff und zieht sich hoch.*

2 *Das Körpergewicht wird so weit nach hinten verlagert, bis man voll im Gurt hängt. Gleichzeitig wird das vordere Bein angewinkelt, auf den Bootsrand gesetzt und am Pütting abgestützt.*

3 *Das vordere Bein wird gestreckt und dabei gleichzeitig dem seitlichen Zug des Trapezdrahtes entgegengewirkt. Dann wird das hintere Bein nachgezogen und ebenfalls auf den Bootsrand gesetzt.*

4 *Jetzt wird der Trapezgriff losgelassen, und die frei werdende Hand kann gegebenenfalls die Fockschot übernehmen.*

5 *Der Körper wird waagerecht gestreckt. Ideal ist die Trapezhaltung, wenn er einen Winkel von etwa 85° mit dem Mast bildet.*

Zurück ins Boot

Man wird schnell feststellen, daß es viel leichter ist, aus dem Trapez auszusteigen als einzusteigen. Ohne zu üben geht es aber auch nicht, denn man muß jederzeit schnell ins Boot zurückkommen können, wenn der Wind nachläßt oder sich der Kurs ändert. Hat der Trapezmann sich zunächst einmal mit der hier gezeigten Technik hinlänglich vertraut gemacht, kann er mit einer anderen Methode noch schneller ins Boot zurückkommen: Aus der gestreckten Trapezhaltung geht er in die tiefe Hocke, winkelt also die Beine stark an und hockt nun mit strammem Trapezdraht auf der Scheuerleiste. Dann zieht er die Füße hoch, wobei er sich gleichzeitig mit einer oder beiden Händen an der Scheuerleiste abstützen muß, und schwingt am Draht ins Boot zurück. – Hat das Trapez kein Endlossystem, muß der Gurt vorm Wechsel auf die andere Seite jeweils ausgehakt werden.

1 *Mit der Hand den Trapezgriff fassen, das hintere Bein vom Bootsrand lösen und den Körper in einer Art Kreisbogen nach hinten schwingen lassen.*

2 *Das vordere Bein wird so stark angewinkelt, daß man sich aufs Seitendeck setzen kann. Nun auch das vordere Bein ins Cockpit ziehen und gegebenenfalls den Trapezgurt aushaken.*

Um den Trapezring auszuhaken, faßt man ihn mit der Hand und drückt ihn kräftig nach unten.

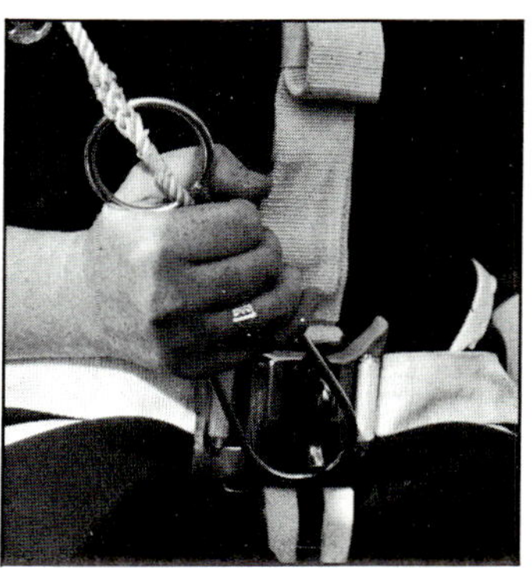

Trapeztechniken

Gewöhnlich neigt man dazu, sich im Trapez nach hinten zu lehnen, jedoch muß man immer bereit sein, sich mit dem vorderen Bein abzustützen, wenn das Boot plötzlich Fahrt verliert. Außerdem muß man seine Position ständig der Krängung anpassen, damit das Boot möglichst aufrecht segelt. Läßt der Wind nach oder fällt das Boot ab, kann man weiter ins Boot kommen, indem man die Knie beugt. Hakt man sich in das obere Auge des Trapezgurtes, hängt man etwas steiler im Gurt. Um das Boot vor- oder achterlicher zu trimmen, muß der im Trapez hängende Vorschoter seine Position auf dem Bootsrand nach vorn oder achtern verändern. Wenn das Boot gleitet, ist es wichtig, daß er ziemlich weit achtern steht (Bild unten). Bei alledem darf der Vorsegeltrimm nicht vernachlässigt werden.

Der Trapezmann steht verhältnismäßig aufrecht und weit hinten, während das Boot gleitet. So wird er nicht ständig durch die Wellen geschleift.

Das Geschick des Trapezmannes ist es, als menschlicher Hebelarm die größte aufrichtende Kraft zu erzeugen. Gleichzeitig soll er so selten wie möglich auf die Wellen klatschen, denn das bremst jedesmal. Außerdem ist es günstig, wenn Trapez- und Steuermann sich „in Dekkung" befinden (unten), um so wenig Luftwiderstand wie möglich zu verursachen. Auch sollten sie möglichst eng zusammenrücken, damit zwischen ihren Körpern keine großen Turbulenzen entstehen. Ein kleiner Nebeneffekt: Der Trapezmann hält auf diese Weise dem Steuermann das Spritzwasser ab.

Schwerwettersegeln

Es gibt keine allgemein gültigen Richtlinien, wann eine Wetterlage als Schwerwetter zu bezeichnen ist. Denn was für den einen Typ von Boot oder eine gut trainierte Besatzung noch als annehmbare Segelbedingung gilt, mag für andere Boote oder deren Besatzung schon eine Grenzsituation sein. Allgemein kann man Wind über 16 Knoten (Windstärke 5) als rauhes Wetter bezeichnen. Viel hängt dabei von dem Revier und den Stromverhältnissen ab. Steht beispielsweise Wind gegen Strom, kann die Segelei in den sehr steilen Wellen äußerst unangenehm werden. Wind von 15 Knoten und starke, steile See erschweren das Segeln erheblich mehr als Wind von 20 Knoten und eine lange See. Regatten werden häufig bei Starkwind aus Sicherheitsgründen abgesagt, und einzelne Segler werden vor dem Auslaufen gewarnt. Trotzdem ist es wichtig, daß man Erfahrung im Segeln bei Schwerwetter sammelt, denn es kann einen genausogut draußen erwischen. Um Schlechtwetterpraxis zu bekommen, sollte man sich einen erfahrenen Segler an Bord nehmen.
Je schwerer das Wetter ist, um so schwerer wird das Boot, aber auch seine Besatzung zu arbeiten haben. Wichtig ist, daß man Rigg, laufendes und stehendes Gut ständig kontrolliert und darauf achtet, daß alles in Ordnung ist. Bestehen irgendwelche Zweifel, bleibt man im Hafen. Überhaupt soll man, bevor man nach draußen geht, das Boot gründlich durchchecken. Sofern möglich, sollten die Segel gerefft sein oder zumindest so flach wie möglich getrimmt werden. Diese Maßnahme gilt für Am-Wind-Kurse. Ist man bei schwerem Wetter unterwegs, wird man feststellen, daß sich das Boot völlig anders als bei wenig Wind verhält. Die einzelnen Manöver erfolgen viel heftiger und laufen schneller ab, das Boot wird viel stärker krängen, und das Segeln mit raumem Wind ist nicht mehr erholsam, denn das Boot wird ins Gleiten kommen, und die Gefahr, daß es dabei aus dem Ruder läuft und querschlägt, ist nicht auszuschließen.

Segeln am Wind

Das Segeln hart oder hoch am Wind ist bei schlechtem Wetter der sicherste Kurs. Denn man ist in der Lage, beim Einfall einer zu starken Bö die Schoten aufzufieren oder anzuluven. Die Art, wie man am Wind bei viel Wind und starkem Seegang segelt, hängt zum Teil vom Bootstyp ab, ob es sich um eine behäbigere Familienjolle oder ein hochgezüchtetes Rennboot handelt. In jedem Fall wird die Besatzung ihr Körpergewicht zum Ausreiten voll einsetzen müssen.
Da Rennboote auch auf Am-Wind-Kursen ins Gleiten kommen, sollte man sich das zunutze machen. Dazu fällt man etwas ab, bis das Boot ins Gleiten kommt, und luvt dann wieder so hoch wie möglich an, ohne daß das Boot in Verdrängungsfahrt zurückfällt. Die Fock kann dabei etwas geschrickt werden, während der Steuermann durch Spielen mit der Großschot das Boot auf ebenem Kiel hält. Auch durch leichtes Aufholen des Schwertes kann man die Krängung reduzieren. Die ganze Aufmerksamkeit des Steuermanns gilt der Pinnenführung und muß sich darauf konzentrieren, die Wellen richtig anzuschneiden. Wird das Boot langsamer, verringert sich die Vortriebskraft des Windes, und die krängende Querkraft nimmt zu. Um wieder in Fahrt zu kommen, muß die Besatzung ihr Gewicht weiter nach vorne verlagern. Sobald eine Welle den Bug erreicht, luvt man etwas an, bis man auf dem Wellenkamm sitzt, und fällt dann auf der Rückseite der Welle wieder leicht ab. Bei großen Wellen ist die Windkraft auf dem Wellenkamm am stärksten, und die Besatzung muß daher dort besonders gut und aufmerksam ausreiten. Diese Art, durch den Seegang zu segeln, wird auch mit den schweren Familienjollen angewendet.
Eine stabile Jolle, die auch bei stärkerem Wind auf Am-Wind-Kurs nicht ins Gleiten kommt, muß etwas anders als eine Rennjolle gesegelt werden. Denn sie reagiert schwerfälliger, läuft nicht so schnell und krängt auch nicht so leicht. Man kann sie sehr gut hoch am Wind segeln, wenn man folgendes beachtet: Fällt eine Bö ein, luvt der Steuermann etwas an und fiert die Großschot so weit auf, daß sich das Boot aufrichtet. Ist die Bö vorbei, fällt er wieder auf den bisherigen Kurs ab und nimmt auch die Schot wieder dichter. Das Boot darf dabei nicht die Fahrt verlieren, weil es sonst auch seine Stabilität verlieren würde. Die Fock bleibt dichtgeholt, es sei denn, die Bö ist sehr stark.

Segeln mit halbem Wind

Das Segeln auf Halbwind-Kurs, das bei leichtem Wind am unproblematischsten ist, wird bei stürmischem Wetter zu harter Arbeit, weil ein leichtes Boot auf diesem Kurs fast ständig gleiten wird und schwierig zu steuern ist. Genau wie am Wind muß man fortgesetzt auf einfallende Böen achten, um entsprechend drauf zu reagieren und eine Kenterung zu vermeiden. Mit den Schoten muß ständig gespielt werden, auf keinen Fall dürfen sie belegt sein. Fällt eine Bö ein, fällt der Steuermann leicht ab und fiert die Schot etwas auf. Beschleunigt das Boot in der Bö, müssen die Schoten wieder etwas dichter genommen werden, da ja der scheinbare Wind durch die erhöhte Fahrt vorlicher einfällt. Auf keinen Fall darf in einer Bö angeluvt werden. Steuermann und Vorschoter sitzen eng zusammen weit achtern, damit der Bug sich hebt und entlastet ist. Je härter die Bö ist, desto weiter muß der Steuermann abfallen und die Besatzung achterlicher sitzen. Das Schwert sollte nicht mehr als zur Hälfte gefiert sein, damit das Boot bei einer langen Welle nach Lee wegrutschen kann. Ist die Bö vorbei, muß der Steuermann wieder etwas anluven, um wieder mehr Fahrt zu machen. Segelt man parallel zur Wellenrichtung, gibt es wenig Probleme. Auf keinen Fall sollte man rechtwinklig ins Wellental hinunterfahren, da dann der Bug nur allzu leicht unterschneidet. Bei der Talfahrt wird etwas abgefallen, die Besatzung verlagert das Gewicht etwas nach vorn, und sobald das Boot beschleunigt, wird angeluvt und das Gewicht wieder achterlich verlagert, damit das Boot möglichst lange auf der Welle reitet. Nur muß man darauf achten, daß das Boot sich dabei nicht zu weit von seinem Ziel entfernt.

Unten: Segeln bei steifem Wind kann eine aufregende Sache sein; man muß nur genau wissen, wie ein Boot in einer hohen Welle mit hoher Geschwindigkeit zu handhaben ist. Gleitet es, muß es aufrecht gehalten werden und die Besatzung ihr Gewicht nach hinten verlagern, damit der Bug nicht unterschneidet.

Eine hochgezüchtete Rennjolle, wie der 470er, gleitet bereits auf einem Kurs voll und bei.

470
K 332
470
K 342
K312

Vor dem Wind

Der Vorm-Wind-Kurs ist der schwierigste. Böen können nur mit Lee-Ruder pariert werden. Platt vor dem Wind verwindet das Großsegel stark. Das führt zu heftigen Rollbewegungen des Bootes. Um dagegen anzugehen, muß der Baumniederholer so dicht wie möglich durchgesetzt und die Großschot etwas angeholt und das Schwert etwa halb gefiert werden. (Vorsicht beim Halsen). Die Besatzung sitzt auf beiden Seiten. Ferner kann man die Fock auf die andere Seite nehmen (Schmetterling), was auch die Bewegungen des Bootes etwas stabilisiert. Beim Einmannboot hilft man sich, indem man die Großschot so weit anholt, bis die Windfäden entgegengesetzt stehen, was anzeigt, daß sich die Luftströmung am Segel umgekehrt hat. Dadurch krängt das Boot nach Lee und ist besser zu beherrschen. Bei achterlichem Wind kommen die Wellen von achtern und schieben das Boot vor sich her, das dann ins Gleiten kommt. Dabei kann geschehen, daß das Boot schneller als die Welle wird und sich mit dem Bug in die davor laufende See bohrt. Die Folge ist ein abruptes Abstoppen, während gleichzeitig der Druck aufs Rigg schlagartig zunimmt. Dadurch verliert das Boot seine Stabilität. Es kann querschlagen oder kentern. Dem kann man vorbeugen, indem man einen Raumschots-Kurs segelt, dabei die Wellen schräg abläuft und auch noch mehr Fahrt macht, da der scheinbare Wind vorlicher einfällt.
Wem ein Vorm-Wind-Kurs zu riskant erscheint, weil immer die Gefahr einer Patenthalse – eines unbeabsichtigten Übergehens des Baums – und des Querschlagens besteht, der sollte besser einen Raumschots-Kurs segeln und vor dem Wind kreuzen, um sein Ziel inLee zu erreichen. Die längere Wegstrecke wird meistens durch die höhere Geschwindigkeit wieder wettgemacht.

Wenden und Halsen

Wenden bei starkem Wind erfordert wesentlich mehr Konzentration als unter normalen Bedingungen, denn die Manöver laufen viel schneller und „temperamentvoller" ab. Man sollte Krängungen beim Wenden oder auch das „Geigen" beim Halsen vermeiden, da sonst Gefahr besteht zu kentern.
Wichtig beim Wenden ist, daß das Boot gute Fahrt macht, bevor man durch den Wind geht, denn nur allzuleicht kann es sonst passieren, daß es im Wind stehen bleibt oder auf den alten Bug zurückfällt. Außerdem sollte möglichst auf einem Wellenberg gewendet werden. Der Vorschoter wirft die Fockschot los, sobald das Boot anfängt zu drehen, und nimmt die Fock so schnell wie möglich wieder dicht, wenn sie auf die neue Seite übergeht. Auch der Platzwechsel von der alten auf die neue Luvseite muß bei Steuermann und Vorschoter schnell und entschlossen erfolgen, damit das Boot erst gar nicht unnötig krängt. Außerdem sollten die Schoten beider Segel erst dann ganz dicht genommen werden, wenn das Boot wieder Fahrt aufgenommen hat.
Das Halsen bei starkem Wind und bei grober See ist kein einfaches Manöver. Es muß sehr präzise und konzentriert gefahren werden. Der günstigste Augenblick ist der Zeitpunkt, wenn das Boot Höchstfahrt läuft. Entweder auf dem Hang einer Welle oder nachdem eine Bö durchgezogen ist. Denn dann ist der scheinbare Wind schwächer und der Druck auf die Segel am geringsten. Somit geht auch der Baum leichter auf die neue Seite über. Wichtig bei diesem Manöver ist, daß der Baum nicht unkontrolliert übergeht, sondern daß man vorm Schiften die Großschot dicht nimmt und sie dann zügig auffiert, sobald der Wind das Segel auf die neue Seite drückt.

Links: Schwerwettersegeln erfordert viel seglerisches Geschick und Erfahrung. Besonders auf einem Raumschots-Kurs wie hier, wenn das Boot in der Welle zu geigen beginnt.

Rechts: In rauher See ist es besonders wichtig, vorm Wenden keine Fahrt zu verlieren, sonst stampft sich das Boot fest und geht nicht durch den Wind.

Regattasegeln

Beherrscht man die Grundregeln des Segelns einwandfrei und beherrscht man das schnelle Segeln mit allen seinen Schikanen, kann man den Versuch machen, zu regattieren. Wettsegeln auf gut organisierten Regatten ist nicht nur ein aufregendes Erlebnis, es kann auch schnell zum Lebensinhalt werden. Vor allem ist es die beste Gelegenheit, sein seglerisches Können ständig zu verbessern.
Um in der Bundesrepublik Regatten segeln zu können, muß man den Segelschein A oder – auf Küstenrevieren – AR des Deutschen Segler-Verbandes (DSV) besitzen. Die Regatten werden normalerweise von Clubs ausgerichtet, auf lokaler Basis, als Klassenmeisterschaften, im nationalen und internationalen Rahmen. Daran teilnehmen kann nur, wer Mitglied eines vom DSV anerkannten Clubs ist. Manche Clubs forcieren bestimmte Bootsklassen, so daß man nur dann eine Chance hat, aufgenommen zu werden, wenn man mit einem entsprechenden Boot kommt. Eventuell kann das bei der Anschaffung eines neuen Bootes zu einem entscheidenden Kriterium werden.
Regatten auf Club- oder nationaler Basis werden gewöhnlich als Klassenregatten, seltener als freie Regatten nach dem sogenannten Yardstick-Wertungssystem ausgeschrieben. Die Regattabahn wird von der Wettfahrtleitung festgelegt. Informationen darüber und auch über alle anderen wesentlichen Bestimmungen und Regeln sind in den Wettsegelbestimmungen und den ergänzenden Segelanweisungen niedergelegt. Die verschiedenen Regattakurse sind auf Seite 132/133 dargestellt. Wichtig für jeden Regattasegler ist, daß er sich und sein Boot sorgfältig vorbereitet. Das ist eine unerläßliche Voraussetzung für den Sieg. Konditionstraining, Ausgleichssport, unermüdliches Segeltraining bei jeder Gelegenheit, bei jedem Wind und Wetter, tragen zum Erfolg bei. Auch die Kenntnis der Regattaregeln, die den Anfänger manchmal in ihrer verwirrenden Vielzahl zum Verzweifeln bringen, ist eine wichtige Voraussetzung. Sie alle wirklich zu beherrschen und alle Tricks zu kennen, setzt ein gründliches Studium und lange Praxis voraus. Doch die wichtigsten Grundregeln muß jeder kennen (s. Seite 139/140), der sich mit dem Gedanken trägt, an Regatten teilnehmen zu wollen.
Es ist entschieden falscher Ehrgeiz, gleich als Steuermann segeln zu wollen. Glücklich kann sich schätzen, wer zunächst von einem erfahrenen Steuermann als Vorschoter mitgenommen wird. Und wenn man dann selbst als verantwortlicher Steuermann seine erste Regatta segelt, immer und überall die Augen offen halten. Was machen die anderen anders? Weshalb segeln sie schneller? Was habe ich falsch gemacht? Eine Regatta ist die beste Gelegenheit, von Spitzenseglern zu lernen. Als seine vornehmlichen Gegner aber sollte man sich auf diejenigen Segler konzentrieren, die in etwa das gleiche Leistungsniveau haben wie man selbst.

Ein Pulk von Optimisten rundet gekonnt eine Leemarke.

Rechts: 505er, die Probleme beim Schiften ihrer Spinnaker an der Raumschots-Marke haben.

Regattabahnen

Es gibt sehr unterschiedliche Regatten, angefangen von der kleinen Clubregatta, an der vielleicht zehn Boote beteiligt sind, bis zur internationalen Großveranstaltung, zu der Hunderte von Teilnehmern gemeldet sind. Auch die Regattakurse und Distanzen weichen voneinander ab. Sie werden von der Regattaleitung festgelegt und nach Zeit abgesegelt. Manche Regatten bestehen aus mehreren Wettfahrten, deren Gesamtergebnis den Sieger bestimmt. Die übliche Form des Kurses ist ein Dreieckskurs, bei dem rechts oder links herum drei Markierungsbojen gerundet werden müssen. Es ist aber auch möglich, daß Clubs, deren Gewässer einen solchen Kurs nicht zulassen, andere Strecken festlegen. In der Regel soll der erste Kurs von der Startlinie zu einer genau in Luv liegenden Tonne führen, was für die Regattaleitung bedeutet, die Startboje bei wechselnden Winden bis zum Start laufend zu versetzen. Das Starten selber wird auf Seite 136/137 behandelt.

Lark-Jollen beim Runden einer Luvmarke in einer Meisterschaftsregatta bei schwachem Wind.

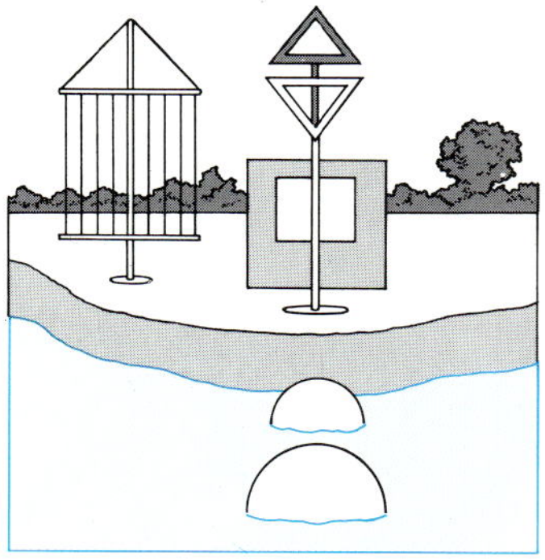

Startlinie mit Deckpeilung
Wenn sich die Dreiecke an Land in Deckung (Linie) befinden, liegt das Boot auf der Startlinie zwischen den beiden Bojen.

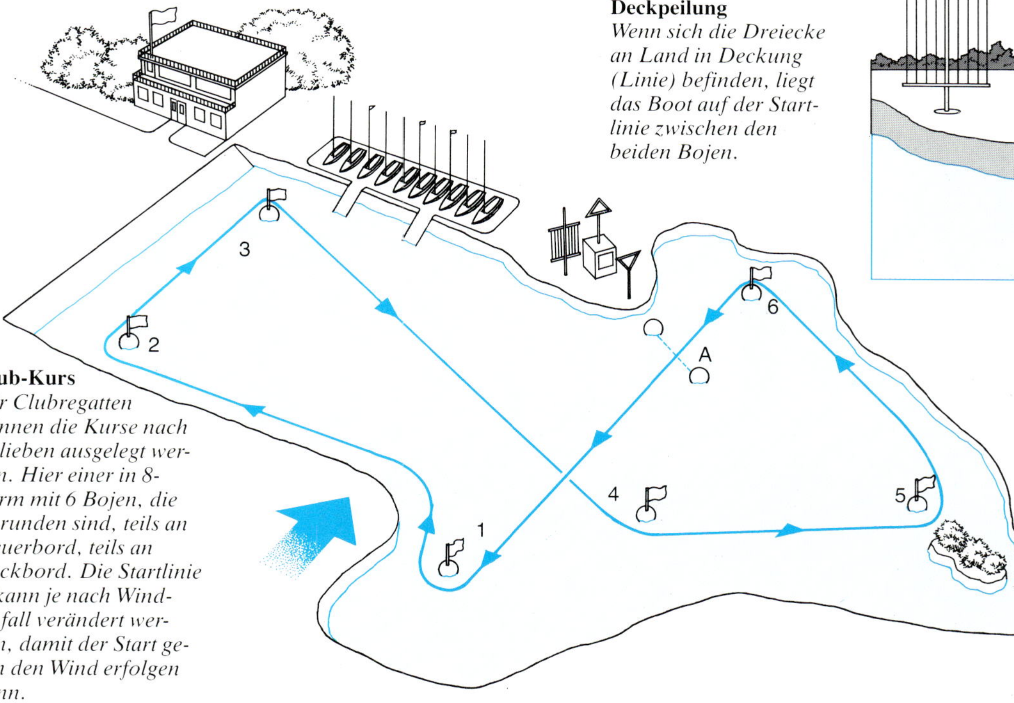

Club-Kurs
Für Clubregatten können die Kurse nach Belieben ausgelegt werden. Hier einer in 8-Form mit 6 Bojen, die zu runden sind, teils an Steuerbord, teils an Backbord. Die Startlinie A kann je nach Windeinfall verändert werden, damit der Start gegen den Wind erfolgen kann.

Der einfache Dreieckskurs

Meistens wird in Clubregatten ein einfacher Dreieckskurs gesegelt, ein olympischer Kurs (wie unten), aber ohne die dritte Runde. Die Bahn besteht aus einem gleichschenkligen Dreieck, markiert durch drei Tonnen. Die Startlinie ist so ausgelegt, daß sich die erste Tonne genau in Luv befindet. Üblicherweise besteht die erste Runde aus einem Kreuz- und zwei Raumschots-Kursen. Die zweite Runde hat einen Kreuz- und einen Vorm-Wind-Kurs und der letzte Schlag ist ein Kreuzkurs ins Ziel. Dabei werden die Tonnen jeweils an Backbord gelassen. Start ist an der Leetonne, Ziel die Luvtonne. Beliebt sind neuerdings aber auch reine Kreuz-Vormwind-Kurse.

Der olympische Kurs

Bei nationalen oder internationalen Regatten segelt man den sogenannten olympischen Kurs. Bei ihm geht es nach der dritten Runde noch nicht ins Ziel, sondern es ist noch einmal das Dreieck abzusegeln, um sicherzustellen, daß fast die Hälfte der Regattastrecke kreuzend zurückgelegt werden muß. Internationale Regatten werden in der Regel auf offener See ausgetragen, um gleichmäßigere Windverhältnisse anzutreffen.

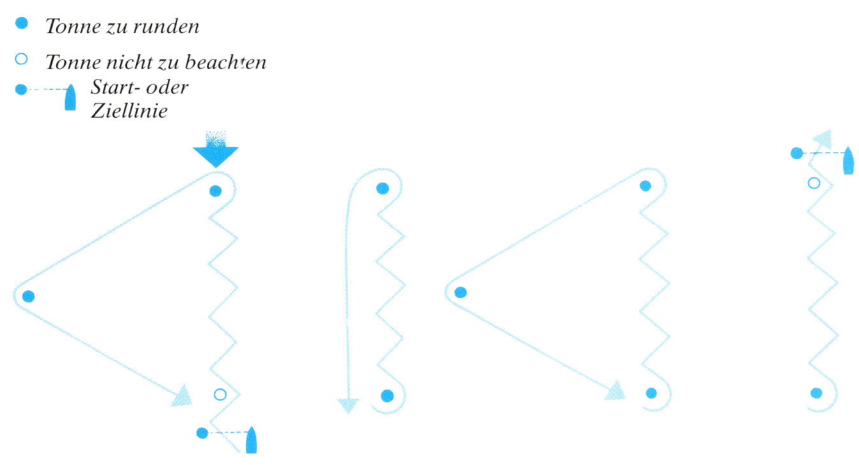

Die erste Runde hat einen Kreuz- und zwei Raumschots-Kurse.

Die zweite Runde hat einen Kreuz- und einen Vorm-Wind-Kurs.

Die dritte Runde hat einen Kreuz- und zwei Raumschots-Kurse.

Der letzte Schlag ist ein Kreuzkurs ins Ziel.

Alternativ-Kurs

Der olympische Dreieckskurs hat den Nachteil, daß auf ihm kein Halbwind-Kurs gesegelt wird. Der Alternativkurs, wie er hier dargestellt ist, gibt dem Segler Gelegenheit, sein Können auf mehr Kursen zum Wind unter Beweis zu stellen. (Er fand bisher jedoch nicht den erwarteten Zuspruch der Regatta-Veranstalter.)

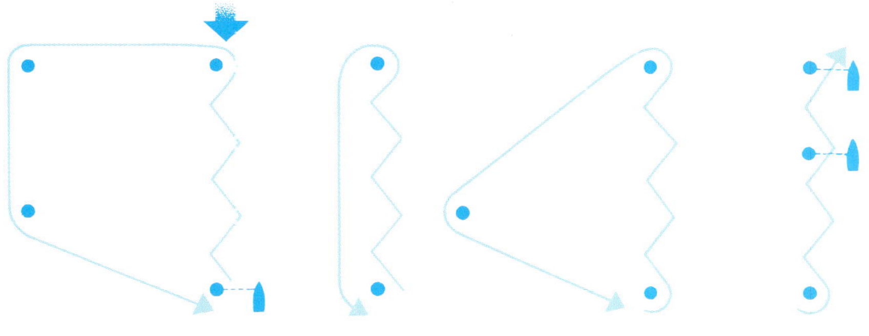

Die erste Runde hat einen Kreuz-, einen Halb-Wind-, einen Vorm-Wind- und einen Raumschots-Kurs.

Die zweite Runde hat einen Kreuz- und einen Vorm-Wind-Kurs.

Die dritte Runde hat einen Kreuz- und zwei Raumschots-Kurse.

Die Zielkreuz schließlich kann bei Bedarf verkürzt werden.

Verschiedene Arten des Wettsegelns

Das Segeln Boot gegen Boot innerhalb einer Klasse ist aufregend, aber es gibt auch Regatten anderer Art, die nicht weniger faszinierend sind. Beispielsweise Regatten, bei denen es nicht um den Einzelsieg geht, sondern um das Gewinnen im Team. Das setzt andere Regeln, andere Formen der Taktik voraus, wobei es dann auch weniger um die Schnelligkeit, sondern um die Taktik geht. Viele Clubs starten ihre Regatten auch nach dem Handikap-System, bei dem Boote unterschiedlicher Klassen gegeneinander segeln. Eine sehr seltene Art des Regattierens ist das Segeln Boot gegen Boot wie beim America's Cup.

Das Teamsegeln wird zwischen zwei Teams von drei bis vier Booten derselben Klasse gesegelt. Diese Regatta besteht gewöhnlich aus zwei Wettfahrten, zwischen denen die Boote getauscht werden. Ziel der Wettfahrt ist es, als Gruppe zu siegen. Demzufolge entscheidet weniger die Schnelligkeit des einzelnen Bootes, sondern die Taktik und das Zusammenspiel des Teams. Genaue Kenntnis der Regattaregeln ist genauso wichtig wie das Vermögen, Kurse und Positionen des Teams zueinander und in bezug auf den Gegner zu erkennen und entsprechend zu agieren.

Liegt man beispielsweise auf dem zweiten Platz und die Teamboote auf Platz 4 und 5, muß man versuchen, die Fahrt des Bootes auf Platz 3 soweit zu verlangsamen, daß die eigenen Boote an ihm vorbeikommen. Damit liegt jetzt das Team auf Platz 2, 3, 4 und hat eine gute Chance, das Rennen zu gewinnen. Teamsegeln vertieft nicht nur die Kenntnis der Wettsegelbestimmungen, sondern trainiert auch den praktischen Umgang mit dem Boot. (Bei uns kaum praktiziert – Bearbeiter)

Handikap- oder Yardstick-Regatten werden häufig von Clubs veranstaltet, die viele unterschiedliche Boote haben, die zu internen Regatten zusammenkommen. Der Ausgleich der verschieden schnellen und großen Boote untereinander erfolgt durch eine Zeitvergütung, die sogenannte Yardstickzahl. Sie beruht auf den Durchschnittswerten vieler Regatta-Ergebnisse des betreffenden Bootstyps. Eine absolute Chancengleichheit gibt es dabei nicht. Zu viele veränderliche Größen, wie beispielsweise unterschiedliche Segeleigenschaften des einzelnen Bootstyps bei ungleichen Windverhältnissen, können nicht berücksichtigt werden.

Matchracing, das Wettsegeln zwischen zwei Booten gleicher Klasse, ist eigentlich die klassische Form des Rennens. In der Regel müssen dabei immer zwei Boote gegeneinander segeln. Dann segeln die jeweiligen Gewinner gegeneinander und so weiter, bis nur noch zwei Boote übrig bleiben, die um den endgültigen Sieg kämpfen müssen. Diese Match-Rennen beginnen genaugenommen bereits 5 bis 10 Minuten vor dem wirklichen Start, da während dieser Zeit die Boote bereits um die beste Startposition rangeln. Das Boot, das als erstes über die Startlinie geht, hat damit die beste Chance, das Rennen zu gewinnen, da es aus seiner Position heraus das andere Boot kontrollieren kann. Allerdings ist der Vorsprung nur so gering, daß der geringste Fehler den Sieg kosten kann. Ein klassisches Beispiel für Matchracing sind die spektakulären Rennen um den America's Cup, die älteste Regatta-Trophäe.

Einheitsklassen sind ein guter Test für die Fähigkeiten des Steuermanns, denn die Boote sind nahezu oder völlig gleichwertig.

In Regatten nach dem Yardstick-System sollte man möglichst vermeiden, sich in Kämpfe mit anderen Booten einzulassen, denn man segelt mehr gegen die Zeit als gegen Konkurrenten.

Regattavorbereitungen

Bevor man sein Boot vor einer Regatta zu Wasser bringt, ist zu checken, ob man alles Erforderliche an Bord hat, denn es ist ausgesprochen ärgerlich, wenn man auf dem Weg zum Start plötzlich feststellt, daß man irgend etwas Wichtiges vergessen hat und es nicht mehr holen kann.
Die Zeit, die man für die Vorbereitungen benötigt, hängt vom Bootstyp ab. Ein Flying Dutchman beispielsweise ist umständlicher aufzuriggen und zu trimmen als ein Laser, der nur wenige Minuten beansprucht, um segelklar zu sein. Wichtig ist, daß der Rumpf sauber und glatt ist. Man überprüft das laufende und stehende Gut und tauscht beschädigtes Material aus. Dabei sollte man nicht knausern. Beim Riggen und Trimmen sollte man die Wind- und Wetterbedingungen der Wettfahrt berücksichtigen. Ausrüstung, die nicht den Klassen- oder Wettfahrtbestimmungen entspricht, muß von Bord genommen werden. Andererseits muß alle vorgeschriebene Ausrüstung an Bord sein. Auch die Bekleidung sollte dem Wetter entsprechen, damit die Besatzung keine Konditionseinbußen erleidet. Sie darf weder die Bewegungsfreiheit einschränken, noch übermäßig Windwiderstand bieten. Geht man in ein längeres Rennen, sollte man an Essen und Trinken denken oder seinen Bedarf durch eine ausreichende Mahlzeit vorher gedeckt haben. Ein rechtzeitiger Gang zur Toilette erspart einem eventuelle Probleme und Nöte. Wichtig ist auch, daß man die Segelanweisungen und den Regattakurs vorher sorgfältig studiert und sich einprägt, so daß man Unklarheiten vor dem Start ausräumen kann. Die Segelanweisungen sollten an Bord mitgeführt werden. Viele Seglerkombinationen haben dafür Klarsichttaschen, die sie trocken und lesbar halten. Manchmal geben die Veranstalter Kontrollnummern an jeden Teilnehmer aus, die nach dem Rennen zurückgegeben werden müssen, damit die Regattaleitung weiß, daß alle Boote wieder zurückgekommen sind. Boote können disqualifiziert werden, die diese Anweisung nicht befolgen.

Das Punktsystem

Gewertet werden Regatten nach einem Punktsystem. Bei uns entweder nach dem Bonus Punktsystem – dem ehemals olympischen – oder nach dem Niedrig-Punktsystem (Low Point Scoring System). Sie differieren. Nach dem Niedrig-Punktsystem wird der 1. Platz mit 0,75 Punkten bewertet, der 2. mit zwei, der 3. mit drei und so weiter. Bonus Punktsystem: 1. Platz 0 Punkte, 2. Platz 3, 3. Platz 5,7, 4. Platz 8, 5. Platz 10, 6. Platz 11,7, 7. Platz (7+6) 13, 8. Platz (8+6) 14 Punkte usw. Die schlechteste Wettfahrt kann häufig gestrichen werden. Für Nichtstarten, Aufgeben einer Wettfahrt und Disqualifikation wegen eines Regelverstoßes gibt es Strafpunkte. Nach jedem System ist Gesamtsieger, wer am Schluß die niedrigste Punktzahl hat. Auch bei Seeregatten wird zunehmend nach einem dieser Punktsysteme verfahren. Nach einem älteren System erhält der Sieger so viele Punkte wie Boote gestartet sind, der 2. einen Punkt weniger usw. Gesamtsieger ist, wer die meisten Punkte hat.

Startlinien

Die einfachste Startlinie bildet eine Deckpeilung zum Ufer. Denn wenn man die Wettfahrt auf dem freien Wasser starten will, braucht man ein Startboot. Bei fast allen Startmethoden geht man von einer festgelegten Startlinie aus, abgesehen vom sogenannten Torstart, der bei großen Jollenfeldern angewandt werden kann. Die Länge der Startlinie sollte mindestens das 1¼fache der Gesamtlänge aller am Rennen beteiligten Boote betragen.

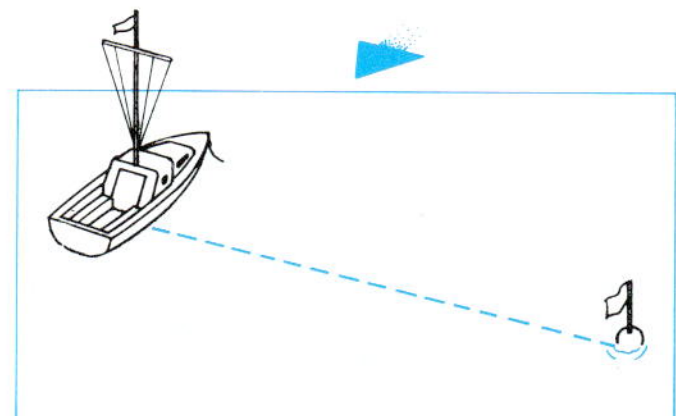

Einfache Startlinie mit Startboot
Beim Start im freien Wasser ist es mit Hilfe des Startbootes einfacher, die Startlinie genau rechtwinklig zum Wind zu legen. Die Startlinie wird gewöhnlich durch den Mast des Startbootes und eine Begrenzungsboje gebildet.

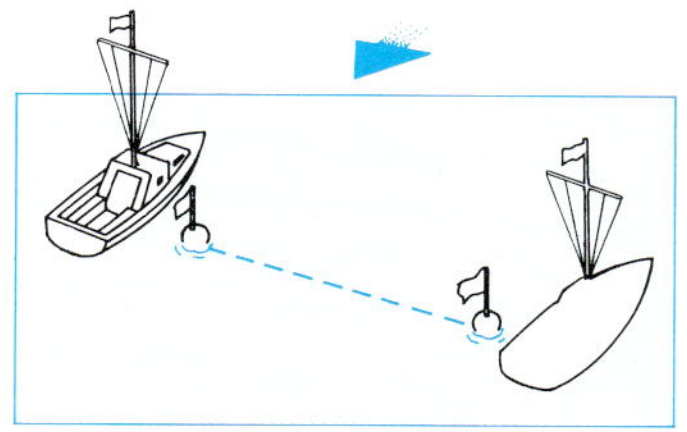

Startlinie zwischen zwei Bojen
Der Vorteil bei dieser Anordnung ist, daß das Startschiff nicht fest verankert zu sein braucht – zweckmäßig bei rauhem Wetter – und bei Winddrehungen die Bojen schnell verlegen kann. Das Startschiff kann sich rechts oder links neben den Begrenzungsbojen aufhalten.

Start eines Feldes von Fireball-Jollen mit Startboot und Backbord-Begrenzungstonne.

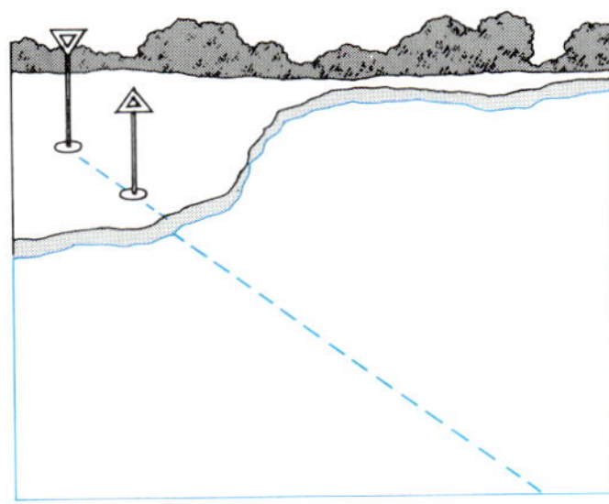

Startlinie mit Deckpeilung ohne Begrenzungsboje
Die einfachste Form einer Startlinie ist die mit einer festen Peilung an Land ohne Begrenzungsboje. Auch wenn man die Deckpeilung bei wechselnder Windrichtung verändern kann, sind die Korrekturmöglichkeiten sehr beschränkt.

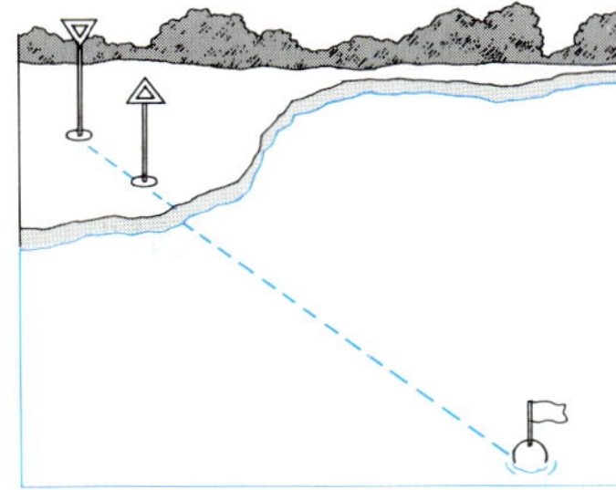

Deckpeilung mit Begrenzungsboje
Bei dieser Startlinie, gebildet durch Deckpeilung und Begrenzungsboje, sind die Segler gezwungen, innerhalb der Markierung zu starten. Die Boje braucht nicht in Verlängerung der Deckpeilung zu liegen, doch sollte sie es möglichst.

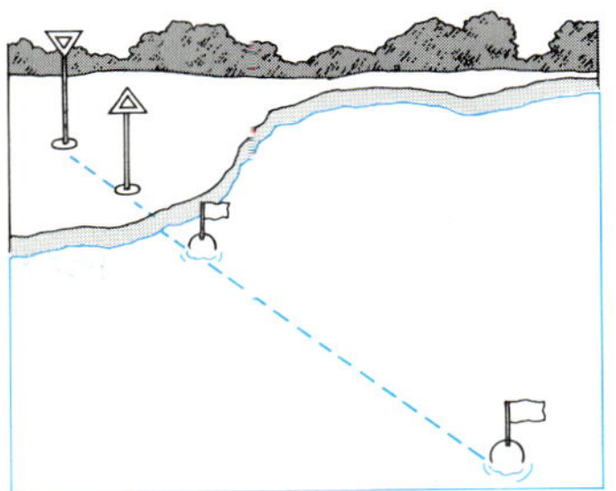

Deckpeilung mit innerer und äußerer Begrenzungsboje
Bei dieser Art der Startlinie müssen die Boote zwischen den Bojen starten. In der Regel liegen die beiden Begrenzungsbojen in Linie der Deckpeilung.

Der Torstart

Dieses Verfahren wird häufig bei großen Regattafeldern und Meisterschaften benutzt, um allen Teilnehmern ungefähr eine gleiche Startchance zu geben. Die Startlinie wird gebildet durch ein Pfadfinderboot, gewöhnlich ein Teilnehmer am Rennen, das, gefolgt von einem Torboot, am Wind vom Startschiff wegsegelt und so allmählich das Starttor öffnet. Zunächst wird die innere Boje in einem bestimmten Abstand vom Startschiff geworfen. Das Pfadfinderboot wird, um Behinderungen zu verhindern, auf seiner Leeseite von einem Wächterboot begleitet. Der zeitliche Ablauf stellt sich wie folgt dar: Ungefähr 10 Sekunden vor dem Startschuß wirft das Torboot die innere Boje, und sobald der Startschuß fällt, können die Teilnehmer durch dieses sich stetig vergrößernde Tor starten. Das Pfadfinderboot hat seinen Kurs so lange zu segeln, bis es entlassen wird und ins Rennen gehen kann. Gleichzeitig stoppt das Torboot oder wirft eine Boje, um die äußere Begrenzung der Startlinie zu markieren. Diese Art des Starts hat bei mäßigem und stetigem Wind manche Vorteile. Bei schwachen, umlaufenden Winden ist sie nachteilig. Beim Torstart muß man darauf achten, daß man klar in Lee des Pfadfinders bleibt, damit man sich nicht plötzlich vor der Startlinie befindet und der Pfadfinder in Lee durchgeht. Eine Rückkehr aus dieser Position gibt es nicht mehr.
Beim Start ist das Heck des Torbootes hoch am Wind auf Backbord-Bug anzulaufen. Nicht raumschots, weil dann die Gefahr besteht, zwischen ein am Wind segelndes Boot und das Torbootsheck zu geraten.

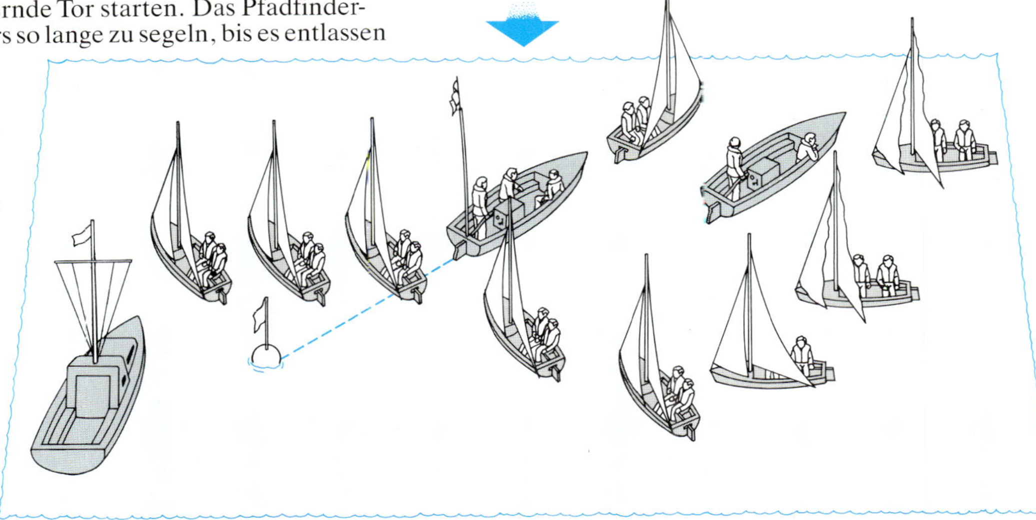

Nach Setzen der inneren Begrenzungsboje folgt das Torboot dicht hinter dem Pfadfinder mit dem Wächterboot an seiner Leeseite. Die Boote, die das Kielwasser des Torbootes gekreuzt haben, sind gestartet, während die anderen Boote noch darauf warten.

Flaggen und Signale

Vor Beginn von Regatten oder Wettfahrten gibt es Steuermannsbesprechungen, auf denen die Segelanweisungen, die während der Wettfahrt geltenden Regeln, Flaggen und Signale erklärt und alle sonstigen Informationen gegeben werden. In den internationalen Wettsegelbestimmungen gibt es auch Richtlinien für den Gebrauch von Signalflaggen und Standern des Internationalen Signalbuchs, mit denen man sich vertraut machen muß. Die Aufstellung rechts zeigt die gebräuchlichsten Flaggen und Stander, die entweder auf dem Startschiff oder dem Startmast an Land gesetzt werden. Neben diesen optischen Signalen werden auch akustische Signale (Böller u. ä.) gegeben. Im Zweifelsfall gilt immer das optische Signal. Sinnvoll ist es, als Folie oder in einer wasserfesten Klarsichthülle ein Verzeichnis der Flaggensignale mitzuführen, ebenso eine Bahnkarte, um im Zweifelsfall schnell mal nachsehen zu können.

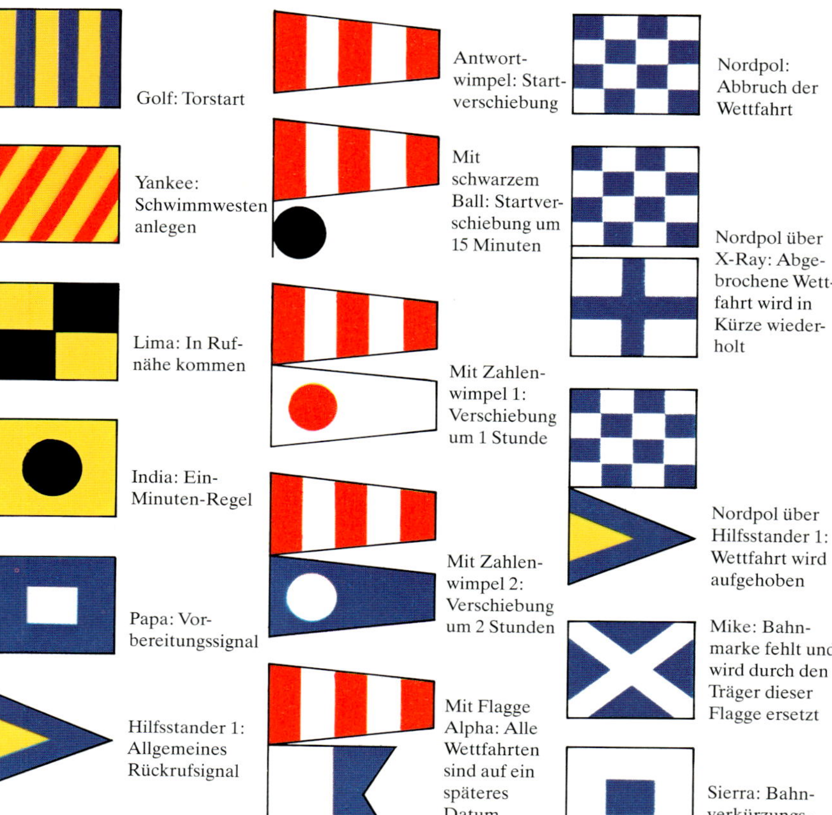

Ein Startschiff an der Startlinie: Das Vorbereitungssignal P zeigt an, daß es weniger als 5 Minuten bis zum Start sind.

Regattasegeln

Ein Anfänger muß die Wettsegelbestimmungen wenigstens so weit beherrschen, daß er weder Mitsegler behindert noch sich einer Disqualifikation aussetzt. Wer hingegen häufiger regattiert, muß sich eingehend mit den Einzelheiten der Regeln beschäftigen. Sie sind international und werden von der International Yacht Racing Union (IYRU) herausgegeben und in Deutschland durch die Zusatzbestimmungen des Deutschen Segler-Verbandes ergänzt. Eine goldene Regel für den Anfänger: Im Zweifelsfall lieber Raum geben, anstatt in blindem Vertrauen auf sein vermeintliches Wegerecht drauflos zu segeln.

Klar achteraus
Ein Boot ist klar achteraus, wenn es mit keinem anderen Boot überlappt. (Gelb überlappt Grün, Rot überlappt Gelb.)

Auf unterschiedlichem Bug
Das Boot mit Backbordwind muß dem Boot mit Steuerbordwind ausweichen (Regel 36).

Auf dem gleichen Bug
Segeln zwei Boote auf dem gleichen Bug, muß das luvwärtige dem leewärtigen Raum geben (Regel 37).

Klar achteraus
Ein Boot, das klar achteraus liegt, muß sich von dem klar vorausliegenden Boot freihalten (Regel 37).

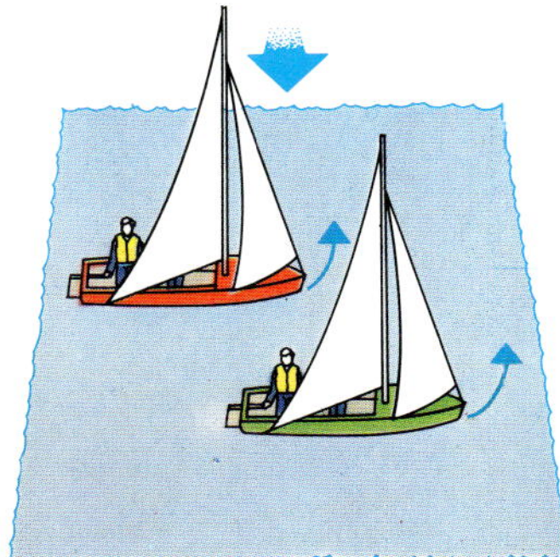

Luvkampf
Ein Boot klar voraus oder in Lee kann den Gegner ausluven, ausgenommen Regel 38 (rechts). (Grün kann anluven, Rot muß sich freihalten.)

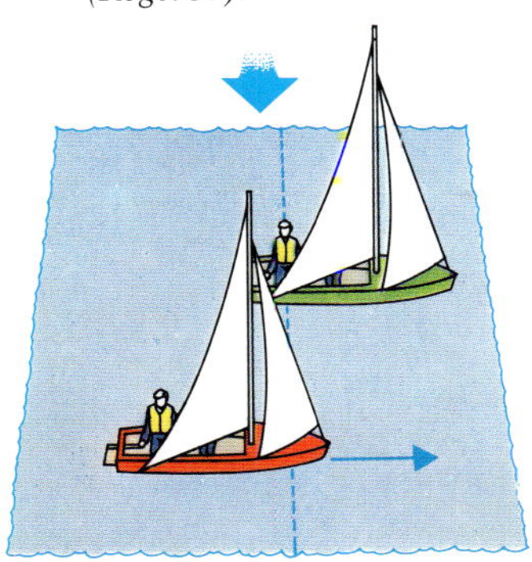

„Mast querab"
Ein Leeboot (Rot) darf nur so lange anluven, bis sein Mast querab vom Steuermann des Luvbootes (Grün) ist (Regel 38).

Protest

Wer schuldhaft gegen eine Regel verstoßen hat, nimmt die in den Segelanweisungen dafür vorgesehene Buße auf sich. Ist man aber von der Schuld eines anderen überzeugt, muß die Flagge Bravo des Internationalen Signalbuchs als Protestflagge im Want gezeigt werden. Protestieren darf auch, wer einen Regelverstoß als Zeuge beobachtet hat.

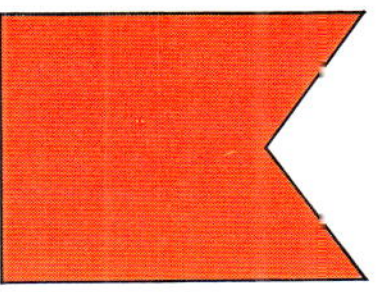

Hindernisse und Bahnmarken

Die kritischen Stationen bei einer Wettfahrt sind die Bahnmarken. Das sind die Punkte, an denen sich die Boote ballen und um ihre Vorteile ringen. Hier gilt es besonders, seine Rechte zu kennen, denn abgesehen davon, daß auch geblufft wird, geht es ja darum, sich in die bessere Position zu manövrieren oder sie zu halten, aber auch um Kollisionen zu vermeiden. Es gibt eine Reihe von Regeln für das Runden von Bahnmarken, aber auch um Zusammenstöße zu vermeiden. Schon bevor man an die Boje herankommt, sollte man die anderen Boote aufmerksam beobachten und bereit sein, schnell zu reagieren, wenn ein Gegner Raum verlangt.

Starboote an der Wendemarke. Das Boot im Vordergrund ist in der Klemme und blockiert die von hinten aufkommenden Boote. Einige Boote segeln mit Backbordwind und haben kein Wegerecht gegenüber denen mit Steuerbordwind.

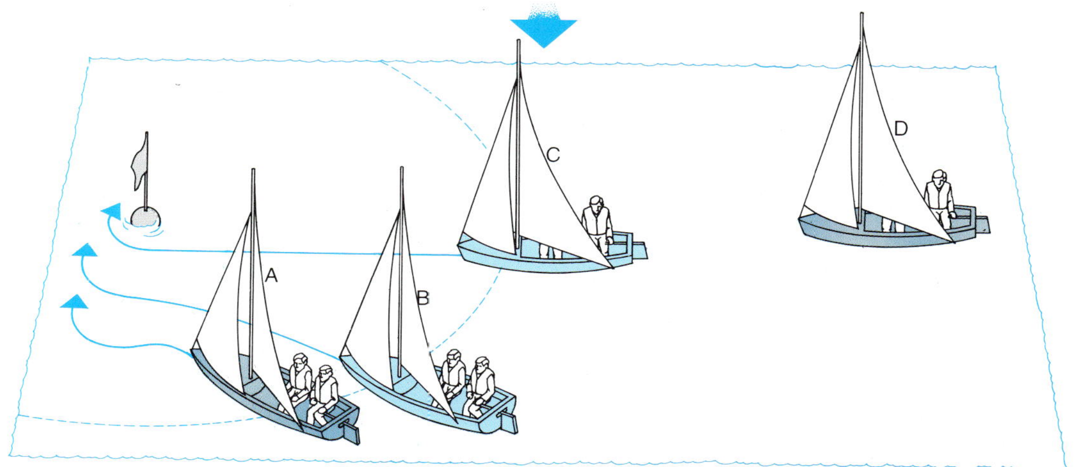

Runden der Bahnmarken
Nähern sich mehrere Boote einer Bahnmarke, so müssen die jeweils außenliegenden Boote dem innenliegenden Boot Raum geben, sofern mindestens zwei Bootslängen vor Erreichen der Bahnmarke eine Überlappung hergestellt wurde. A muß B und C Raum geben, B nur C. D kann keinen Raum verlangen, denn es liegt noch klar achteraus von allen anderen Booten (Regel 42).

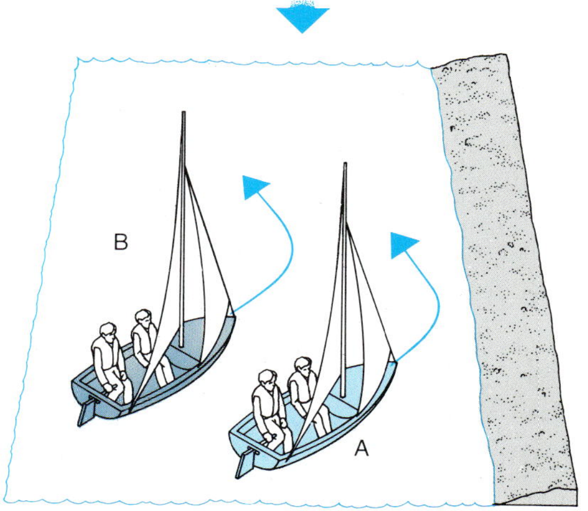

Raum bei Hindernissen
Segeln zwei Boote auf dem gleichen Bug, kann das Leeboot (A) Raum verlangen, wenn die sichere Schiffsführung ein Ausweichen vor dem Hindernis verlangt (Regel 43).

Rechte Seite: Drei Gull-Jollen nähern sich einer Wendemarke. 1863 liegt klar voraus, aber 1939 muß 2202 Raum geben, weil eine Überlappung besteht.

1863
1939

Wie man ein Boot schneller macht

Wer das Beste aus seinem Boot herausholen will, muß Mittel und Wege finden, die Antriebskräfte optimal zu nutzen und zugleich den durch Rigg und Rumpf verursachten Wind- und Reibungswiderstand so weit wie möglich zu reduzieren. Der Stärke der Antriebskraft ist eine Grenze gesetzt. Sie liegt dort, wo die Mannschaft nicht mehr in der Lage ist, ein Boot auf einem Am-Wind-Kurs auszureiten. Weil man auf einem Am-Wind-Kurs am besten die Wirksamkeit des Riggs feststellen kann, sollte man mit dem Bootstrimm auf diesem Kurs beginnen. Bauchiger getrimmte Segel bringen mehr Vortrieb als flachgeschnittene Segel, verursachen jedoch mehr Krängung. Früher hatte man eine Vielzahl von Segeln für die verschiedenen Bedingungen. Heute kann man den Segelbestand durch die verschiedenen Trimmöglichkeiten von Rigg und Segeln kleiner halten. Nicht alle Boote werden vom Hersteller mit sämtlichen Trimmeinrichtungen geliefert, und man muß sich eine Reihe von zusätzlicher Ausrüstung hinzukaufen oder einbauen. Bei manchen Klassen sind Trimmeinrichtungen sogar bewußt eingeschränkt.

Ist ein Boot neu oder hat man es noch nie gesegelt, ist es gut, wenn man ein schnelles Boot vom gleichen Typ mitsegeln lassen kann und seins dann genauso trimmt.

Ein Teil der notwendigen Korrekturen kann auf dem Trockenen vorgenommen werden, der überwiegende Teil des Trimms aber muß auf dem Wasser erfolgen. Für den Trimm auf dem Trockenen legt man das Boot am besten auf den Bootswagen, setzt die Segel und dreht es, bis es in einer Am-Wind-Position steht. Dann setzt man den Schothornstrecker so weit durch, daß möglicherweise vorhandene vertikale Falten entlang des Baumes verschwinden. Die Cunningham-Kausch wird nur dichtergenommen, wenn sich Falten entlang des Mastes am Vorliek zeigen. Dann wird die Großschot so weit angeholt, bis die obere Segellatte etwa parallel zur Bootslängsachse steht. Nun holt man die Fockschot so weit dicht, bis ihr Achterliek in seiner Gesamtlänge parallel zum Großsegel steht. Die Form dieser Düse, die hier zwischen Fock und Großsegel entsteht, und die Spannung in den Achterlieken der beiden Segel sind wichtige Kriterien für einen optimalen Segeltrimm. Die Fock muß so eingestellt sein, daß die Windfäden alle gleichmäßig in derselben Richtung und waagerecht stehen. Die entsprechenden Fixpunkte werden markiert. Die verbleibende Feineinstellung muß beim Segeln auf dem Wasser vorgenommen werden. Bei leichtem Wind und Seegang ist ein etwas bauchiger getrimmtes Segel vorteilhafter. Es gibt mehr Vortrieb. Dazu fährt man den Mast so gerade wie möglich und den Schothornstrecker etwas loser. Nimmt der Wind zu, muß das Großsegel flacher gefahren werden. Das erreicht man, indem man den Schothornstrekker steif durchsetzt und durch Biegung des Mastes. Zum Teil ergibt sie sich von allein bei stärkerem Wind. Sie kann aber auch durch mehr Spannung auf den Want- und Stagspannern erreicht werden. Bringt man den Traveller der Großschot außerdem weiter nach Lee und verändert die Fockschot-Holepunkte, so bewirkt das eine Verwindung in den oberen Teilen des Segels. Dadurch reduziert sich der Winddruck aufs Segel und damit auch die Krängung des Bootes. Die zunehmende Mastbiegung bei starkem Wind macht nicht nur die Segel flacher, sondern sie erweitert auch die Düse zwischen Großsegel und Fock und verringert die Spannung in den Achterlieken beider Segel. Dadurch verringern sich die Kräfte aufs Rigg ebenfalls.

Die Düse zwischen Groß- und Vorsegel muß stets offengehalten werden.

Der Mast

Der Mast ist eine wichtige Trimmeinrichtung für den Stand der Segel und auch für die Kursstabilität eines Bootes. Einrichtungen am Mast, wie die Salinge oder der verstellbare Mastfuß, verändern den Stand und die Krümmung des Mastes und damit natürlich auch die Wölbung im Segel. Bei normalen Segelbedingungen, wenn das Segel bauchig gefahren wird, soll der Mast möglichst gerade stehen. Wünscht man das Segel flacher, trimmt man den Mast im oberen Bereich nach hinten und im mittleren Bereich nach vorn. Man kann aber auch den Mast seitwärts biegen und damit auch die Segelform verändern. Holt man den Masttopp nach Lee, öffnet sich das Segel durch stärkere Verwindung im oberen Bereich, damit läßt der Druck im Segel nach und die Krängung verringert sich.

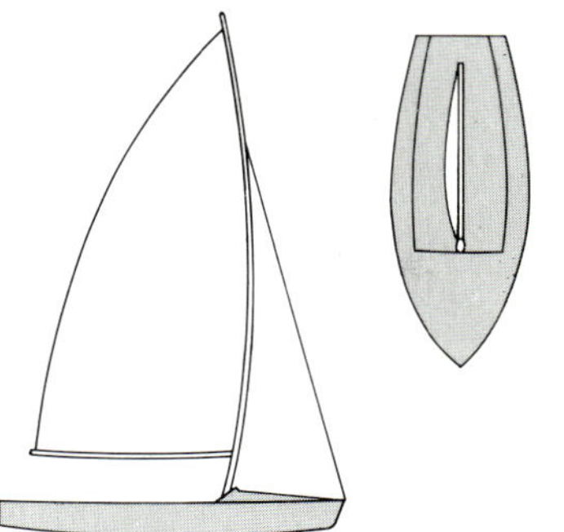

Mast im mittleren Bereich nach vorn und im oberen Bereich nach achtern getrimmt: flacheres Segel.

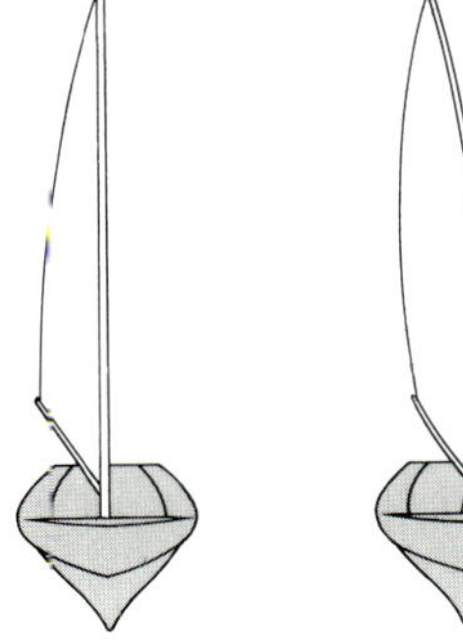

Seitliche Biegung: links gerader Mast, rechts Mastbiegung nach Lee.

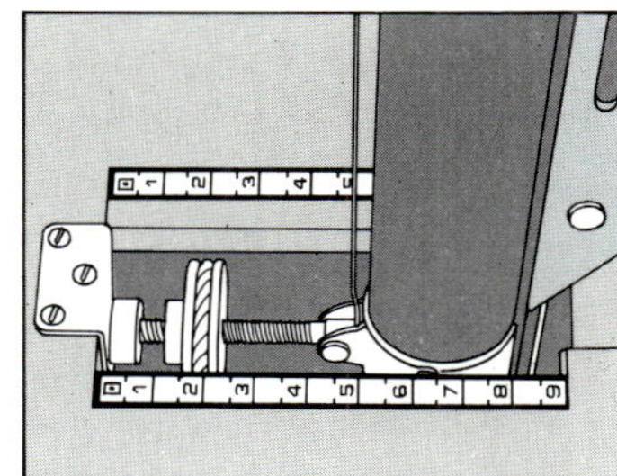

Mastkontroller
Er dient zur Kontrolle der Mastbiegung in Deckshöhe. Bei leichtem Wind wird der Mast im Deck zurückgehalten. Bei zunehmendem Wind läßt man ihn langsam nach vorne kommen. Dadurch erhält er mehr Biegung. Der Beschlag besteht aus einem Nylonrad auf einem Gewindebolzen.

Die Saling

Die Saling ist eine der wichtigsten Trimmeinrichtungen des Mastes, mit der man seine Biegung verstärken oder verhindern kann. Der Winkel, um den sie die Wanten aus ihrer Geraden wegspreizt, beeinflußt das Verhalten des Mastes unter Segeln. Dabei darf nicht vergessen werden, daß beim Segeln nur Luvwant und -saling unter Beanspruchung stehen und eine Biegung des Mastes verursachen. Salinge können während des Segelns nicht verändert werden. Sie müssen vor dem Mastsetzen eingestellt werden.
Der Winkel der Salinge zur Längsachse des Mastes beeinflußt seine Biegung nach vorn und achtern. Werden sie so eingestellt, daß die Wanten ungespreizt zum Topp laufen, haben sie keinen Einfluß auf die Biegung des Mastes. Da sich der Mast normalerweise im Mittelbereich biegt, nimmt er auch die Saling mit, soweit es die Wanten erlauben. Verläuft der Spreizwinkel der Saling nach achtern, werden die Wanten aus ihrer geraden Zuglinie gedrückt. Kommen die Wanten dann unter Spannung, versuchen sie, die Saling und den mittleren Bereich des Mastes nach vorn durchzudrücken. Steht die Saling nach vorn, werden die Wanten aus ihrer normalen Zugrichtung nach vorn gespreizt. Sie drükken dadurch Saling und Mast im mittleren Bereich nach achtern und wirken auf diese Weise der natürlichen Mastbiegung entgegen.

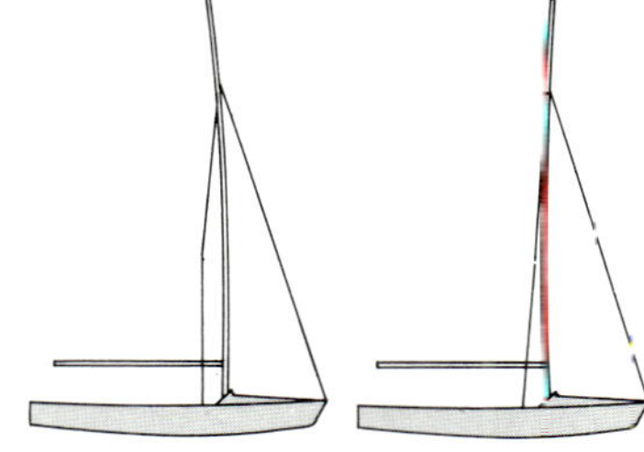

Salingswinkel
Die Saling links ist nach achtern abgewinkelt und drückt den Mast im Mittelbereich nach vorn. Die Saling nach vorn gewinkelt (rechts) drückt den Mast im mittleren Bereich nach achtern durch.

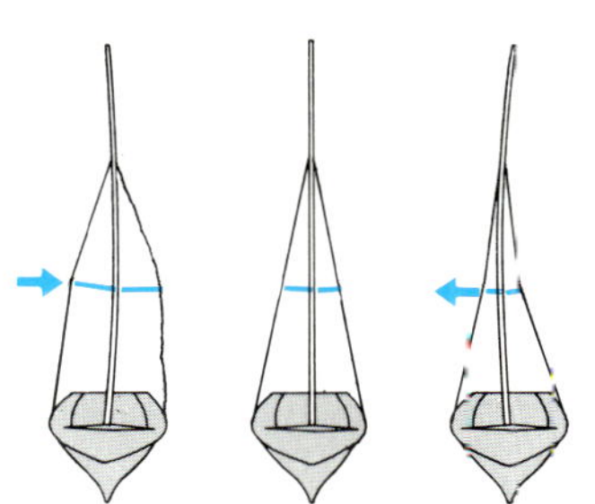

Salingslänge
Saling unter Druck (links), neutral (Mitte) und unter Zug (rechts).

So wie der Winkel der Saling zum Mast seine Biegung bestimmt, kann auch die Länge der Saling den Masttrimm beeinflussen. Je länger die Saling ist, desto steifer macht sie den Mast gegen eine seitliche Biegung. Die kurze Saling hingegen gibt dem Mast genügend Flexibilität zur Seite, die mit Hilfe der Wanten kontrolliert werden kann.

Großschotführung

Die Großschot kann einen fest auf dem Cockpitboden oder Schwertkasten sitzenden Fußblock haben oder einen verstellbaren, der mit einem Schlitten auf einer Travellerschiene gleitet. Der Traveller erlaubt zahlreiche Trimmöglichkeiten des Großsegels. Wird der Traveller nach Lee gebracht, wirkt der Schotzug senkrechter, das Segel wird flacher, der Mast biegt mehr durch. Traveller mittschiffs bewirkt ein etwas bauchigeres Segel. Man kann mit dem Traveller das Achterliek mehr öffnen und schließen und – in gewissen Grenzen – auch das Steigen des Baumes verhindern. Um dem Mast eine stärkere Biegung geben zu können, kann man die Großschotblöcke am Baum weiter nach hinten versetzen. Ein senkrechter Schotzug holt den Masttopp nur geringfügig nach achtern. Eine schräg in Richtung Mastfuß wirkende Zugkraft der Schot übt gleichzeitig einen gewissen Biegedruck auf den mittleren Bereich des Mastes aus.

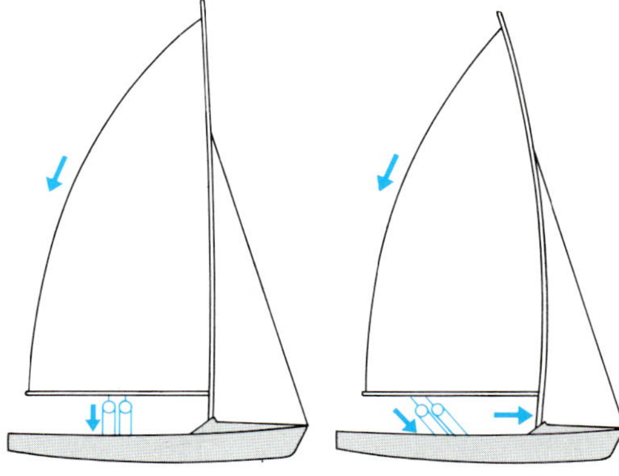

Senkrechter Zug der Großschot nach unten ermöglicht nur den Masttopp leicht nach hinten zu holen. Schräger Zug der Großschot, durch Versetzen der Blöcke nach hinten, ergibt eine stärkere Biegung des Mastes.

Großschotführung mit Traveller, der einen senkrechten Zug ausübt.

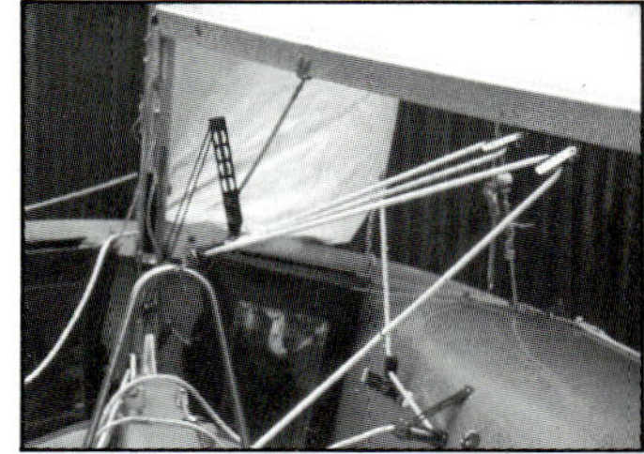

Großschotführung mit schrägem Zug. Sie wirkt auch weitgehend als Baumniederholer.

Segellatten

Es wird häufig übersehen, daß auch Segellatten den Segeltrimm beeinflussen, denn sie sorgen für einen guten Stand des Achterlieks. Sie werden, je nach Bedarf, aus unterschiedlichem Material mit unterschiedlicher Biegsamkeit, dem Segel entsprechend gefertigt. Ein bauchiger geschnittenes Leichtwettersegel beispielsweise benötigt weichere Latten als ein flaches Schwerwettersegel. Nicht durchgehende Latten sollen am inneren Ende dünner werden, damit sie im Segel keinen Wulst bilden. Durchgehende Latten sollen über ihre ganze Länge gleichmäßig elastisch sein. Sie können auch durch loseres oder festeres Einbinden in die Tasche den Bauch des Segels verändern. Jede Segellatte sollte in der Reihenfolge ihrer Verwendung numeriert und am vorderen oder hinteren Ende markiert sein.

Schothornstrecker (-ausholer)

Mit dieser Einrichtung kontrolliert man die Spannung des Großsegelunterlieks. Auf vielen Jollen besteht diese Streckvorrichtung nur aus einem Bändsel am Schothorn, das man durch das Auge an der Baumnock zieht und festmacht. Auf Rennjollen oder größeren Booten besteht die Streckeinrichtung aus einer kleinen Talje, die, je nach Bedarf, durchgesetzt oder gefiert werden kann. Ein gestrecktes Unterliek macht das Segel im unteren Bereich flacher, so daß der Segelschwerpunkt nach achtern rutscht. Bei der Grundeinstellung sollte das Unterliek so weit gestreckt werden, daß es keine vertikalen Falten mehr zieht, aber noch keine horizontalen.

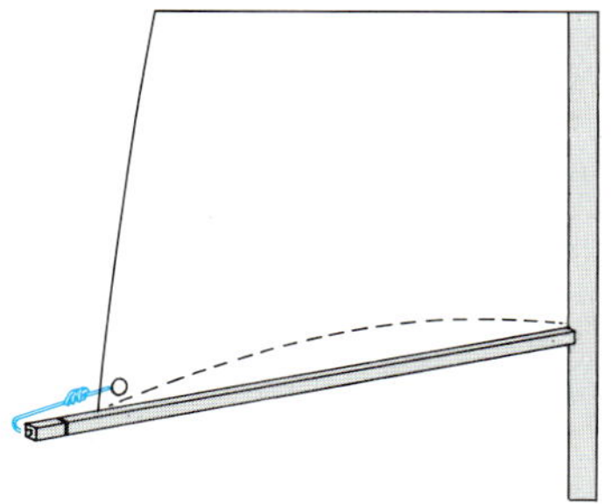

Ist das Schothorn nur leicht durchgesetzt, bleibt das Segel bauchig.

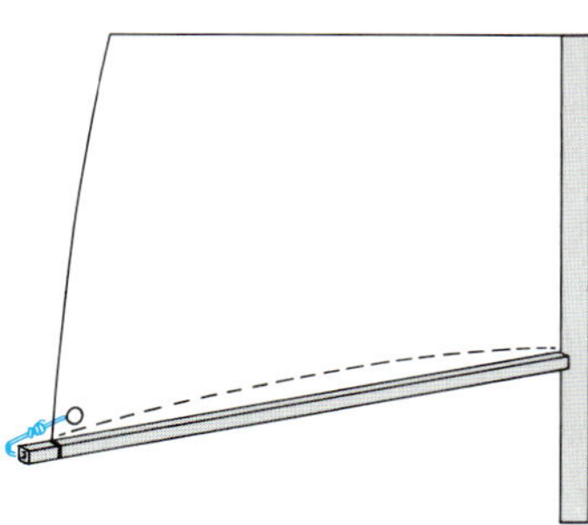

Bei stramm durchgesetzem Schothornstrecker wird das Segel flach.

Cunningham-Kausch (-Hole)

Diese Einrichtung besteht aus einer kräftigen Kausch ein bis zwei Handbreit über der Halskausch, durch die ein Stropp als holende Part einer kleinen Talje mit Zug nach unten geschoren ist. Das feste Ende ist am Lümmelbeschlag belegt. Mit dieser Einrichtung kann man den Segelschwerpunkt verändern. Nimmt der Wind zu, wandert der Schwerpunkt im Segel weiter nach achtern, holt man die Cunningham-Kausch dicht, kommt der Schwerpunkt wieder nach vorn zurück. Als Faustregel gilt, daß man sie anholt, bis alle Falten am Vorliek des Segels verschwunden sind.

Baumniederholer

Der Baumniederholer verhindert das Steigen des Baumes auf Kursen mit raumen Winden und das Verwinden des Großsegels im oberen Bereich. Er muß jederzeit leicht regulierbar sein. Bereits kleine Veränderungen in der Einstellung des Niederholers können große Wirkungen haben. Fiert man ihn beispielsweise auf einem Am-Wind-Kurs etwas, verwindet sich der obere Teil des Großsegels – das Boot segelt sofort aufrechter.

Ein wirkungsvoller Baumniederholer mit einer Hebelwaage, wie man ihn auf Rennjollen findet. Über ein doppeltes Streckerfall kann er von jeder Seite des Bootes aus bedient werden.

Das Fockfall

Besonders wichtig ist, daß der Zug des Mastes nicht vom Vorstag, sondern vom Vorliek der Fock aufgenommen wird. Fallen sollten daher aus Stahldraht sein, damit man sie genügend durchsetzen kann und das Vorliek nicht nach Lee durchhängt. Denn dadurch wird das Segel zu bauchig. Bei Booten, die keine verstellbaren Wanten haben, ist das Fockfall die einzige Möglichkeit, um die Wantenspannung zu variieren. Daher sollte es einen Strecker haben, der vom Steuermann bedient werden kann.

Fockschotführung

Die Einstellung der Fockholepunkte für die richtige Schotführung ist abhängig von Kurs und Windstärke. Sie sollen daher nach vorn, achtern, aber auch seitlich verstellbar sein. So kann man Achter- und Unterliek der Fock trimmen und die Düse zwischen Groß- und Vorsegel dem Wind entsprechend verändern und verhindern, daß sich das Segel stark verwindet. Bei starkem Wind wird der Holepunkt mehr auswärts gefahren, bei leichtem Wind weiter einwärts.

Zusammenwirken der Trimmeinrichtung

Nur beim richtigen Einsatz all dieser Einrichtungen ist es möglich, die Segel optimal und effektiv zu trimmen. Die nebenstehenden Zeichnungen demonstrieren die beiden Extreme des möglichen Segeltrimms. Das linke Bild zeigt ein Boot mit gerade getrimmtem Mast. Baumniederholer lose, Schot dicht, Schothornstrecker nur leicht angeholt und die Cunningham-Kausch lose, die oberste Segellatte stramm eingebunden. Das Resultat ist ein sehr bauchig stehendes Segel. Auf der rechten Zeichnung ein Boot, bei dem der Mast bis zum möglichen Maximum des Segelschnitts gebogen ist. Dafür müssen Schot, Schothornstrecker und Baumniederholer ganz steif durchgesetzt sein, ebenfalls die Cunningham-Kausch. Das Resultat ist ein extrem flaches Segel.

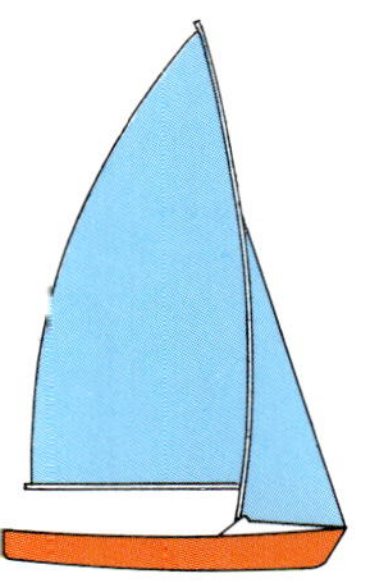

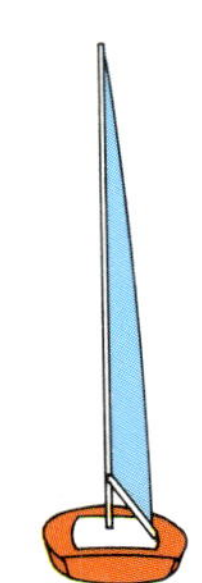

Links: Sind alle Trimmtaljen nur leicht durchgesetzt, bleibt der Mast gerade und das Segel bauchig.

Oben rechts: Setzt man alle Trimmtaljen stramm durch, peitscht der Mast nach hinten und das Segel wird flach.

Tauwerk und seemännische Knoten

Tauwerk ist ein lebenswichtiger Teil der Ausrüstung eines Bootes, und Ersatz geht ziemlich ins Geld. Der Umgang mit Tauwerk und die Pflege von Tauwerk zählen zum täglichen seemännischen Handwerk. Man kann die Lebensdauer seines Tauwerks erheblich verlängern, wenn man stets darauf achtet, daß es nirgends scheuert. Gibt es Scheuerstellen, sollten sie sofort herausgeschnitten und die Enden zusammengespleißt werden. (Weit besser ist es, beschädigtes Tauwerk durch neues zu ersetzen.) Auf das Ende einer Leine kommt ein sogenannter Takling, der sie vor dem Aufdrüseln bewahrt.

Im Laufe der Zeit haben die Seeleute eine Vielzahl von Knoten entwickelt. Die Auswahl auf diesen Seiten zeigt die hauptsächlich gebrauchten. Einige sind universell zu verwenden, andere mehr für spezielle Zwecke. Wie beispielsweise der Stopperstek, der nur in einer Zugrichtung funktioniert. Seemännische Knoten müssen unbedingt halten, sich zugleich aber leicht wieder lösen lassen. Auch in nassem Tauwerk.

Teile des Knotens

Wenn man sich mit seemännischen Knoten befaßt, muß man die entsprechenden Fachausdrücke kennen. Ein Ende in Haarnadelform heißt Bucht. Der Teil, über dem die Bucht geformt wird, heißt feste Part, und das Ende der Leine wird Tampen genannt.

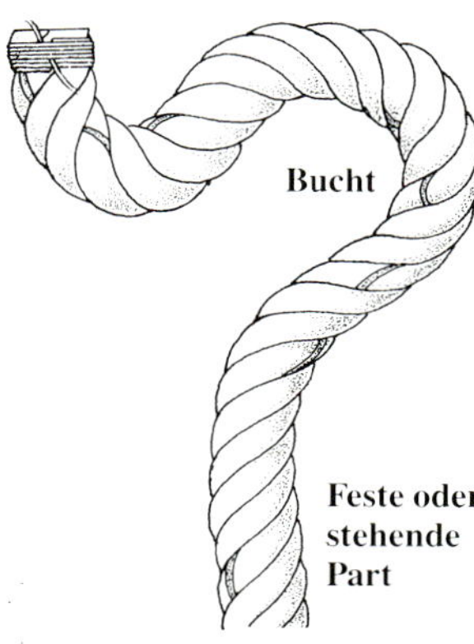

Achtknoten

Der Achtknoten ist schnell und leicht herzustellen. Er wird in den Tampen eines Endes gemacht, um unbeabsichtigtes Ausrauschen zu verhindern. Mit ihm werden Schoten gesichert.

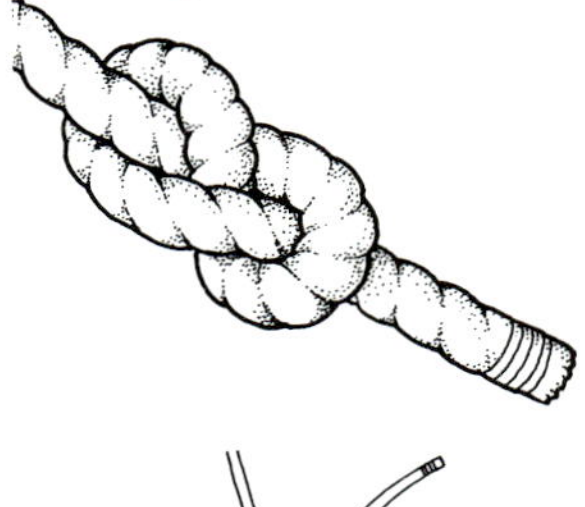

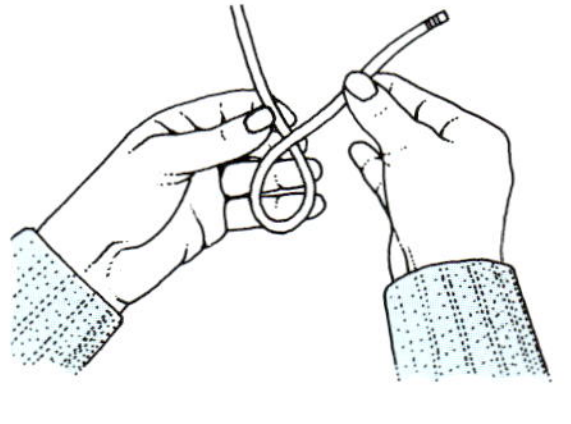

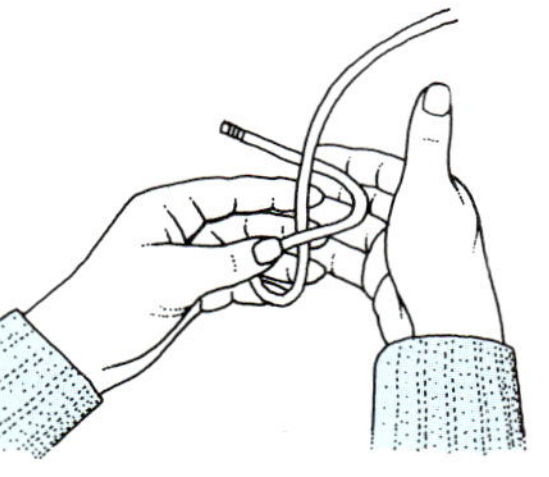

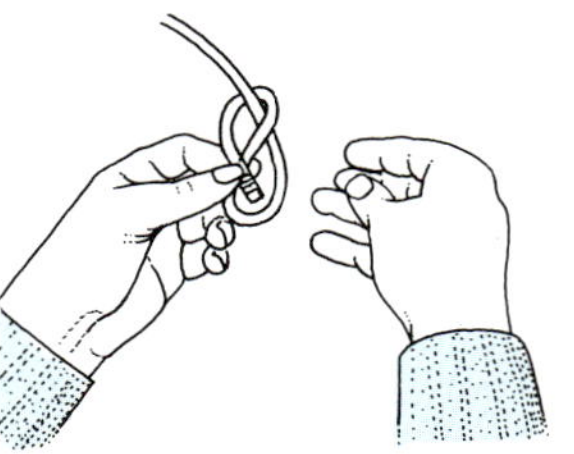

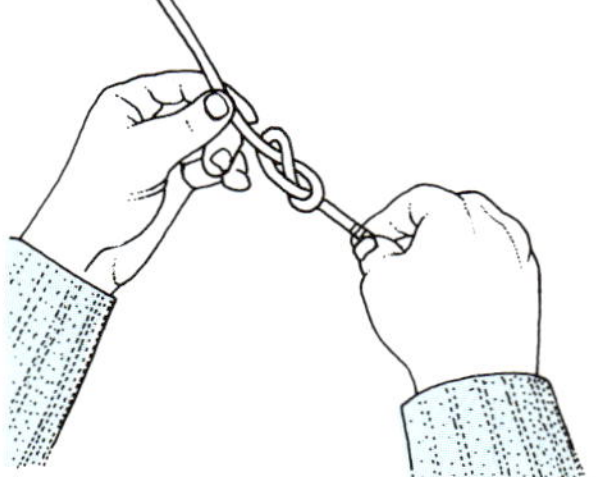

Tauwerksarten

Früher wurde Tauwerk ausschließlich aus Naturfasern hergestellt. Heute wird praktisch nur noch synthetisches Tauwerk verwendet. Es ist weitaus strapazierfähiger, doch lösen sich herkömmliche Knoten auch leichter, weil die Kunstfasern eine glatte Oberfläche haben. Das einzelne Tau besteht aus Kardeelen. Die Kardeele werden zu Enden geschlagen – das heißt verdrillt – oder geflochten. Für Festmacheleinen und Fallen wird meist dreikardeeliges geschlagenes Tauwerk genommen, für Schoten geflochtenes. Es ist lehniger und griffiger, hat aber auch mehr Reck als geschlagenes Tauwerk. Material und Stärke hängen vom Verwendungszweck an Bord und von der Bootsgröße ab.

Polypropylen 3-kardeelig

Nylon 8-geflochten

Nylon doppel-4-geflochten

Polyester 3-kardeelig

Nylon Mantelgeflecht

Kreuzknoten

Dieser Knoten besteht aus zwei Überhandknoten, die so gegeneinanderlaufen, daß die Parten jedes Tampens nebeneinander und auf derselben Seite aus der Bucht des anderen Tampens kommen. Verlaufen die beiden Überhandknoten in derselben Richtung, entsteht ein sogenannter Altweiberknoten, der nicht hält.

Lösen eines Kreuzknotens
Der Kreuzknoten wird auf folgende Weise schnell und leicht gelöst: Fassen Sie einen Tampen des Knotens mit einer Hand und die feste Part mit der anderen Hand und ziehen Sie den Knoten auseinander. Schieben Sie nun den Knoten von der festen Part her über den Tampen.

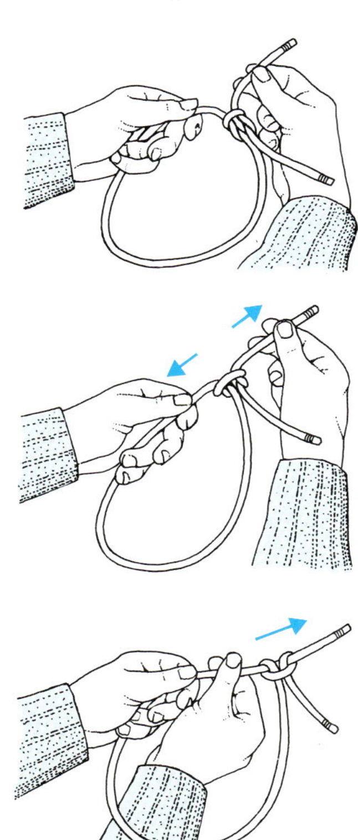

Einfacher Schotstek

Den Schotstek verwendet man in der Regel zum Zusammenstecken zweier ungleich starker Enden (hält nicht in glattem Kunstfaser-Tauwerk). Zum Lösen wird der Knoten umgebogen und die Bucht auseinandergezogen.

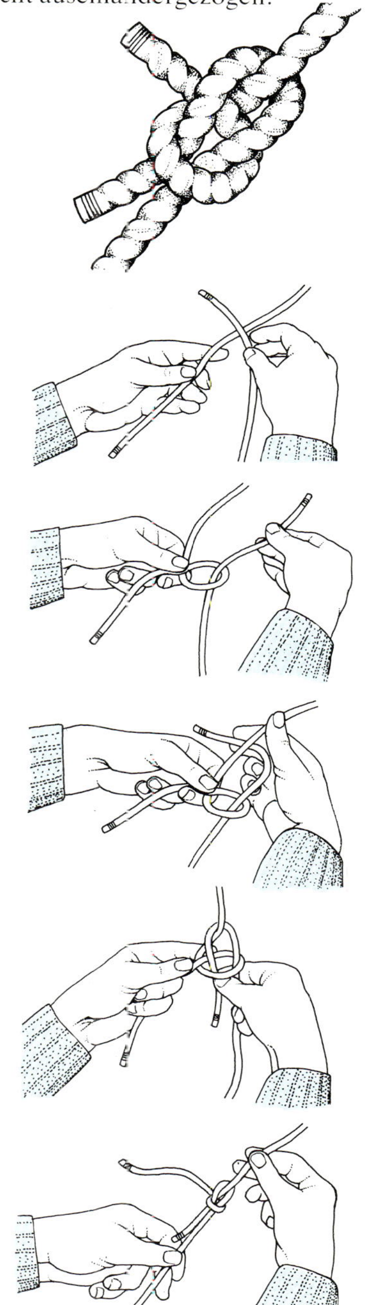

Eineinhalb Rundtörn und zwei halbe Schläge

Dies ist der gebräuchlichste Knoten, um ein Ende, auf dem nicht viel Kraft steht, an Spieren, Handläufen und Wanten festzumachen. Der Knoten ist schnell und leicht angefertigt und läßt sich genauso schnell wieder lösen.

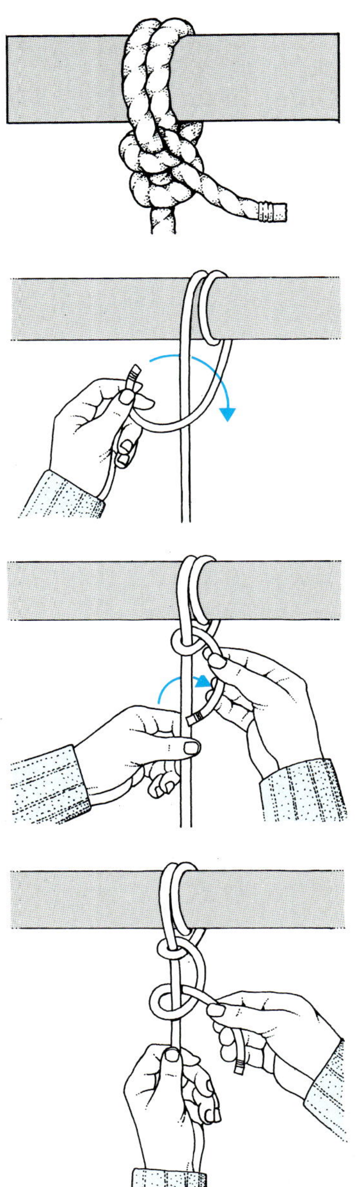

Webeleinstek

Der Webeleinstek dient zum vorübergehenden Belegen an einem Rundholz. Er läßt sich schnell und leicht anfertigen, hält jedoch nur dann dauerhaft, wenn der Zug im rechten Winkel erfolgt.

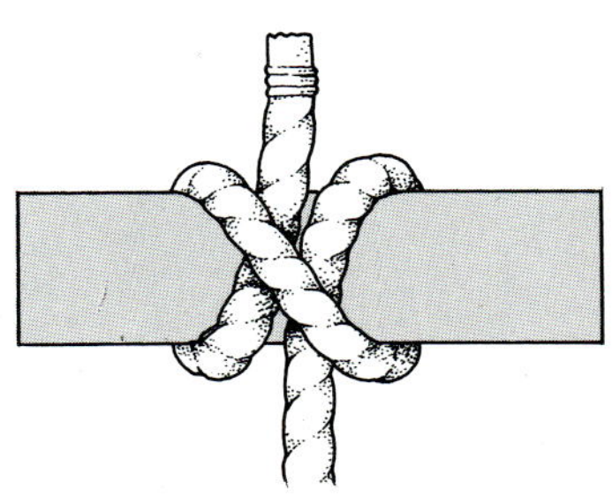

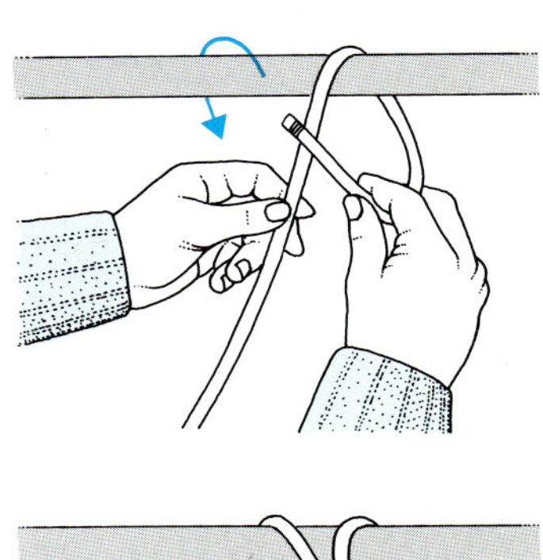

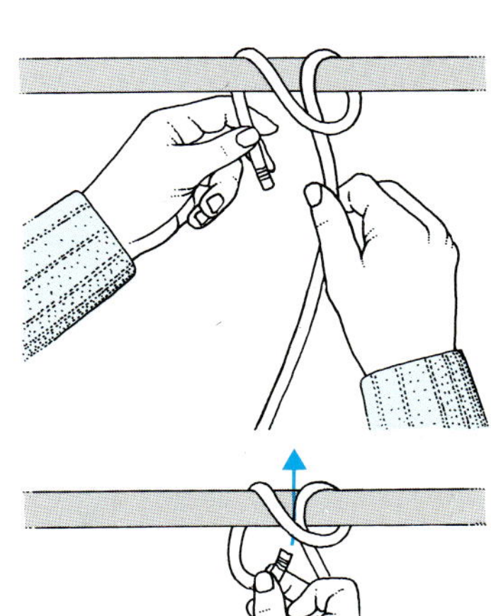

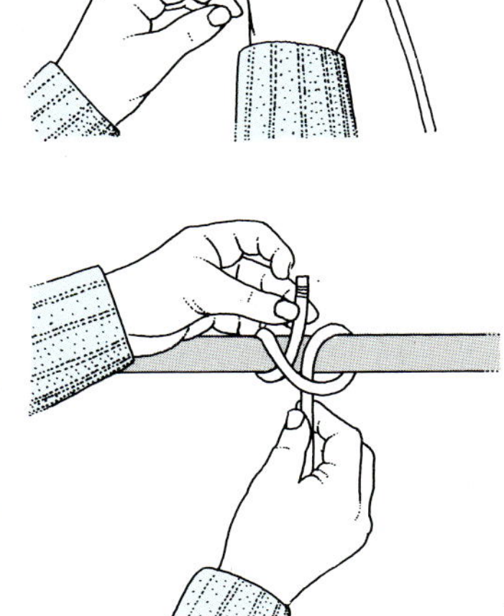

Webeleinstek um einen Poller
Auf die folgende Weise kann mit dem Webeleinstek schnell an einem Poller festgemacht werden. Das Ende wird wie hier gezeigt in zwei Buchten gelegt und dann über den Poller geworfen. Zusätzlich unbedingt durch zwei halbe Schläge sichern.

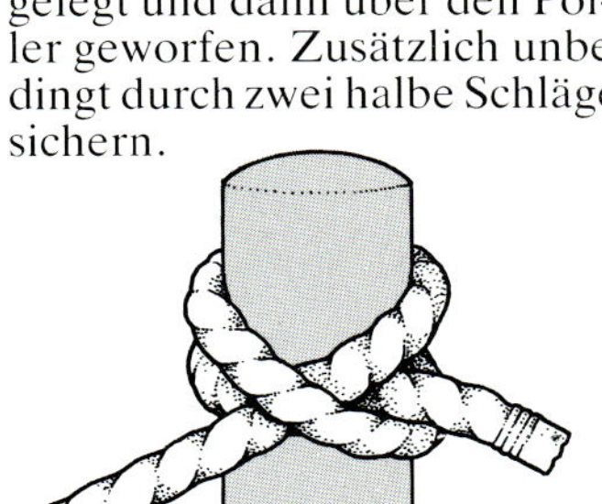

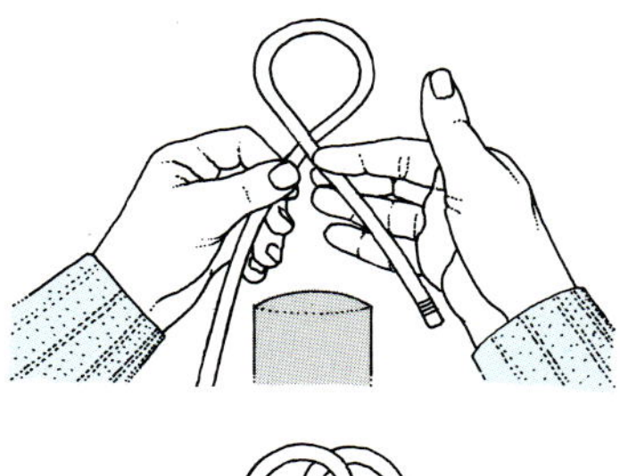

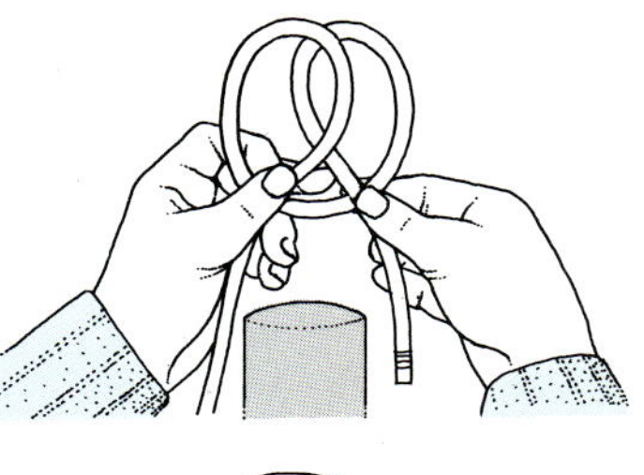

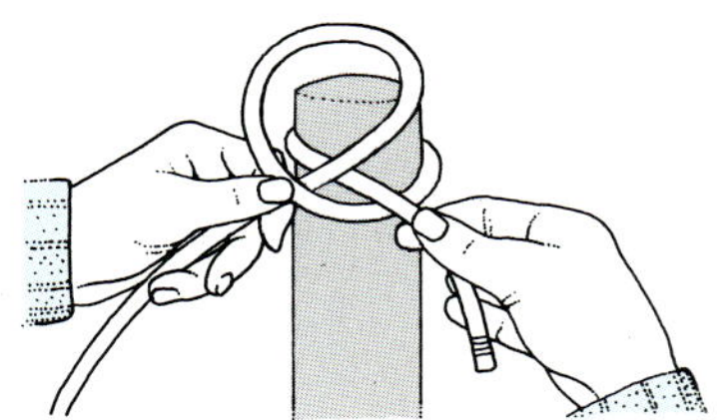

Einfacher Palstek

Man erhält ein Auge im Tampen, das sich nicht zusammenzieht. Hat man durch Drehen der rechten Hand in der festen Part ein Auge gebildet, sind die folgenden Vorgänge einfach zu bewerkstelligen. (Bei uns wird er anders herumgemacht, den Tampen außerhalb des Auges.)

Stopperstek

Der Stopperstek dient zum Anstecken eines Tampens an einer vertikalen Spiere, wie z. B. dem Mast, da der Knoten nicht nach unten rutscht, solange Kraft auf der holenden Part steht.

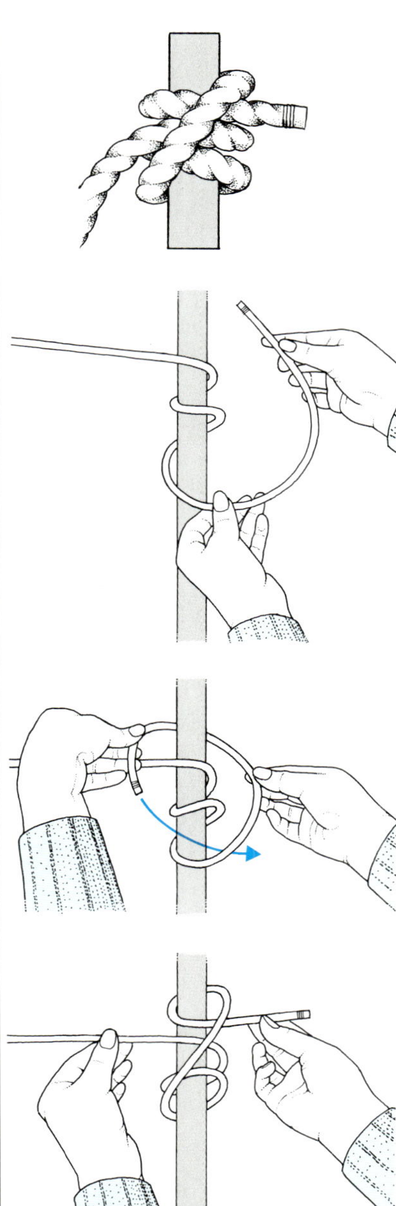

Doppelter Schotstek über festem Auge

Er dient zum Festmachen eines Endes an einem festen Auge oder einem Haken. Bis Phase drei gilt er als einfacher Schotstek, der aber nicht sicher hält.

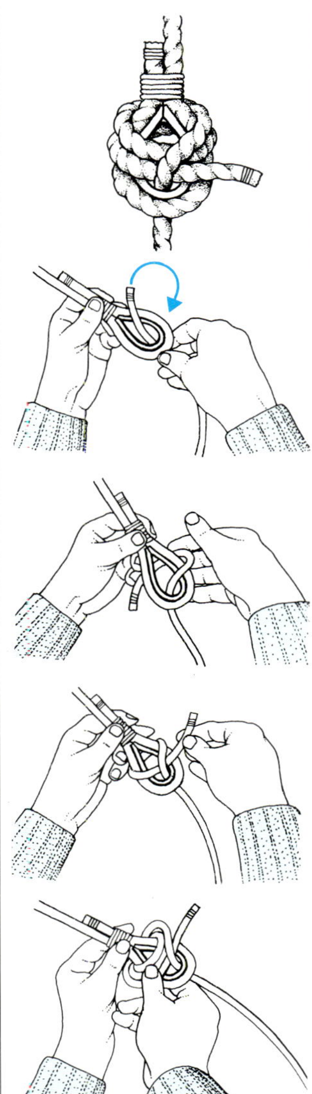

Eineinhalb Rundtörn mit Slipstek

Es gibt verschiedene Knoten, die sich so bekneifen, daß sie durch einfachen Zug schnell gelöst werden können. Meist wird eine durchgesteckte Bucht der laufenden Part bekniffen. So auch bei diesem Knoten. Zur größeren Sicherheit kann man mit der Bucht noch einen halben Schlag draufsetzen. Er löst sich dann aber nicht mehr auf Zug.

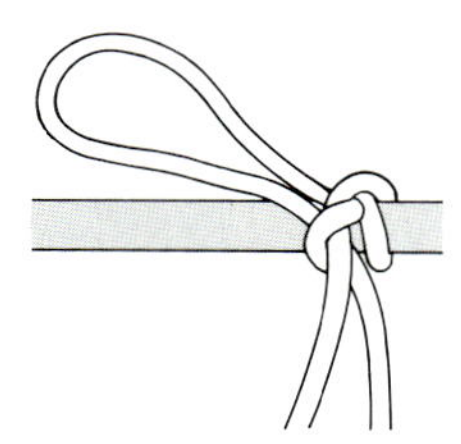

1 *Man macht eineinhalb Rundtörn,*

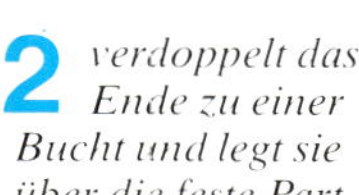

2 *verdoppelt das Ende zu einer Bucht und legt sie über die feste Part,*

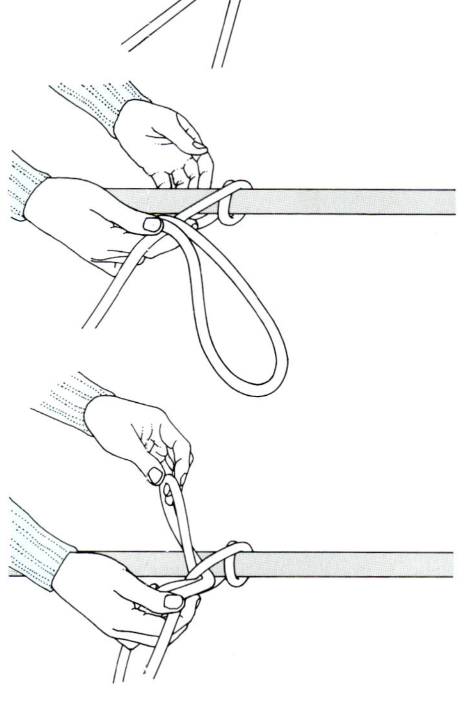

3 *macht dann einen halben Schlag mit der Bucht um die feste Part und zieht ihn zusammen.*

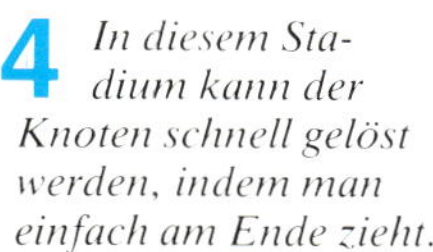

4 *In diesem Stadium kann der Knoten schnell gelöst werden, indem man einfach am Ende zieht.*

Zur größeren Sicherheit kann noch einmal ein halber Schlag draufgesetzt werden. Der Knoten läßt sich dann aber nicht mehr auf Zug lösen.

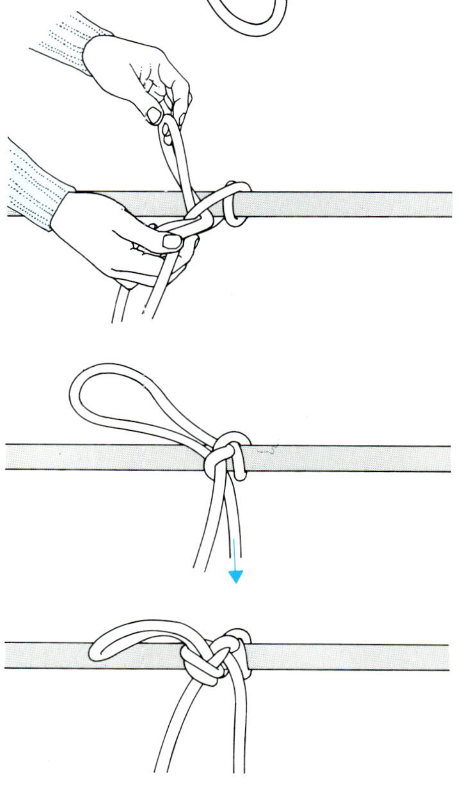

Roringstek mit halbem Schlag

Er dient zum Festmachen einer Leine an einem Ring oder einer Stange.

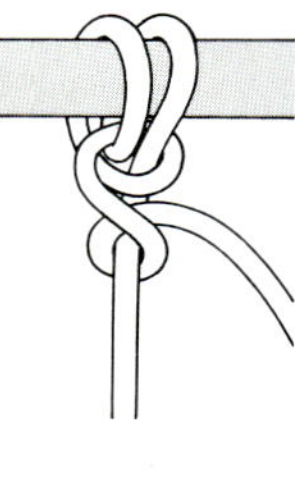

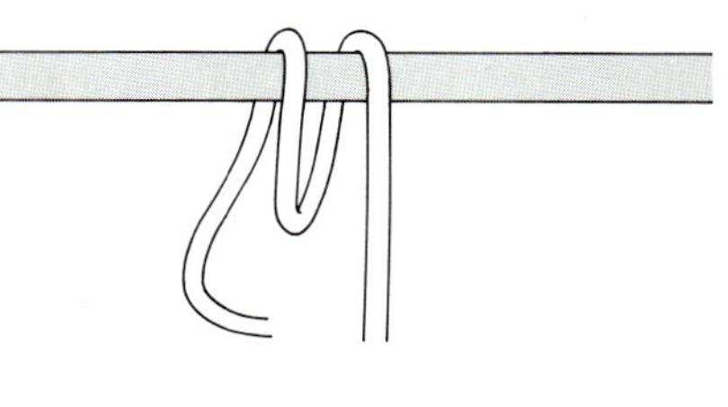

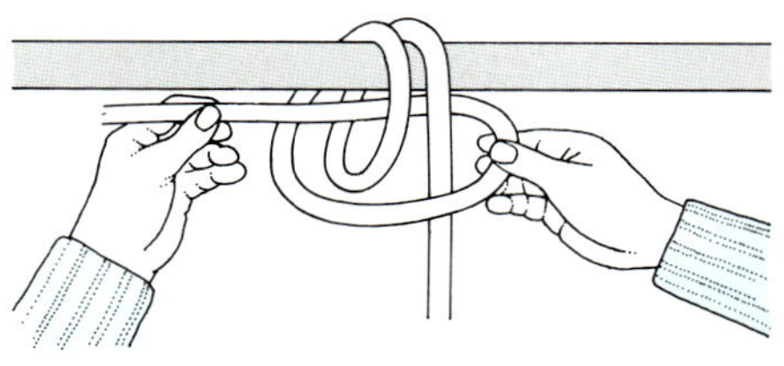

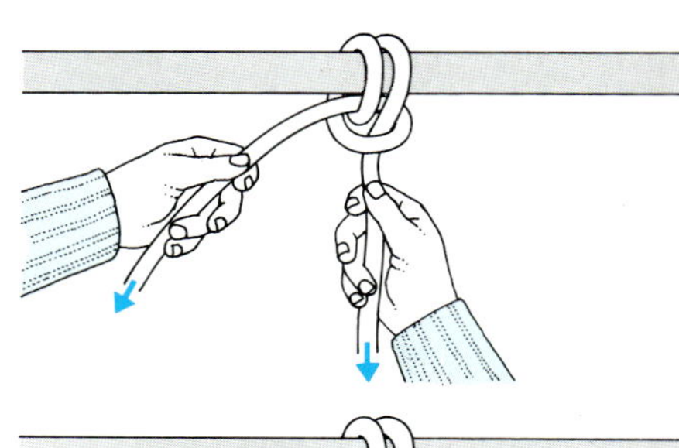

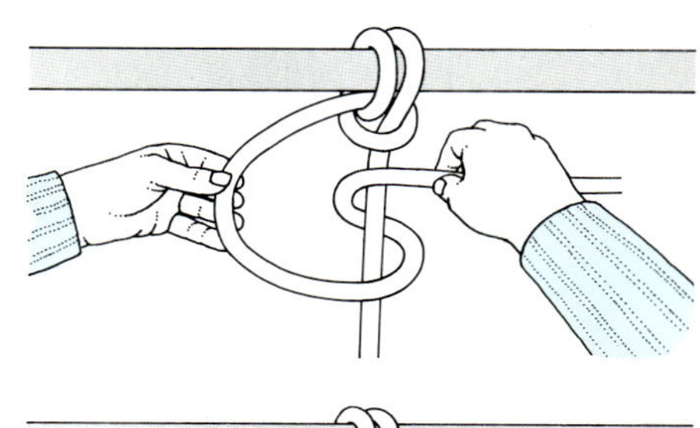

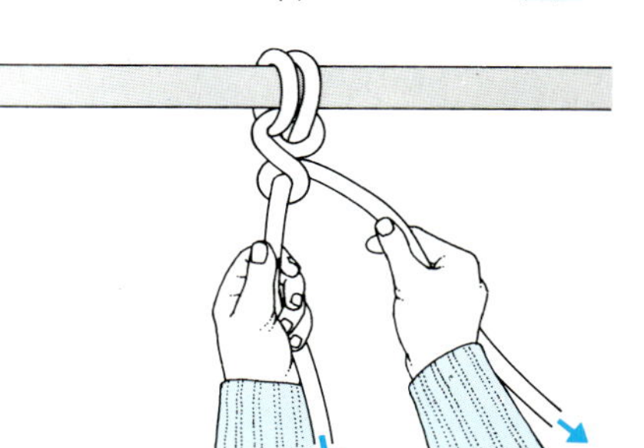

Der Takling

Um Tampen vor dem Aufdrüseln zu sichern, muß mit Takelgarn ein Takling, entgegen der Drehrichtung des Tauwerks, aufgesetzt werden. Hier der Behelfstakling.

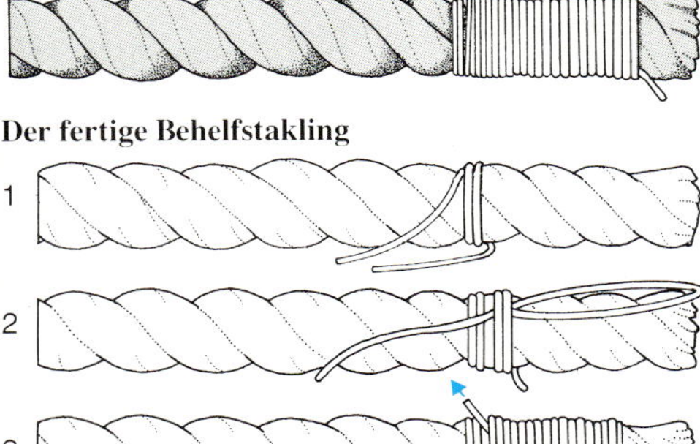

Der fertige Behelfstakling

Spleißen

Als Spleißen bezeichnet man das Verflechten zweier Enden. Man braucht dazu einen Marlspieker, um die Kardeele auszudrehen. Erlernen läßt sich Spleißen nur in der praktischen Anschauung.

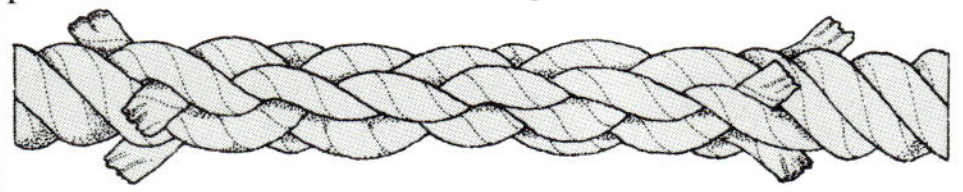

Der fertige Kurzspleiß

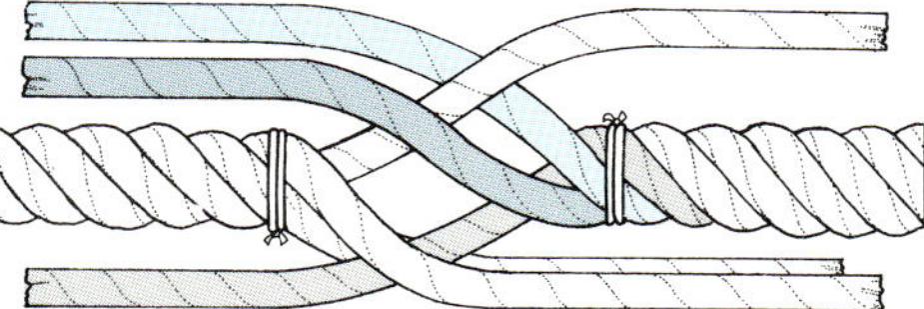

1 Beide Tampen werden etwa 6 Törns aufgedreht. Um ein weiteres Aufdrüseln zu verhindern, kommt ein Bändsel rum.

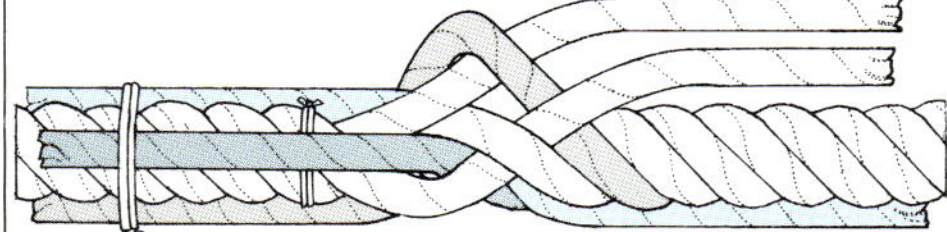

2 Nun eins der Kardeele des linken Tampens nach rechts spleißen – über und unter ein Kardeel – gegen den Schlag, in dem die Kardeele zusammengedreht sind. Dann die beiden übrigen Kardeele auf die gleiche Weise nach rechts einspleißen. So werden mit allen Kardeelen jeder Seite 6 Runden gespleißt. Die herausragenden Kardeelspitzen sauber abschneiden.

Augspleiß

Da ein Spleiß besser hält als jeder Knoten, sollten die Festmacher an einem Ende einen Augspleiß erhalten. Dazu müssen die Kardeele lang genug aufgedreht werden, um jedes fünfmal durchstecken zu können. Der Spleißanfang wird durch einen Takling gesichert, damit die Leine nicht weiter aufdreht.

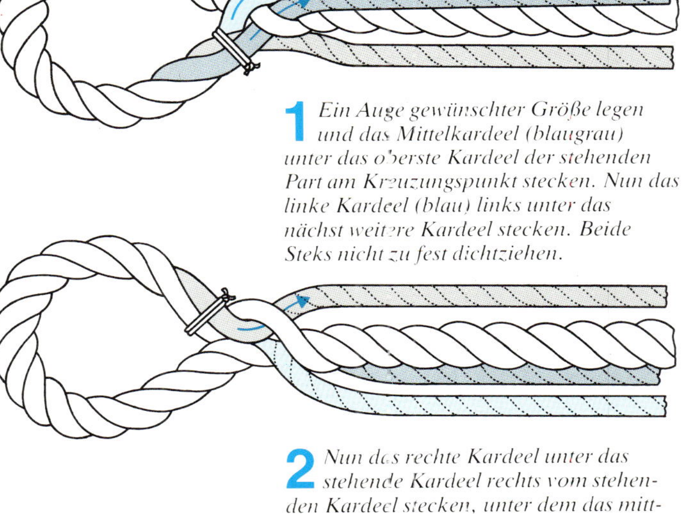

1 Ein Auge gewünschter Größe legen und das Mittelkardeel (blaugrau) unter das oberste Kardeel der stehenden Part am Kreuzungspunkt stecken. Nun das linke Kardeel (blau) links unter das nächst weitere Kardeel stecken. Beide Steks nicht zu fest dichtziehen.

2 Nun das rechte Kardeel unter das stehende Kardeel rechts vom stehenden Kardeel stecken, unter dem das mittlere Augkardeel steckt.

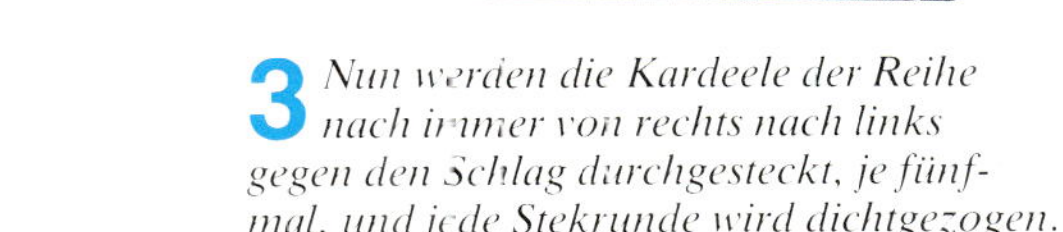

3 Nun werden die Kardeele der Reihe nach immer von rechts nach links gegen den Schlag durchgesteckt, je fünfmal, und jede Stekrunde wird dichtgezogen.

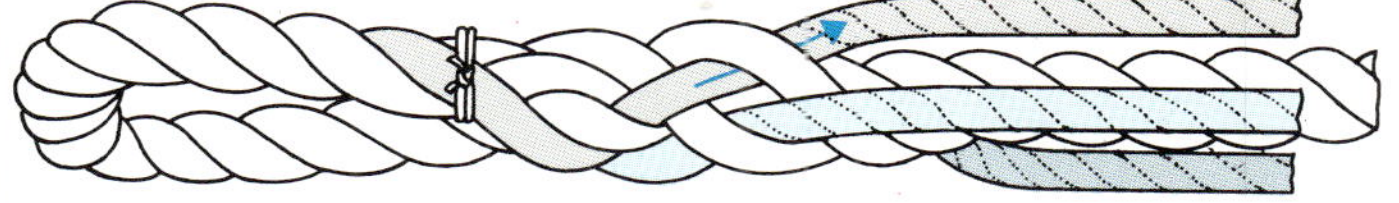

4 Der Anfängerfehler wird immer beim ersten Stecken des rechten Kardeels gemacht. Merke: Rechts und rückwärts vom ersten Stek. Zum fünften Stek kann man die Kardeele etwas verjüngen. Überstehendes wird abgeschnitten.

Der Umgang mit Tauwerk

Damit das Tauwerk keine Kinken wirft und klar läuft, muß man wissen, wie es richtig aufgeschossen wird. Nicht gebrauchtes Tauwerk wird sofort aufgeschossen. Nicht lose als Knäuel irgendwo herumliegen lassen. Leicht kann jemand darauf ausrutschen, und außerdem vertörnt es sehr schnell und unentwirrbar. Kunstfasertauwerk ist zudem empfindlich gegen UV-Strahlung. Ist es mit Chemikalien – Lösungsmittel, stark verschmutzte Binnengewässer – in Berührung gekommen, sollte es so bald wie möglich mit Süßwasser abgespült werden. Gelegentlich wird man eine Leine an Land oder zu einem anderen Boot hinüber werfen müssen. Das klappt niemals, wenn sie nicht vorher richtig zum Werfen aufgeschossen worden ist.

Eine bunte Auswahl der verschiedensten Tauwerksarten aus Kunstfasern.

Belegen auf einer Klampe

Auf einer Klampe muß so belegt werden, daß sich das Tauwerk unter Zug nicht bekneift. Zunächst legt man einen vollen Rundtörn um den Steg der Klampe, dann zwei weitere Törns in Achtform um die Klampe. Zuletzt sichert man den Tampen von Festmachern mit einem Kopfschlag, nicht jedoch die Tampen von Fallen und Schoten.

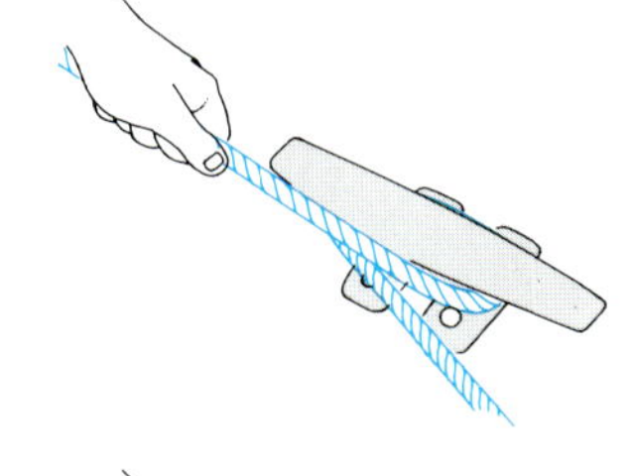

1 *Zuerst wird ein Rundtörn um den Klampensteg genommen.*

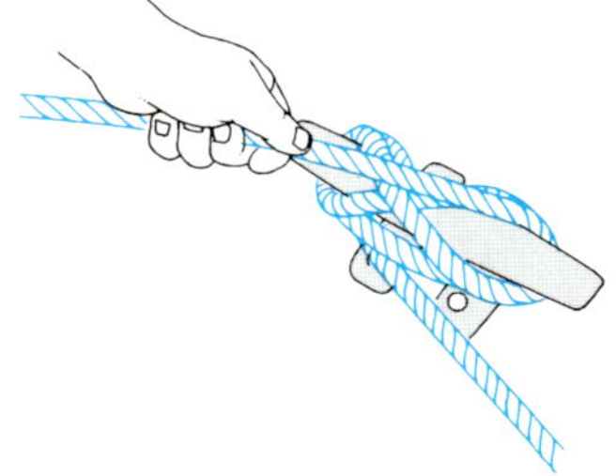

2 *Dann werden zwei Achttörns um die Klampe gelegt.*

Beim Belegen auf einer Festmacheklampe ist es notwendig, den Tampen mit einem Kopfschlag zu sichern. Anstelle des Kopfschlages kann man auch einen Slipstek setzen, der sich durch Reißen am Ende blitzschnell lösen läßt.

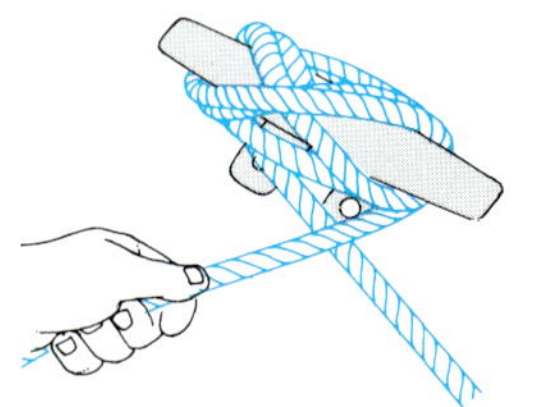

3 *Zuletzt wird mit einem Kopfschlag (bei Festmacheleinen und mit einem Rundtörn bei Fallen) belegt.*

Aufschießen einer Leine

Aufgeschossen wird eine Leine in ungefähr armlangen Buchten und in Laufrichtung der Kardeele. Schießt man entgegengesetzt auf, gibt es ärgerliche Kinken – die Leine verwindet sich in sich. Eine stehende Leine wird stets in Richtung zum losen Ende aufgeschossen. Die Bildfolge zeigt, wie man ein Fall am Mast aufschießt.

1 *Die feste Part, dicht hinter der Klampe, über die Handfläche legen und die Leine in Buchten in der Handfläche im Uhrzeigersinn (bei rechtsgeschlagenem Tauwerk) aufschießen . . .*

2 *. . . bis die Leine zu Ende ist.*

3 *Mit der anderen Hand durch die Buchten hindurchfassen und den Anfang des Bunsches nach vorne holen,*

4 *über Kreuz „verdrillen" . . .*

5 *. . . und das so gewonnene Auge über das obere Horn der Klampe hängen.*

Werfen einer Leine

Gelegentlich ist es notwendig, eine Leine an Land oder an ein anderes Boot zu übergeben. Dabei läßt sich nicht vermeiden, daß man sie werfen muß. Am besten ist es, die Leine für den Wurf neu aufzuschießen, damit man sicher ist, daß sie klar ausläuft. Wie die Abbildung zeigt, nimmt man in jede Hand ungefähr die Hälfte der Buchten und wirft nur einen Teil mit der Wurfhand hinüber. Den anderen Teil gibt die zweite Hand im Flug hinterher.

1 *Die aufgeschossene Leine wird geteilt, bei längeren Leinen der kleinere Teil in die Wurfhand genommen.*

2 *Geworfen wird mit weitausholendem Arm über das Ziel hinweg.*

3 *Dabei müssen die Buchten aus der anderen Hand glatt und ungehindert auslaufen.*

MARESCA

KREUZER SEGELN

Vorm Start zur großen Fahrt

Das Fahrtensegeln zieht viele Menschen aller Altersgruppen in seinen Bann, Menschen mit sehr unterschiedlicher seglerischer Erfahrung. Manche beginnen mit dem Segeln gleich auf einem Kielboot. Andere wiederum haben bereits beträchtliche Kenntnisse als Jollensegler erworben. In heutiger Zeit, in der es hochentwickelte elektronische Navigationshilfen gibt und zahlreiche mechanische Arbeitserleichterungen zur Handhabung des Bootes, mag vielleicht jemand auf den Gedanken kommen, daß es gar nicht mehr notwendig sei, sich besondere Basiskenntnisse des Kielbootsegelns anzueignen. Aber die sind absolut lebensnotwendig für jeden, der in einiger Entfernung von der Küste segelt. Er muß sein Boot genau kennen und auch mit einer plötzlich auftretenden Notlage fertig werden können. Immerhin wird der Kielbootsegler vielbefahrene Schiffahrtsrouten kreuzen, er kann mit einem unvorhergesehenen Wetterumschwung konfrontiert werden und muß – in zunehmendem Maße – mit seinem Boot in überfüllten und engen Häfen manövrieren.

Das Fahrtensegeln spricht besonders auch Familien an. Man unternimmt gemeinsam etwas, wobei jeder seine ihm zugeteilte Aufgabe an Bord hat. Viel des Spaßes an der Fahrtensegelei hängt davon ab, das richtige Boot zu wählen. Deshalb hole man sich allen nur möglichen fachlichen Rat, ehe man sich und sein Geld an ein bestimmtes Boot bindet. So mancher entschließt sich zu einem Kielboot, wenn ihm das Segeln einer Jolle zu mühsam wird. Er wird dann bald merken, daß noch allerlei für die Handhabung eines großen Bootes dazuzulernen ist. Fast überall werden amtliche oder freiwillige Befähigungsnachweise verlangt. Aber wichtiger als das Papier ist die notwendige Kenntnis der Gesetze und Vorschriften, die sichere Handhabung eines Bootes, auch bei schlechtem Wetter und in Notfällen, und die vollkommene Beherrschung der Navigation.

Es kann nicht der Zweck dieses Buches sein, Navigationsunterricht zu geben. Der Skipper sollte aber einen Navigationskurs absolviert haben. Besser noch als Mitsegler bei einem erfahrenen Navigator in der Praxis gelernt haben, um Reiseplanung, Reisedurchführung, Positionsbestimmung, Karten- und Handbüchergebrauch zu beherrschen. Es gibt eine Anzahl guter Lehrbücher über Navigation, auch Abendkurse in Clubs, Schulen und einigen Volkshochschulen. Jeder sei sich darüber klar, daß mangelnde Kenntnisse in diesem Fach in Schwierigkeiten führen – gerade in Küstennähe! Für Jollensegler bestehen eigentlich keine Schwierigkeiten, sich auf Dickschiffen einzugewöhnen, denn deren Skipper suchen oft eine Crew für einen Törn übers Wochenende oder eine größere Reise. Solche Angebote findet man in Clubs am Schwarzen Brett, in den Anzeigen der Yachtzeitschriften und in den Nachrichten der Kreuzer-Abteilung. Aber geben Sie nie vor, mehr zu können, als Sie können! Auch gibt es zahlreiche Schulyachten, auf denen man ein paar hundert Seemeilen mehr Erfahrung sammeln kann.

Dieses Buch wendet sich an den noch unbefahrenen Segler, der erfahren will, was zum Fahrtensegeln alles so gehört – zuerst mal zu sanften Küstentörns, die sich, Seetüchtigkeit des Bootes vorausgesetzt, zu weiter reichenden Unternehmungen mit wachsender Erfahrung entwickeln mögen.

Bevor es hinausgeht auf die See, muß der Skipper versiert in praktischem Können und navigatorischem Wissen sein.

Törnplanung

Das Vergnügen beim Segeln hat direkt etwas mit Ihrer Fähigkeit zu tun, eine Ausreise sorgfältig und mit Voraussicht zu planen. In Ihrer ersten Segelsaison als Neuskipper werden Sie vermutlich mit Tagesausfahrten beginnen und sich mit wachsendem Können und Selbstvertrauen allmählich weiter vom Heimathafen entfernen.
Eine Ihrer ersten Überlegungen wird sein, wie viele mitsegeln und was sie können sollten. Einige von denen sollten etwas vom Segeln verstehen: einer genug, um für Sie notfalls als „Skip" einspringen zu können.
Eine mit Boot und Aufgaben noch nicht vertraute Crew muß vorher genau eingewiesen werden, damit sie mit vernünftiger Kleidung und ohne Koffer an Bord erscheint. Sie muß erfahren, welche Sicherheitsausrüstung an Bord ist, wo sie ist und wohin die Reise geht. Den Neulingen muß erklärt werden, was wie funktioniert und bedient wird, was typische Anfängerfehler sind – in einer Leinenbucht stehen, Finger mit der Schot auf die Spilltrommel wickeln, Spillkurbeln lose herumfliegen oder über Bord fallen lassen. Beim Segeln ausführlich und erst mal in Landsprache erklären, was die Neulinge tun sollen, sie aber nicht wie Idioten behandeln. Seien Sie erst mal nachsichtig bei Fehlern, die sie machen. Sollte Ihnen mal der Geduldsfaden reißen, entschuldigen Sie sich nachher mit einer Erklärung, warum vieles an Bord eben immer dringlich klappen muß.
Sind Sie aber in der Rolle einer noch grünen Hand an Bord unter alten Teerjacken, nehmen Sie den rauhen Ton nicht übel und den süffisant gepflegt ironischen an Bord mancher Yachten auch nicht.
Als befahrene Hand sollten Sie wissen, daß nur einer an Deck das Sagen haben kann. Sollten Sie aber Grund haben zu glauben, daß der Skipper Ihr Leben gefährdet, sagen Sie es ihm ruhig, aber bestimmt und bitten Sie ihn, Sie bei nächster Möglichkeit an Land abzusetzen.
Was das Boot betrifft, so muß es seetüchtig, sauber und in jeder Beziehung segelklar sein. Alle Ausrüstung muß vor dem Auslaufen überprüft werden. Motor- und Kocherbrennstoff, Trinkwasser und Proviant müssen in ausreichender Menge für die Reise bis zum nächsten Ausrüstungshafen vorhanden sein. Ersatzteile und alle nötigen Navigationshilfen sind auf Vollständigkeit zu prüfen. Nichts bleibe dem Zufall überlassen!
Wenn Sie diesem Rat folgen, werden Sie sehr wahrscheinlich die häufigsten Ursachen für Streit und eine unerfreuliche Reise vermeiden – und wahrscheinlich eine Einmaligkeit von Skipper sein.

Suchdienste

Die Such- und Rettungsdienste (SAR) werden in den bundesdeutschen Seeräumen von der Deutschen Gesellschaft zur Rettung Schiffbrüchiger wahrgenommen. In anderen Ländern werden solche Aktionen von den Küstenwachen koordiniert. Die Dienste arbeiten international zusammen, können einem aber nur helfen, wenn sie wissen, wo sie suchen müssen, wenn man überfällig ist. Und sie suchen nur, wenn man als überfällig gemeldet ist. Deshalb ist es gut, seine Familie oder einen Freund über seine Reiseroute und die erwarteten Ankunftszeiten (ETA) in den Häfen zu informieren. Im Hafen angekommen, meldet man sich dann telefonisch oder per Telegramm, gibt Tag und Zeit der Weiterfahrt, nächsten Hafen mit ETA, eventuelle Änderung der Reise usw. an. Wird man in einen anderen Hafen eingeweht, ist die Meldung besonders wichtig, damit von daheim keine unnötige Suche eingeleitet wird. Nach dieser Methode kann man sicher sein, nach einer Toleranzzeit von zwei oder drei Tagen gesucht zu werden, wenn man havariert, ohne Sicht- und Funkkontakt, mitten auf dem Meer treibt.

Proviantieren

Dazu gehört ein ordnender Geist, und eine Person muß mit dem Einkauf und Verstauen beauftragt werden, wenn's der Skipper nicht selber übernimmt. Man muß sich darum kümmern, daß von der Verpflegung bis zur Bordapotheke für den Törn alles an Bord ist; ein verantwortungsvoller Job. Für mehrtägige Törns muß der Speisenplan schon an Land ausgearbeitet werden, damit Frischproviant nicht verdirbt; er gehört in die kühlsten Staukästen. Wenn möglich, ein paar Mahlzeiten daheim zum Wiederaufwärmen vorkochen, um am ersten und zweiten Tag nicht soviel tun zu müssen. Die Mahlzeiten müssen nahrhaft sein, und für Schlechtwetter, wenn Kochen unmöglich ist, braucht man energiereiches Trockenfutter: Kekse, Schokolade, Nüsse, Rosinen. Kaufe immer mehr als geplant. Beginne jeden Tag mit einem deftigen Frühstück. Fertiggerichte aus dem Supermarkt sollte man an Land probieren, ehe man das Schiff damit vollpackt, denn cuisine française ist das alles nicht.

Die Crew dieses Bootes wird so schnell nicht verhungern, aber die Flaschen sollten gut verpackt oder gehaltert in einem eigenen Abteil gestaut werden.

Wache gehen

Seetage sind körperlich und geistig ermüdend, besonders bei schlechtem Wetter. Damit jeder, einschließlich Skipper, auf der Höhe bleibt, muß jeder ausreichend Zeit für Ruhe und Entspannung bekommen. Zu Nacht- und Sturmfahrten muß die Mannschaft in zwei Gruppen, Wachen genannt, geteilt werden, die sich gegenseitig nach einem Wachplan in der Führung des Schiffes ablösen. Die Freiwache ruht und sammelt neue Kräfte. Freiwächter, die wegen zuviel Diensteifers nicht ausgeruht auf Wache ziehen, sind ein Sicherheitsrisiko. Unter Deck muß eine ruhige, entspannte Atmosphäre herrschen, gedämpftes Licht und wenig Geräusche. Die traditionelle 24-Stunden-Wacheinteilung sieht vier Stunden Dienst und vier Stunden Ruhe vor, mit zwei Kurzwachen von zwei Stunden („erster und zweiter Plattfuß"), die Wechselwachen (engl. „dog watches"), damit die Wachen nicht immer um dieselbe Tageszeit an Deck müssen. Beim schwedischen System (ganz rechts) werden tags längere Wachen als nachts gefahren, aber für manchen sind die Tagwachen zu lang, wenn er allein am Ruder sitzt. Große Crews teilen sich oft auch in drei Wachen. Die Mahlzeiten müssen sinnvoll in die Wachwechsel eingeplant werden. Bei großen Crews bleiben Koch und Navigator wachfrei. Zum Segelwechsel muß auch die Freiwache an Deck – „Alle Mann!"

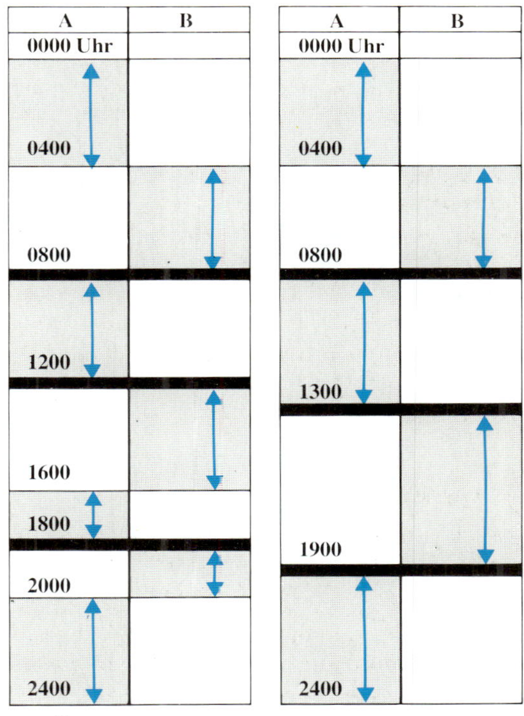

Üblicher Plan Schwedischer Plan

 Dienst Ruhe Mahlzeiten

Wetter

Etwas Kenntnis über Anzeichen der Wetterentwicklung ist beim Segeln auf See immens wichtig, um nicht draußen von einem Wettersturz überrascht zu werden und in eine schwierige, ja lebensbedrohliche Lage zu kommen. Bei einer Regatta auf See ist es auch ganz nützlich, vorher zu wissen, wie der Wind drehen und seine Stärke eventuell ändern wird; mit Wetterkenntnis kann man gewinnen. Man braucht nicht zu wissen, warum Wetter sich ändert oder nicht, es genügt zu wissen, nach welchen Regeln das abläuft. Die meisten Regattabahnen liegen in Zonen, die von einer Folge von Tiefdruckgebieten und Zwischenhochs durchwandert werden. Erstere bringen starken, auf der Nordhälfte der Erde allmählich rechts drehenden Wind, wogegen Hochs gleichmäßiges Wetter mit meist stetigen, leichten Winden bringen. Tiefs können schon mal festliegen, meist aber wandern sie relativ schnell in östlicher Richtung. Sie kündigen sich durch anfangs hohe Schleierwolken an, denen dichtere und allmählich niedrigere Bewölkung folgt. In solchem Falle ist es ratsam, sich beim örtlichen Wetterdienst (Telefonansage) über die Stärke des heranziehenden Tiefs zu erkundigen. Die allgemeine Windvorhersage des Rundfunks für Nord- und Ostsee kann durch augenblickliche Entwicklungen überholt sein. Mit einem Tief kommt gewöhnlich Regen, der manchen vom Segeln abhält, aber im tropischen bis gemäßigten Klima seglerisch problemlos ist. An einer offenen Küste und auch an den Ufern großer Seen entsteht an sonnigen Tagen, etwa zwei Stunden vor Sonnenmittag, die Seebrise, ein auflandiger Wind, der beträchtliche Stärke erreichen kann. Er entsteht durch schnellere Erwärmung des Landes unter der Sonne, was die Luft überm Land schneller erwärmt und aufsteigen läßt. In den dadurch entstandenen Unterdruck über Land strömt kühlere Luft vom Meer ein. Die Seebrise weht senkrecht zur Küstenlinie, wenn ihr nicht ein anderes Windsystem mit einer schrägeren Anströmung überlagert ist. Auf großen Seen, wie dem Bodensee, kann es bei Badewetter sein, daß rings um die Ufer der Wind auf Land weht und in der Seemitte totale Flaute herrscht. Nachts ist es dann umgekehrt, weil Land schneller abkühlt als Wasser, und Luft erwärmt sich praktisch nur an Oberflächen, nicht an Sonnen- und anderen Wärmestrahlen.
Beim Segeln in Küsten- oder Ufernähe muß man daran denken, daß jedes hohe Objekt, Felswand oder Hochhaus, bei ablandigem Wind einen Windschatten über das küstennahe Wasser legt. Das kann bei leichtem Wind eine Flautenzone sein, bei starkem Wind aber ist es immer ein turbulentes Gebiet mit bockigen Böen aus schnell wechselnden Richtungen, die oft auch die erfahrensten Jollenchampions reihenweise umschmeißen. Ähnlich muß man sich vor Landengen und Tälern in hohen Küsten hüten, denn aus denen pfeift ein Wind wie aus einem Jet.
Wenn Hochdruck das Wetter beherrscht, kommen rasche Drehungen des Windes und Änderungen seiner Stärke nicht vor, dafür aber kann es recht beständig einige Tage lang hart aus Nordost über Ost-, Nordsee und Ärmelkanal und die küstennahen Binnenmeere wehen. Am frühen Vormittag ist es entweder wolkenlos, oder Hochnebel läßt die Sonne nur milchig durchscheinen. Doch bald klart es auf, die milde Landbrise hört auf, ein bis zwei Stunden später setzt die Seebrise ein, und am späten Nachmittag kann es Haufenwolken mit Blitz und Donner und starken Böen geben. Der nächste Morgen ist wieder friedlich, außer es zögen hohe Brautschleier am Himmel auf, die ein nahendes Tief anmelden.

Wellen

Wellen entstehen dadurch, daß der Wind auf eine Wasserfläche einwirkt. Wellenlänge und Wellenhöhe hängen davon ab, wie lange der Wind weht und wie lang seine Anlaufstrecke ist, ob er über einen längeren Zeitraum aus derselben Richtung kommt oder aus wechselnden Richtungen weht. Insofern unterscheiden sich die Wellen auf See beträchtlich von denen auf Binnengewässern, die schnell entstehen, aber fast ebenso schnell auch wieder verschwinden, wenn der Wind nachläßt. Auf See hingegen dauert ihre Ausprägung länger, sie stehen aber auch länger durch. Haben Wind und Strom die gleiche Richtung, bleiben die Wellen relativ flach. Steht der Wind gegen Strom, können sie sich – bei gleicher Windstärke – zu üblen Brechern aufbauen. In tiefem Wasser hat man meistens eine längere Welle, mit der man recht gut zurechtkommen kann. Kritisch wird es im flacheren Küstenbereich, wo die Wellen kürzer werden und brechen. Die Brandung kann das Boot überrollen oder kentern.

Gezeiten

Die Höhe des Meeresspiegels ändert sich durch die Massenanziehungskräfte (Gravitation) von Sonne und Mond auf das Wasser in Verbindung mit der Erddrehung. Dieser Rhythmus heißt Gezeit oder plattdeutsch Tide. An einigen Stellen der Erde gibt es täglich nur eine Tide, bestehend aus einem Hochwasser und einem Niedrigwasser, doch häufiger sind zwei Tiden je Tag mit je etwa sechs Stunden zwischen Hoch- und Niedrigwasser. Die Höhendifferenz kann zwischen einigen Dezimetern und zwölf Metern liegen, bedingt durch Topographie von Meeresboden und Küsten. Die Gravitation, die das in Bewegung setzt, ist berechenbar und damit auch das Tidenmuster, und somit kann man für sein Segelrevier Gezeitentabellen kaufen, in denen für jeden Tag steht, um welche Zeit Hochwasser und Niedrigwasser ist. In Revieren mit großem Tidenhub muß man schon die Zeit des Ablegens und der Wiederkehr nach der Gezeit richten, um von seinem Liegeplatz wegzukommen und ihn wieder anlaufen zu können.
Da sich die Erde unter dem von Sonne und Mond geschaffenen Wasserberg hinweg dreht, kommt er an den Kontinentalküsten als scheinbare Welle an, die nicht sehr hoch ist, sich aber in tiefen Buchten und engen Durchfahrten, wie dem Englischen Kanal, und in Flußmündungen zu großer Höhe aufstaut. Dadurch entstehen Strömungen, Flut- und Ebbstrom, die ihre Richtung und Stärke beträchtlich ändern: Sie sind in Strömungsatlanten für jede Stunde mit kleinen Richtungspfeilen und zwei Geschwindigkeiten für Spring- und Nipptide in Knoten aufgezeichnet.
Bei Springtide ist die Höhendifferenz am größten, denn dann ziehen Sonne und Mond in derselben Richtung – um die Vollmond- und die Neumondzeit. Während „Halbmond" (eigentlich 1. und 3. Viertel) ist Nipptide.
Im englisch-französischen Revier setzen zur Springzeit Ströme bis zu 4 Knoten, gegen die anzusegeln ein hoffnungsloses Unterfangen ist. Besser wartet man an Land oder vor Anker ab, bis der Strom in die gewünschte Richtung setzt.
Eine Tide gibt es auch in den als tidenfrei geltenden Randmeeren wie Ostsee und Mittelmeer, aber ihre Höhe ist so gering, daß ihr praktisch keine Bedeutung zukommt.
Es muß hier gesagt werden, daß die übliche Erklärung mit dem Wasserberg unter dem Zenit zwar anschaulich, aber zu einfach ist. In Wahrheit geht es um eine recht komplizierte Mathematik, und sie ist für Ozeanküsten anders als für Schelfmeere wie die Nordsee.

Hochwasser

Niedrigwasser

Segeln im Tidengewässer

Es ist beim Segeln in einem Tidenrevier ohne Frage wichtig zu wissen, wohin und mit welcher Geschwindigkeit die Strömung setzt. Aber es gibt da eine Lehre, man müsse, um an sein Ziel auf der anderen Seite der Strömung zu kommen, schräg gegen den Strom segeln, sonst mache man einen Umweg, weil der Strom einen seitlich mit sich forttrage, und man diese Versetzung auf der anderen Seite wieder gegen den Strom hinaufsegeln müsse. Der Denkfehler darin: Ob über die ganze Strombreite mit Vorbehalt geradlinig über den Strom oder erst am Ende der Versetzung den Strom hinauf, das ist theoretisch derselbe Weg gegen den Strom; aber der Strom ist in der Mitte stärker als an den Rändern. Also segelt man in Strommitte langsamer, denn der Widerstand wächst mit dem Quadrat der am Boot vorbeirauschenden Wassergeschwindigkeit. Stromvorhalt sollte man auf kleiner Fahrt nur segeln, wenn dies wegen enger Durchfahrten oder einer Hafeneinfahrt nötig ist, wenn es also um Gefahrvermeidung geht, sonst ist es Unsinn.

In Tidengewässern kommt es aber auch darauf an, seinen Segelausflug so zu planen, daß man nicht zur Abendstunde, wenn man heim möchte, den Tidenstrom gegen sich hat. Darum segelt man am Morgen dorthin, wo man am Abend stromauf von seinem Heimathafen liegt.

Deckpeilungen

Bei einer Deckpeilung hält man ein näherliegendes und ein fernerliegendes festes Objekt in Deckung oder Linie, wie die Zeichnung unten rechts zeigt. Solche Richtlinien sind, wenn vorhanden, ein vorzügliches Mittel, um bei Strömung oder stark versetzendem Wind heil durch gefährliche Passagen zu kommen, indem man so steuert, daß man die Objekte immer in Linie sieht. Die Zeichnung zeigt links zwei weitere Felsen, deren Kanten man als Deckpeilung für den Kurswechsel nach Steuerbord zur Hafeneinfahrt hin verwenden kann, wobei „in Linie" nun für den Blick achteraus gilt. Freilich läßt sich nur aus der Seekarte erkennen, ob sich eine sichere Deckpeilung anbietet, oder eine erkannte durch sicheres Wasser führt. Am Auswandern einer Vordermarke gegen eine Hintermarke (Zeichnungen unten links) ist immer sicher zu erkennen, daß man von einer Strömung quer versetzt wird.

Der Felsen ist zu weit nach rechts ausgewandert. Um ihn in Deckung zu bringen, muß Steuerbord gehalten werden.

Felsen und Klippe sind genau in Linie (Deckung).

Der Felsen ist zu weit nach links ausgewandert. Um ihn wieder in Deckung mit der Klippe zu bringen, muß Backbord gehalten werden.

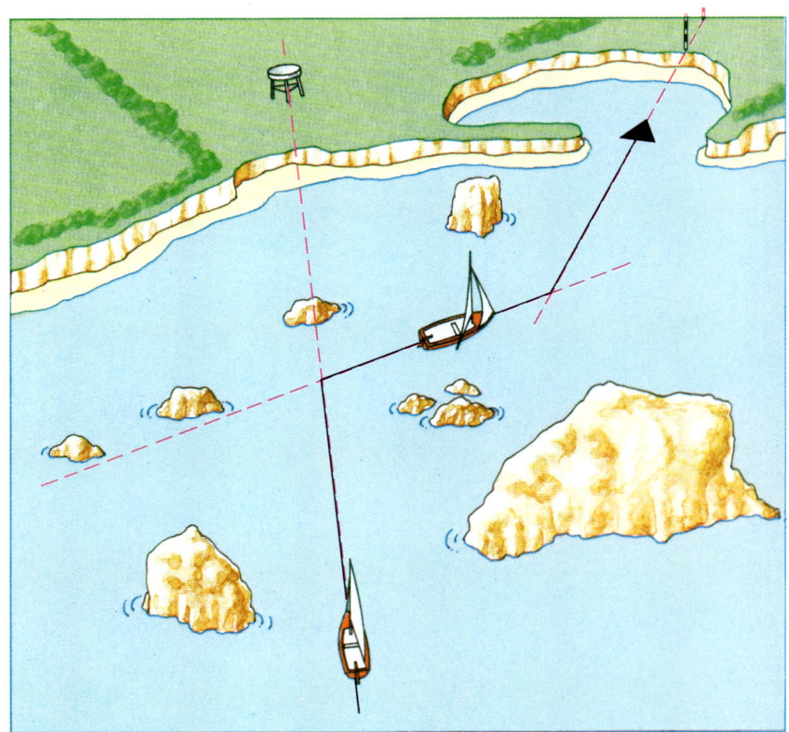

Wetterberichte

Um das Risiko während eines Seetörns so gering wie möglich zu halten, ist es dringend erforderlich, sich vor der Fahrt alle nur zugänglichen Wetterinformationen zu verschaffen: Die Wettervorhersagen von Rundfunk und Fernsehen, die telefonischen Wetterinformationen, die Wetterkarten und Wetternachrichten bei den Hafenmeistern von Marinas und Yachtclubs. Wetterinformationen erhält man auch von der Wasserschutzpolizei, von Hafenämtern und über Sprechfunk von den Küstenfunkstellen.
Verspricht die Wetterprognose nichts Gutes, bleibt man lieber an Land und wartet ab, was kommt. Auch auf die Gefahr hin, daß der angekündigte Sturm ausbleibt und es ein verlorenes Wochenende war. Am meisten wird Nebel in der Schiffahrt gefürchtet. Deshalb niemals bei Nebel auslaufen im Vertrauen darauf, daß er sich bald auflösen wird. Wird man unterwegs von Nebel überrascht, auf dem kürzesten Weg das nächste Ufer anlaufen oder zumindest in Ufernähe ankern.
Alle Wettervorhersagen haben einen nicht unwesentlichen Nachteil: Sie umfassen nämlich verhältnismäßig große Räume. Deshalb kommt man, gerade in der nahen Küstenfahrt, kaum umhin, eigene Wetterbeobachtungen anzustellen und daraus seine Schlüsse zu ziehen. Das erfordert zugegebenermaßen neben gewissen meteorologischen Grundkenntnissen eine scharfe Beobachtungsgabe und viel Erfahrung.

Stärke nach Beaufort	*Bezeichnung und Windgeschwindigkeit (Knoten)*	*Beschreibung der Vorgänge an Land*	*Segelbedingungen für Jollen*
0	*Windstille unter 1*	*Rauch steigt senkrecht auf. Blätter bewegen sich nicht.*	*Durch Krängung die benetzte Oberfläche reduzieren und den Segeln ein strömungsgünstigeres Profil geben. Keine plötzlichen Bewegungen.*
1	*Leiser Zug 1–3*	*Windrichtung nur an ziehendem Rauch erkennbar. Windfahnen reagieren nicht.*	*Das Boot macht leichte Fahrt voraus. Das Boot ist so auszubalancieren, daß der Bug etwas tiefer eintaucht und Leekrängung erreicht wird.*
2	*Leichte Brise 4–6*	*Wind im Gesicht fühlbar. Blätter bewegen sich. Leichte Wimpel strecken sich nicht. Windfahnen reagieren.*	*Wind reicht aus, um mit aufrecht gesegeltem Boot eine gleichmäßige Fahrt voraus zu machen. Die Segel stehen voll, müssen jedoch wechselnden Windrichtungen und Windgeschwindigkeiten angepaßt werden.*
3	*Schwache Brise 7–10*	*Leichte Wimpel strecken sich. Blätter in ständiger Bewegung.*	*Die meisten Jollen segeln mit Rumpfgeschwindigkeit. Leichte Jollen kommen ins Gleiten. Ideale Bedingungen für Anfänger.*
4	*Mäßige Brise 11–16*	*Schwere Wimpel strecken sich. Staub und Papier können hochgeweht werden.*	*Die Mannschaft reitet voll aus. Auf den meisten Kursen kommt das Boot ins Gleiten. Für Anfänger zu hart. Sie sollten ihr Boot an Land bringen.*
5	*Frische Brise 17–21*	*Kleine Bäume biegen sich. Baumwipfel in erheblicher Bewegung.*	*Ideale Segelbedingungen für erfahrene Segler. Boote mit weniger erfahrenen Besatzungen kentern vielfach.*
6	*Starker Wind 22–27*	*Große Zweige werden bewegt. Wind singt in den Drähten.*	*Sturmbedingungen für Jollensegler. Ohne Reffen ist oft kaum Fahrt voraus möglich. Nur für erfahrene Crews, die an Regatten teilnehmen.*
7	*Steifer Wind 28–33*	*Bäume werden bewegt. Fühlbare Hemmungen beim Gehen gegen den Wind.*	*Kein Wetter mehr für Jollen.*
8	*Stürmischer Wind 34–40*	*Zweige brechen ab. Beim Gehen erhebliche Behinderung.*	*Jollen müssen an Land festgezurrt werden, damit der Wind sie nicht wegbläst.*

Kielboot-Details

Im Layout sind sich die mittleren Segelkreuzer innen wie außen ziemlich gleich. Die Variationen stecken im Detail. Die Zahl der Kojen hängt von der Bootsgröße ab, das Raffinement der Ausrüstung mehr vom Preis. Kleine Boote haben keine abgeschlossene Toilettenkammer und wohl auch nur eine kleine Pantry zum Kochen. Bei größeren Booten liegt das Cockpit oft mehr mittschiffs vor einer Achterkajüte, an deren Ein- oder Niedergang der Eigner ein Schild heften könnte: Privat. Auf kleineren Booten ist das nicht möglich; das Cockpit ist achtern, die Gäste haben Familienanschluß.
Die rechte Zeichnung zeigt eine mittlere Fahrtenyacht, die Zeichnung unten links den Einrichtungsplan einer etwas größeren Yacht und deren Decksriß. Bei einem kleinen Kreuzer ist die Gemütlichkeit des Cockpits besonders wichtig: sicheres Sitzen auch bei Schräglage, hohes Süll, keine Probleme mit der Steuerpinne, große Ablauflöcher für Wasser, ergonomisch richtig montierte Winschen.

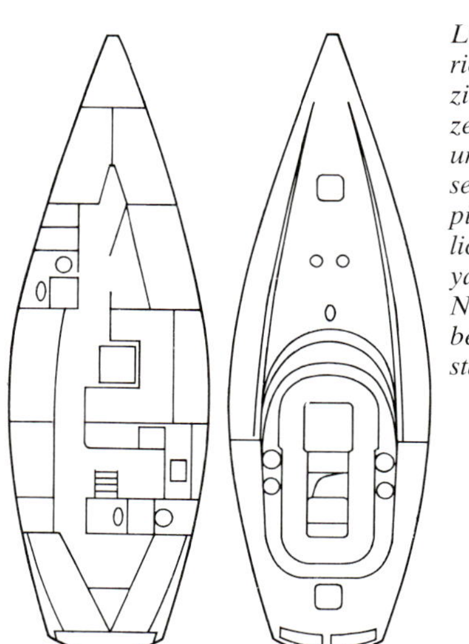

Links außen der Einrichtungsplan eines ziemlich großen Kreuzers mit Achterkajüte und zehn Kojen. Abgesehen vom Mittelcockpit ist der Decksriß ähnlich dem der Fahrtenyacht rechts oben. Nur größere Boote haben eine Radsteuerung statt der Pinne.

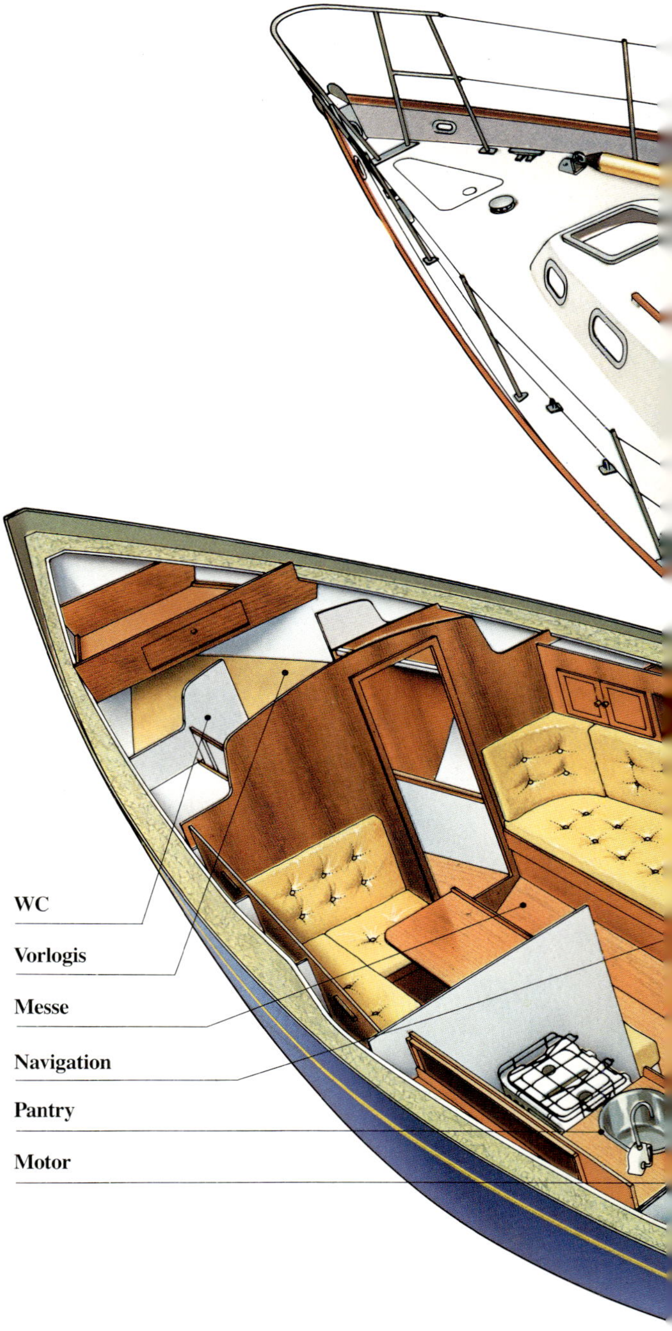

WC
Vorlogis
Messe
Navigation
Pantry
Motor

Unter Deck

Der Raum dieser mittleren Kreuzeryacht hat drei Hauptabteilungen: Vorlogis, WC, Messe mit abgeteilter Navigationsecke und Pantry.

Auf Deck

Ansicht einer mittleren Kreuzeryacht. Die Zahl und Plazierung der Winschen ist unterschiedlich, aber alle sollten im Bereich des Cockpits sein. Das Boot hat Pinnensteuerung.

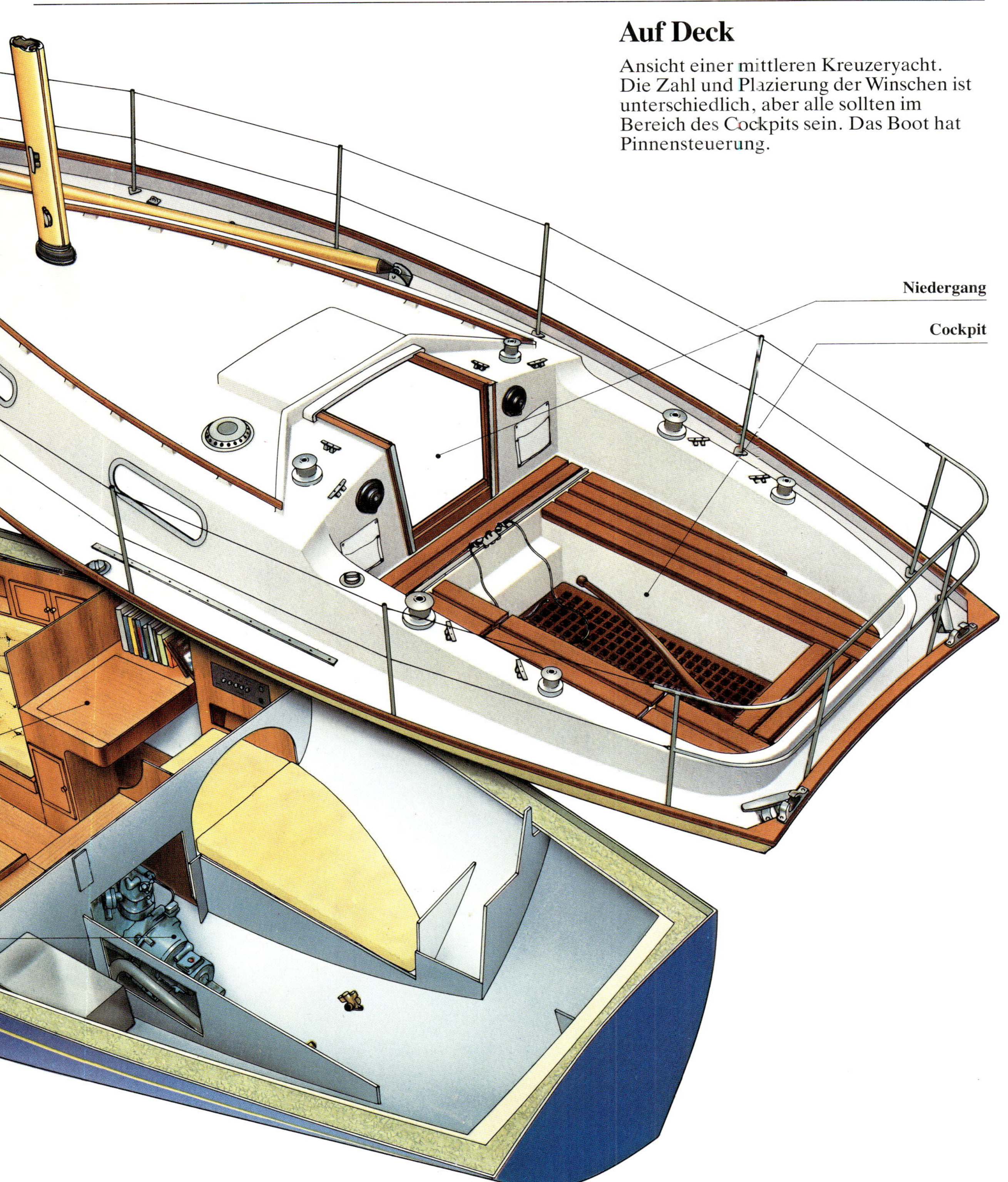

Yacht-Typen

Dem Fahrtensegler steht heute eine schier grenzenlose Auswahl an Booten zur Verfügung, die für einen Erstkäufer schon verwirrend ist. Keiner sollte in Hast kaufen, sondern zuvor reichlich Praxis mit verschiedenen Bootstypen sammeln, um zu erfahren, was er bevorzugt. Kaufen Sie kein Boot, ehe Sie ganz sicher sind, was Sie, Ihre Familie oder Crew brauchen, was Ihr Segelrevier verlangt. Oder holen Sie sich guten fachmännischen Rat.
Sie müssen sich sehr genau überlegen, was Sie tun, wenn Sie ein Boot kaufen. Was wollen Sie wirklich damit anfangen? Wenn Sie mit Ihrer Familie Wochenendausflüge in flachem Wasser machen wollen, wäre es Unsinn, einen rassigen Rennkreuzer zu kaufen, um Ihre Bekannten zu beeindrukken. Ein solches Boot käme aber in einem regattafreudigen Revier in Frage, wenn Sie Spaß am sportlichen Wettstreit haben und keine größeren Reisen als Wochenendtörns vorhaben. Die Yacht sollte dann aber auch ein auf dem Revier gesegeltes Boot sein, denn außer Konkurrenz ist langweilig.
Geld spielt natürlich für die meisten eine wesentliche Rolle, und vergessen Sie nicht die Betriebskosten. Kleine leichte Boote sind in der Anschaffung und im Betrieb billiger als große, in Mechanik und Einrichtung luxuriöse. Liegeplätze sind rar und möglicherweise teuer. Mit trailerbaren Booten läßt sich das umgehen, wenn man sie bei sich im Garten abstellen und mit dem Auto zu den schönsten Segelrevieren schleppen kann.
Moderner Bootsbau müht sich, in kleine Boote eine große Zahl Kojen zu quetschen. Wenn Sie wirklich Fahrtensegeln wollen, dann segeln Sie zu nicht mehr Leuten als der Hälfte der Kojenzahl entspricht, damit es auch Spaß macht.
Die slupgetakelte Yacht mit Hochsegel ist heute das

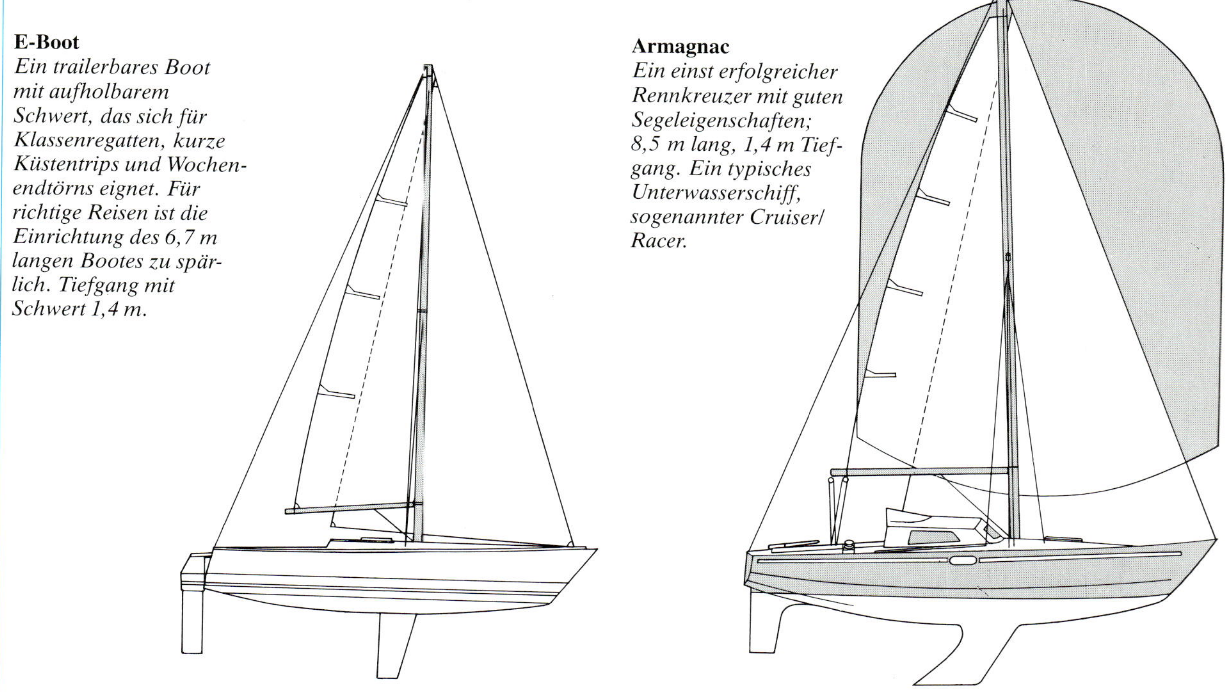

E-Boot
Ein trailerbares Boot mit aufholbarem Schwert, das sich für Klassenregatten, kurze Küstentrips und Wochenendtörns eignet. Für richtige Reisen ist die Einrichtung des 6,7 m langen Bootes zu spärlich. Tiefgang mit Schwert 1,4 m.

Armagnac
Ein einst erfolgreicher Rennkreuzer mit guten Segeleigenschaften; 8,5 m lang, 1,4 m Tiefgang. Ein typisches Unterwasserschiff, sogenannter Cruiser/Racer.

übliche Angebot; es ist auch das wirksamste Rigg. Wenn Sie segelnde Bekannte haben, holen Sie sich Rat bei denen. Nehmen Sie sich viel Zeit für eine große Bootsausstellung und besuchen Sie so viele Stände wie Sie können. Bitten Sie um einen Probetörn mit den Booten, die Sie in die engere Wahl gezogen haben. Kaufen Sie nicht überstürzt irgendwas, und wenn Sie aus Ihren Zweifeln nicht herausfinden, dann kaufen Sie ein Boot, das leicht wieder verkäuflich ist, falls Sie entdecken, daß Segeln Ihnen keinen Spaß macht oder die unvorhersehbaren Folgekosten Ihre Mittel übersteigen.

Westerly 33
Ein breiter, 10 m langer Familienkreuzer mit viel Wohnraum für bis zu sieben Personen unter Deck. Gebaut als Slup oder Ketsch (Abbildung). Einfach zu handhaben, auch von einer wenig geübten Familiencrew, aber nicht besonders schnell.

Die Contessa 32 ist ein in England und Nordfrankreich beliebter mittelgroßer Kreuzer, der aber nicht mehr gebaut wird.

Unter Deck

Auf den meisten kleinen Kreuzern besteht die Inneneinrichtung nur aus dem Allernötigsten. Jede Kleinigkeit mehr an Komfort kostet Aufpreis. Bei größeren Booten wird da schon mehr an Serienausstattung geboten.
Der Einrichtungsplan hängt sehr davon ab, zu welchem Zweck das Boot dienen soll. Manche segeln nur am Tag und verbringen die Nacht im Hafen oder vor Anker. Wenn ein mittlerer Kreuzer sechs Kojen hat, bedeutet das nicht, daß auch sechs Leute mit diesem Boot eine Reise nach Island oder Madeira in heiterer Harmonie machen können. Die Kojen im Vorschiff sind unterwegs unruhig und meist der einzige Platz, wo man die Segel, die nicht gebraucht werden, unterbringen kann. Den für kurze Törns entworfenen Booten fehlt oft, was auf See nötig ist: Kojensegel, Schlingerborde um alle horizontalen Flächen, Handläufe unter Deck, kräftige Schlösser an allen Schranktüren, seetüchtige Pantry und gut eingerichteter Navigatorplatz.
Es kommt eben sehr darauf an, wie Sie das Boot nützen wollen. Unzulängliche Wohnraumeinrichtung, Schränke, in denen auf See alles durcheinanderfällt, Stauraum, in dem man nichts findet, Schubladen, die herausfallen, scharfe Ecken, an denen man sich verletzt, Kajüten, in denen man nirgends Halt findet, machen die schönste Reise zur Qual.
Das Beieinander auf kleinen Yachten übersteigt manchmal das Erträgliche, drum ist ein Boot mit Mittelplicht (Seite 164) und Achterkajüte für Sie vielleicht das angenehmere Boot.

Inneneinrichtung

Rechts und unten ist eine typische Inneneinrichtung eines mittleren Seekreuzers mit sechs Kojen; zwei im Vorlogis, drei in der Messe (eine davon Lotsenkoje) und eine Hundekoje (halb unter der Cockpitbank). Bequemlichkeit für vier, mit sechs wird's reichlich unkomfortabel.

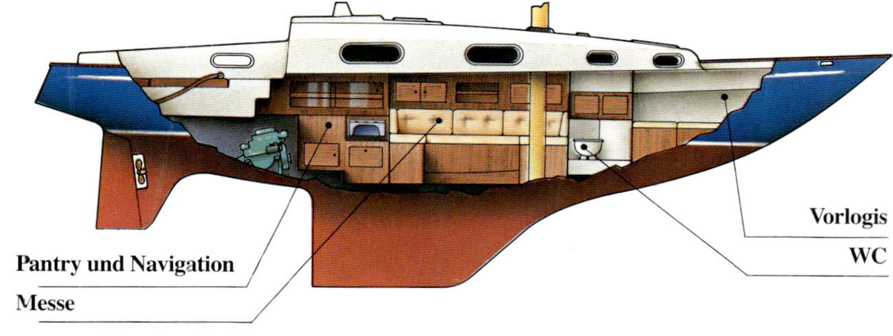

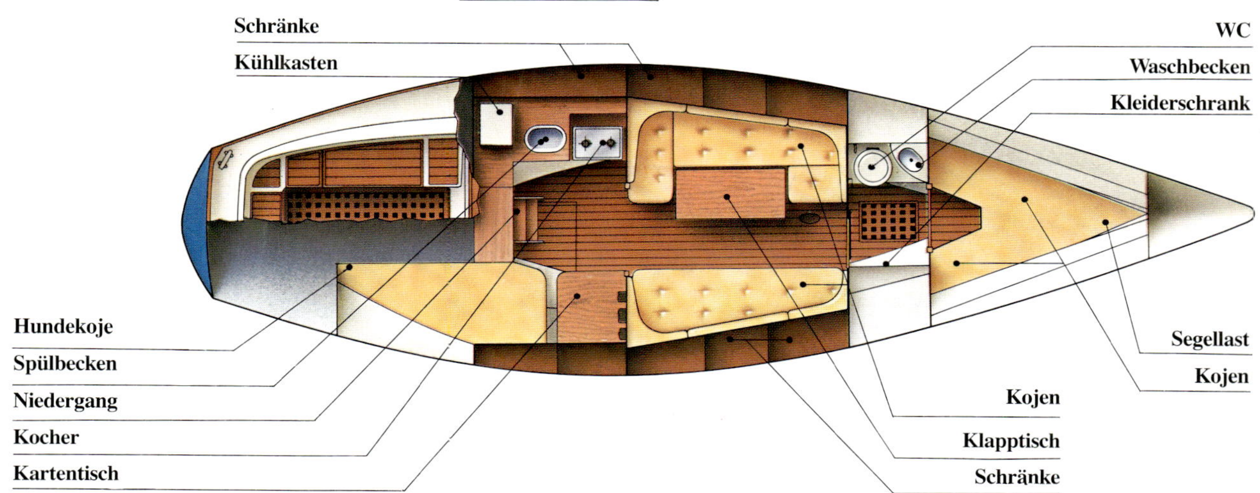

Navigationsplatz

Der ideale Platz für den Navigator ist nahe beim Niedergang, damit er sich mit dem Steuermann leicht verständigen kann. Der Kartentisch sollte möglichst nach vorn weisen und groß genug für einmal gefaltete Seekarten sein. Ein Bücherbord muß, Navigationshilfen, wie Echolot und Funkpeiler, sollten beim Tisch sein, andere Instrumente so angeordnet sein, daß Steuermann und Navigator sie sehen können.

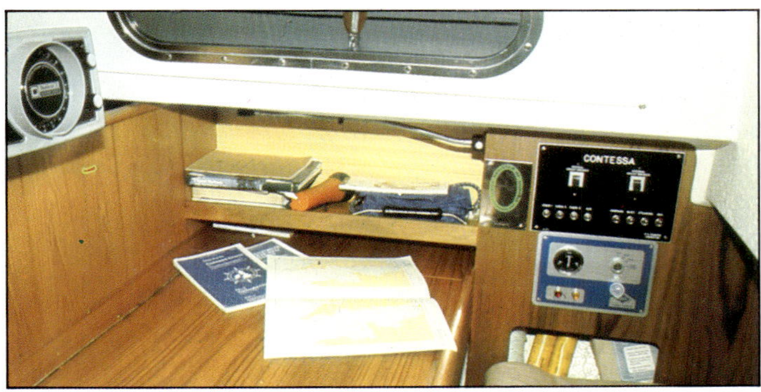

Links der Kartentisch eines mittleren Kreuzers. Rechts die Schalttafel für die Elektrik und darunter das Armaturenbrett für den Motor. Die Batterien befinden sich unter dem Sitz des Navigators.

Pantry

Die Pantry sollte einen kleinen Herd, am besten mit Backofen in Pendelaufhängung haben, in der er bis 60° aus der Senkrechten nach beiden Seiten ausschwingen kann. Feststehende Herde brauchen Klammern zum Festhalten der Töpfe. Ein Spülbecken mit Wasserpumpe und eine Kühlbox gehören dazu, und die Arbeitsflächen müssen Schlingerborde an den Rändern haben. Löschdecke und Feuerlöscher gehören in die Pantry und eine Stange vorm Herd, die verhindert, daß der Koch auf die Flammen fällt. Bester Brennstoff: Flaschengas.

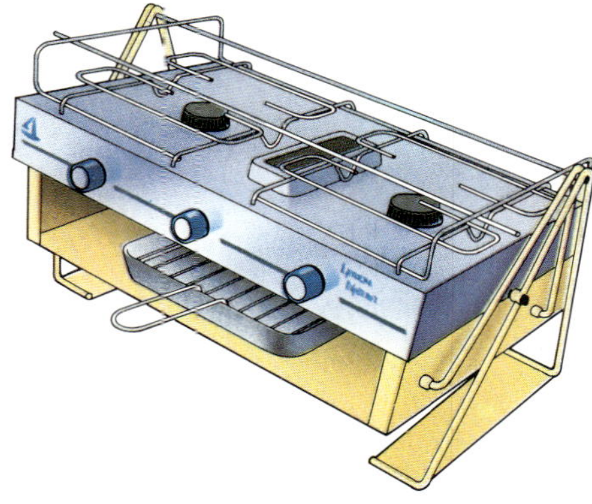

Oben ein Pendelkocher mit Topfhaltern. Links eine Pantry mit Herd, Spüle, Arbeitsfläche und Schränkchen. Rechts Eiskasten unter der Arbeitsfläche.

Messe

In beinahe jedem Boot liegt die Messe mittschiffs und ist der Hauptwohnraum. Meist ist er recht beengt, weil die Kojen den meisten Platz einnehmen. Die Kajüte rechts hat eine Einzel- und eine Doppelkoje, deren Mittenpolster auf dem abgesenkten Kajüttisch liegen. Holzauskleidungen in heutigen Booten sind aufgeklebtes Schälfurnier. Auch Stoffauskleidung gibt es, weil Plastik etwas dürftig aussieht. Möbelbeschläge sollten versenkt sein, damit man sich an ihnen in rauhem Wetter nicht verletzt.

Rechts: Aufspannen eines Kojensegels. Alle Kojen sollten ein Segel oder Kojenbrett haben, damit keiner bei Schräglage des Bootes herausfällt.

Ganz rechts: Zwei klönen (unterhalten sich) am Tisch, ein dritter arbeitet an der Pantry. Halte die Kajüte immer aufgeräumt; alle Ausrüstung immer gleich in die entsprechenden Schränke wegstauen.

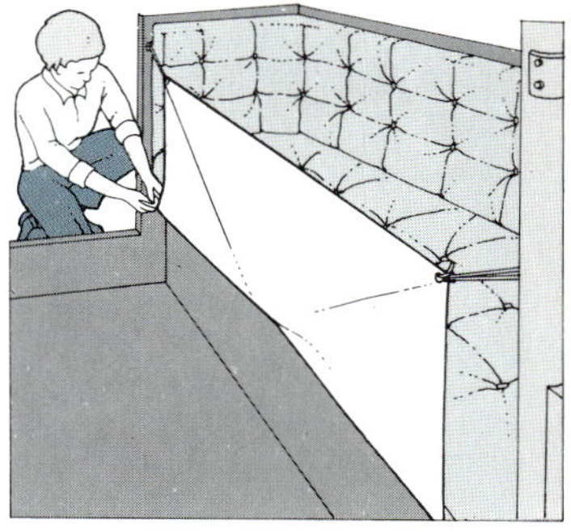

Falttisch

Meist haben die kleinen Kreuzer einen absenkbaren Falttisch, weil für einen festen der Platz fehlt. Rings um die Tischkanten müssen Schlingerleisten mit Auskehröffnungen an den Ecken sein. Feuchte Tücher hindern das Geschirr am Rutschen.

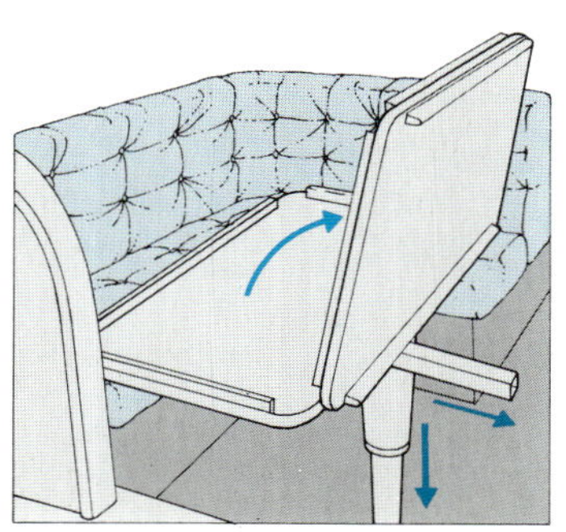

Stauraum

Stauraum ist wichtig für die Wohnlichkeit unter Deck. Dazu zählen Kästen unter den Kojen und Schränke, deren Türen kräftige Schnäpper haben müssen; Magnete reichen nicht. Was laufend gebraucht wird, muß leicht erreichbar gestaut werden. Zerbrechliches braucht formgerechte Halterungen. Schubladen müssen gegen Aufgehen gesichert sein.

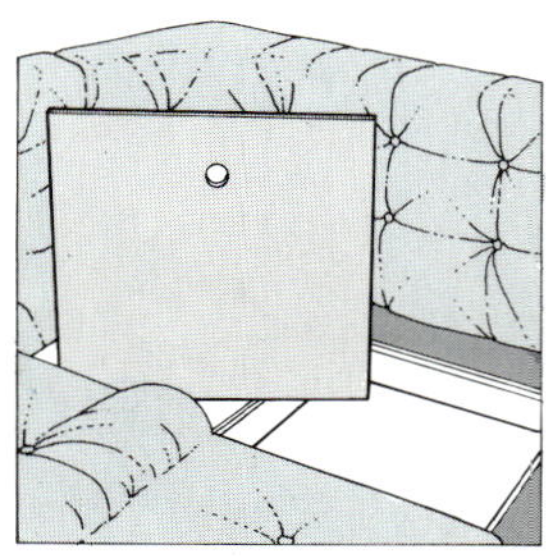

Oben rechts: Staukasten unter dem Sofa. Rechts: Spezialschrank für Flaschen und Gläser.

Vorlogis

Es hat gewöhnlich V-Kojen, aber auf See ist dies der unruhigste Wohnraum im Schiff, der zudem meist mit Segelsäcken belegt ist. Weil aber, wenn nachts gesegelt wird, die Hälfte der Mannschaft an Deck ist, kann man es so einrichten, daß die Freiwache auf den Kojen der Messe schläft. Unter den V-Kojen ist gewöhnlich viel Stauraum für Großvolumiges; zuviel Schwergut darf aber nicht hinein, sonst trimmt man das Boot buglastig. Das (hoffentlich) wasserdichte Luk im Deck spendet Licht und geöffnet Luft; es soll als Fluchtluk groß genug zum Aussteigen sein. Nach vorne wird das Vorlogis vom Schott zur Vorpiek abgeschlossen, in der gewöhnlich die Ankerkette liegt.

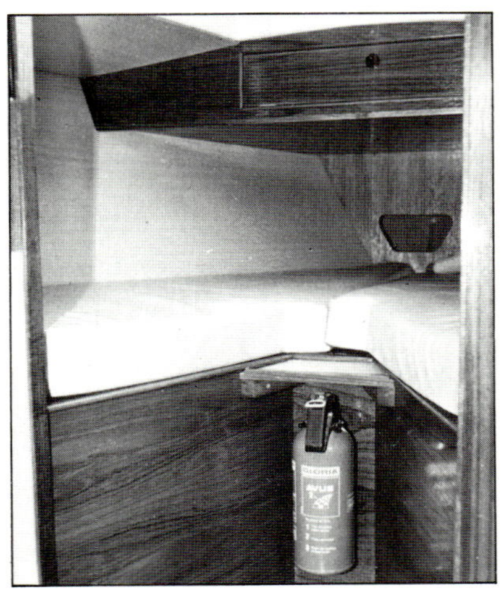

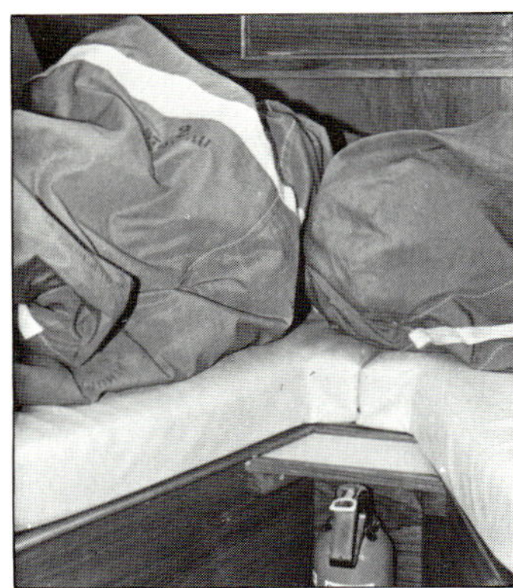

V-Koje im Vorschiff – oft Behelfslager für Segelsäcke.

Raumpflege

Ob's Ihnen paßt oder nicht, Sie werden allerlei Zeit aufwenden müssen, um Ihr Boot in Ordnung zu halten, nicht nur wegen des guten Eindrucks, den ein sauberes, aufgeräumtes Schiff macht. In der feuchten, nur spärlich zirkulierenden Luft unter Deck fängt jeder übersehene Schmutz schnell an zu rotten und zu schimmeln und verbreitet Muffigkeit. Vor und nach der Reise gründlich saubermachen. Während der Liegezeit Schränke und Kästen offen-, die Seeventile geschlossen halten. Draußen auf See mal etwas Wasser mit Bilgecleaner durch die Bilge schwappen lassen und mit der Lenzpumpe abpumpen. Bei jeder Raumpflege auch die Gasleitung mit Seifenlauge und Pinsel auf Lecks untersuchen; danach das Hauptventil an der Flasche wieder schließen. Auch die Leitung vom Tank zum Motor prüfen.

Toilette

In kleinen Kreuzern liegt sie meist zwischen Messe und Vorlogis. Sie hat eine etwas komplizierte Maschine: das WC mit Pumpe und empfindlichen Ventilen. Deshalb soll man nichts hineinwerfen, was man nicht vorher gegessen hat. In allen Häfen ist das Außenbordspumpen der Fäkalien verboten. Einige Nationen verlangen Ausrüstung des Boots mit Schmutzwassertank und Abpumpanschluß, andere sind mit einem Desinfektionszusatz zufrieden. Da muß man sich erkundigen, und im Hafen sucht man am besten entsprechende Örtchen an Land auf. Liegt das Boot unbemannt im Hafen, Seeventile des WCs schließen. Schon manche Yacht ist übers WC abgesoffen.

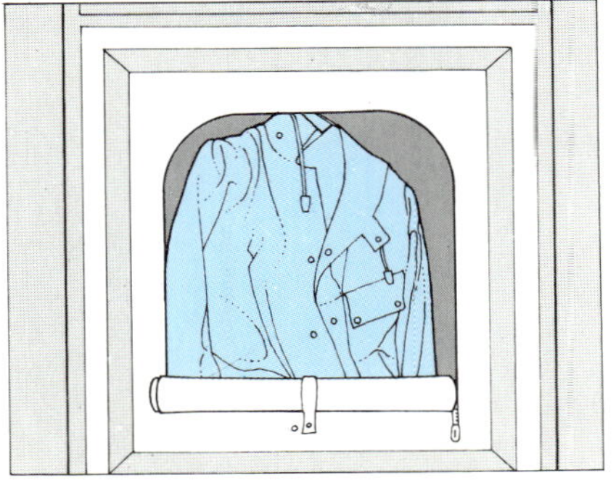

Naßkleiderschrank mit Wasserablauf in die Bilge. Als Verschluß ein Rollo mit Reißverschluß.

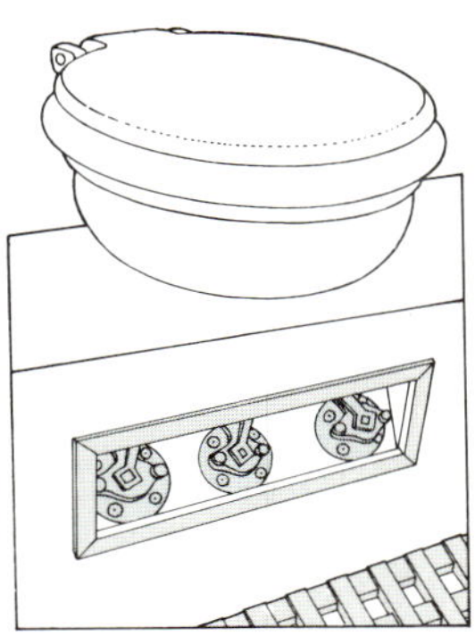

Seehähne für die Zu- und Abflußleitung des WC. Es wird mit einem (nicht gezeigten) Hebel gespült und abgepumpt.

Decksausrüstung

Die meisten toppgetakelten Slups haben eine weitgehend ähnliche Decksausrüstung, und die Zeichnung hier ist typisch für einen mittelgroßen Kreuzer. Unterschiede mag es in Zahl und Plazierung von Winschen, Klampen usw. geben. Als Segler auf einem fremden Boot bittet man den Skipper, einen einzuweisen.

Fittings, Beschläge und Winschen müssen großen Kräften standhalten. Sie müssen deshalb robust sein und regelmäßig, in nicht zu langen Abständen, kontrolliert werden – das ist die beste Sicherheitsvorsorge. Die Dinge werden im folgenden einzeln beschrieben.

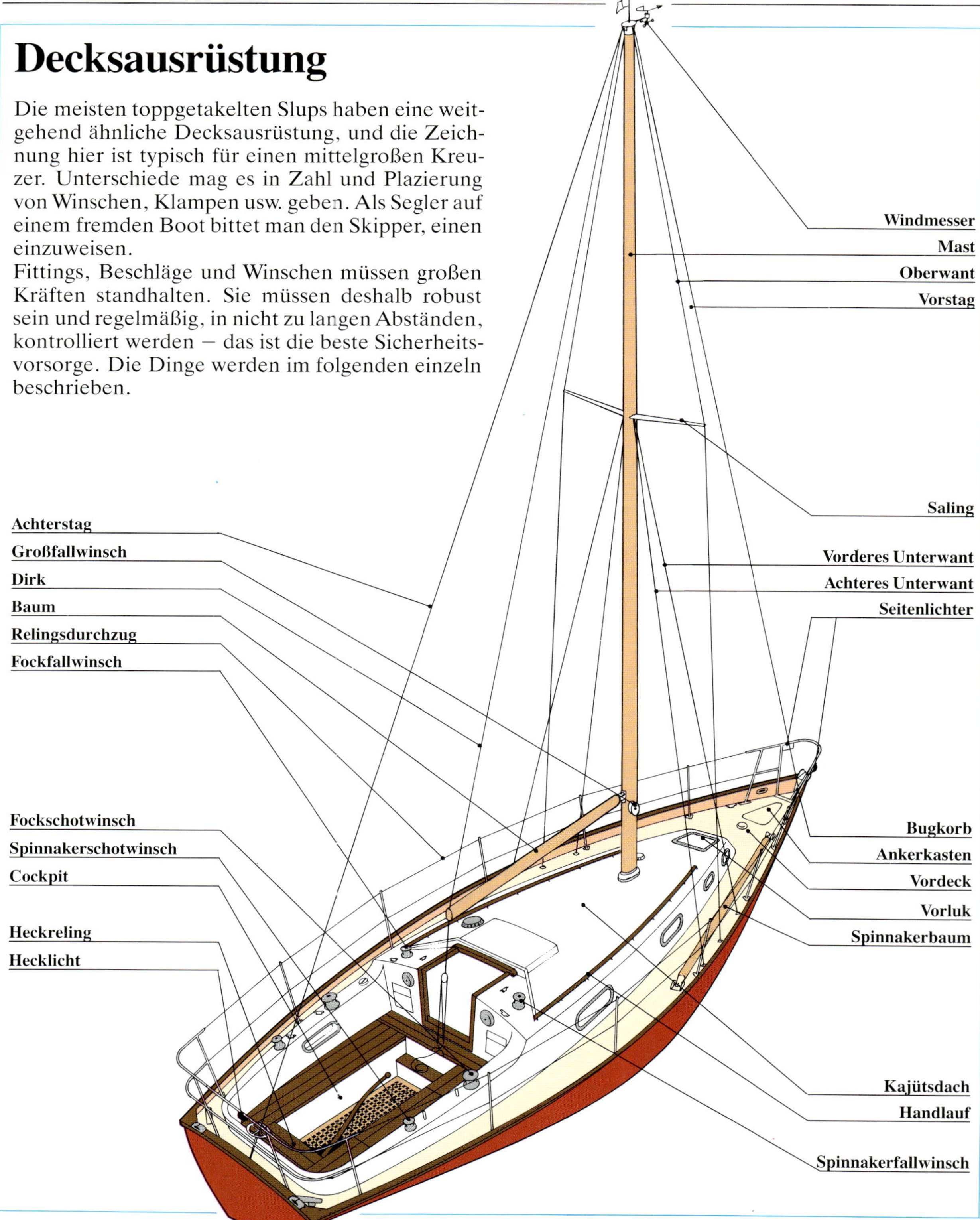

Vordeck

Das Vordeck ist so ziemlich der gefährlichste Platz auf einem Boot. Das Vorschiff vollführt in jeder Art von Seegang die heftigsten Bewegungen. Bei schwerem Wetter wird es nicht selten von Brechern überspült. Jeder Vorsegelwechsel muß vom Vordeck aus durchgeführt werden, deshalb muß die Crew besonders geschützt werden, während sie dort arbeitet. Üblicherweise hat heute jeder Kreuzer einen Bugkorb, eine Stahlkonstruktion, die fest mit dem Deck verbolzt ist. Die Crew kann sich beim Vorsegelwechsel reinsetzen oder darin abstützen. Relingsdurchzüge laufen vom Bugkorb zum Heck und enden dort nicht selten in einem Heckkorb. Gehalten werden sie von Relingsstützen. Auf größeren Yachten werden bei schwerem Wetter Jackstage geriggt, von einem Augbolzen auf dem Vordeck über die beiden Seitendecks zum Cockpit führende ummantelte Drähte oder Gewebegurte. Sie ermöglichen der Crew, praktisch an jedem Punkt des Vordecks ihre Sicherungsleinen einzupicken. Auf dem Vordeck wird normalerweise der Anker gefahren. Manche Boote haben auch einen verschließbaren Ankerkasten im Vordeck, in dem der Anker samt Kette gestaut wird. Auf jeder Seite des Bugs sollte sich eine Klüse oder Lippe für die Festmacher befinden, und es sollten zwei Vorschiffsklampen vorhanden sein. Das Vorstag sitzt am Bugbeschlag, der oft mit einer Ablaufrolle für die Ankerkette kombiniert ist.
Das Vordeck muß eine rutschhemmende Antislipstruktur haben und an den Außenkanten eine Fußreling, um ein seitliches Abrutschen zu verhindern. Das Vorluk kann in das Vordeck oder auch in den Kajütsaufbau eingelassen sein. Es muß trittfest und absolut wasserdicht sein. Sorgen Sie dafür, daß das Vordeck immer aufgeklart ist. Nicht gebrauchte Leinen sofort aufschießen und verstauen. Abgeschlagene Segel sofort in ihre Säcke stecken oder – wenn die Segel in Kürze gebraucht werden – sie an der Reling so beibändseln, daß sie nicht übers Vordeck wehen können.

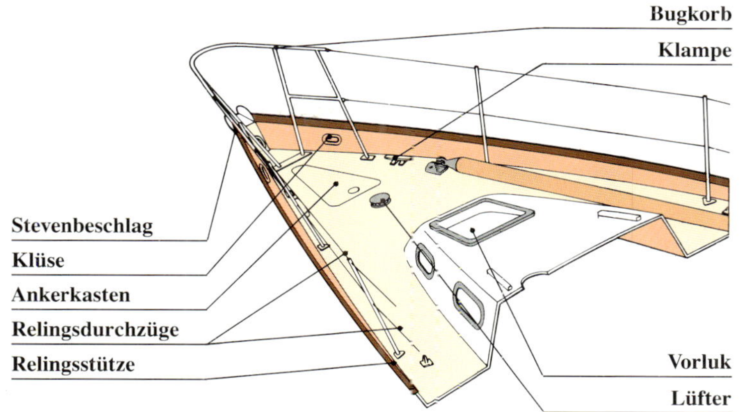

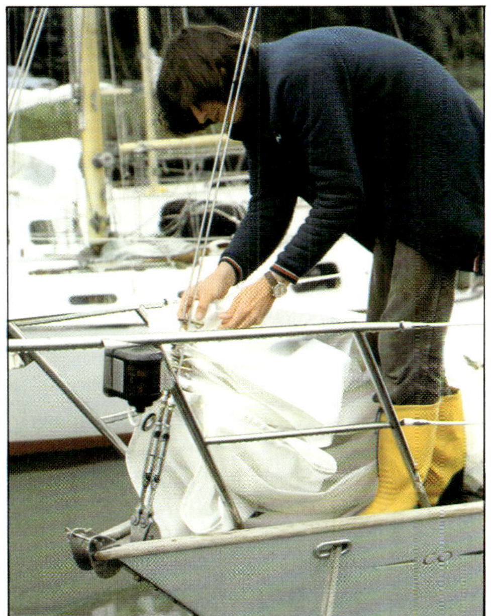

Der aus rostfreiem Rohr konstruierte Bugkorb muß fest mit dem Deck durch Durchsteckbolzen verbunden sein, denn er muß der Crew Halt und Schutz bei Vorsegelwechsel bieten.

Flechtleinen

Damit heruntergenommene Vorsegel nicht vom Vordeck über Bord gewaschen oder geblasen werden, flicht man oft zusätzlich Leinen zwischen Stützen und Durchzüge der vorderen Reling, wie das Bild zeigt.

Kajütsdach

Bei den meisten Booten liegt die Kajüte unter einem niedrigen Aufbau mit Bulleyes oder kleinen Fenstern an der Seite. So wird unter Deck Stehhöhe erreicht. Wenn der Mast auf dem Kajütsdach steht, ist dieser Punkt innen durch eine bis auf den Kiel führende Rohrstütze verstärkt. Das Vorluk dient vor allem der Belüftung im Hafen. Bei Windstärke 1 bis 2 kann man es auch zum Durchreichen von Segeln benutzen. Wenn die Dichtungen an Fenstern und Luk nicht dicht sind, wird es unter Deck naß und ungemütlich. Auch schlecht sitzende Lüfter sind Leckwasserquellen. Auf einem der Seitendecks neben dem Aufbau liegt der Spinnakerbaum, wenn er nicht gebraucht wird, und auf jedem Seitendeck ist eine Schiene für das Leitauge oder den Leitblock, den verstellbaren Holepunkt der Fockschoten. Beidseits auf dem Kajütsaufbau befinden sich Handläufe zum Festhalten beim Weg über die Seitendecks. Der Niedergang zur Kajüte wird durch ein Schiebeluk und Steckschotten in der Rückwandaussparung verschlossen. Das oberste Steckschott wird auch bei rauhem Wetter gerne offen gelassen, damit der Kajütsmief etwas abzieht. Das ist aber äußerst gefährlich, denn wenn eine See ins Cockpit steigt, kommen die unteren, kleineren Steckschotten lose, und es gibt einen Wassereinbruch ins Schiff. Alle Steckschotten sollten von innen und außen zu sichern sein; ebenso das Schiebeluk. Gleich neben dem Niedergang bei der Deckskante soll ein solide befestigter Augbeschlag sein, in den man seine Sicherungsleine einpicken kann, ehe man aus der Kajüte an Deck geht.

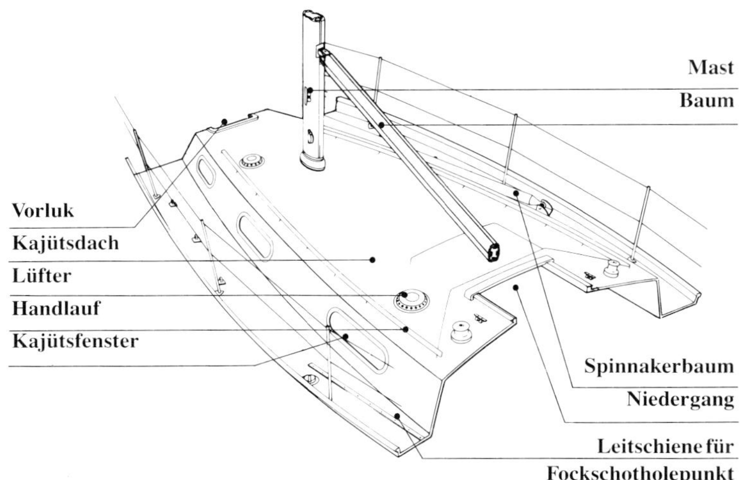

An Deck zurren

Jedes Boot sollte eine ordentliche Rettungsinsel (Seite 279) haben; normalerweise wird sie auf dem Kajütsdach auf einer Unterklotzung gezurrt (festgebunden). Die Zurring muß einen Schnellverschluß oder schnell lösbare Knoten haben (Seite 147). Man könnte die Insel auch in einer Backskiste im Cockpit usw. unterbringen. Gewöhnlich hat das „entlüftete" Aufblasdingi neben der Rettungsinsel noch Platz auf dem Kajütsdach, wo es gut gezurrt sein muß. Besen, Schrubber und Bootshaken nicht an den Handläufen festmachen, denn die werden für die Hände gebraucht; das staut man besser unter Deck. Es dürfen keinerlei Tampen auf Deck herumwedeln; sie sind tückisch wie Bananenschalen.

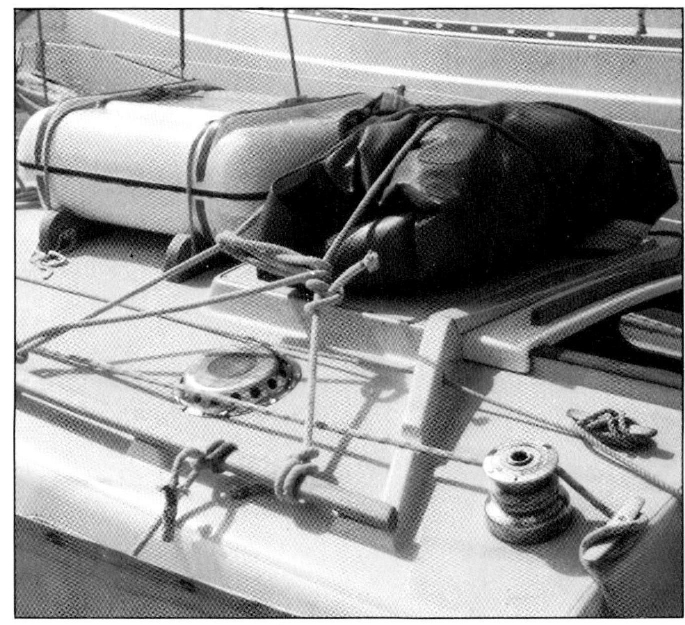

Rechts: Rettungsinsel und zusammengefaltetes Schlauchboot sicher und fest auf dem Kajütsdach gezurrt.

Mast

Die meisten Boote haben heute Aluminiummasten, die fest, leicht und dauerhaft sind. Die Höhe des Mastes richtet sich nach der Länge des Bootes und der Art des Riggs. Meist haben die Masten eine Saling (Spreizen) etwa in Mastmitte mit Unterwanten und über die Spreizen geführten Oberwanten; beide zum seitlichen Halt des Mastes. Die Wanten sind an Rüsteisen (Püttings) an jeder Schiffsseite befestigt. Vorstag und Achterstag halten den Mast in Längsrichtung. Diese Verstagung mit heute meist rostfreien Stahldrähten (früher verzinkten) heißt „stehendes Gut". Die Achterstagsspannung kann oft mit einem Stagspanner während des Segelns geändert werden. Ein Dreifarben-Positionslicht mag auf dem Masttopp montiert werden oder ein Windmesser (Richtung und Geschwindigkeit) und eine UKW-Antenne. Dort wäre auch der beste Platz für den Radarreflektor, wäre dort für alles Platz. Die Segelfallen verlaufen gewöhnlich innerhalb des Mastes; wenn nicht, klimpern sie im Hafen bei Wind erbärmlich auf dem Mast herum. Die Fallwischen und die Belegklampen befinden sich unten am Mast, manchmal auch auf dem Kajütsdach. Achtern am Mast sitzt der Baumlümmelbeschlag, und an der Vorderseite der Spinnakerbaumbeschlag.

Links: Unterer Teil des Mastes mit Fallwinsch. Oben: Masttopp, Saling, Oberwanten zum Topp, Unterwanten zur Salingswurzel.

Vom Baum zum Mastfuß ist eine Talje geschoren, der Baumniederholer, nicht zu verwechseln mit einem anderen Niederholer, dem Cunningham oder Vorliekstrecker am Lümmelbeschlag.

Baum

Der Baum ist die starre Führung für das Unterliek des Großsegels. Auch er ist heute meist aus Aluminium und hat auf der Oberseite eine Nut, in die das Fußliekseil des Segels eingeführt wird. Der Segelhals wird am Lümmelbeschlag festgemacht, das Schothorn mit dem Fußliekstrecker (Smeerreep) zur Baumnock ausgeholt. Die Baumstellung wird mit der Großschot reguliert, der Baumniederholer verhindert das Hochsteigen des Baums bei weit aufgefierter Großschot.
Die Großschot sitzt hier an der Baumnock, an der auch die Dirk angreift, die vom Masttopp aus den Baum hält, wenn das Segel nicht gesetzt ist. Am Baumlümmel rechts im Bild ist eine Schnellreffvorrichtung zu sehen.

Cockpit oder Plicht

Das Cockpit ist, je nach Konstruktion, entweder am Ende des Bootes oder mittschiffs. Es ist eine Fußmulde mit Ablaufleitungen (Lenzern) nach außenbords. Zu beiden Seiten befinden sich Sitzbänke (Duchten), darunter meist Staukästen, die auch Backskisten genannt werden. Achtercockpits sind nach achtern gewöhnlich durch eine Rohrreling, den Heckkorb, gesichert. Eine Art Wall rings um die Plicht, Süll oder besser Waschbord genannt, auf dem gewöhnlich die Vorschot- und Spinnakerschotwinschen montiert sind, hält über Deck laufendes Wasser dem Cockpit fern und dient der Crew als Rückenlehne und auch Nierenschutz gegen Wind. Kleinere Boote werden fast immer mit Pinne gesteuert; bei größeren ist Rad oder Pinne Geschmackssache, bei ganz großen kommt nur noch Radsteuerung in Frage.

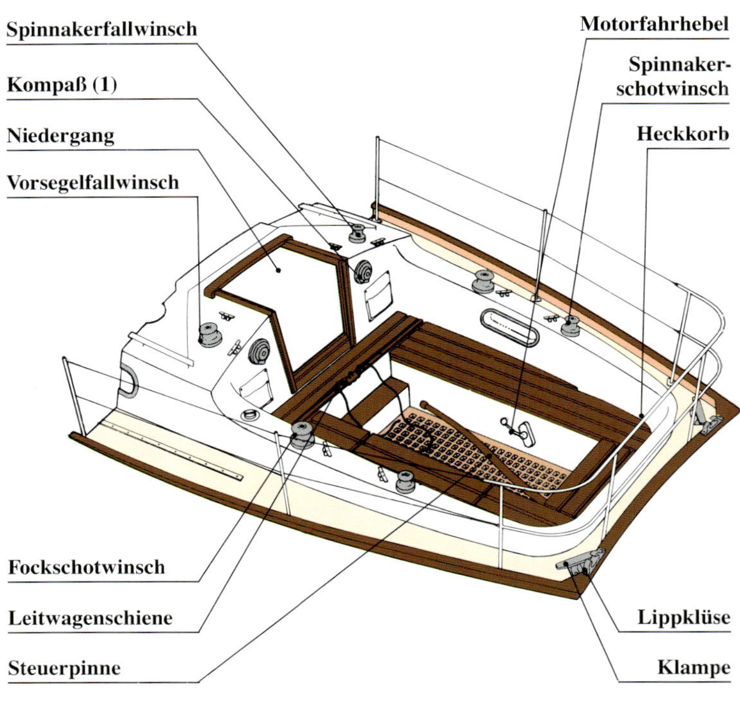

Oben: Steuer- und Kompaßsäule einer größeren Yacht.

Links: Cockpit einer Contessa 32. Es sollten keine Leinen und Fender darin herumliegen. Decks und Cockpit sollten regelmäßig gewaschen werden, aber nicht mit Spülmittel, sondern mit Seife, wegen des Gewässerschutzes.

Instrumente

Da gibt es inzwischen die wundervollsten Dinge, die meisten elektronisch bis zur Wind-Fahrtlupe, die dem Steuermann zeigt, ob er gerade einen Zehntelknoten schneller schafft oder nicht. Der Fahrtensegler kommt ohne das meiste von dieser Meßtechnik aus. Die Hauptsache ist ein kompensierter Kompaß, der so aufgestellt ist, daß er vom Steuermann gut abgelesen werden kann. Des weiteren gehört ein Log zur Standardinstrumentierung und eventuell noch ein Echolot.

Stauraum oben

Auch an Deck muß es gesicherten Stauraum geben, aus dem nichts verschwindet, wenn eine See übers Deck läuft oder das Boot sich auf die Seite legt. Die meisten Boote haben verschließbaren Stauraum in den Cockpitbänken. Klein, aber wichtig: Nischen oder Nester für Winschkurbeln, kurze Enden und Zeisinge.

Cockpitstauraum mit nicht richtig ausgeführtem Gasflaschenraum. Kabelgat und Flaschengat müssen getrennte Deckel, das Flaschengat muß zudem ein Ablaufrohr nach außenbord haben.

Achterstagspanner

Größere Boote haben einen Achterstagspanner, mit dem nicht nur dieses Stag, sondern auch das Vorstag gespannt wird, damit es unter dem Druck des Vorsegels nicht zu weit nach Lee durchhängt. Im Hafen soll entspannt werden, denn durch die Spannung steht der Mast unter sehr starkem Druck.

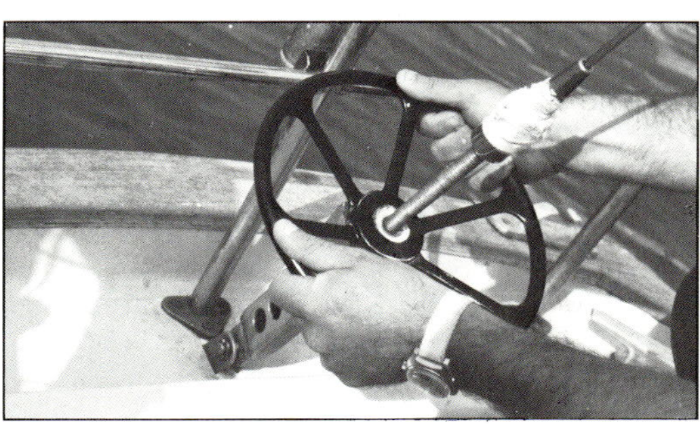

Wetterschutz

Eine Spritzkappe (Faltverdeck) über dem Niedergang hält Spritzwasser dem geöffneten Niedergang und zu einem guten Teil auch dem Cockpit fern. Seitlich vom Cockpit halten Relingskleider aus Segeltuch oder Plastik Wind und Gischt einigermaßen wirkungsvoll ab.

Oben: Relingskleid.
Rechts: Spritzhaube, auch Kuchenbude genannt.

Steckschotten

Sie werden bei kleineren Booten zum Verschluß des Niedergangs in eine Nutführung eingesetzt und sollten einzeln von innen und außen zu sichern sein. Bei Sturm setzt man besser ein verstärktes Einzelschott in den Ausschnitt.

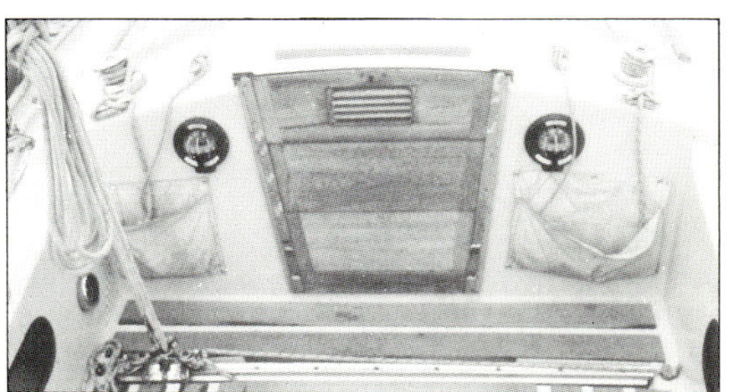

Rettungsringe

Hufeisen oder Ring soll einsatzbereit beim Heck gehaltert sein, um einem Mann über Bord gleich zugeworfen werden zu können. Am Ring mit einer Leine befestigt: die Rettungsboje mit Markierflagge und möglichst auch selbsttätigem Blitzfeuer.

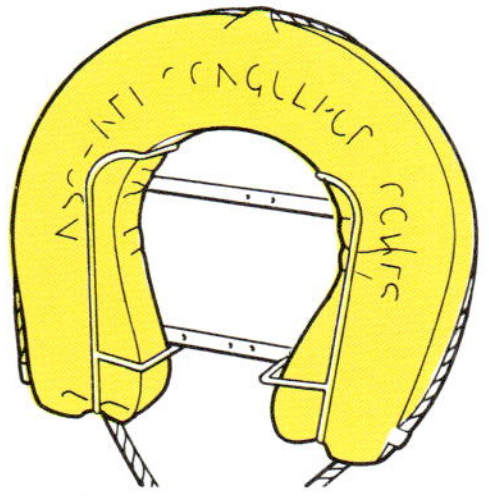

Links: Hufeisenförmiger Rettungsring in einer Halterung am Heckkorb.
Rechts: Markierungs- oder Danboje.

Winschen

Beinahe jedes Boot von mehr als 6 m Länge braucht Winschen zum Anholen der Schoten und Durchsetzen der Fallen. Sie sollten so plaziert sein, daß man seine volle Kraft an ihnen einsetzen kann. Es gibt zwei Grundtypen. Beim einfachen Typ werden zwei Mann zur Bedienung gebraucht: einer, der am Tampen der Trommelumschlingung holt, und einer, der kurbelt. Raffinierter ist die selbstholende Winsch, bei der die lose Part (Tamp) der Umschlingung von einem Klemmrad gehalten wird. Viele Winschen haben Zweiganggetriebe; großer Gang zum schnellen Anholen der Schot, kleiner Gang zum Steifsetzen mit wenig Kraft und vielen Kurbeldrehungen.

Stehen Sie sicher, um ihre volle Kraft an der Winschkurbel einsetzen zu können.

Eine Winsch belegen

Weil oft beträchtliche Kraft auf einer Schot steht, kann man seine Finger verlieren, wenn man die Umschlingungstörns nicht richtig auf die Trommel bringt. Man nimmt dazu immer beide Hände und bewegt sie so, daß die Handwurzel zur Trommel gerichtet ist, so daß keine Finger zwischen Schot und Trommel geraten können. Die Rundtörns, drei sind immer nötig, werden in Drehrichtung der Trommel aufgebracht. Die meisten drehen rechtsherum.

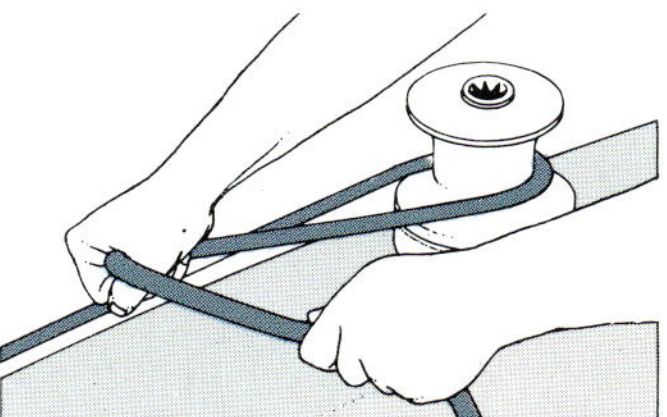

1 *Nehmen Sie beide Hände, um die Schot in Drehrichtung der Trommel um diese herumzulegen.*

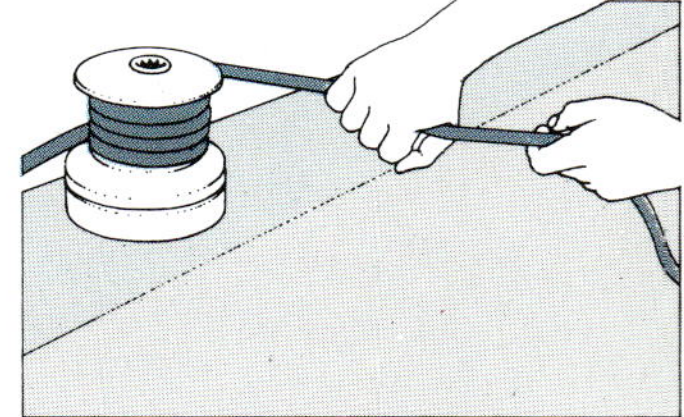

2 *Immer mit dem Handgelenk zur Trommel drei bis vier Törns um die Trommel legen, ehe mit dem Holen begonnen wird.*

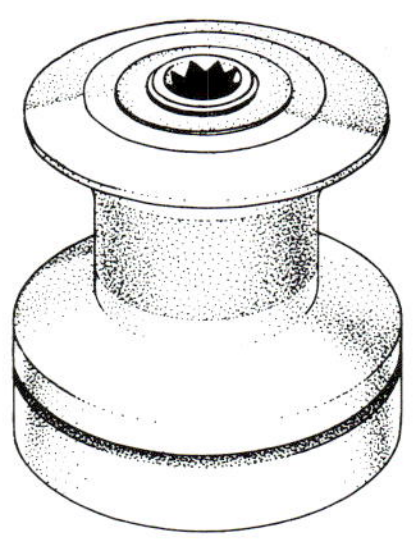

Normalwinsch

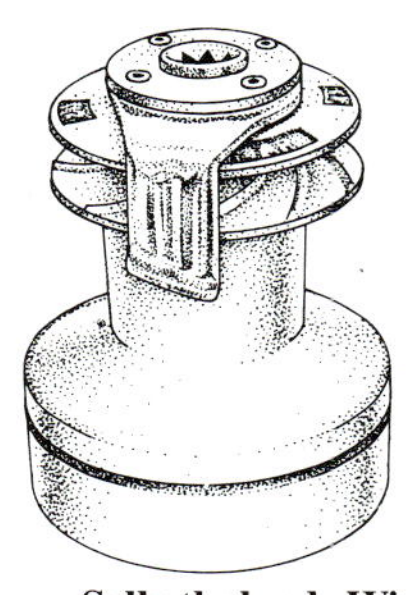

Selbstholende Winsch

3 *Bei der selbstholenden Winsch wird der vierte Törn in den Haltemechanismus gelegt.*

4 *Sobald die Schot mit der Winsch genügend durchgesetzt ist, wird die Holepart auf der Klampe belegt und die überschüssige Leine aufgeschossen.*

Gebrauch der Winschkurbel

Die meisten Winschen haben Kurbelantrieb. Bei Eingangwinschen kann die Kurbel dank einem Sperrpall (Ratsche) wie bei der Hebelwinsch auch pumpenähnlich bedient werden. Bei Zweigangwinschen ist Rechtsdrehung der Kurbel der Schnellgang und die Linksdrehung die größere Untersetzung zum Steifholen der Schot.

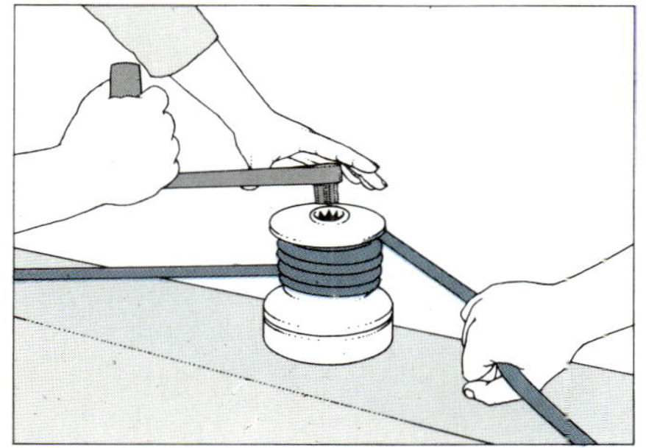

Immer horizontal an der Holepart ziehen, damit sich auf der Trommel kein Kneiftörn bilden kann.

Schot fieren und loswerfen

Zum Fieren der Schot wird der Tampen von der Belegklampe genommen und von Hand gehalten. Eine Hand wird über die Törns auf der Trommel gelegt, damit sie nicht abspringen. Bei vorsichtigem Lockern der Tampenspannung fangen die Rundtörns zu rutschen an, durch Anziehen kommen sie wieder fest. Zum Loswerfen zieht man den Tampen schnell senkrecht über der Winsch hoch und läßt los, wenn alle Törns abgewickelt sind.

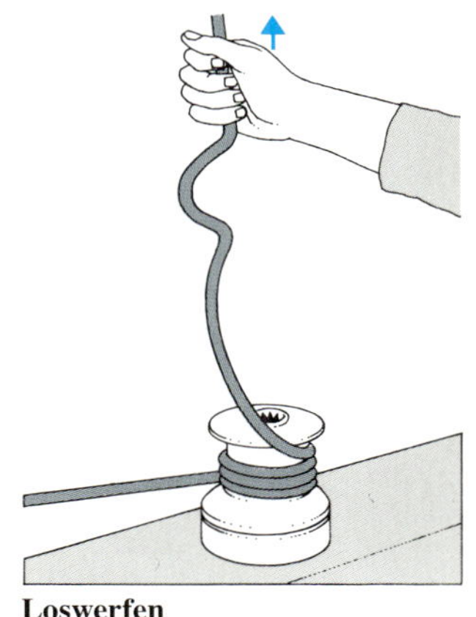

Loswerfen

Fieren oder schricken

Kneiftörns lösen

Durch Unachtsamkeit beim Einwinschen oder wegen eines fehlerhaften Anlaufwinkels kann sich auf der Trommel ein Kneiftörn bilden, der nur zu lösen ist, wenn eine zweite Leine mit Stopperstek (Seite 149) auf die Schot gesetzt und mit einer zweiten Winsch oder Talje so weit angeholt wird, daß die Holepart bis zur bekniffenen Trommel lokker wird. Nach dem Lösen des Bekniffs legt man neue Törns auf die Trommel, belegt den Tampen auf der Klampe mit Slipschlag und kann nun der Stopperleine Lose geben.

Oben: Kneiftörn auf einer Winsch. Rechts: Der Kneiftörn sitzt auf der Winsch im Vordergrund. Die gemusterte Leine ist mit Stopperstek auf die stehende Part gesetzt und wird mit der hinteren Winsch geholt.

Segel

Als begeisterter Fahrtensegler sollten Sie über ein ordentliches Stell Segel von ordentlichem Schnitt und guter Qualität verfügen; es lohnt sich. Fortschritte in der Segelmacherei haben zu festeren und haltbareren Segeln geführt. Sie stehen besser und sind viel formtreuer als bestes Regattatuch noch vor 20 Jahren. Rennsegler benutzen ein hartes, glattes Tuch; auf Fahrt nehmen Sie besser ein geschmeidiges, das handiger und leichter wegzustauen ist und länger hält.

Mancher Fahrtensegler wählt die „Garderobe" für sein Boot nach der Rennmode – und irrt sich. Die Fahrtensegelei stellt andere Anforderungen. Es kommt auf Handigkeit, Haltbarkeit und Anpassungsfähigkeit an. Die Rennskipper stecken mehr Geld in ihren Ehrgeiz und denken nur in Wirkungsgraden und fahren gar unnötige Segel.

Eine Frage, die den Fahrtenskipper alle Jahr wieder bedrängt, lautet: Spinnaker oder nicht? Es ist ja recht einfach, den Motor anzuwerfen, wenn man vor einem zu schwachen Wind nicht weiterkommt. Es macht aber entschieden mehr Spaß, ein besonderes Raumwindsegel zu setzen, die Genua auszubaumen oder eine andere Art von „Schmetterling". Vielsegler unter den Fahrtenskippern mit einer tüchtigen Crew halten einen Spinnaker für eine lohnende Anschaffung; die mit einer weniger geschickten Crew werden einen baumlosen Blister vorziehen.

Weil Segel teuer sind, muß man pfleglich mit ihnen umgehen. Lassen Sie kein Segel ohne Schutzpersenning angeschlagen, denn das Tuch verdirbt, wenn es lange UV-Strahlung ausgesetzt bleibt. Wenn möglich, auch das Großsegel nach jeder Ausfahrt abschlagen und unter Deck aufheben.

Ein für Fahrtenyachten typisches Segelstell wird auf Seite 182 gezeigt; die zum Segeltrimmen nötigen Vorrichtungen finden Sie auf den Seiten 192–193.

Rechts: Blister aus Spinnakertuch als Spezialsegel für leichten Raumwind.

Links: Familienkreuzer am Wind unter Genua und Großsegel bei sehr leichter Brise.

Kreuzeryacht bei Backstagsbrise an einem schönen, ruhigen Nachmittag in der Karibischen See – Wunschtraum eines jeden Fahrtenseglers.

Segelgarderobe

Wie groß die Garderobe Ihres Bootes ist, hängt von dessen Art und Takelung ab, aber auch von der Erfahrung der Mannschaft und von dem, was Sie dafür ausgeben wollen oder können. Mehrere Vorsegel sind nötig, um sich den unterschiedlichen Windstärken anpassen zu können, was aber auch mit einer Rollfock möglich ist. Sturmfock und Trysegel aus besonders starkem Tuch müssen zu Küsten- und Seefahrt mitgenommen werden. Die hier gezeigte Segelgarderobe paßt zu einem mittleren Kreuzer mit befahrener Mannschaft. Für Familientörns nimmt man statt Spinnaker besser einen Raumballon (Blister).

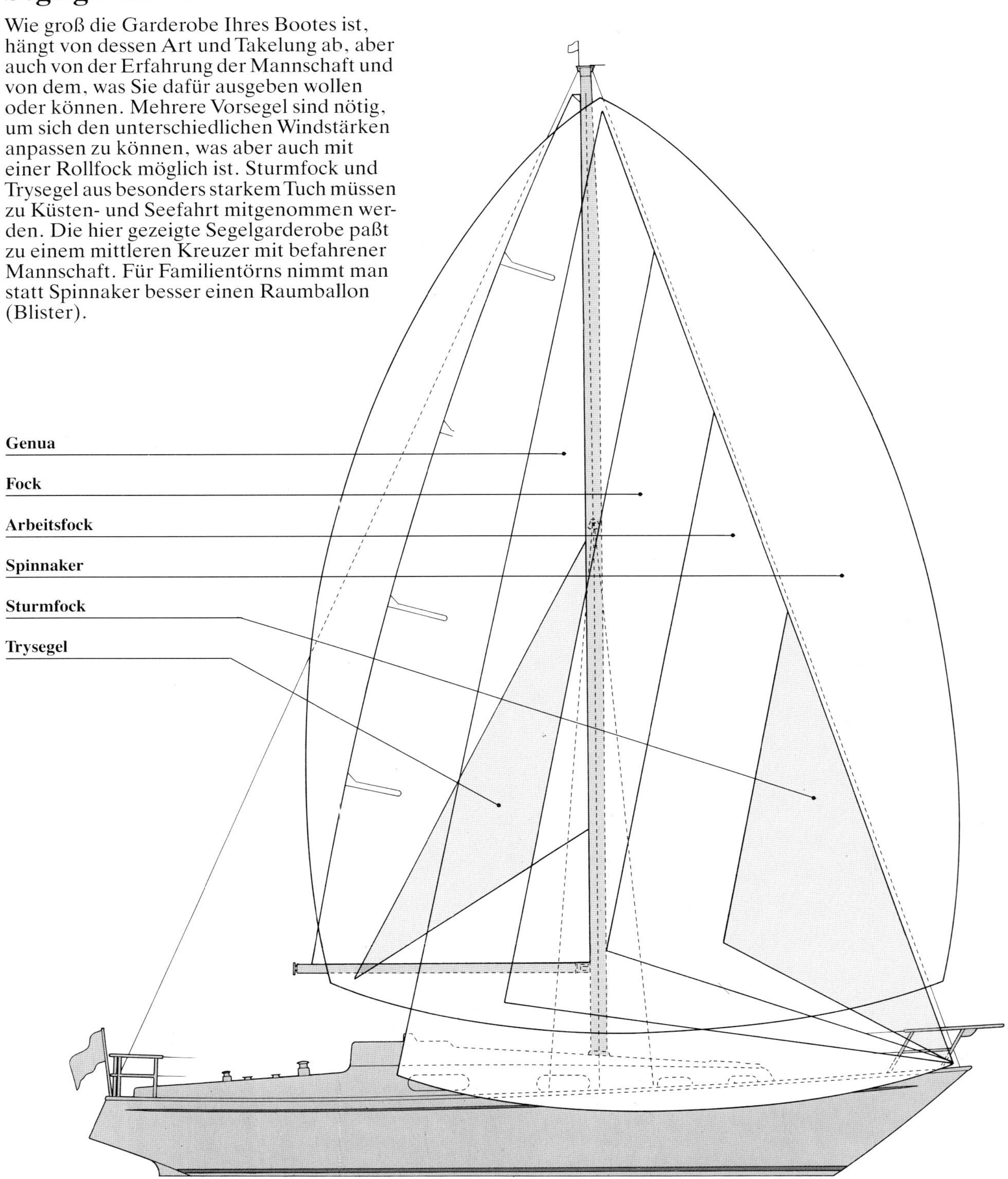

Riggvariationen

Die meisten Kreuzer haben ein toppgetakeltes Sluprigg, das heißt, das Vorstag reicht bis zum Masttopp, das Kopfbrett des Großsegels ebenso. Mehr und mehr findet man auch das sogenannte 7/8-Rigg, bei dem das Vorstag unterhalb des Topps angreift. Es eröffnet mehr Trimm-Möglichkeiten für den Mast. Darüber hinaus gibt es noch andere Rigg-Varianten. Dschunken- und Wishbonerigg werden an unverstagtem Mast gefahren und sind einfach zu handhaben. Die bei halbem bis raumem Wind vorzügliche Gaffeltakelung erlebt ein kleines Comeback, weil Fahrtensegler ohnehin mit Am-Wind-Kursen nicht viel im Sinn haben. Für kleine Reisen in Zonen stark veränderlicher Winde ist das Bermudarigg aber wohl die beste Takelung. Auf größeren Fahrtenyachten ist die Segelfläche fast immer auf zwei Masten verteilt: Ketsch, Yawl und auch Schoner. Das ist nicht nur Geschmackssache. Große Segel sind unhandig oder brauchen eine große Crew.

Solche Gaffelkutter finden wieder Liebhaber. Sie sind bei Raumwind schneller als Yachten mit Hochsegeln, gehen aber nicht so hoch an den Wind.

Das Dschunkensegel ist nicht so effektiv wie Gaffel- und Hochsegel, aber leicht zu bedienen und zu reffen und gut auf Raumwind-Kursen.

Zwei sehr verschiedene Beispiele, wie man Segelfläche unterteilen kann. Rechts eine konventionelle Bermuda-Ketsch, links eine neue Variante des Wishbone-Riggs, die eigentlich mehr ein Surf-Rigg ist, mit unverstagten Masten und um den Mast geführten Doppelsegeln, die leicht zu handhaben sind.

Beiboote

Alle Fahrtenyachten brauchen zum Verkehr mit dem Land und Übersetzen von Personen ein Beiboot, das im Idealfall die ganze Crew nebst etwas Ausrüstung und Proviant aufnehmen kann und unsinkbar und unempfindlich gegen rauhe Behandlung ist. Es sollte mit Riemen und kleinem Außenborder leicht zu bewegen sein. Gewöhnlich aber bestimmt der Stauplatz an Bord, was man sich als Beiboot leisten kann. Ein voll zweckgerechtes Beiboot (Tender) kann gewöhnlich nur in Davits am Heck gehalten werden (unten rechts), oder man muß es schleppen, was den Kreuzer bremst und bei Hafenmanövern lästig ist.

Die meisten Skipper bevorzugen ein Schlauchboot, das man halb aufgeblasen an Deck zurren oder in einer großen Backskiste stauen kann. Solche Tender lassen sich aber nicht gut rudern; für weitere Wege braucht man einen kleinen Außenbordmotor. Weil sie jedoch weich sind, schonen sie beim Längskommen die Bordwand der Yacht.

Seien Sie sehr vorsichtig bei der Benutzung des Tenders – bei leichtfertigem Umgang mit ihm ist schon manch einer ertrunken. Jeder im Beiboot sollte eine Schwimmweste tragen, auch wenn er schwimmen kann. Überladen Sie nie das Beiboot – fahren Sie lieber zweimal, wenn nötig.

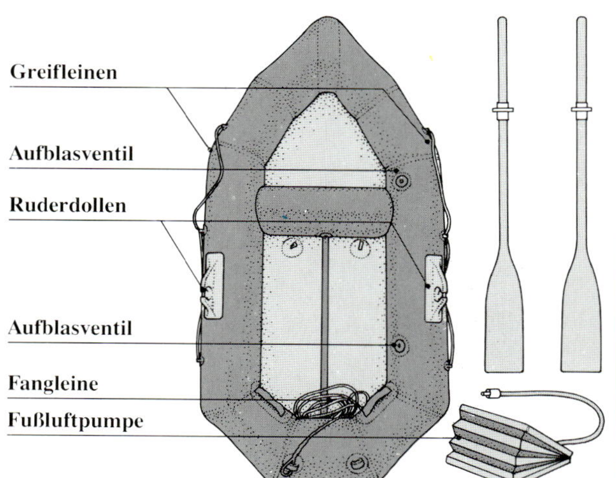

Beiboot im Schlepp

Ein starres Beiboot wird man wahrscheinlich im Schlepp mitführen; jedenfalls bei kurzen Trips, bei denen man wohl auch ein Schlauchboot lieber schleppt als die Luft herauszulassen und es an Deck zu stauen. Etwa wenn der nächste Hafen nur zwei oder drei Stunden entfernt ist. Zuvor räumt man natürlich alle losen Dinge aus dem Boot und staut sie an Bord. Weil der kleine Tender überkritische Fahrt macht, muß die Schleppleine schon etwas aushalten können und gut am Tender und der Yacht befestigt sein, am besten am Tendersteven, an einem Augbolzen, knapp über der Wasserlinie. Die Leine muß auf eine Länge gesteckt werden, daß das Dingi ruhig auf einer Heckwelle der Yacht liegt. In Häfen muß sie kurz geholt werden. Starre Tender kommen bei achterlicher See gerne ins Surfen und rammen dann ihre Yacht; mehr Leine stecken, auch wenn der Tender dabei zu gieren anfängt. Schlauchboote sind da friedlicher, aber bei starkem Wind fangen sie an zu fliegen. Und sie sitzen bald voller Seepocken, die kaum mehr abzumachen sind, ohne die Gummihaut zu beschädigen. Im Hafen, beim Manövrieren, muß einer sorgen, daß die Beibootleine nicht in den Propeller gerät. Bei Fahrt durch das Wasser nie ins Dingi steigen.

Beiboot-Gebrauch

Tender, besonders die starren, haben das „Erbleiden", kippelig zu sein. Beim Ein- und Aussteigen muß man besonders vorsichtig sein, um mit dem Dingi nicht zu kentern. Nachdem man es zu Wasser gebracht hat, macht man seine Fangleine am Fuß einer Relingsstütze in Wantennähe fest.
Der Ruderer sollte als erster einsteigen, dabei in die Mitte treten und sich gleich auf die Ruderducht setzen, Blick nach achtern. Die Riemen (Ruder) werden ihm gereicht, dann die Dinge, die transportiert werden sollen, und gleichmäßig nach Gewicht im Boot verteilt. Es folgen die Passagiere, einer nach dem anderen, sorgfältig auf Balance achtend. Wenn der Ruderer den Riemen an der freien Wasserseite in die Dolle eingelegt hat und „klar" meldet, macht der Mann nächst der Fangleine diese los und drückt das Boot ab, damit auch der andere Riemen eingelegt werden kann.
Ausgestiegen wird in umgekehrter Reihenfolge und mit gleicher Vorsicht, um nicht zu kentern.
An Land muß das Dingi bis über die Hochwassermarke getragen werden, wenn Flutzeit ist. Vor dem Aussteigen prüfen, ob der Grund trägt oder schlammig ist. Am besten, man nimmt zum Anlanden die Sliprampe, wenn es eine gibt.

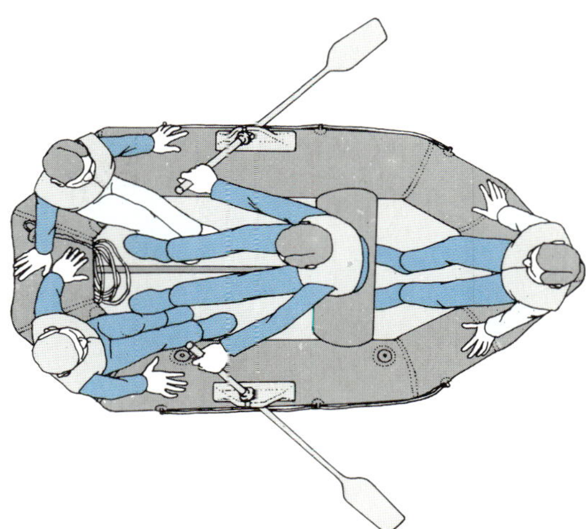

Gute Sitzverteilung in einem Schlauchboot. Auch das Staugut muß gut verteilt werden.

Der letzte Passagier verläßt die Yacht. Die Mannschaft im Tender hat sich so verteilt, daß das Boot nicht kentert, wenn er hinzukommt. Der Rudersmann ist klar zum Anpullen.

Dingi-Rudern

Ein beladenes Beiboot zu rudern, ist harte Arbeit, und der Rudersmann muß sich damit schon auskennen. Im Tidengewässer sucht man sich dazu nicht die Halbzeit zwischen Hoch- und Niedrigwasser aus, denn dann ist der Strom am stärksten. Höhe gegen den Strom errudert man sich möglichst im flachen Wasser, weil da der Strom nicht so stark ist.

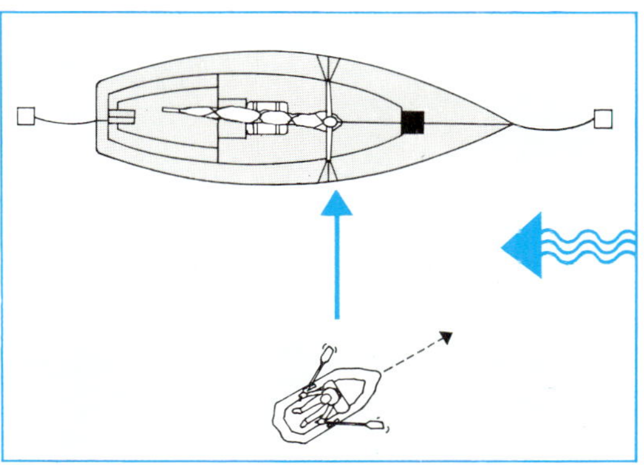

Weil der Strom im tiefen Wasser stärker setzt als am Rande, rudert dieser Mann zu anstrengend. Richtiger ist es, mit dem Dingi am Rande Stromluv (Höhe) herauszuholen und dann mit weniger Vorhalt kräftesparender hinüber zur Yacht zu rudern.

Manövrieren mit Maschine

Fast jede moderne Kreuzeryacht ist mit einem Motor ausgerüstet – Einbaumotor auf größeren und Außenbordmotor auf kleineren Booten. Der Motor wird gewöhnlich nur zum Manövrieren in Häfen gebraucht, auch um bei Flaute einen Hafen zu erreichen. Fahrtensegler sollten sich aber hüten, sich auf den Motor zu verlassen. Sie müssen das Boot in allen Situationen auch ohne Motor beherrschen können. Bei Maschinenfahrt sind die Segel immer angeschlagen zum sofortigen Setzen, falls der Motor versagt. Auch der Anker sollte klar zum Fallen sein. Wer den Motor immer nur zum An- und Ablegen benutzt, verdünnt dabei das Öl und ruiniert die Maschine vorzeitig. Lassen Sie den Motor nicht nur zum Batterieladen laufen; fahren Sie dann das Boot, damit er warm wird.

Motoren

Kleinere Segelkreuzer haben als Hilfsmaschine meist einen Außenbordmotor, der am Heck montiert wird. Eine Montage im Schacht sieht von außen gut aus, nimmt aber mehr Platz weg als eine kleine Einbaumaschine unterm Cockpitboden und hat keine besonderen Vorteile. Jetzt, wo auch kleinere Außenborder wasserdichte Elektronikzündung (HKZ) haben, kann man sie ziemlich unbesorgt am Heck fahren.
Größere Yachten bekommen einen Einbaumotor. Der Sicherheit wegen meist einen Kleindiesel, obwohl der teurer und schwerer ist.
Freie Motorwahl hat man bei Außenbordern, bei Einbaumaschinen dagegen weniger, weil Serienboote in ihrer Konstruktiuon (Raum, Fundamente) auf bestimmte oder nur wenige Motortypen abgestimmt sind. Es werden gerne viel zu kräftige und damit in Anschaffung und Betrieb zu teure Maschinen eingebaut – für Reserve im Sturm. Aber im Sturm kann man nur langsam fahren und die Reserve kaum ausnützen. 3 kW pro Tonne Gewicht reichen allemal. Wichtiger ist, immer die Bedienungsanleitung und die verschleißanfälligsten Ersatzteile an Bord zu haben: Keilriemen, Schlauchstücke, Schlauchschellen; dazu einen Ölvorrat von einer Motorfüllung. Die Wartungs- und Überwinterungsanweisungen sollten gewissenhaft befolgt werden.

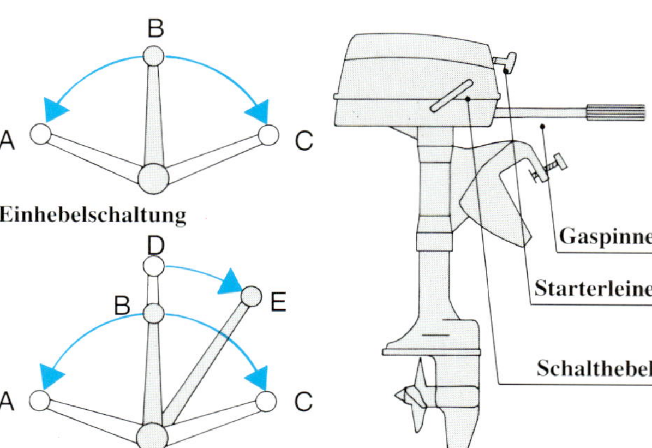

Einbaumotoren werden mit Einhebel- oder Zweihebelschaltung gefahren. Beim Einhebel sind Gang und Drossel gekoppelt. Legen des Hebels von Neutral (B) nach A bringt Vorwärtsfahrt; je weiter je schneller. Legen nach C schaltet auf rückwärts.

Beim Zweihebeltyp ist der Gashebel (D–E) von der Gangschaltung getrennt. Zum Schalten muß man immer das Gas bis auf Leerlauf zurücknehmen. Bei Außenbordern für Segelboote sind Schaltung und Gas auch getrennt. Gas wird mit dem Drehgriff der Pinne gegeben.

Propellerwirkung

Ein Propeller liefert nicht nur einen Schub voraus oder rückwärts, sondern er läuft dabei auch etwas wie ein Rad über Grund zur Seite und nimmt das Heck des Bootes mit; in Rückwärtsfahrt viel deutlicher als in Vorausfahrt. Darüber muß man sich bei jedem Maschinenmanöver klar sein, denn man kann es nutzen. Die meisten Propeller von Segelyachten sind linksgängig, drehen also in Vorausfahrt entgegen dem Uhrzeigersinn. Mit ihnen ist Anlegen an Steuerbord einfacher als Anlegen an Backbord, denn beim Stoppen des schräg heranfahrenden Bootes mit dem Rückwärtsgang fährt der nun rechtsdrehende Propeller das Heck zum Lande hin und legt das Boot so parallel.

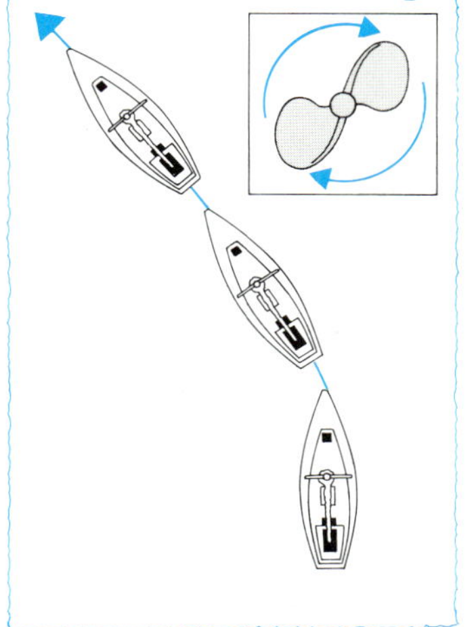

Wenn das Boot einen rechtsgängigen Propeller hat (meist nur Motorboote), der in Vorwärtsfahrt rechtsherum dreht, zieht er das Heck nach rechts und lenkt den Bug nach Backbord.

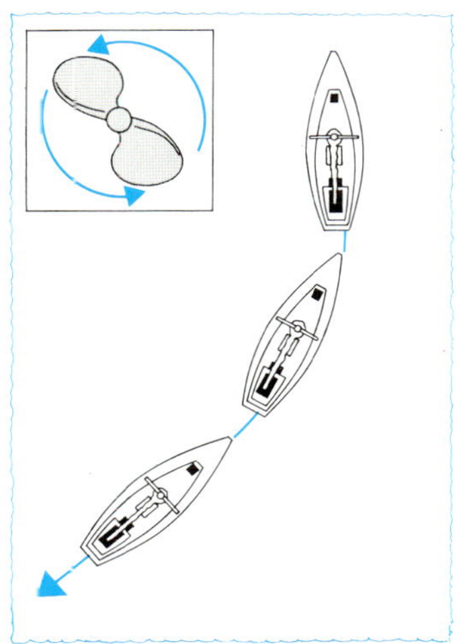

Im Rückwärtsgang dreht der Propeller entgegengesetzt und bringt mit seinem Seitenlauf das Heck nach Backbord, deutlich stärker als in Vorausfahrt, und den Bug nach Steuerbord.

Gebrauch des Motors

Wegen des Seitenlaufs des Propellers dreht ein Schiff immer zu der Seite hin eine engere Kurve, die der Vorausdrehrichtung des Propellers entgegengesetzt ist. Beim rechtsgängigen Propeller dreht das Boot einen engeren Kreis nach Backbord als nach Steuerbord. Es kann sein, daß sich das Boot in Rückwärtsfahrt, trotz harter Ruderlage, nicht nach Steuerbord lenken läßt – und nicht mal geradeaus. Dann verfahre so: Propeller auskuppeln und rückwärts auslaufen lassen, wobei es dem Ruder meist etwas gehorcht. Ruder hart Backbord und kurz und kräftig im Vorwärtsgang anfahren, stoppen ehe das Boot Vorausfahrt aufnimmt; das Boot dreht dabei auf der Stelle links herum. Man läßt es über den gewünschten Rückwärtskurs hinaus drehen. Ruder mittschiffs oder leicht Steuerbord und langsam rückwärts gehen, wobei das Boot wieder einen Bogen nach Backbord fährt. Das ist unter Umständen mehrmals zu wiederholen, bis man dort ankommt, wohin man wollte. Fast alle Boote lassen sich auf der Stelle durch mehrmaliges kurzes Angehen mit dem Propeller in abwechselndem Vorwärts- und Rückwärtsgang drehen. Das Ruder wird dabei in die Vorausdrehrichtung des Propellers gelegt und bleibt in dieser Stellung, denn es spricht nur auf den Propellerstrom der vorausgehenden Schraube an.

Das Manöver auf der Zeichnung kann auch bei Wind in der gezeigten Richtung auf noch engerem Raum ausgeführt werden. Manche Boote haben eine außermittige Propellerwelle; der Propeller muß dann eine Gangrichtung zur Seite des Kiels haben.

Ein Boot mit rechtsgängigem Propeller dreht unter Ausnützung des Propellerseitenlaufs in den Wind hinein (2–4) und läuft dann mit Ruder hart Steuerbord auf Gegenkurs (4–6).

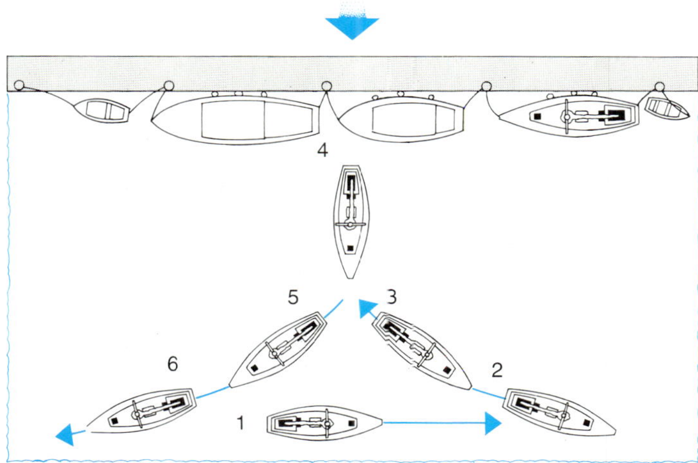

Umgang mit Vorsegeln

Die meisten Kreuzeryachten fahren verschiedene Vorsegel zum jeweiligen Wetter, die alle in etwa derselben Weise gesetzt werden – entweder mit Stagreitern am Vorstag oder mit dem Vorliek in der Nut eines Profils, in dessen zweiter Nut oft ein neues Segel vorgeheißt werden kann, ehe das stehende niedergeholt wird. Das richtet sich nach der Art der Verstagung.

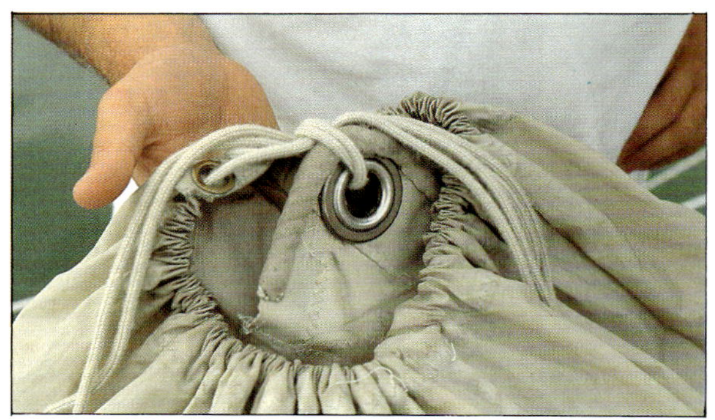

Eingesackte Fock mit hervorschauendem Hals, so daß dieser als erstes angeschlagen werden kann.

Anschlagen

1 *Der Hals wird aus dem Sack geholt und am Bugbeschlag mit Schnappschäkel oder Hakenfitting angeschlagen.*

2 *Die Crew setzt von unten nach oben die Stagreiter aufs Stag und achtet darauf, keinen zu verdrehen.*

3 *Die Schoten werden mit Palstek am Schothorn befestigt und über die Seitendecks und durch die Holepunkte nach achtern zum Cockpit geführt. Ihre Tampen bekommen Achtknoten.*

Heißen

Vorsegel können auf jedem Kurs zum Wind geheißt (gesetzt) werden. Obacht, daß das Fall nicht ums Vorstag gewickelt ist. Nicht so steif durchsetzen, daß sich beim Einschoten senkrechte Falten bilden, sondern nur so weit, daß waagerechte Falten verschwinden.

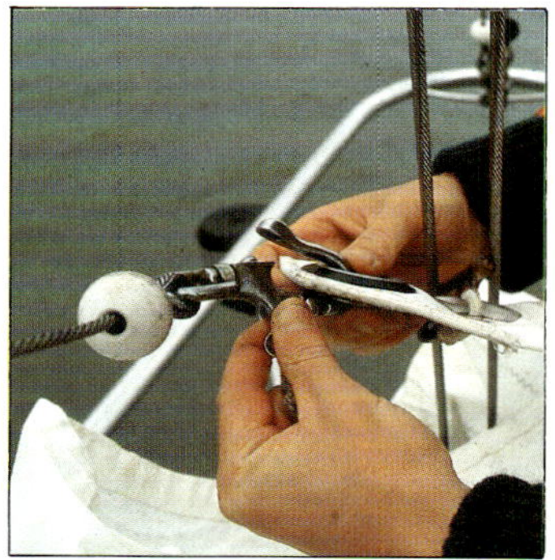

1 *Mach das Fockfall am Kopf des Segels fest. Obacht, daß das Fall nicht ums Vorstag getörnt ist!*

2 *Mach das Fockfall von der Klampe los. Lege einen Törn um die Winsch und hol das Fall von Hand. Die Winschkurbel wird nur fürs Steifsetzen gebraucht. Schot belegen und Tampen aufschießen.*

Niederholen

Das macht man am besten zu zweit. Der eine sitzt im Bugkorb und holt das Segel nieder, während der andere entsprechend das Fall fiert. Das Fall wird vom auf Deck niedergehaltenen Segel abgeschäkelt und an üblicher Stelle festgemacht. Das Segel wird entweder vorübergehend an der Reling gezurrt oder weggepackt.

Ein Mann holt das Vorsegel nieder und hält das Tuch mit dem Knie fest. Er ist mit Sicherheitsgurt und Sorgleine gesichert, so daß er beide Hände gebrauchen kann.

Profilstageinsatz

Einige moderne Boote haben ein Profilstag mit zwei Keepen (Rillen) zur Aufnahme des Vorliektaus der Vorsegel, das in diese Rille eingeführt wird und leicht gesetzt und niedergeholt werden kann. Der Hauptvorteil dieser Vorrichtung ist, daß man ein neues Segel setzen kann, während das andere noch steht. So büßt man beim Vorsegelwechsel keine Fahrt ein.

Vorsegel, die in der Keep eines Profilstags gefahren werden, müssen in Zickzackfalten in eine längliche Segeltasche gepackt werden, aus der heraus sie gesetzt werden können.

Verstauen

Wenn ein Vorsegel nicht gebraucht wird, muß es verstaut werden; entweder ordentlich gefaltet längs der Reling und mit Gummistropps oder Zeisingen an dieser gehalten, damit es nicht ins Wasser auswehen kann, oder aber eingesackt. Es kann im Sack sogar am Vorstag angeschlagen bleiben, wenn nur ein kurzer Landgang ansteht. Sonst wird das Segel sauber zusammengelegt und so eingesackt, daß der Hals obenauf liegt und mit der Schließleine des Sacks verknotet werden kann. Die Segel möglichst trocken einsacken, naß eingesackte bei erster Gelegenheit trocknen und neu einsacken. Jeden Segelsack mit der Segelbezeichnung versehen.

Vorübergehend eingesacktes Vorsegel. Es bleibt dabei am Vorstag angeschlagen.

Unten: Auch so kann man ein Vorsegel vorübergehend mit Stropps an die Reling zurren.

Umgang mit dem Großsegel

Das Großsegel eines Kreuzers bleibt meist auf dem Baum aufgetucht und angeschlagen. Zum Anschlagen braucht man am besten zwei Leute. Die meisten Großsegel haben Lattentaschen, in die die jeweils passende Latte eingeschoben werden muß, bevor das Segel gesetzt wird. Die Großschot bleibt gewöhnlich angeschlagen. Beim Rollreff kann das Segel lose um den Baum gewickelt werden, sonst wird es aufgetucht und festgezeist und dann mit der Persenning abgedeckt, damit es nicht unter der UV-Strahlung leidet. Von unten muß Luft an das Segel herankönnen.

Aufgetuchtes Großsegel unter der Persenning. Für kurze Zeit kann man es ohne Persenning aufgetucht lassen. Um es aber vor Schmutz und UV-Strahlen zu schützen, muß bei längerer Liegezeit eine Persenning drüber.

Anschlagen

Das Schothorn beim Baumlümmel in die Keep des Baums einführen und nach achtern ziehen, bis das ganze Fußliek in der Keep sitzt. Dann wird der Hals beim Lümmel angeschäkelt und das Schothorn mit dem Ausholer an der Baumnock befestigt. Das Vorliek wird entweder in einer Mastkeep gefahren oder mit Mastrutschern auf einer Mastschiene.

Oben: Das Fußliek wird in die Keep des Großbaums eingeführt.

Links: Der Ausholer zwischen Baumnockbeschlag und Schothorn des Großsegels.

Rechts: Die Vorliekrutscher des Großsegels werden in die Mastkeep eingeführt. Sind alle drin, muß die Keepsperre geschlossen werden.

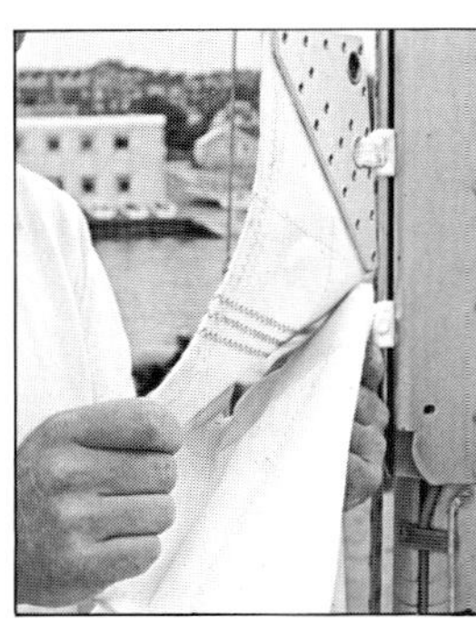

Heißen

Der Wind muß vorlich einkommen, sonst kann das Groß nicht geheißt werden, weil es sich mit Wind füllt. Das Großsegelfall am Kopf einschäkeln und prüfen, ob es oben auf der Rolle liegt. Die Zeisinge am Segel lösen. Wird das Vorliek in einer Keep gefahren, muß es einer beim Heißen einfädeln. Zum Durchsetzen des Falls die Winschkurbel benutzen, nicht zu steif durchsetzen. Dann der Dirk Lose geben, das Fall auf der Klampe belegen und das überschüssige Ende aufschießen und an der Klampe aufhängen.

Anschäkeln des Großfalls an den Kopf des Großsegels.

Zum Durchsetzen der letzten Dezimeter des Großfalls wird die Winschkurbel gebraucht.

Niederholen und verstauen

Zum Niederholen des Großsegels muß der Wind von vorn kommen. Die Großschot muß gefiert sein, damit das Segel flattern kann. Nicht vergessen anzudirken, bevor das Fall gefiert wird, sonst kracht der Baum aufs Deck. Während einer das Fall nach und nach fiert, faltet ein anderer das Segel in eine aus dem Unterteil gebildete Tasche, die dann eingerollt und mit Zeisingen oder eine Reihleine auf dem Baum aufgetucht wird. Hat das Rigg ein Rollreff, kann das Segel mit der Reffkurbel auf dem Baum aufgewickelt werden.

Nach dem Andirken des Baums löst die Crew das Fall von der Klappe und fiert es.

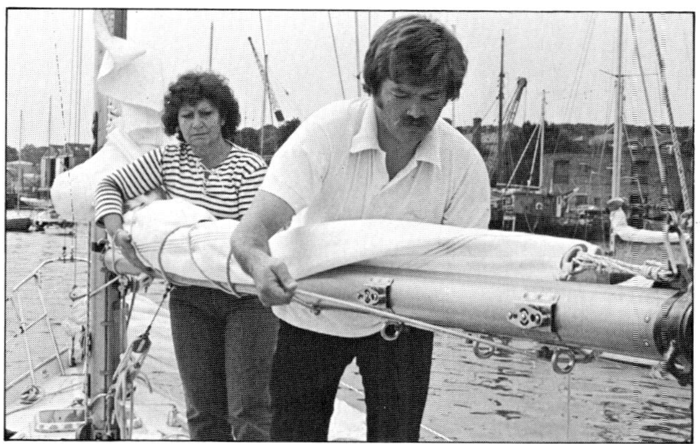

Ganz links: Aus dem unteren Segelteil wird eine große Bucht gemacht, in die das niederkommende Segel hineingefaltet wird.

Das Faltenpaket wird sauber eingerollt und mit Zeisingen oder einer Marlleine auf dem Baum aufgetucht.

Segelführung

Eine gewisse Ausrüstung zum Führen und Trimmen der Segel hat jeder Kreuzer, und wie raffiniert sie ist, hängt vom investierten Geld ab. Freilich ist großer Aufwand weder nötig noch überhaupt wünschenswert. Erwünscht ist zwar, daß der Fußblock der Großschot an einem Leitwagen (Traveller) sitzt, der in verschiedenen Stellungen festsetzbar ist, um die herabziehende Schotkraft auf Baum und Segel regulieren zu können. Ein Ausholer fürs Fußliek und ein Cunninghamstropp fürs Vorliek sowie verstellbare Holepunkte für die Vorsegelschoten sind nützliche und nicht zu komplizierte Dinge, um bequeme und schnelle Reisen machen zu können.

Baumniederholer

Kreuzer sollten einen Baumniederholer mit einer wenigstens 6:1 übersetzten Talje haben, deren Holepart zu einer Winsch führen sollte, um noch mehr Kraft zu gewinnen. Ohne Niederholer steigt bei raumem Wind der Baum an, wodurch sich das Segel verwindet und das Boot auf Raum- und Vorm-Wind-Kursen in Rollschwingungen versetzt, auch „geigen" genannt. Durch Einsatz eines starken Niederholers wird die Großschot besser mit ihrer eigentlichen Aufgabe, den Anstellwinkel des Baums zu kontrollieren, fertig. Und das straffer gehaltene Segel scheuert nicht an Want und Saling.

Der Niederholer hier hat ein langes Ende, damit er gegebenenfalls über eine Winsch vom Cockpit aus geholt werden kann.

Großschotführung

Mit der Großschot stellt man den Winkel des Großsegels zur Bootslängsachse ein. Der Fußblock sitzt oft an einem Läufer, der auf einer Querschiene rollt und eine bessere Kontrolle der Achterliekspannung erlaubt. Bei leichtem Wind wird der Läufer luvwärts der Mittellinie festgesetzt und die Schot so gefiert, daß der Baum am Wind mittschiffs steht und das Achterliek eine glatte Kurve bildet. Mittlerer Wind: Läufer auf Mitte, die Schot anholen, bis die obere Segellatte parallel zum Baum steht. Starker Wind: Läufer in Lee, Schot dicht, um die Krängungskraft zu mindern. Kleine Wollfäden auf dem Segel machen's leichter – wenn alle horizontal nach achtern wehen, ist das Segel richtig getrimmt.

Großschottraveller wie dieser zählen heute zur Standardausrüstung jeder Fahrtenyacht.

Vorliekspannung

Das Vorliek des Großsegels sollte nur so gespannt sein, daß sich keine waagerechten Falten mehr bilden, und nicht so sehr, daß Falten parallel zum Mast entstehen. Die Spannung beeinflußt die Segelwölbung. Geringe Spannung bringt den Bauch weiter nach hinten und damit das Antriebsmaximum, das bei mittlerem Wind dort liegen sollte, wo es sich der Segelmacher gedacht hat. In stärkerem Wind erhöht man die Spannung des Vorlieks, in leichterem reduziert man sie. Das reguliert man mit dem Großfall, dem Cunninghamstropp oder dem Gleitlümmel und Niederhalter, je nachdem was man hat.

Ausholer

Der Ausholer zieht das Schothorn zur Baumnock, spannt also das Fußliek. Die Spannung sollte gerade so sein, daß beim Fußliek keine senkrechten und keine waagerechten Falten auftreten. Die Spannung beeinflußt die Bauchigkeit des Segels. Bei starkem Wind erhöht man die Ausholkraft, bei schwachem Wind mindert man sie, wodurch die Wölbung des Segels weiter nach vorn wandert.

Segellatten

Segellatten stützen die leicht rundgeschnittene Hinterkante des Großsegels. Latten, die nicht über die ganze Segelbreite gehen, müssen nach vorne hin verjüngt sein, damit sich am inneren Taschenende keine harten Falten bilden. Durchgehende Latten haben meist eine Vorrichtung zur Änderung ihrer Spannung.

Liekleine

Bei vielen Kreuzern ist in das Achterliek von Vor- oder Großsegel eine dünne Leine eingeschoren, die man etwas anholen kann, um das gelegentliche Flattern des hinteren Segelteils abzustellen. Das darf man aber nicht übertreiben, sonst bildet sich am Achterliek eine Windfangtasche. Das Flattern, seemännisch „killen" genannt, tritt oft nur beim gerefften Segel auf. Es ist dann sinnvoll, eine Liekleine zu riggen, die oberhalb jeder Reffkausch eingestellt werden kann.

Die Liekleine am Vorsegel wird getrimmt.

Vorschotholepunkte

Der Holepunkt ist der Punkt an Deck, in dem die vom Schothorn kommende Vorschot zur Winsch umgelenkt wird. Da die richtige Lage des Holepunkts entscheidend für den Stand des Vorsegels ist, läßt sich der Umlenkblock auf einer Schiene in verschiedene Positionen bringen. Er sollte immer so stehen, daß am Wind die Kurven des Fußlieks und des oberen Vorsegels einander ähnlich sind und die Rundung des Achterlieks etwa der Wölbung der Leeseite des Großsegels entspricht. Auf den meisten Booten sollten überlappende Vorsegel einen Abstand von 15 cm von der Salingsnock haben, wenn die Schot hart angeholt ist. Steht der Holepunkt zu weit achtern, wird das Fußliek zu hart luvgeholt und das Achterliek wölbt sich weit nach Lee. Steht der Holepunkt zu weit vorn, wird das Achterliek zu sehr nach unten gezogen und bildet eine Windfangtasche, während das Fußliek zu geringe Spannung hat; das Segel steht zu voll und verursacht übermäßige Krängung.

Vorliekspannung der Fock

Im Prinzip gilt dasselbe wie für das Großsegel. Die Spannung soll so sein, daß sich weder Quer- noch Längsfalten im vorderen Segelteil bilden. Bei starkem Wind erhöht man die Spannung etwas. Einziges Regulationsmittel auf Kreuzern ist gewöhnlich das Vorsegelfall. Auf Rennyachten haben einige Vorsegel Cunninghamgatchen oder -kauschen zum Einpicken einer kleinen Talje.

Stromfäden

Jedes Vorsegel sollte mit Stromfäden versehen sein – 30 cm lange Wollfäden, die etwa 15 cm hinterm Vorliek durch das Segel gestickt und auf beiden Seiten dicht am Tuch mit einem Knoten gegen Verrutschen gesichert werden, so daß auf jeder Seite ein etwa 15 cm langer Faden hervorschaut. Drei oder vier von denen verteilt man in gleichen Abständen über die Vorliekslänge. Diese Fäden zeigen einem sofort, ob richtig geschotet ist und richtig gesteuert wird. Die Schotung ist richtig, wenn hoch am Wind alle Fäden nach achtern flattern. Wirbeln die oberen und liegen nur die unteren nach achtern, steht der Holepunkt zu weit achtern. Zu weit vorne ist er, wenn die unteren wirbeln und die oberen richtig liegen. Man steuert korrekt am Wind, wenn die Fäden auf der Leeseite des Segels alle glatt und relativ ruhig nach achtern wehen. Die Fäden auf der Luvseite dürfen unruhig sein, sollen aber nicht ringeln, schlaff herunterhängen oder gar nach vorn wehen, denn dann segelt man zu hoch am Wind und muß etwas abfallen. Die Stromfäden sind ein weitaus empfindlicheres Kontrollinstrument als Verklicker oder elektronische Windvektormesser.

Wenden

Ein großes Boot zu wenden ist nicht schwieriger, eher leichter, als mit einer Jolle, weil der Kreuzer das langsamer macht und die Crew nicht so hektisch zu turnen braucht. Zwar ist exakte Zusammenarbeit der Mannschaft nötig, und jeder muß die ihm zu diesem Manöver zugeteilte Arbeit beherrschen. Weil die Segel eines Kreuzers viel größer sind, muß die Vorschot mit der Winsch dichtgeholt werden; dazu gehören zwei, einer zum Kurbeln, der andere zum Schothalten. Die selbstholende Winsch braucht nur einen, aber auch mehr Zeit.
Der Skipper darf das Boot vor der Wende nicht hoch an den Wind kneifen, es muß schnelle Fahrt machen, um mit Schwung durch den Wind zu kommen. Da jedes Boot sich dabei anders verhält, muß man das bei einem neuen Boot im freien Wasser ausprobieren. Auch die Wetterbedingungen beeinflussen das Wendemanöver. Die Routine in der Bildfolge unten funktioniert meistens, aber bei starkem Wind und Seegang wird das Manöver besser vorher durchgesprochen, damit es exakt klappt und jeder genau weiß, was er zu tun hat.

So wendet man

1 *Der Steuermann kündigt seine Absicht zu wenden mit dem Ruf „Klar zum Wenden" an. Die Crew nimmt die Fockschot von der Klampe, ohne sie loszuwerfen. Der Steuermann ruft „Ree!" und legt das Ruder auf die andere Seite. Fockschot loswerfen.*

2 *Die Segel beginnen, auf die andere Seite überzugehen. Auch die Crew wechselt die Seite (aber nicht wie hier auf die Ducht des Cockpits, das ist außerordentlich gefährlich) und beginnt mit dem Dichtholen der neuen Lee-Fockschot. Der Steuermann setzt sich auf die neue Luvseite.*

Der unmögliche Sektor

So unterschiedlich wie die Boote, so unterschiedlich sind auch ihre Fähigkeiten, hoch an den Wind zu gehen. Schnittige, hochgetakelte Rennyachten schaffen 35°, ein rassiger Familienkreuzer mit seiner kleineren Segelfläche mag bei Windstärke 3 an 40° kommen, und ein Motorsegler an 50°. Wenn der Wind aber auf Stärke 7 zunimmt, dann erreichen alle Yachten solche Höhen nicht mehr. Der Kreuzer wird bestenfalls 50° am Wind halten können, der Motorsegler 60°. Das muß bei den Am-Wind-Schlägen einer Reise bedacht werden.

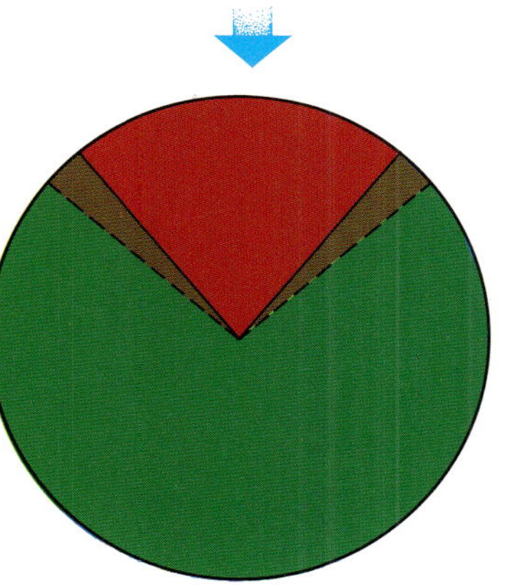

In leichtem Wind können die meisten modernen Kreuzer 50 bis 40 Grad an den wahren Wind gehen.

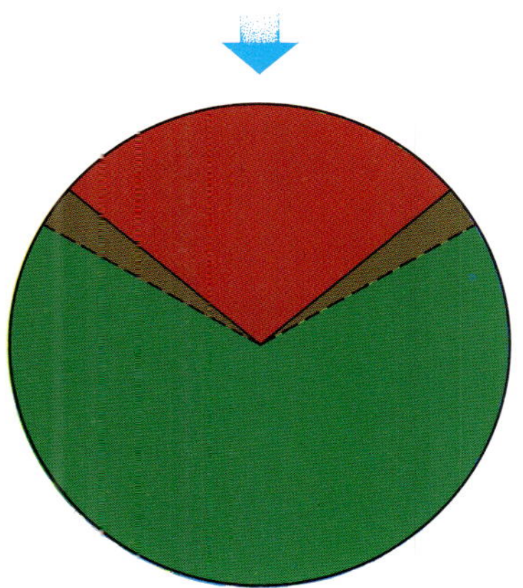

Bei starkem Wind und hohem Seegang kann man kein Boot höher als 60 bis 50 Grad an den wahren Wind bringen.

3 *Die Crew legt einige Windungen um die Winsch und holt mit der Kurbel die Schot steif. (Aber nicht stehend von der Cockpitbank aus, wie hier, denn da hat er gar nicht die erforderliche Kraft, wenn es etwas mehr weht.)*

4 *Der Steuermann kann dem Vorschoter beim Steifsetzen helfen, indem er die Drehung auf den neuen Bug etwas verzögert, so daß das Vorsegel sich nicht gleich ganz mit Wind füllt. Bei einer tiefgeschnittenen Genua muß einer eventuell vorne das Segel über die Reling ziehen.*

Halsen

Anders als bei der Wende stehen die Segel bei der Halse fast pausenlos unter Druck und gehen deshalb schneller und härter über. Boot und Großsegel (eventuell Besan) müssen deshalb sicher unter Kontrolle gehalten werden.

Das Kursänderungstempo bei der Halse steht einem frei, wogegen es bei der Wende vorbestimmt ist, damit das Boot durch den toten Sektor auf den Kurs kommt, auf dem es wieder segeln kann. Wenn Sie genau platt vorm Wind segeln, können Sie sogar halsen, ohne den Kurs zu ändern. Bei nachlassender Konzentration kann das auch unabsichtlich geschehen, was dann Patenthalse genannt wird und oft so hart übergeht, daß etwas bricht. Halsen lohnt sich auch beim Segeln mit Backstagsbrise, weil es schneller geht als wenden. Überdies segelt man mit Backstagsbrise so viel schneller, daß man mit Zickzackkurs schneller vorankommt als beim Segeln platt vorm Wind. Eine Halse mit einem Kreuzer ist nicht so aufregend wie mit einer Jolle.

Manchmal macht man sich das Halsen selbst schwer, weil man etwas zur Verbesserung der Segelführung getan hat, zum Beispiel einen Bullenstander geriggt hat, der den Baum am Schwingen hindert, während das Boot rollt. Der muß vor der Halse weggenommen und nachher wieder geriggt

So halst man

1 *Boot auf Backstags-Kurs steuern und Crew durch Ruf „Klar zum Halsen!" informieren. Die neue Lee-Vorschot wird zum Holen bereitgelegt, die alte zum Loswerfen klar gemacht.*

2 *Der Steuermann steuert platt vor den Wind und holt dabei die Großschot dicht, damit der Baum nicht gleich auf die andere Seite hinüber schlägt. Bei leichtem Wind wird er den Baum von Hand an der Schot hinüberschieben müssen. Das Kommando ist „Rund achtern!". Dabei wird langsam Leeruder gegeben – und Stützruder, sobald der Baum auf die andere Seite geht.*

werden. Dazu muß das Manöver sorgfältig eingeleitet werden, damit das Boot nicht querschlägt. Bei leichtem Wind hat man Spinnaker, Ballon oder eine ausgebaumte Fock stehen. Einen Spinnaker zu schiften ist aber kein Kinderspiel, man muß es unter den Augen einer erfahrenen Vordeckshand bei einem erfahrenen Skipper lernen. Einen Ballon können Sie wie ein Vorsegel schiften, vorausgesetzt es sind zwei Schoten am Horn festgemacht, sonst muß der Ballon vor der Halse niedergeholt und danach neu gesetzt werden. Auch die Spiere zum Ausbaumen der Fock muß vor der Halse weggenommen werden.

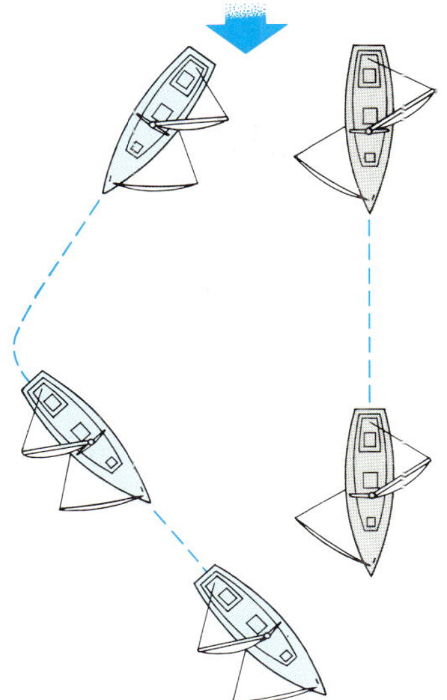

Bei leichtem Wind bringt wechselweises Halsen von Backbord- auf Steuerbord-Bug einen oft schneller ans Ziel als platt vorm Wind zu segeln, obwohl der Weg länger ist.

3 *Der Steuermann geht auf die andere Seite. Die Crew wirft die alte Lee-Vorschot los und holt das Vorsegel mit der neuen Leeschot auf die andere Seite. Der Steuermann fiert die Großschot langsam, bis der Baum richtig steht.*

4 *Ist die Halse ausgeführt, kann der Steuermann auf den neuen Kurs gehen, die Segel entsprechend trimmen, die Fock ausbaumen oder den Reacher setzen lassen, je nachdem was er für nötig oder nützlich hält.*

Steuern

Die Aufgabe des Steuermanns in einem Segelboot ist zweifach wichtig: Er muß den richtigen Kurs steuern und das Boot am Laufen halten, das heißt, so steuern, daß die Segel voll stehen. Auf jedem Kreuzer sollte mehr als einer jeden Kurs zum Wind steuern können.

Außer beim Segeln am Wind, wenn das Ziel durch eine Reihe von Kreuzschlägen erreicht werden muß, wird der zu segelnde Kurs der Karte entnommen und zu einem Kompaßkurs beschickt, den ein Steuermann mit einer Toleranz von höchsten 5° Schwankung halten können muß, so daß der Navigator den gutgemachten Kurs auch richtig zeichnen kann. Anfänger korrigieren meist mit zuviel Ruderlage. Das bremst und macht das Schiff unruhig. Es ist einfacher, nach einer Sichtmarke als nach dem Kompaß richtig zu steuern – nachts helfen Sterne und Küstenfeuer. Am Wind kann der Kurs oft nicht genau gehalten werden; dann muß sich der Steuermann den mittleren gesegelten Kurs merken, größere Kursänderungen mit Uhrzeit und Gradzahl notieren und/oder dem Navigator melden, damit der nachkoppeln kann. Diese Mühe kann in einem Notfall lebensrettend sein, weil sie zu einem einigermaßen richtigen Schiffsort führt.

Kurs mit Deckpeilung

Wo Tidenströme das Schiff versetzen können, sind enge Fahrwasser oft durch Deckpeilmarken oder Unter- und Oberfeuer gekennzeichnet, die in Linie gehalten werden müssen. In Seehandbüchern werden solche Peilungen beschrieben. Zum Beispiel: „Man hält die beiden Palmen am Strand und den Funkturm in Deckung." (Ansteuerung des Hafens von Bimini.) Um eine solche Deckpeilung in Linie zu halten, muß bei einem Querstrom „automatisch" schräg gegen den Strom gesegelt werden. Es ist aber ein weit verbreiteter Irrtum, diese Methode sei auch der kürzeste und schnellste Weg über ein Strombett, denn mathematisch maßgebend ist nicht der Weg über Grund, sondern der durch das Wasser. Will man wegen Schiffsverkehr schnell ans andere Ufer, quert man den Strom im rechten Winkel und holt die Höhe am anderen Ufer zurück.

Kompaßkurs steuern

Jedes Boot sollte wenigstens einen großen Kompaß haben, der für den Steuermann von beiden Seiten her gut abzulesen ist. Man kann ihn ins Kajütschott montieren, bei Radsteuerung auf der Radsäule. Die Beschikkung des Kartenkurses zum Kompaßkurs ist Navigatorsache. Seine Kurszahl muß am Fahrstrich anliegen. Ist das erreicht, sucht man sich am besten in der Ferne eine Land- oder Seemarke, nach der man diesen Kurs auch steuern kann, etwa eine Kapkante deckt sich mit der Backbordlaterne. Anfänger vergessen oft, wie sie steuern müssen, um auf den befohlenen Kurs zurückzukommen. Ist der befohlene Kurs größer als der gerade anliegende, muß der Bug nach rechts, Pinne nach Backbord. Ist der befohlene Kurs kleiner als der anliegende, muß der Bug nach links, also Pinne nach Steuerbord. Kurz gesagt: mehr Grad nach Steuerbord, weniger Grad nach Backbord. Nicht unentwegt auf den Kompaß schauen, das ermüdet schnell. Die Kurszahl auf eine kleine Tafel beim Kompaß schreiben; sie wird gelegentlich mal vergessen.

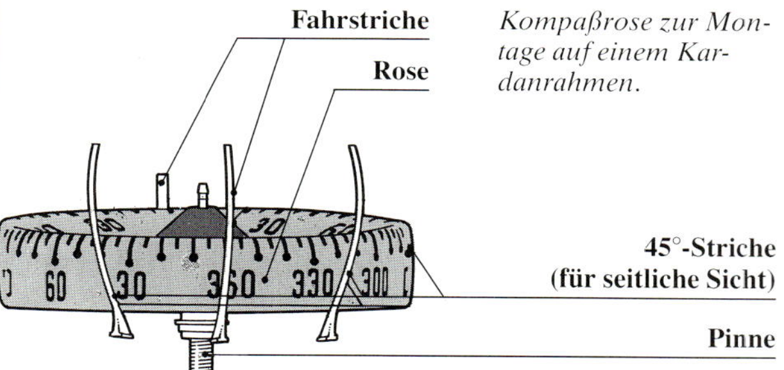

Kompaßrose zur Montage auf einem Kardanrahmen.

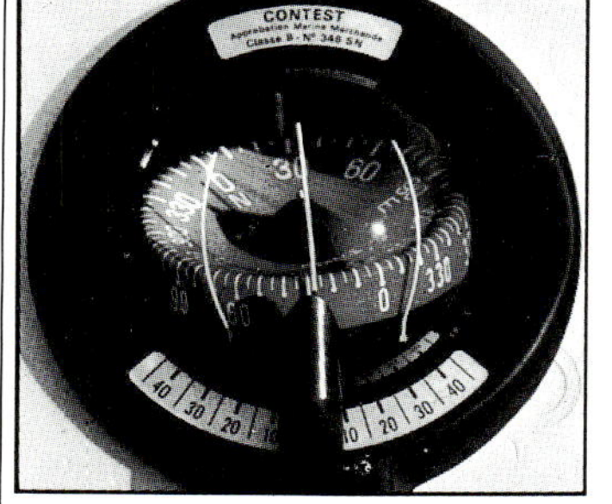

Am mittleren Fahrstrich liegt die Kurszahl an. Die seitlichen Steuerstriche helfen beim Steuern mit der Pinne. Sie zeigen die um den Seitenwinkel geänderte Kurszahl an. Rosenteilung 0 bis 360 Grad.

Wirkung der Abdrift

Immer wenn das Boot mit halbem Wind oder höher segelt, muß die seitliche Versetzung des Bootes durch den Wind (Leeweg) berücksichtigt werden. Tut man das nicht, kommt das Boot leewärts vom angesteuerten Ziel an. Man kompensiert das, indem man den Bug etwas nach Luv von einer angesteuerten Marke hält. Außer Landsicht kann der Navigator den Vorhaltewinkel nach dem Winkel beurteilen, den das Kielwasser mit der gedachten Fortsetzung der Schiffslängsachse bildet. Bei guten Yachten und ruhigem Wetter ist der Winkel selten größer als 5°; bei rauhem Wetter kann er bis auf 10° anwachsen.

Winddrehungen

Stärke und Richtung des Windes sind nie konstant. Aufmerksame Rennsegler, die das auszunützen wissen, sind begehrte Steuerleute. Kleine Richtungsänderungen sind entweder vorteilhaft – „Raumer" – oder nachteilig – „Schraler". Wenn der Wind schralt, dreht er so, daß er spitzer von vorn kommt, und das kann einen zwingen, zu einem Holeschlag über Stag zu gehen, wie die Zeichnung zeigt. Wenn der Wind raumt, bedeutet das eine Änderung des unmöglichen Sektors. Konnte man die Marke in der rechten Zeichnung zuerst nicht anliegen, so hat das Raumen des Windes von blau nach schwarz die Sektorgrenze so verschoben, daß man nun die Marke anliegen kann. Wer bei einem Schraler döst, wird bald durch knatternde Segel geweckt.

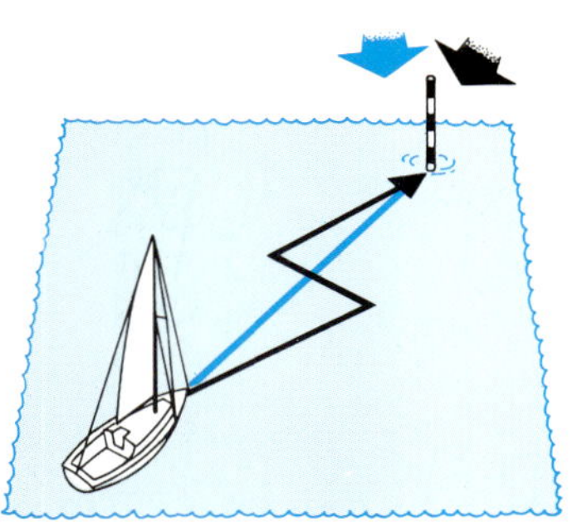

Schraler

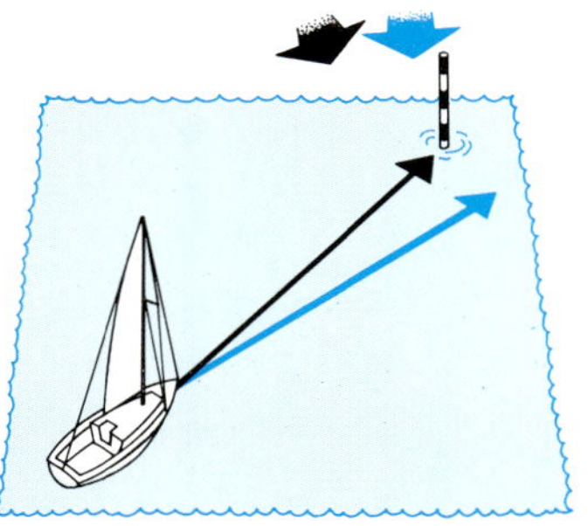

Raumer

Scheinbarer Wind

Die Segel müssen korrekt zum Wind eingestellt werden, aber es überrascht Sie vielleicht, daß dies ein Mischwind aus dem wahren Wind und dem Fahrtwind ist, der als scheinbarer Wind bezeichnet wird. Er ist die resultierende Strömung aus der Antriebsströmung (wahrer Wind) und einer Bremsströmung (Fahrtwind), wie es die Vektorzeichnungen verdeutlichen. (Vektoren sind gerichtete Größen.) Der scheinbare Wind kommt immer vorlicher ein als der wahre. Er ist auf Am-Wind-Kurs am stärksten und nimmt bis auf null vorm Wind ab.

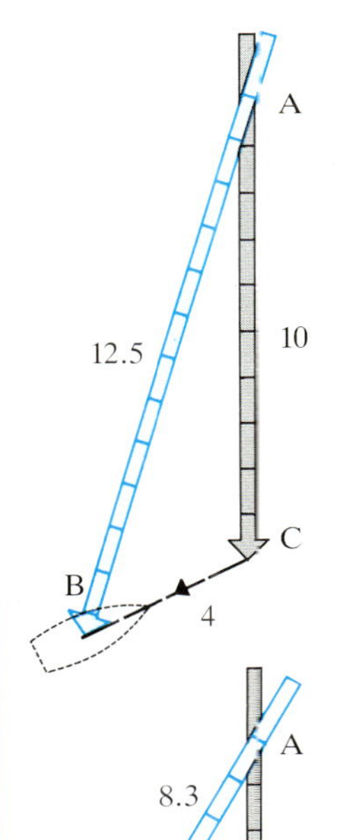

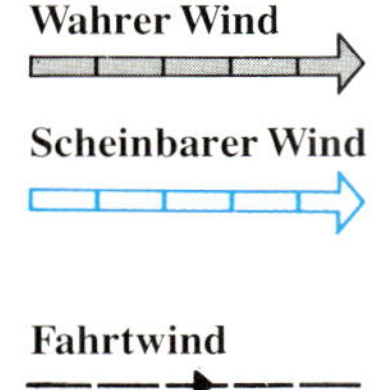

Zeichne Richtung und Stärke des wahren Windes (A – C) in Knoten, dazu Fahrtrichtung und Fahrtwind (Geschwindigkeit B – C). Die Verbindung A – B ergibt Richtung und Stärke des scheinbaren Windes. Sobald der scheinbare Wind raumer einkommt, wird er langsamer als der wahre.

Segeln vorm Wind

Wenn Sie in leichtem Wetter vorm Wind segeln, werden Sie den Wunsch verspüren, schneller voranzukommen, denn das Bermudarigg taugt nicht besonders für diesen Kurs. Wenn Sie die Spinnakertechnik nicht beherrschen (Seiten 236 bis 242) oder unterbemannt sind, haben Sie folgende Möglichkeiten: Ausbaumen eines großen Vorsegels zur Seite, auf der das Groß nicht steht, Setzen eines leichten Raumwindballons oder Setzen einer Doppelfock (Passatsegel). Die Großschot ist weit aufzufieren, aber nicht so weit, daß der Baum die Wanten berührt. Ein Baumniederholer verhindert das Hochsteigen des Baums, das die Wirksamkeit des Großsegels vermindert; bei stärkerem Wind kann das Boot dann auch gefährlich ins Rollen kommen und querschlagen (nächste Seite). Zur Vermeidung einer Patenthalse sichert man den Baum mit einem Bullenstander.
Bei hohem Seegang ist das Steuern bei Backstagsbrise schwierig, weil die Seen das Heck von schräg achtern packen und das Boot in den Wind drehen wollen. Dem muß der Rudergänger rechtzeitig und aufmerksam gegensteuern.

Kreuzerballon, Blister

Man kann die Vorm-Wind-Garderobe durch solch ein Segel aus Spinnakertuch vervollständigen. Das asymmetrische Segel wird ohne Baum gefahren und am Spinnakerfall oder Fockfall geheißt. Sein Hals wird am Stevenbeschlag angeschäkelt. Seine Doppelschot wird außerhalb des Riggs Backbord und Steuerbord zu den Spinnakerwinschen geführt. So schiftet der Ballon beim Halsen von selber zur anderen Seite. Für ungeübte Segler ein leichter zu beherrschendes Segel als der Spinnaker.

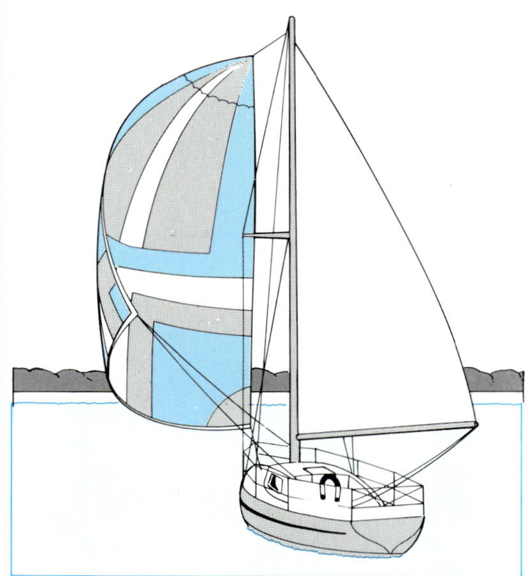

Ausbaumen eines Vorsegels

Man baumt ein Segel aus, damit es achterlichem Wind eine größere Angriffsfläche bietet, und nimmt dazu meist den Spinnakerbaum. Er wird zur Luvseite ausgebracht und die Luvschot durch seinen Nockbeschlag geführt. Dann den Baum bis zur Höhe des Schothorns anheben und so ausrichten, daß er etwa 50° vom Vorstag entfernt steht. Nun mit der Luvschot das Vorsegel an den Nockbeschlag heranholen. Das Groß bleibt auf der Leeseite zum „Schmetterling".

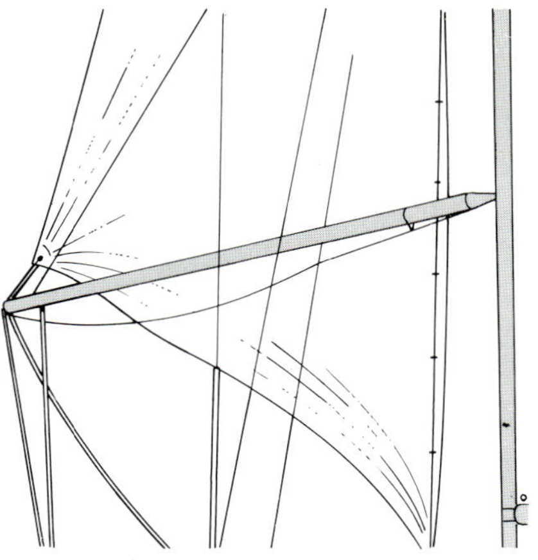

Verbinden von Baum und Schoten.

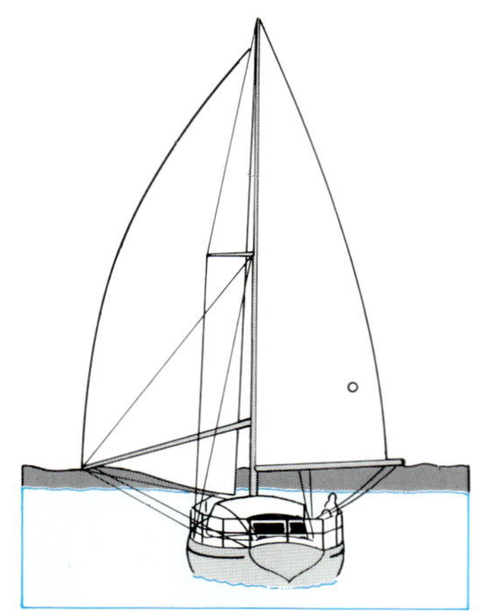

„Schmetterling" vorm Wind.

Doppelfock

Wenigstens die nach Luv stehende Fock muß ausgebaumt werden, wenn nicht genau platt vorm Wind gesegelt wird. Doch hat man dazu leichtere, extra für diesen Zweck angeschaffte Spieren. Am besten ist ein doppeltes Vorstag. Ein Profilstag mit zwei Keepen eignet sich nicht, weil das Liekband beider Segel zu stark geknickt wird. Das Großsegel wird gewöhnlich nicht gesetzt, damit es nicht an den Wanten schamfilt. Außerdem würde es die Leefock abdecken.

Passatfock an zwei Vorstagen.

Querschlagen

Wenn das Boot außer Kontrolle aus dem Ruder läuft und wild in den Wind schießt, wobei es weit nach außen überlegt, dann nennt man das Querschlagen. Es passiert meist bei kräftigem Raumwind und wenn man zuviel Tuch oben hat, kann aber auf allen Kursen zum Wind vorkommen. Den Anstoß geben Rollschwingungen, bei denen der asymmetrisch eintauchende Rumpf ein Drehmoment in die Gegenrichtung der Krängung erfährt, das vom zu groß stehenden Großsegel noch kräftig unterstützt wird. Das Ruder kann solchen Kräften nicht mehr entgegenwirken. In solchem Fall schnell die Großschot loswerfen. Wenn das Boot sich aufgerichtet hat, das Großsegel reffen.

Kurz vorm Querschlagen – vermutlich ein verunglückter Versuch zu halsen, bei dem das Großsegel zu schnell dichtgeholt worden ist, was ein Rennyachtruder nicht verzeiht.

Bullenstander

Beim Segeln vorm Wind besteht immer die Gefahr, eine Patenthalse zu machen. Eine von der Baumnock nach vorn gesetzte Leine verhütet das. Ob der Bullenstander mit einer eigenen Talje zur vorderen Festmacheklampe gefahren wird oder, wie in der Zeichnung, über einen Leitblock vorn wieder zurück nach achtern zu einer Winsch, das ist Geschmackssache. Lange Leinen haben viel Reck und sind lästig, wenn gehalst und der Bullenstander auf die andere Seite gebracht werden muß.

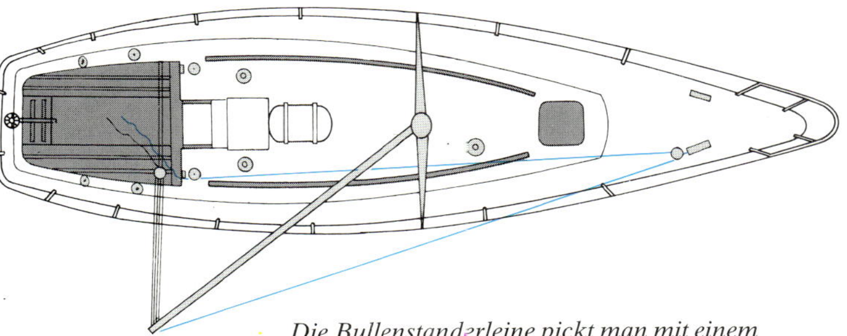

Die Bullenstanderleine pickt man mit einem Schnappschäkel an der Baumnock ein und belegt sie auf der vorderen Festmacherklampe, an der man aber auch einen Block festmachen kann, durch den der Stander nach achtern zu einer kräftigen Winsch gefahren wird.

Die Kontrolle der Fahrt

Wenn Ihr vorrangiges Interesse beim Segeln die Erzielung möglichst hoher Geschwindigkeit – Fahrt – sein sollte, so ist es aber doch sehr wichtig, daß Sie auch ganz langsames Segeln beherrschen – eine mehr und mehr vernachlässigte Kunst. Die Leute holen die Segel herunter und werfen den Motor an. Es gibt aber viele Gelegenheiten, bei denen die Benutzung des Motors unpraktisch ist oder nichts bringt, und dann ist es gut zu wissen, daß man sein Boot in jeder Situation beherrscht, ohne den Motor zu Hilfe zu nehmen.

Beim Mann-über-Bord-Manöver, wie hier, hängt der Erfolg davon ab, wie gut der Skipper langsam segeln kann.

Langsam segeln

Am einfachsten ist selbstverständlich, die Kraft aus den Segeln zu nehmen. Bei Wind aus dem vorderen Viertel kann man die Schoten fieren, bis die Segel leicht flappen. Beim Anholen der Schoten wird's dann wieder schneller. Für längere Fahrtminderung muß man reffen oder ein Segel niederholen. Auf Raum-Wind-Kursen kann die Großschot nicht beliebig gefiert werden, weil der Baum gegen die Wanten schlägt. Man kann das Vorsegel mehr oder weniger auffieren, aber das mag nicht genug sein. Dann muß man reffen oder, wenn es auf den Kurs nicht ankommt, das Boot an den Wind bringen und dann die Großschot auffieren. In langsamer Fahrt reagiert das Boot träge aufs Ruder und driftet bei Querwind merklich zur Seite. Man muß aufpassen, daß sich der Bug nicht nach Lee dreht, wobei sich die Segel füllen und das Boot ins Laufen bringen, wenn man's nicht gebrauchen kann.

Das Handlot

Die Wassertiefe mit einem Handlot messen, kann man nur bei sehr langsamer Fahrt. Dazu stellt man sich dicht vor den Wanten auf und hält in der bordseitigen Hand die sauber aufgeschossene Lotleine so, daß sie leicht von der Hand ablaufen kann. Die wasserseitige Hand wirft das Blei im Unterschwung weit voraus und holt die Lotleine entsprechend der Schiffsgeschwindigkeit ein, sobald das Blei den Grund berührt hat. Wenn die Leine senkrecht steht, wird die Leinenmarkierung bei der Reling (nicht die an der Wasseroberfläche!) abgelesen und ausgerufen.

1 *Man steht bei den Wanten, die Lotleine aufgeschossen in einer Hand. Die andere Hand packt die Leine dicht beim Blei, Arm nach rückwärts.*

2 *Das Lot kräftig vorauswerfen und die Leine von der Hand ablaufen lassen, bis das Lot am Grund aufstößt. An der Reling die Lotmarke ablesen, wenn die Leine senkrecht steht. Die Höhe Wasserfläche bis Reling muß bekannt sein.*

Beiliegen

Zu unterscheiden: Beidrehen ist nur ein kurzer Stopp, für den das Schiff so zum Wind gedreht wird, daß die Segel keine Wirkung haben. Beigelegt wird eine Segelyacht im Sturm, wenn segeln nicht mehr möglich ist, oder auch schon mal zum Mittagessen oder zu einer Reparatur. Beigelegt machen die meisten Boote noch etwas Fahrt voraus (0,5 kn) und driften nach Lee (max. 2,5 kn). Das Ruder wird nach Luv gelegt und festgesetzt, die Fock backgeholt, das heißt, die in Luv liegende Schot wird angeholt. Die Großschot wird aufgefiert, bis der Baum 30 bis 40 Grad nach Lee steht. Hier muß man probieren, bei welcher Stellung das Boot am ruhigsten wird. Es wird abwechselnd leicht anluven und wieder etwas abfallen. Wie groß die eingesetzten Segelflächen sein müssen, hängt von der Windstärke ab. Im Sturm nimmt man Sturmfock (backgesetzt) und Trysegel. Flossenkieler sind nicht so einfach beizulegen wie Langkieler, und bei Kurzkielern, die nur ein Schweberuder haben, wird es bei hartem Wetter gar nicht gelingen, weil an solchen Rudern die Strömung zu schnell abreißt. Als Fahrtenyacht sollten Sie eine wählen, deren Ruder an einer Vorfläche (Skeg) angelenkt ist. Sie gibt dem Boot auch bessere Kursstabilität.

Beigelegt. Oben rechts die backgesetzte Fock. Unten: Das Vorsegel ist zum Backsetzen auf Dauer zu groß, es schamfilt am Want. Die Großschot ist leicht aufgefiert, die Pinne in Lee gelascht. Probieren Sie's bei solchem Wetter zur Mittagspause aus, später dann bei stärkerem Wind aber mit kleineren Segeln.

Segel wechseln

Sie werden sich öfters gezwungen sehen, die Vorsegel zu wechseln, weil das Wetter ein größeres oder kleineres verlangt. Die Fläche des Großsegels wir durch Reffen verkleinert. Ihr Streben schnell weiterzukommen darf nicht so weit gehen, daß das Boot zu stark gepreßt wird. Die Methode des Vorsegelwechsels hängt von der Konstruktion des Vorstags ab. Gibt's da nur einen Draht, muß das stehende Segel niedergeholt und abgeschlagen, dann das neue angeschlagen und gesetzt werden. Beim Doppelvorstag oder Profilstag mit zwei Nuten kann das neue Segel gesetzt werden, während das andere noch steht. Alle Segel müssen so in ihrem Sack gestaut sein, daß der Hals in der Sacköffnung zuoberst liegt. Und jeder Segelsack muß deutlich lesbar mit Segelname und -nummer des betreffenden Segels beschriftet sein.
Die Mannschaft hat es beim Vorsegelwechsel einfacher, wenn sie das Boot auf einen Kurs mit achterlichem Wind legt, weil dabei das Großsegel dem Vorschiff Windschatten gibt.

Vorsegel wechseln

Werden die Segel am Vorstag mit Stagreitern gefahren, dann muß das alte Segel erst abgeschäkelt und die Stagreiter ausgepickt werden. Zwar kann das ein Mann machen, aber einer am Fall, der andere im Bugkorb zum Niederholen des alten und Festmachen des neuen Segels ist besser. Der Mann am Fall kann auch die Vorschot umpicken. Das neue Segel wird im Sack übers Luvdeck nach vorn geschleift, wo der Sack provisorisch festgemacht wird. Das alte Segel wird nach dem Wegnehmen nach achtern gebracht und eingesackt. Das Fall wird am Bugkorb angeschäkelt, bis die Stagreiter des neuen Segels und dessen Hals eingepickt sind. Doppelte Vorstagen müssen genug Abstand haben, damit die Stagreiter des hochgehenden Segels sich nicht in denen des noch stehenden Segels verfangen können. Für den Wechsel mit stehendem Segel wird wenigstens eine Extraschot gebraucht, die vom neuen Segel übers Leedeck führt – die Holepunktblöcke sollten dann auch zweischeibig sein. Die Luvschot kann vom weggenommenen Vorsegel ins Schothorn des neuen eingepickt werden.

Rechts: Segelwechsel geht am schnellsten, wenn zwei dran arbeiten; der Mann im Korb und der am Fall (rechts unterm Großsegel). Der am Want ist überflüssig.

Links: Den Segelsack schleift man übers Luvdeck nach vorn.

Links unten: Angeleint hat man beide Hände frei zum Niederholen des Segels.

Unten: Das Vorsegel ist angeschlagen, nun peilt er, ob das Fall auch nicht ums Vorstag vertörnt ist.

385

Ausrüstung zum Festmachen

Die längste Zeit wird das Boot wohl längs an einem Steg, Schlengel oder einer Pier festgemacht verbringen. Man muß deshalb unbedingt wissen, wie man es sicher festmacht, so daß es sich nicht bewegen und sich oder andere Boote beschädigen kann. Dazu gehört auch das richtige Material zum Festmachen: starke Leinen, Fender ausreichender Größe und Festigkeit, die auch rauhe Kaimauern vertragen, fest mit dem Boot verbolzte Belegklampen und Klüsen oder Lippen zur Führung der Leinen. All das muß in regelmäßigen Abständen nach Schamfilstellen (Verschleißstellen) abgesucht werden, damit Beschädigtes ersetzt oder verstärkt wird, ehe es brechen und das Boot auf Drift gehen lassen kann, wenn es stürmt. Auch muß jeder Knoten seemännisch korrekt sein, sonst geht er auf. Merke übrigens: Nie wird überschüssige Leine an Land oder auf einem anderen Schiff abgelegt, sondern immer auf dem eigenen Schiff.

Fender

Fender sind gewöhnlich aus Plastik, solche aus Tauwerk werden selten. Sie werden über die Seite des Bootes gehängt und an Reling oder Handlauf festgebunden.
Man muß sie mit Überlegung plazieren, damit sie das Boot vor Schrammen durch Steg, Mauer oder ein anderes Boot schützen. Man braucht wenigstens vier ausreichend große Fender, besser sechs; drei für jede Seite an der breitesten Stelle des Bootes. An unebenen Mauern oder Spundwänden, an denen sich die Fender verfangen oder beiseite drücken können, muß man ein Fenderbord außen vor die Fender hängen (Bild ganz rechts). Fender nehmen leider sehr viel Platz an Bord weg, aber zum Anlegen und Schleusen kann man nicht auf sie verzichten.

Wenigstens drei Fender braucht das Boot an der Längsseite.

Ein Fenderbord braucht man an Stegstempeln und Spundwänden.

Klampen, Lippen, Klüsen

Die Klampen an Bord sind besser eine Nummer zu groß als das, was Serienbootsbauer für richtig halten; das ist eine halbe Nummer zu klein. Es gibt sie aus Holz, Metall und Kunststoff. Je zwei Klampen vorn und achtern sind Mindestausrüstung; große Boote brauchen mehr. Auf dem Vorschiff in der Mitte sollte ein kräftig verankerter Poller stehen. An jeder Seite vorn und achtern sollen Lippen oder für Tidengewässer besser Klüsen zur Führung der Festmacher nach außenbords vorhanden sein. Alles gratfrei glatt und sauber verrundet.

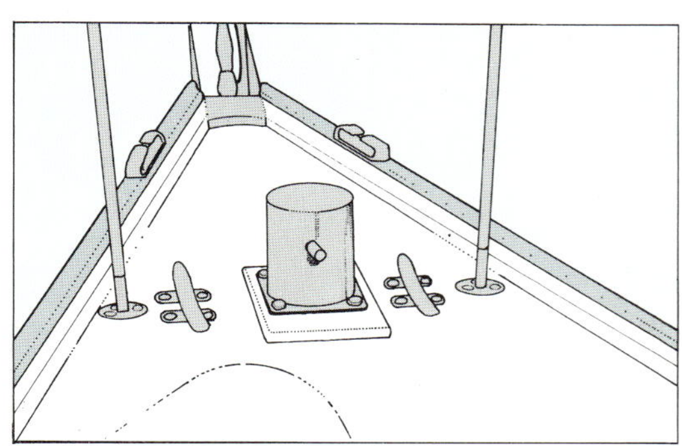

Vordecksbeschläge zum Festmachen: Poller, Klampen und Lippklüsen auf der Fußreling.

Festmacher(leinen)

Da Festmacher zu nichts anderem gebraucht werden, sollten Sie an einem Ende einen Augspleiß von 60 cm Durchmesser machen. Das ist groß genug, um das Auge auch mal von oben über einen Poller fallen zu lassen, wenn Steg oder Schlengel sehr niedrig sind. Sie brauchen zwei Leinen von etwa dreimal Tidenhub-Länge für vorn und achtern und zwei Springleinen von je anderthalb Tidenhublänge. In tidenfreien Gewässern reichen Vor- und Achterleine von anderthalb bis zwei Bootslängen und Springs von Bootslänge. Vor- und Achterleine brauchen nur einmal bei Halbgezeit nachgesetzt zu werden; sie halten das Boot schon durch ihr Eigengewicht richtig. Die Springs müssen zwei- bis dreimal nachgesetzt werden. Geht man für längere Zeit von Bord, setzt man volle Länge und knotet an die Springs noch ein Ende an. Alle Festmacher sollen von der Klampe durch Klüsen außenbords geführt werden, damit sie sich nicht mit Reling oder Rigg verfangen können. Sogenannte Lippen sind bei Tidenhüben von mehr als 3 m nicht mehr sicher. Brustleinen werden nur beim Beladen oder Anbordkommen ehrwürdiger Exzellenzen benötigt. Die Kombination von Vor- und Achterleine mit zwei Springs hält das Boot parallel zur Pier und verhindert übermäßiges Reiben an der Mauer usw.

Zum Ablegen werden gerne die letzten beiden Leinen, am besten die beiden Springs, als offene Bucht um die Poller gefahren, um sie von Bord aus einholen zu können. Große Augspleiße kann man auch durch kräftiges Hochschwingen der Leine vom Poller werfen, selbst wenn der Poller höher als das Deck liegt.

Korrekt festgemachtes Boot mit Vor- und Achterleine. Keine Leine liegt als Fußangel auf dem Steg. Die Springs halten das Boot auf der Stelle.

1 Vorleine
2 Heck- oder Achterleine
3 Brustleine
4 Brustleine
5 Achterspring
6 Vorspring

Scheuerschutz

Leinen sind sehr empfindlich gegen scharfe Kanten. Der beste Schutz dagegen ist ein Schlauchstück, das man über die Leine bis an ihren Augspleiß schiebt und davor aus einem Leinenstreifen einen (in der Zeichnung vergessenen) derben Knoten setzt, damit der Schlauch nicht aus seiner Arbeitsstellung wegrutschen kann.

Ein kurzes Schlauchstück schützt die Leine an der scharfen Mauerkante.

Anlegen – Vorbereitung

Marinas und Häfen sind oft sehr voll, und es ist deshalb praktischer, mit Maschinenkraft zu manövrieren als unter Segeln. Machen Sie jedoch nie den Fehler, mit abgeschlagenen Vorsegeln, dem Groß unter der Persenning und weggestautem Anker einzulaufen, denn der Motor könnte streiken oder eine Leine in den Propeller geraten. Wenigstens das Großsegel sollte klar zum Setzen sein und der Anker klar zum Fallenlassen – als Retter in der Not. Die Kunst, unter Segel anzulegen, sollten Sie in einem wenig belegten Hafen eifrig üben, wo sich die Anfängerfehler leichter korrigieren lassen. Es kann immer vorkommen, daß man wegen einer Motorpanne in den Hafen segeln muß – möglicherweise unbemerkt und auf sich allein gestellt, weil Segeln leiser als Motoren ist.

Wo anlegen?

Den fast schon unwahrscheinlichen Fall gesetzt, man hätte eine Wahl; der bessere Anlegeplatz ist der, an dem der Wind von Land kommt. Zwei Ausnahmen: 1. Der Wetterdienst hat für die nächsten Stunden Sturm aus der Gegenrichtung angesagt. 2. Es ist eine Hafenstadt mit unterentwickelter Straßen/Hafenreinigung.

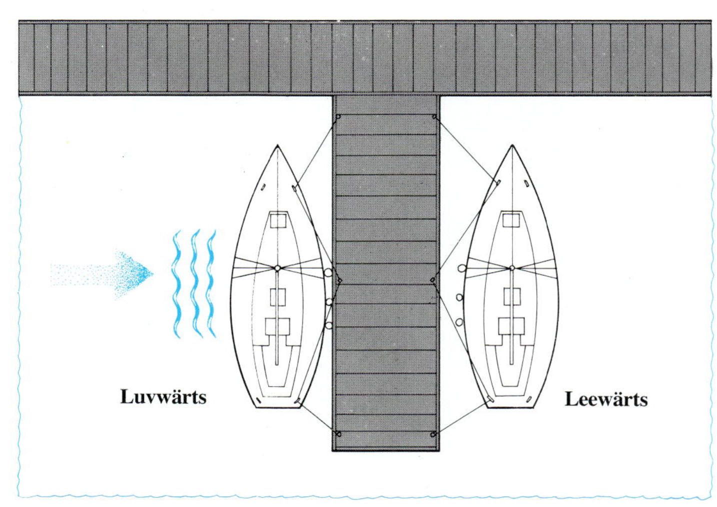

Das Boot auf der Windseite des Stegs wird von Wind und Wellen dauernd gegen den Steg gestoßen. Das Boot auf der Leeseite wird von denselben Naturkräften vom Steg abgehalten und garantiert ruhigeren Schlaf.

Wind- und Stromeinfluß

Solange man sein Boot noch nicht kennt, können Wind und Strom ein Anlegemanöver anders gestalten, als der Skipper sich das vorgestellt hat, denn jedes Boot reagiert auf diese Kräfte individuell. Gewöhnlich hat der Strom den stärksten Einfluß, und man fährt den ausgesuchten Anlegeplatz gegen ihn an; sonst gegen den Wind. Bei Motormanövern den Propellerseitenlauf taktisch bedenken und einsetzen. Manöver, die offensichtlich schiefzulaufen beginnen, sofort energisch abbrechen und mit Ruhe und Gelassenheit aus sicherer Position neu beginnen. Beim zweiten Versuch ist man schon schlauer.

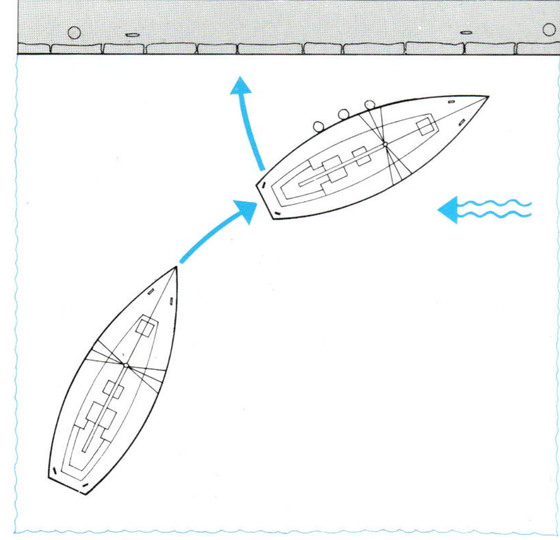

Das die Pier anlaufende Boot hat einen rechtsgängigen Propeller. Es wird gegen den Strom mit Motor herangefahren. Wenn der Bug der Pier so nahe ist, daß im Rückwärtsgang gestoppt werden muß, bringt der dabei linksdrehende Propeller mit seinem Seitenlauf das Heck zur Pier. (Üblicherweise sind die Propeller linksgängig.)

Seemannschaft der Crew

Seemannschaft ist das Handwerk derer, die zur See fahren. Wenn eine Yacht in den Hafen einkommt und anlegt, sieht man gleich, wer sein Salz auf dem Buckel wert ist und wer noch nicht. Die eingespielte Mannschaft manövriert nahezu lautlos, selbst wenn's nicht klappt, und an Deck ist's fast menschenleer.
Üben Sie als Skipper an einem stillen Platz so lange Ihr Schiff ganz dicht an ein Objekt heranzufahren und zu stoppen, bis Sie es können. Sie müssen auch bei schlechterem Wetter bald in der Lage sein, Ihr Boot mit dem Bug so nahe ans Land zu bringen, daß Sie jemand absetzen können, ohne daß der einen waghalsigen Sprung machen muß. Der Mann muß außerhalb der Reling auf der Fußreling oder dem Schandeck stehen, am besten bei den Wanten, um sich rückwärts festhalten zu können.
Schicken Sie Ihre Leute nicht mit einer Vor- und Achterleine an Land. An einer Vor- und Achterleine an Land fest oder gestoppt, können Sie mit der Maschine nicht mehr sinnvoll manövrieren. Lassen Sie eine Leine an der vorderen Springklampe belegen. Vor- und Achterleine werden durch ihre Klüsen geschoren und provisorisch mit ihrem Tamp auf der Klampe gegen Ausrauschen gesichert. Ein Crewmitglied bringt die aufgeschossene Spring in der Hand an Land und schnell achteraus zur nächst passenden Belegmöglichkeit, Klampe oder Poller, und bremst sie dort mit einem Törn (Foto unten, von der Frau vorbildlich gezeigt). Liegt das Boot einigermaßen richtig in Position, wird die Spring an Land belegt. Der Skip „dampft" mit langsam gehender Maschine in die Spring ein und legt Ruder so, daß das Boot parallel zur Landestelle liegt. Der Landgänger kann nun in aller Ruhe von der Crew an Deck die Achterleine übernehmen und ihr Auge an Land über Klampe oder Poller legen. Das Crewmitglied an Deck kann nun die richtige Länge auf der Klampe belegen. Dann dasselbe mit der Vorleine. Maschine aus! Alle weiteren Feinheiten lassen sich danach in noch mehr Ruhe regeln.
Wenn das Boot glücklich an seinen Anlegeplatz gebracht worden ist, dann lassen Sie alles, was von Ihren Leinen zuviel an Land oder an Bord Ihres Gastgebers herumliegt, unverzüglich bis zum Augspleiß, ersatzweise Palstek, einholen und auf Ihrem Deck aufschießen.

Die Crew steht korrekt außerhalb der Reling bereit, an Land zu gehen, und der Skipper hat sein Boot so dicht heranmanövriert, daß die Crew keine kühnen Sprünge zu wagen braucht.

Mit einem halben Törn um die Landklampe läßt sich das Boot stoppen und dirigieren. Liegt das Boot in richtiger Position, verschwindet alle überschüssige Leine vom Steg. Aufgeschossen wird an Bord.

An- und Ablegen

In den meisten nordeuropäischen Häfen muß man sein Boot längsseits an einen Steg oder Schlengel usw. heranbringen oder, zum Auslaufen, davon ablegen. Leider gibt es dafür keine festen Regeln, die den Erfolg garantieren, weil so viel von Richtung und Stärke des Windes und des Stromes abhängt – und natürlich auch von der Manövrierbarkeit des Bootes unter Segel und Maschine. Wenn Sie kein sehr erfahrener Segler sind, sollten Sie unter Maschine manövrieren, bis sich Gelegenheit und viel Platz geboten haben, um unter Segeln zu üben.

Wenn es auch keine eisernen Regeln gibt, so gibt es doch ähnliche Situationen, denen Sie immer mal wieder begegnen werden, und Methoden, mit denen man ihrer Herr wird. Das ist auf den folgenden Seiten beschrieben. Allgemein gilt, daß man sein Boot mit dem Bug gegen die kräftigste Störung dreht, komme sie vom Wind oder vom Strom, und unter haarigen Bedingungen bedient man sich besser sogenannter Slipleinen, um das Boot zu bändigen und zu verholen (nächste Seite).

Jeder Propeller läuft zur Seite weg wie ein Rad auf glitschigem Boden und nimmt dabei das Achterschiff in dieser Richtung mit. Der Effekt ist im Rückwärtsgang stärker als beim Vorwärtsgang. Weil die meisten Segelbootspropeller linksgängig sind, ist die beste Anlegeseite Steuerbord – fährt man schräg heran und stoppt die Fahrt im Rückwärtsgang, dann fährt der Propeller das Heck an die Anlegestelle heran. Lassen Sie sich von einem geschickten Skipper die Sache vormachen.

Längsseits an einen Steg gehen: Einer springt mit der Vorleine an Land.

Slipleine

Eine Slipleine kann man, wie ihr Name schon sagt, von Bord aus loswerfen, ohne einen Knoten lösen zu müssen. Man führt die Leine durch einen Rigg oder um einen Poller herum wieder an Bord zurück, um das Ablegemanöver vorzubereiten. So braucht keiner an Land zu bleiben, um die Leinen loszuwerfen und eventuell mit einem gefährlichen Sprung von hoher Mauer an Bord zu kommen.
Zwar muß man dafür sorgen, daß die Leine auch wirklich slipt. Ist sie durch einen auf der Mauer liegenden Ring geschoren, muß an der unter dem Ring liegenden Part geholt werden; bei einem hängenden Ring an der oberen, aus dem Ring kommenden Part. Nicht ruckweise ziehen. Ins Wasser gefallene Leinen schnell einholen, ehe sie in den Propeller kommen.

Heck hinausdrehen auf einer Vorspring. Der Mann links stoppt die Spring, der andere fendert ab.

Mit Leinen wenden

Zuweilen liegt man in einer zum Ablegen ungünstigen Richtung am Steg, weil der Strom oder starker Wind aus der falschen Richtung kommt. Dann kann man das Boot mit zwei langen Leinen, wie in der Skizzenfolge gezeigt, wenden. Dabei holt man am besten zuerst die Leine, die mit dem stärksten Einfluß geht. In der Skizze ist der Wind als der stärkere Einfluß angenommen, also werden Vorleine und Vorspring losgeworfen und an Leine A geholt. Solche Leinenmanöver, wie auch das Verholen des Bootes mit Leinen zu einem anderen Liegeplatz in der Nähe, sind gute und korrekte Seemannschaft.

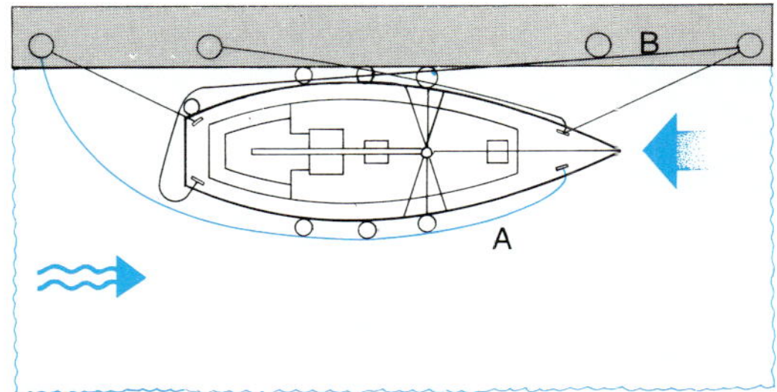

1 *Bringe eine Extraleine A vom Bug außenrum nach achtern zum Landpoller. Verlege die Vorspring B ums Heck an die ablandige Heckklampe des Bootes.*

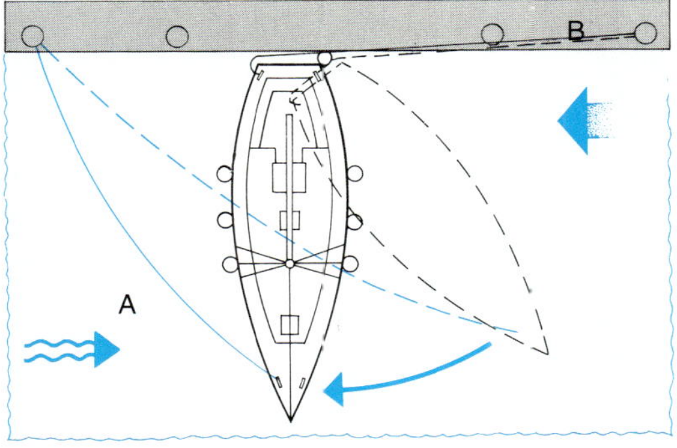

2 *Alle anderen Leinen los. An B beginnt man mit dem Holen, dann wird auch an A geholt, beziehungsweise die Lose eingeholt. In der Mitte des Manövers schwenkt das Boot sehr schnell, dann aber wieder langsam, bis es gewendet an der Pier liegt. Heck beweglich abfendern.*

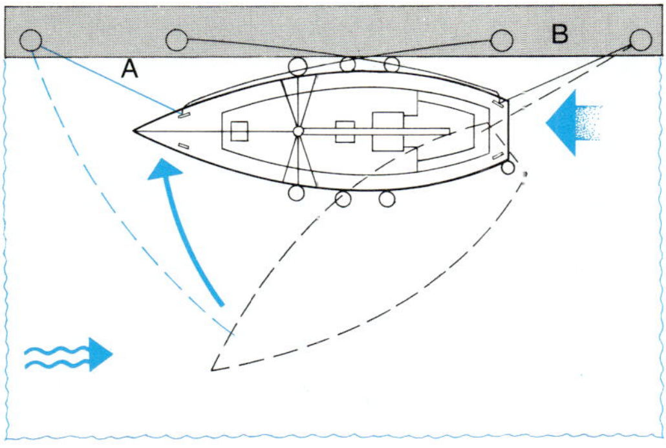

3 *A und B werden zu Vor- und Achterleine verkürzt und neue Springs gesetzt, wenn nicht bald wieder abgelegt wird.*

Ablegen mit Spring unter Motor

Wenn man alle Leinen loswirft und versucht, mit Maschine voraus von der Mauer wegzukommen, kracht und schrammt das Heck gegen die Wand, und man kommt möglicherweise überhaupt nicht frei. Man fährt von der landseitigen Heckklampe eine Spring (nach vorn) auf Slip, die die letzte Verbindung zum Land hält und in die mit rückwärts gehender Maschine vorsichtig eingedampft wird. Bei starkem auflandigem Wind klappt dieses Manöver nicht. Es ist dann besser, in eine vom Bug gefahrene Vorspring einzudampfen und Ruder zum Land zu legen, damit der Schraubenstrom das Heck weit vom Land abdrückt. Dann wird das Boot im Rückwärtsgang ins Fahrwasser gezogen und die Slipspring gleichzeitig eingeholt. Rückwärts ablegen ist in jedem Falle ein sicheres Manöver.

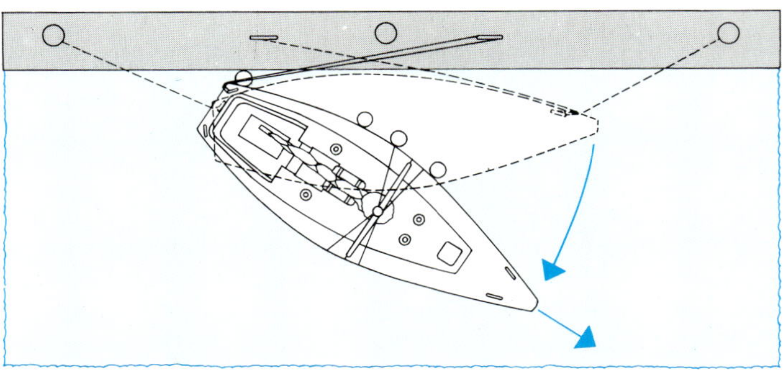

Mit dem Bug ablegen
Bring die Achterspring als auf Slip gefahrene Doppelleine aus. Wirf die anderen Leinen los und gehe mit Maschine ganz langsam rückwärts. Wenn alles klar ist, die Spring einholen.

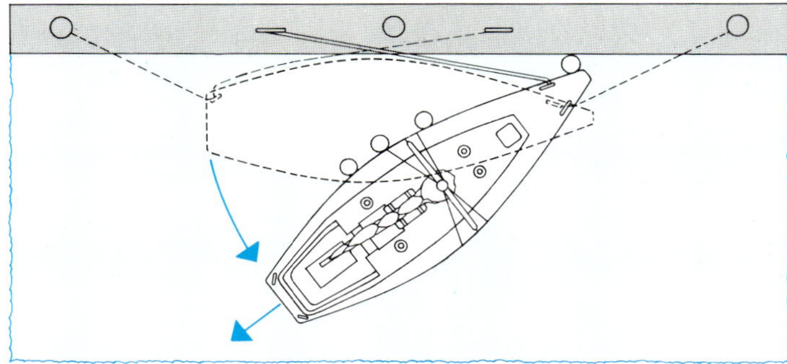

Mit dem Heck ablegen
Fahr die Vorspring doppelt auf Slip. Fender den Bug beweglich ab. Wirf alle Leinen los und fahr mit Ruder zum Land ganz langsam in die Spring ein. Ist alles klar, Ruder mittschiffs. Spring los.

Wie ablegen?

Das stärkere Element, Wind oder Strom, entscheidet, welches Ende des Bootes zuerst abgesetzt wird. Dominiert der Strom, gelten die beiden oberen Skizzen rechts. Für die Windsektoren darunter gilt entsprechendes. Bei ablandigem Wind kann man unter Umständen alle Leinen loswerfen und sich vom Wind ins Fahrwasser driften lassen, wobei sich der Bug wahrscheinlich zum freien Wasser hin dreht. Aber Ablegemanöver mit der Spring hat man besser unter Kontrolle.

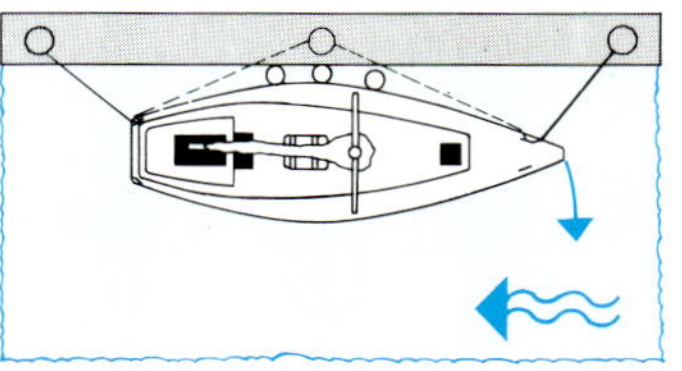

Bug zum Strom – voraus ablegen.

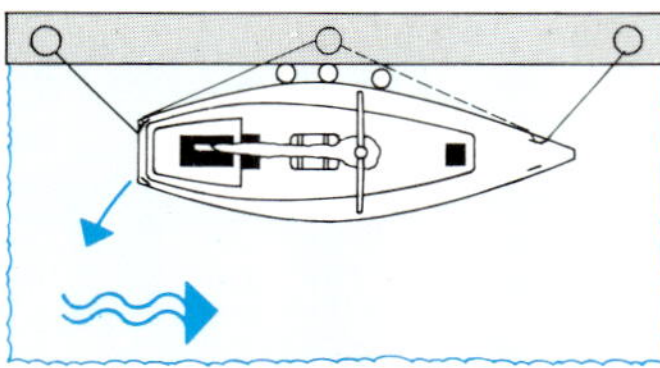

Heck zum Strom – rückwärts ablegen.

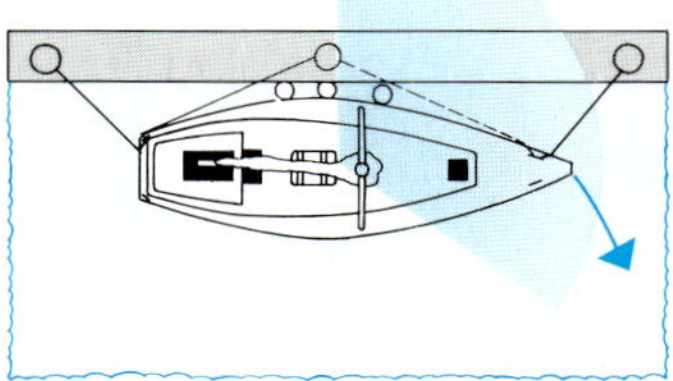

Wind vorlicher als querab – mit dem Bug ablegen.

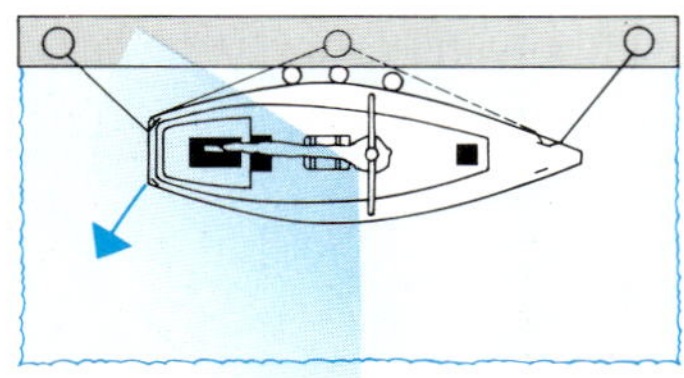

Wind achterlicher als querab – mit dem Heck ablegen.

Ablegen unter Segeln

Unter den meisten Voraussetzungen kann man seinen Liegeplatz unter Segeln verlassen, ausgenommen, der Strom ist sehr viel stärker als der Wind. Dann hat man das Boot kaum unter Kontrolle. Man benutzt dann besser den Motor oder verholt das Boot mit Leinen zu einer günstigeren Stelle. Kommt der Strom von achtern, sollte das Boot besser mit Leinen gewendet werden (Seite 211). Dann ist festzustellen, von wo der Wind kommt, um die richtige Ablegemethode anzuwenden. Im Prinzip wirft man die Leinen los wie beim Ablegen mit Maschine; die unter stärkster Spannung werden zuletzt losgeworfen und die betreffende Ecke abgefendert. Auflandiger Wind aber ist ein Problem. Vielleicht hilft ein Motorboot, sonst muß man eine Leine mit dem Dingi zu einem Steg in Luv bringen. Gibt's da keinen, muß ein Anker nach Luv ausgebracht werden, an dem man sich abwarpen kann. Kommt man bei auflandigem Wind an und will bald weiter, kann man den Anker auch gleich vor dem Anlegen fallen lassen. Kommt der Wind von vorne, setzt man das Großsegel, weil es bei loser Schot keinen Wind fängt, und setzt das Vorsegel erst, wenn das Deck von Vorleinen frei ist. Kommt der Wind raum, legt man nur unter Vorsegel ab und setzt das Groß, sobald man frei ist.

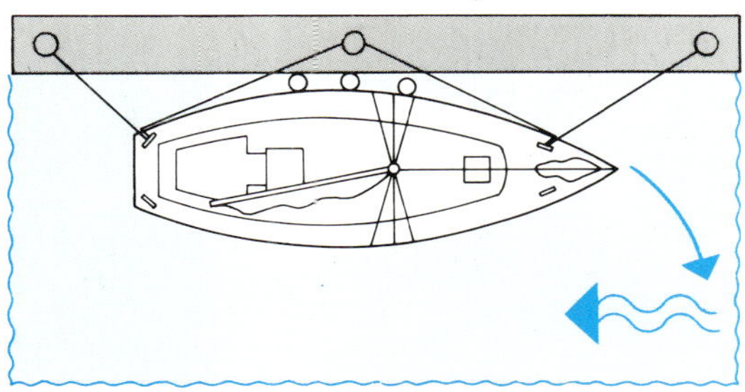

Wind ablandig und vorlich
Großsegel setzen und Leinen los. Ist das Boot klar gedriftet, Großschot dichtholen, Fock setzen und trimmen.

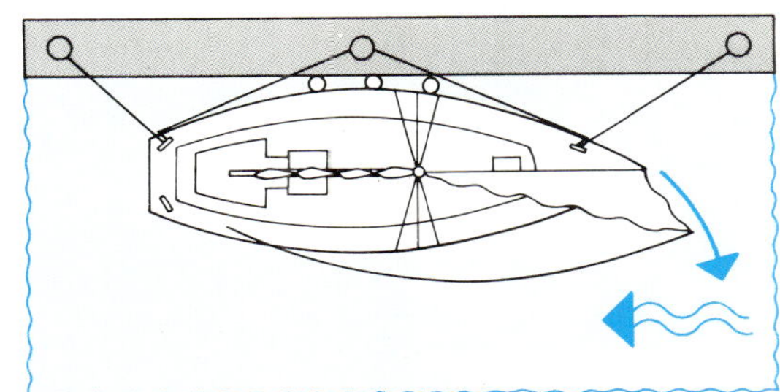

Wind ablandig und achterlich
Fock setzen, dann Leinen los und Fockschot holen. Wenn alles klar ist, Boot in den Wind drehen und Großsegel setzen.

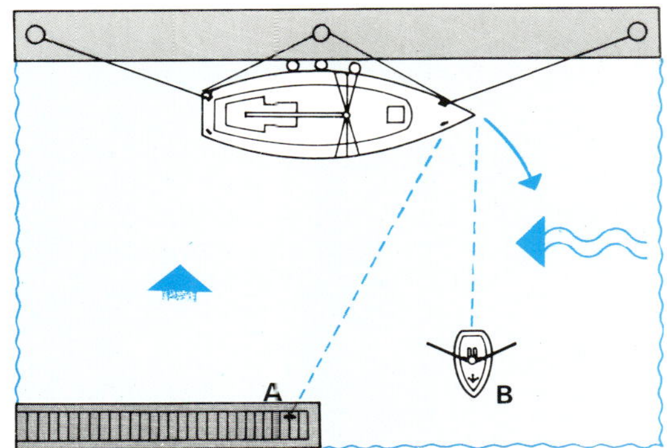

Auflandiger Wind
Das Boot muß mit Leine zu einem festen Punkt an Land (A) oder mit ausgebrachtem Anker (B) abgewarpt werden.

Ablegen allein unter Fock.

Anlegen mit Motor

Bei Annäherung an einen Liegeplatz folge man den bereits auf Seite 210 dargelegten Richtlinien und mache, wenn nötig, einen Versuchsanlauf, um sich von den Einflüssen von Wind und Strom ein Bild zu machen. Vor dem richtigen Anlegen müssen die Leinen an den Klampen belegt, durch die Klüsen außenbords und über die Reling zurück an Bord bereitgelegt und die Fender auf richtige Höhe herausgehängt sein. Die Crew informiere man vor dem Manöver über das, was man tun wird und was sie tun soll. Ist man unter Segel in den Hafen eingelaufen, den Motor zum Manöver erst etwas warmlaufen lassen. Der Crew gebe man stets ausreichend Zeit, die Segel niederzuholen und provisorisch zu zurren.

Beim Einlaufen in die Box steht die Crew bereit, mit den Leinen an Land zu gehen.

Wie man anlegt

Falls Wind und Strom parallel zum Ufer stehen, egal ob gleich- oder entgegengerichtet, wird nach der gleichen Methode, aber mit dem Bug gegen den stärkeren Einfluß, die Anlegestelle angelaufen. Die Festmacher liegen bereit. Die letzten Meter läßt man das Boot mit ausgekuppeltem Propeller auslaufen – etwas Gas geben, wenn's nicht reicht oder mit dem Rückwärtsgang stoppen, wenn man noch zu viel Fahrt hat.

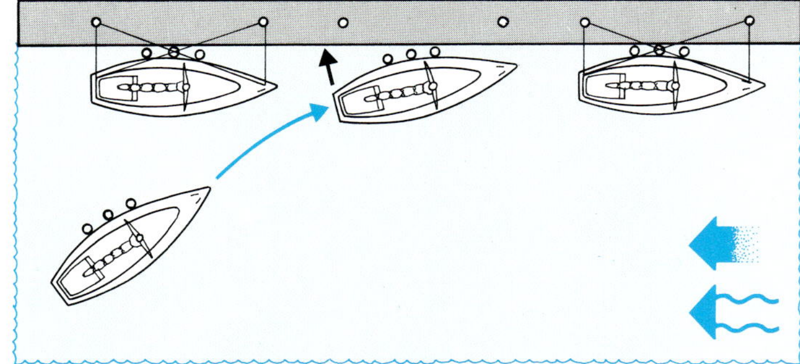

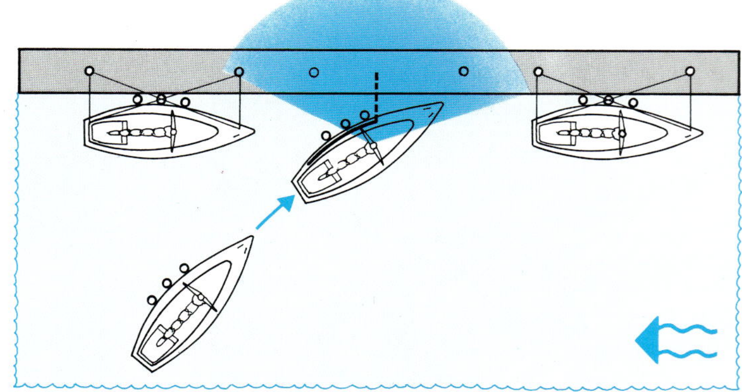

Ist der Wind auflandig, legt man das Boot parallel zum Ufer und läßt es mit dem Wind auf Land treiben. Bei ablandigem Wind (rechts) muß das Ufer steiler angelaufen werden. Die Crew muß die Achterleine weit nach vorne holen, um mit ihr an Land gehen zu können. Hat man nur einen Mann an Deck, muß er auf der vorderen Seitenklampe eine Spring belegen und sie an Land nach rückwärts auf einer Klampe stoppen. In diese Spring wird mit ablandigem Ruder eingedampft und so das Boot angelegt.

Anlegen unter Segeln

In einem überfüllten Hafen überläßt man das Anlegen unter Segeln besser den Cracks, wenn man einen Motor hat. Man sollte es aber üben, wo es möglich ist. Anfangs bei leichtem Wind und mit dem für alle Notfälle angelassenen Motor. Weil durch Gebäude der Wind im Hafen verwirbelt sein kann, haben auch die Cracks unter den Skippern im voraus immer ein Auge auf mögliche Fluchtwege geworfen, wenn sie unter Segeln anlegen wollen. Es gehört eine Menge Können und Erfahrung dazu, ein Boot unter Segeln langsam zu manövrieren. Sollte es zu viel Fahrt machen, entweder das Vorsegel fieren oder die Crew die Fock oder das Groß backhalten lassen (Baum gegen die Wanten stemmen). Gesteuert wird wie beim Anlegen unter Maschine.

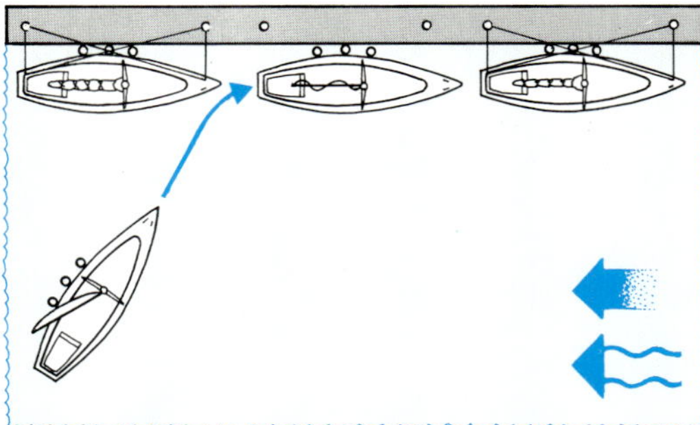

Wind mit Strom oder Starkwind gegenan
Laufe unter Großsegel voll und bei an und regele die Fahrt durch Schricken und Holen der Großschot. Bei der Anlegestelle Boot in den Wind drehen und wenn nötig Großsegel back drücken, um die Fahrt zu stoppen. Vor- und Achterleine zum Land, Großsegel schnell niederholen und auftuchen.

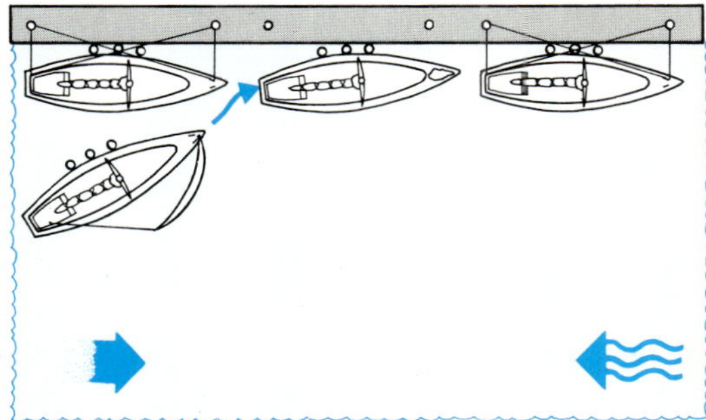

Starker Strom gegen leichten Wind
Unter Vorsegel mit reichlich gefierter Schot gegen den Strom anlaufen. Zu schnelle Fahrt durch teilweises Niederholen der Fock verlangsamen, eventuell ganz wegnehmen. Vorleine und Vorspring müssen als erste Festmacher an Land und auf Klampen oder Poller gestoppt werden.

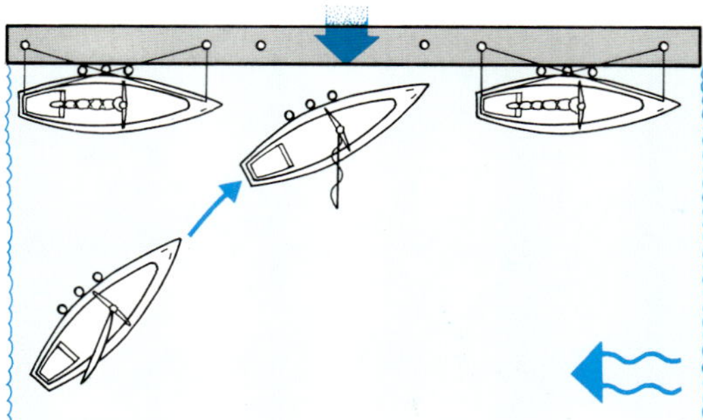

Ablandiger Wind
Gegen den Strom anlaufen. Kommt der Wind vorlicher als dwars, unter Großsegel, sonst unter Vorsegel anlegen. An der Anlegestelle Vor- und Achterleine schnell an Land, an der Achterleine aber erst holen, wenn das Großsegel unten ist. (Anlegen unter Vorsegel ist hier nicht gezeigt.)

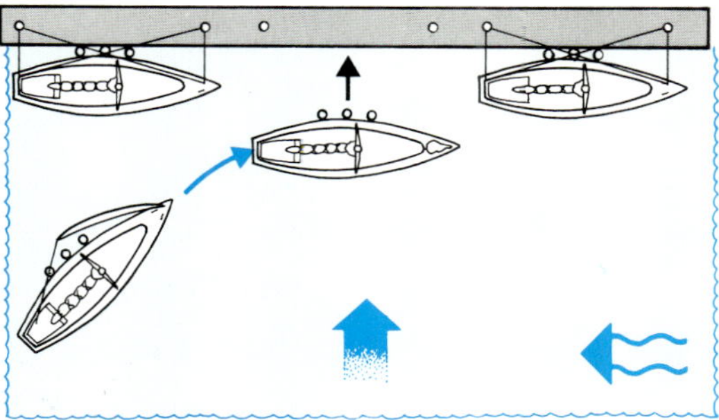

Auflandiger Wind
Man nähert sich der Anlegestelle unter Vorsegel. In etwa einer Bootslänge Abstand vom Ufer dreht man das Boot fast parallel zum Ufer mit dem Bug etwas nach Luv. Segel niederholen oder flattern lassen. Das Boot driftet langsam zum Land. Vor- und Achterleine als erstes an Land.

Festmachen im Päckchen

In beliebten, stark frequentierten Häfen bekommt man gewöhnlich keinen Platz direkt an Land und muß dann längsseits an einem dort festgemachten Boot festmachen – sich drauflegen. Nicht selten bekommt man wenig später selber einen Draufleger und liegt so im Päckchen. Die Schwierigkeit beginnt erst, wenn man innen oder an Land liegt und als erster auslaufen will (nächste Seite). Fragen Sie immer um Erlaubnis, ehe Sie sich drauflegen, damit man Sie für höflich hält. Die meisten Hafenmeister bestimmen, wie groß die Päckchen sein dürfen. Als Außenlieger muß man schon sehr lange Leinen haben, die als Vor- und Achterleine zum Land gebracht werden müssen, sonst werden die Leinen der Innenlieger überspannt und können brechen. Damit die Masten sich nicht verhaken, legt man sich in Gegenrichtung drauf, möglichst auf ein größeres Boot. Zum Landgang und bei der Rückkehr immer über die Vorschiffe turnen, zur Wahrung der Privatsphäre der Sportsfreunde.

Draufpacken

Wenn man sich auf ein Päckchen draufpackt, sollte der Bug nicht in dieselbe Richtung zeigen wie der des Bootes, an dem man festmacht. Besser zeigt er in die andere Richtung, dann können sich die Masten beim Rollen nicht vertütern. Prüfen Sie, ob auch alle Boote Vor- und Achterleinen zum Land ausgebracht haben und ob Sie Leinen genug haben, dasselbe zu tun, sonst liegt das Päckchen nicht sicher. Am anderen Boot macht man mit Brustleinen und Springs fest.

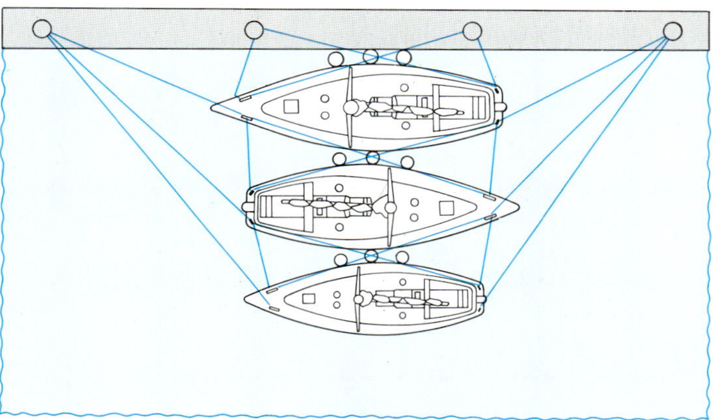

Oben rechts: Korrekt im Päckchen mit Brustleine und Springs zum Nachbarboot und mit zum Land ausgebrachten Vor- und Achterleinen festgemacht.

Rechts: Das kleinste Boot liegt außen, hat aber keine Leinen zum Land ausgebracht, wie es sollte.

Ein Päckchen verlassen

Wenn man außen liegt, ist es kein Problem. Sich aus der Mitte davonzumachen, verlangt einige Überlegung. Man muß mit dem stärksten Einfluß herausfahren, damit die Boote hinter einem zusammentreiben. Machen Sie's umgekehrt, treiben sie auseinander und Sie in ein kaum lösbares Problem.

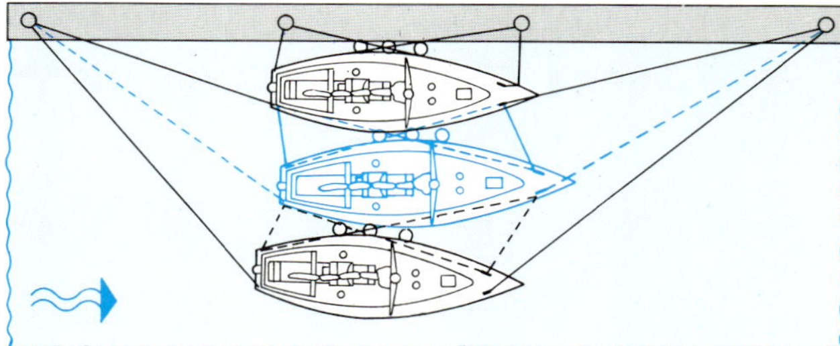

1 Löse Vor- und Achterleine und die Springs und bring sie an Bord. Löse Springs und Brustleinen des Boots auf der Außenseite.

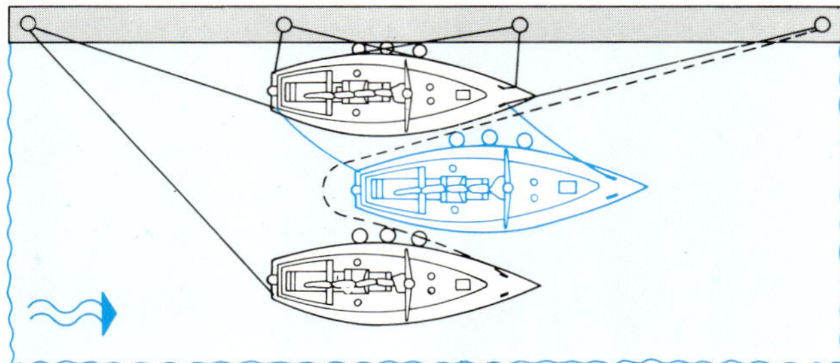

2 Löse, je nachdem, Vor- oder Achterleine des Außenboots und bringe sie ums eigene Boot herum – hier die Vorleine.

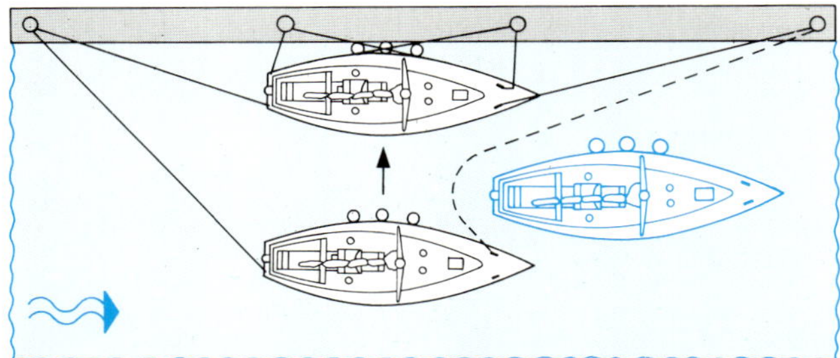

3 Wirf die eigenen Brustleinen los und scher aus dem Päckchen. Bei Strom oder starkem Wind von vorn macht man das Manöver rückwärts.

Eins der in beliebten Häfen üblichen Riesenpäckchen während der Segelsaison.

Päckchen um eine Verholtonne

In manchen Häfen liegen Verholtonnen für große Schiffe, die nicht mehr oder zeitweise nicht benutzt werden. An diesen macht man, zuerst vorne abgefendert, fest, dann mit Spring und Achterbrustleine zum Nachbarboot. Beim Verlassen der Boje muß man einen der Crew auf den anderen Booten lassen, wenn diese unbemannt sind, damit er die Boote ordnungsgemäß untereinander festmacht. Danach holt man ihn von einem Außenboot ab. Die Methode ist nur in Häfen ohne Tidenstrom möglich.

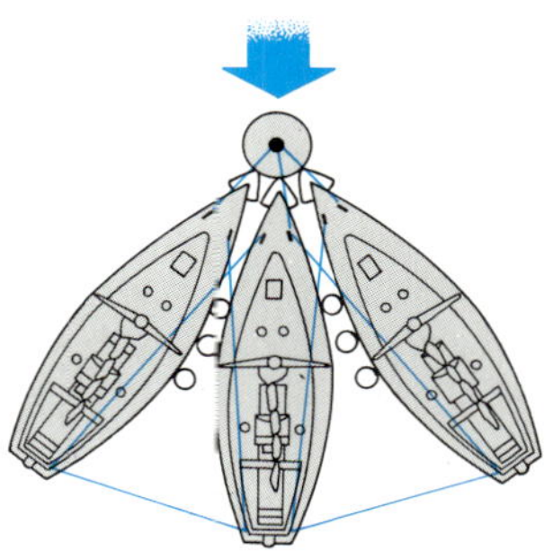

Bootspäckchen an einer Verholtonne.

Marina-Liegeplätze

Marinas bieten eine große Zahl Schwimmstege (Schlengel) und manche Annehmlichkeit an Land, weswegen sie großen Zulauf haben. Aber die Liegeplätze sind eng, die Zufahrten ebenso, und die Hafenmeister verbieten Hafenverkehr unter Segeln. Man muß auf engstem Raum manövrieren können. Da gibt es Ecken, in die hinein oder aus denen heraus man nur kommt, wenn man eine 35-Grad-Drehung auf der Stelle beherrscht – glücklich, wer da ein auf Rückwärtsmanöver willig gehorchendes Boot hat. Es wäre tollkühn, ein Boot mit viel Windangriffsfläche und schwacher Maschine in ein enges Loch manövrieren zu wollen; helfen kann dann nur, an den Kopf eines Schlengels zu gehen und das Boot von dort mit Leinen zum Liegeplatz zu verholen.
Zu den Vorteilen der meisten Marinas zählt, daß Läden, Restaurants, Werkstätten und Duschen vorhanden sind, und daß sie gewöhnlich außerhalb der Tidenströme angelegt sind.

Manöver auf engstem Raum

In vielen Marinas ist der Manövrierraum so eng, daß einem nichts anderes übrig bleibt, als an der Leine zu manövrieren oder von Hand zu verholen. Es lassen sich leider keine allgemeingültigen Regeln aufstellen. Jeder Skipper muß für sich und sein Boot überlegen, wie er es bewerkstelligen kann. Und immer daran denken, daß man mit Leinen ein Boot leicht in Bewegung bringen kann, aber es dann von Hand wieder zu stoppen ist kaum möglich; die Leine muß um eine Klampe oder einen Poller herum durch Reibung gehalten werden. Nahezu ein Allheilmittel sind Manöver mit Spring (auf Slip) und Maschine, wobei die Spring von Deck aus nach Bedarf gefiert oder geholt werden kann. Holen gelingt jedoch nur mit Motorhilfe.

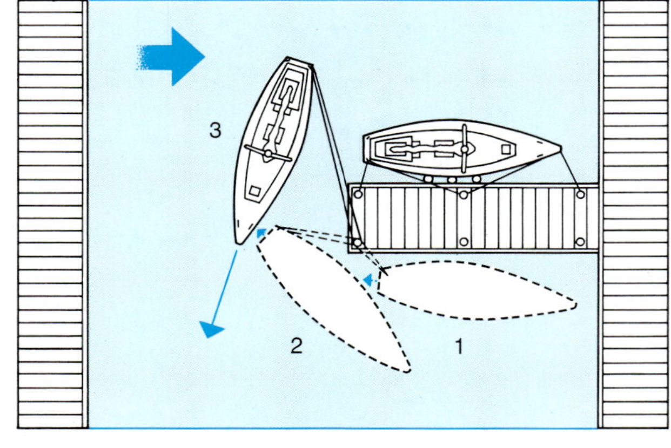

Das Boot oben hat beschränkten Drehraum, und starker Wind könnte verhindern, daß der Bug nach Luv zu drehen ist. Nimm die Achterleine auf Slip (1) und gib sie langsam aus, während mit Motor rückwärts gefahren wird (2). So kann das Boot um den Kopf des Steges gedreht werden, bis in Position (3) die Leine losgeworfen und Fahrt voraus aufgenommen werden kann. Die lose Part der Slipleine um eine Klampe nehmen, denn frei aus der Hand ist sie nicht zu halten.

Ablegen

Vor dem Verlassen des Liegeplatzes sehe man sich gut um, wie der Wind steht, welche Boote im Weg sind oder gerade auch ablegen oder einlaufen. Man muß langsam fahren, was aber nicht heißt, das ganze Manöver mit Leerlaufdrehzahl zu versuchen. Um das Boot von einer Ecke freizukriegen, auf die es zu driften droht, oder um es bei engem Raum in einen starken Wind zu drehen, benötigt man einen beherzten kräftigen Gasstoß. Die meisten Amateurskipper machen das zu zaghaft. Im Fahrwasser die rechte Seite einhalten, aber wenn einem jemand mit Manövrierproblemen in die Quere kommt, gebe man als Klügerer Raum.

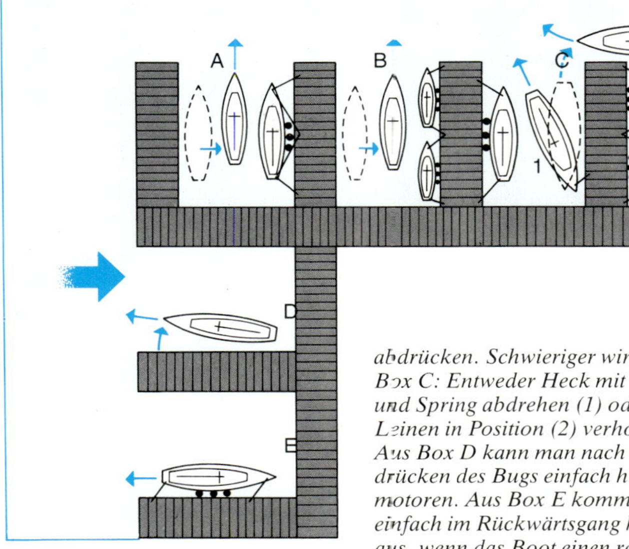

Einfach ist es in Box A und B: Motor anstellen, Leinen los, und wenn der Wind das Boot abgedrückt hat, langsam voraus. Ist der Wind nicht kräftig genug, Bug abdrücken. Schwieriger wird es in Box C: Entweder Heck mit Motor und Spring abdrehen (1) oder mit Leinen in Position (2) verholen. Aus Box D kann man nach Abdrücken des Bugs einfach hinausmotoren. Aus Box E kommt man einfach im Rückwärtsgang hinaus, wenn das Boot einen rechtsgängigen Propeller hat, denn der läuft im Rückwärtsgang nach Backbord. Hat das Boot einen linksgängigen Prop, macht man das Manöver wie auf Seite 218.

Anlegen

In Marinas liegt man meist in Boxen, und man muß beim Einlaufen erst mal Informationen sammeln, wo man genehm ist, wo sich Gastliegeplätze befinden. Der Versuch, zu diesem Zweck an einem freien Platz anzulegen, wird oft energisch abgewinkt. Lassen Sie sich davon als Skipper nicht beirren, machen Sie provisorisch mit Vorspring und langsam laufendem Propeller fest. Dann bitten Sie den abweisenden Typ freundlich um Anweisung oder weiteren Rat. Sie können das auch neben dem Boot eines abweisenden Sportsfreundes tun. Gibt es in der Marina eine Auswahl von Boxen für Sie, dann wählen Sie eine, in der Sie mit dem Bug zum Wind liegen können, damit's in der Kajüte nicht so zieht.

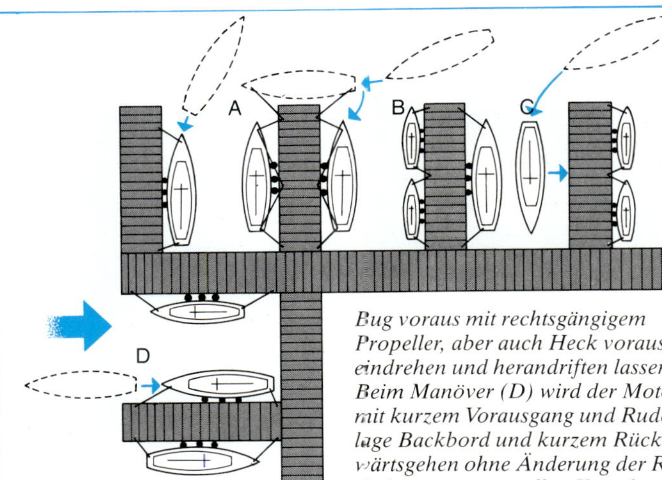

Bei nur geringem Seitenlauf des Propellers geht man mit dem Heck schräg in den Wind rückwärts in die Box (A), sonst Boot an den Kopf des Stegs bringen (B) und an Leinen in die Box verholen. An die Luvseite eines Stegs (C) kann man Bug voraus mit rechtsgängigem Propeller, aber auch Heck voraus eindrehen und herandriften lassen. Beim Manöver (D) wird der Motor mit kurzem Vorausgang und Ruderlage Backbord und kurzem Rückwärtsgehen ohne Änderung der Ruderlage zur eventuellen Korrektur der Bootslage und zum Abstoppen des Bootes verwendet. Entsprechend auch beim Manöver (E). Die Transportarbeit überläßt man dem Wind, der Motor wird nur kurz im Voraus- oder Rückwärtsgang zur Korrektur der Kielrichtung gebraucht. Stoppen oder halten Sie das Boot nicht mit Leinen an den Enden, sondern mit Achterspring (D) und Vorspring (E).

Heck zur Pier

Deutsche nennen es „römisch-katholisch anlegen", weil es die in den katholischen Mittelmeerländern vorherrschende Art des Festmachens ist. Da die Poller häufig aus Beton sind, hat der Mittelmeerskipper besser zwei 1,5 m lange Ketten dabei, die an die Achterleinen geschäkelt und um die Schmirgelpoller gelegt werden. Das Ankern müssen Skipper und Crew beherrschen (Seite 226 ff). Vor allem das kurze Stoppen der Kette auf dem Rückwärtsweg zur Pier, um den Anker einzugraben, den man in gut vier Bootslängen Abstand von der Pier fallen läßt, sonst hält er nicht. So kurz wie auf der Zeichnung darf der Anker nicht liegen.

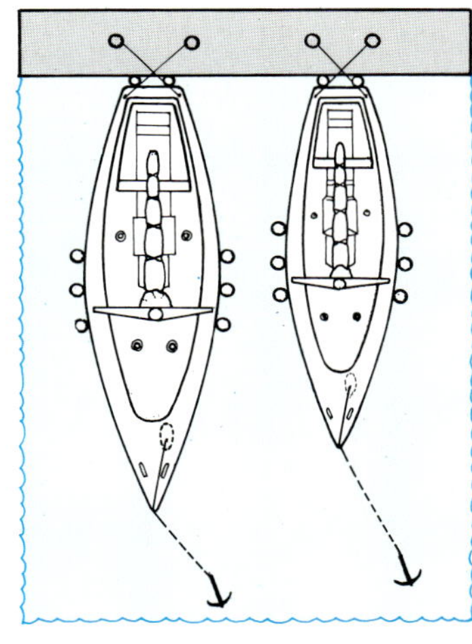

Ablegen

„Römisch-katholisch" ablegen ist anfangs einfach. Man holt die beiden Achterleinen ein, schickt jemand an die Ankerwinsch, geht mit der Maschine voraus und hält Ruder gegen den Wind. Geht das Einholen der Kette nicht so schnell, muß die Fahrt kurz unterbrochen werden. Es ist gefährlich, im Hafen die Kette überholen zu wollen. Das dicke Ende kommt oft beim Ausbrechen des Ankers, weil noch vier andere dran hängen. In jedem Hafen gibt es Taucher, die gegen Gebühr gerne helfen.

Anlegen

Der Ankergrund in Häfen ist fast immer Mutt, in dem der Anker schlecht hält. Es muß viel Kette auf dem Grund liegen, damit auch bei Seitenwind genug Halt vorhanden ist. Daß die Yacht wegen des Propellerseitenlaufs Bögen beim Rückwärtsgehen fährt, muß hingenommen und mit kurzem Vorausgehen zwei- oder dreimal korrigiert werden. Der Trick der Bootsleute (Profis) im Mittelmeer ist, recht schnell rückwärts zu fahren, wobei das Ruder mehr Wirkung hat. Und das Eingraben des Ankers bei gestoppter Kette, die dabei heftig springt, richtet das Boot ebenfalls gerade. Ein Versuch, wie unten links dargestellt, würde im Mittelmeer den ganzen Hafen gegen Sie aufbringen. Er geht von allzu theoretischen Überlegungen aus. – (Bearbeiter)

Das Manöver kann so eng, wie in der Skizze dargestellt, nicht gefahren werden. Der Anker muß auch bei Seitenwind senkrecht zur Pier ausgelegt werden, nicht wie bei (2) über die Ankertrosse des Nachbarn.

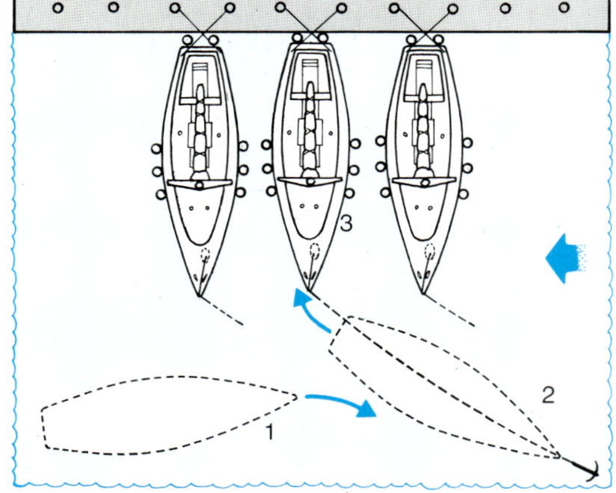

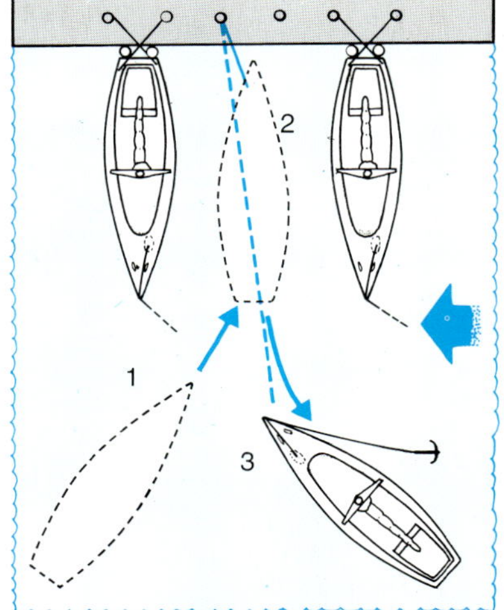

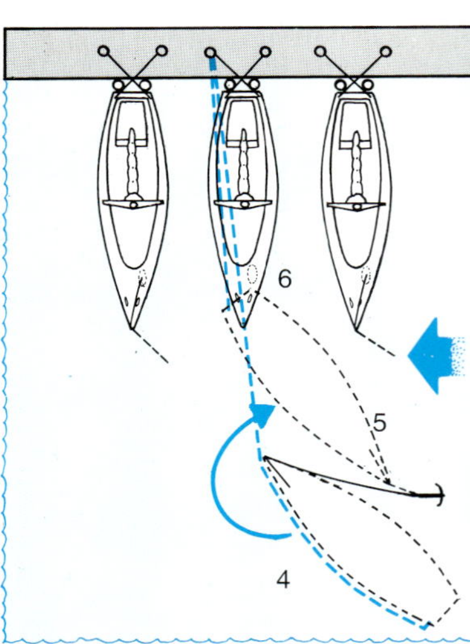

Das hier dargestellte Manöver ist reine Theorie und in der Praxis so nicht ausführbar. Es ist auch nicht einzusehen, warum es so umständlich gemacht werden sollte, denn Platz, um rückwärts heranzufahren, ist immer vorhanden. – (Übersetzer)

Zwischen Pfählen und Schlengeln

Schlengel sind auf dem Wasser schwimmende Bootsstege, die so verankert sind, daß sie örtlich festliegen, mit unterschiedlichen Wasserständen jedoch auf- und absteigen können. Parallel zu ihnen sind Pfähle gerammt, für sehr große Yachten auch Ankerbojen ausgelegt. Es wird immer senkrecht zu den Schlengeln festgemacht, doch man hat die Wahl, ob mit dem Bug zum Steg oder mit dem Heck. Wer in solch einer Anlage seinen Heimathafen hat, läßt die für sein Boot maßgeschneiderten Festmacher am Schlengel und an den Pfählen gewöhnlich zurück.

Anlegen

Es müssen zwei Vorleinen und zwei Heckleinen bereitliegen. Die Heckleinen werden vor dem Eindrehen nach vorn bis zu den Wanten gebracht, da der Skipper dort das Boot besser erst zu dem einen, dann zum anderen Pfahl drehen kann, so daß die Crew am Pfahl festmachen kann. Dann wird vorsichtig mit dem Bug bis an den Schlengel vorgefahren und ein Mann abgesetzt, der die beiden Vorleinen nach jeder Seite ausbringt. Will man mit dem Heck zum Steg festmachen, legt man das Boot im Rückwärtsmanöver mittschiffs auf einen der Pfähle und dreht es an kurzer, mittschiffs gehaltener Slipspring mit dem Heck in die Box ein. Dann legt man die Vorleine auf den Pfahl und nützt den Propellerseitenlauf, um den anderen Pfahl zu erreichen und die andere Vorleine aufzulegen. Dann zurück an den Schlengel. Landverkehr ist einfacher übers Heck.

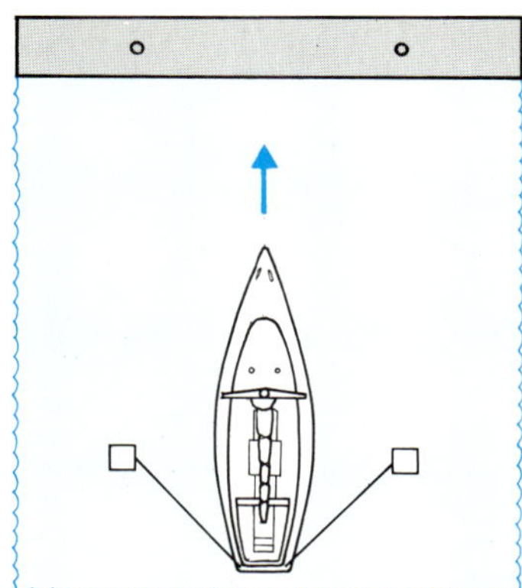

1 Hole die Achterleinen bis an die Wanten vor und mache sie an den Pfählen fest.

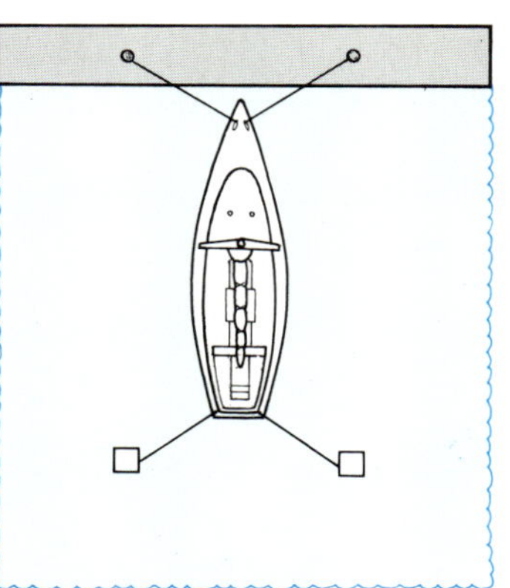

2 Motore unter Kontrolle der Achterleinen bis dicht an die Pier und mache die Vorleinen fest.

Ablegen

Die folgenden Instruktionen gelten für Bug zum Steg oder Schlengel. Hat man mit dem Heck angelegt, brauchen sie nur umgekehrt zu werden.
Die anzuwendende Methode hängt von der Windrichtung ab. Kommt der Wind genau von vorn oder achtern, ist die Aufgabe einfacher. Man riggt die Achterleinen auf Slip und bringt die freie Part nach vorn bis zu den Wanten. Dann wirft man die Vorleinen los und zieht das Boot an den Achterleinen zwischen die Pfähle und nimmt die Slipleinen dann herein. Bei starkem Querwind können Sie das Boot nicht wie in Skizze 2 an einer Vorspring zum Pfahl halten; es schlägt quer. Lassen Sie nach Lee Fender aushängen und das Fenderbord bereithalten – am besten von zwei Mann, die jeder einen Fender und einen Stropp des Fenderbords beweglich aus der Hand fahren, damit sich das Boot auf den Pfahl in Lee stützen kann.

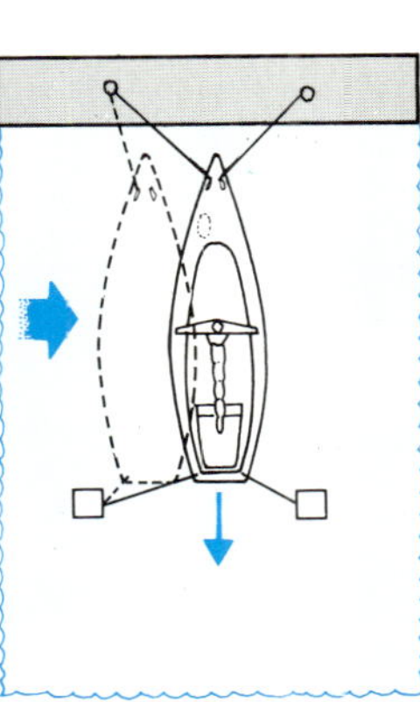

1 Luvleinen etwas fieren, um die Leeleinen loswerfen zu können.

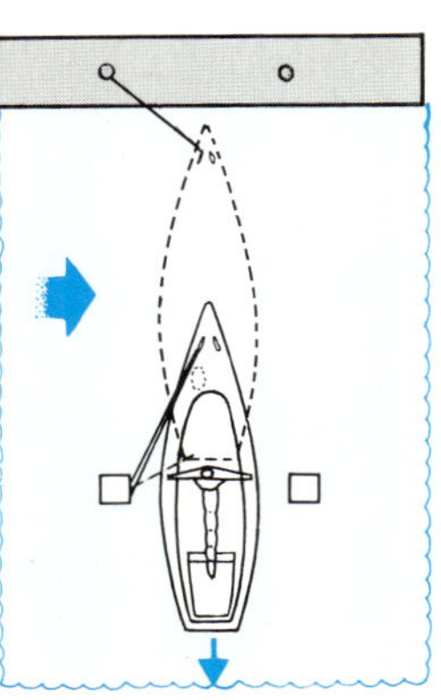

2 Halte den Bug besser mit langer, auf Slip gefahrener Vorleine zum Land. So droht Querschlagen.

Festmachen zwischen Pfählen

In den Grund gerammte Holz- oder Eisenpfähle, ausgerichtet nach den Tidenströmungen, dienen in engen Tidenhäfen zum Festmachen vorn und achtern. Die Pfähle haben Eisenstangen, an denen ein Ring auf- und niederfahren kann, und man schert seine Festmacheleinen durch diesen Ring zurück an Bord. So können sie jederzeit leicht losgeworfen werden. Eine dünne Leine ist am Ring und am Topp des Pfahls befestigt, um den Ring aus dem Wasser hochziehen zu können. Gewöhnlich dürfen zwei, höchstens drei Boote im Päckchen zwischen einem Pfahlpaar liegen. Man legt sich immer mit dem Bug gegen den Ebbstrom, weil der stärker ist. Für den Ausgleich des Tidenhubs sorgt der Ring von selbst.

Die Achterleine dieses Bootes ist gerade auf der Klampe belegt worden. Das überschüssige Ende wird aufgeschossen.

Ablegen unter Motor

Auf welche Weise man eine Pfahlmuring verlassen kann, hängt davon ab, ob man sie mit einem anderen teilt oder gar mitten im Dreierpäckchen liegt und die auf Seite 217 beschriebene Methode anwenden muß. Liegt man außen, kann man Vor- und Achterleine mit dem Tender von den Pfählen holen, dann die Leinen zum Nachbarn loswerfen und ablegen wie auf den vorhergehenden Seiten beschrieben. Liegt man allein zwischen den Pfählen, manövriert man je nach Wind und Strom wie unten dargestellt.

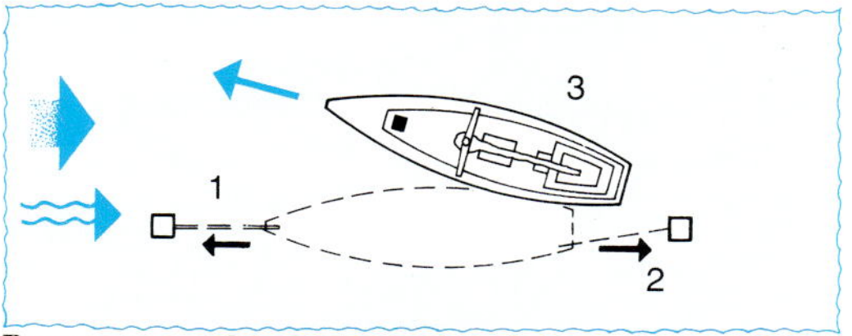

Bug gegen stärksten Einfluß
Ziehe das Boot unter Fieren der Achterleine zum vorderen Pfahl (1) und lege die Vorleine auf Slip. Fall achteraus (2) und löse die Achterleine. Maschine langsam voraus und Vorleine einholen (3).

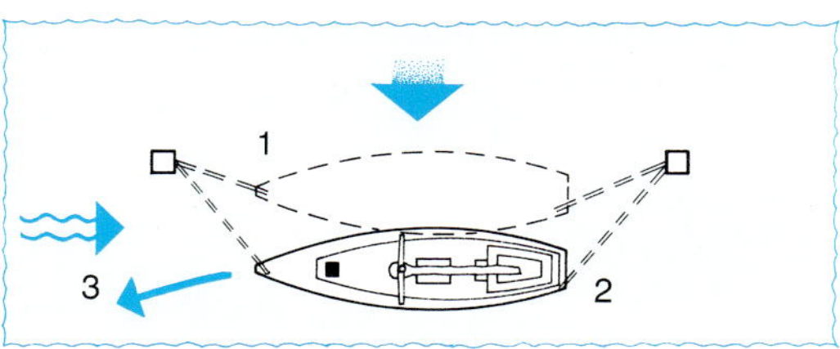

Seitenwind
Kommt der Strom von vorn, beide Leinen auf Slip legen (1). Beide Leinen fieren, bis das Boot frei liegt (2). Motor langsam voraus, Leinen einholen. Bei Strom achterlich siehe unten.

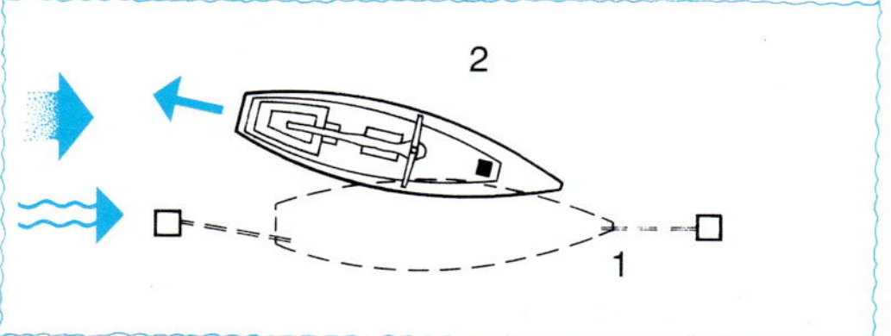

Schub von achtern
Motort das Boot gut rückwärts, beide Leinen auf Slip und Boot zur Richtung des Propellerseitenlaufs rückwärts herausziehen. Manövriert das Boot schlecht rückwärts, das Boot mit Leinen wenden (Seite 211).

Festmachen unter Maschine

Bei der Planung dieses Manövers muß man die gleichen Überlegungen anstellen wie bei den anderen Manövern bezüglich Wind- und Stromeinfluß. Vor- und Achterleine müssen belegt bereitliegen. Das Festmachen am Ring eines Pfahls besorgen am besten zwei gemeinsam. Der Ring wird mit dem Bootshaken herauf- und herangeholt. Der eine hält dann das Boot beim Pfahl, während der andere die Leine am Ring festmacht (Foto). Liegen schon andere Boote da, verfährt man nach der Päckchenmethode auf Seite 216. Will man für längere Zeit bleiben, muß man sein Boot so drehen, daß es mit dem Bug gegen den Ebbstrom liegt.

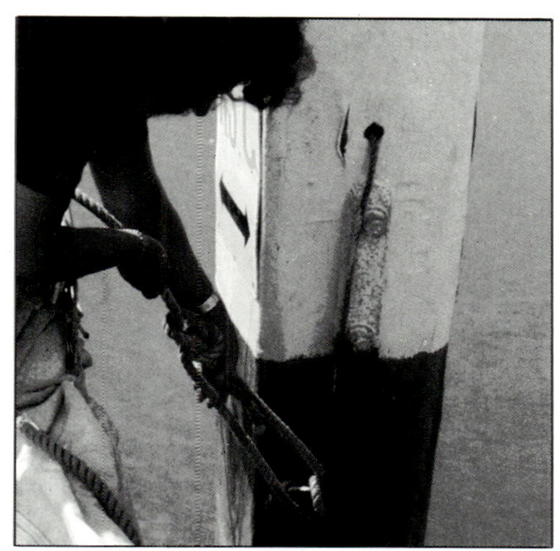

Wind und Strom aus derselben Richtung
Laufe gegen Strom und Wind und bringe den Bug an den Luvpfahl, zum Festmachen der Leine (1). Laß das Boot an der Vorleine zurückfallen bis zum Leepfahl (2). Achterleine festmachen und das Boot bis in die Mitte verholen, eventuell mit etwas Motorhilfe.

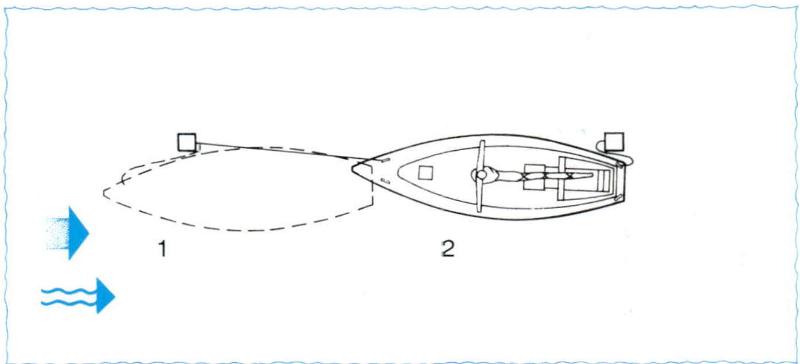

Wind und Strom entgegengesetzt
Laufe gegen den stärkeren Einfluß und stoppe beim ersten Pfahl. Achterleine festmachen und von Bord aus entsprechend fieren (1). Zum nächsten Pfahl laufen und Vorleine festmachen (2). Zurückfallen lassen auf Mitte. Leinen belegen. Motor aus. Wahrschau, daß die Achterleine nicht in den Propeller kommt.

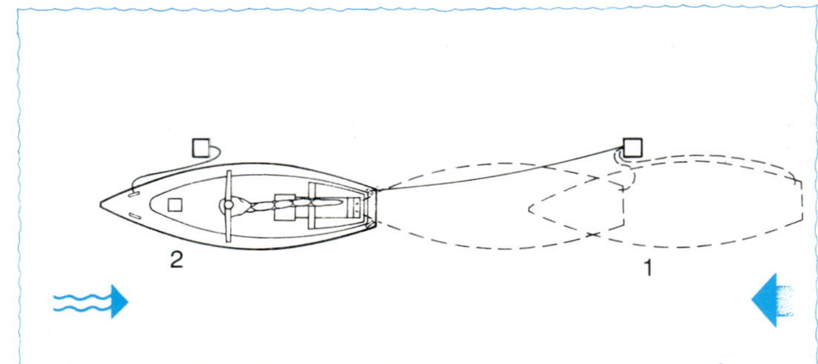

Querwind
Der erste Pfahl wird schräg gegen den Wind angelaufen. Die Achterleine wird bis zu den Wanten vorgebracht, am Pfahl festgemacht (1) und beim Hinüberfahren zum anderen Pfahl um die Achterklampe auf Stopp kurz gefahren, damit sie nicht in den Propeller kommt. Vorleine am zweiten Pfahl fest (2) und zur Mitte verholen.

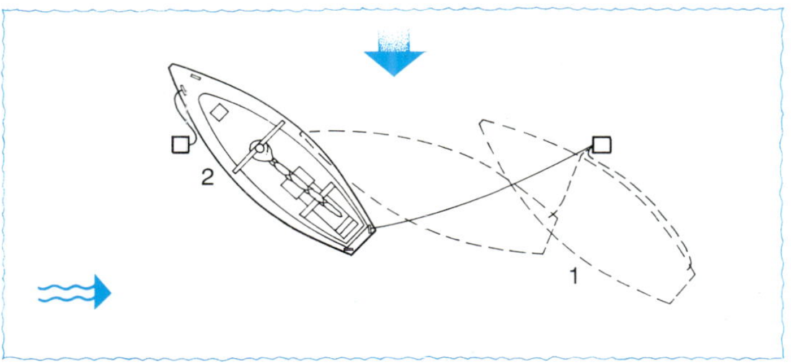

Ablegen unter Segeln

Unter Segeln eine Pfahlmuring zu verlassen, ist nicht schwieriger als das Ablegemanöver von einer Mauer. Aber, wie bei allen Hafenmanövern, ist es besser, es nicht unter Segeln zu versuchen, wenn der Hafen vollgepackt ist; außer, es bleibt einem nichts anderes übrig. Pfahlmurings liegen gewöhnlich am Rand von Fahrwassern, durch die Tidenströme setzen, und deshalb legt man gewöhnlich mit dem Bug gegen den Strom ab, weil man dabei Fahrt und Ruder besser unter Kontrolle hat. Das bedeutet, man muß das Boot zuerst mittels Leinen drehen, wenn es mit dem Heck zum Strom liegt.
Liegt man allein zwischen den Pfählen, macht man eins der unten beschriebenen Manöver. Im Päckchen holt man Vor- und Achterleine mit dem Beiboot und legt nach den auf Seite 212 und 213 beschriebenen Manövern ab. Hat man das Pech, mitten im Päckchen zu liegen und einen streikenden Motor zu haben, muß man einen der Außenlieger schon bitten, loszuwerfen. Eine professionell eingespielte Mannschaft versteht es aber auch, sich mit Leinen und Muskelkraft in die Freiheit zu verholen.

Zwischen zwei Bojen

In einigen britischen Häfen und Flußmündungen liegen Vor- und Heckbojen zum Festmachen aus, zwischen denen man festmachen soll. Die Methode ist im Prinzip dieselbe wie zwischen Pfählen. Als Gast im United Kingdom sucht man sich wohl besser eine andere Möglichkeit, zumal nur die Einheimischen wissen können, für welche Tonnage die Anker der Bojen gedacht sind.

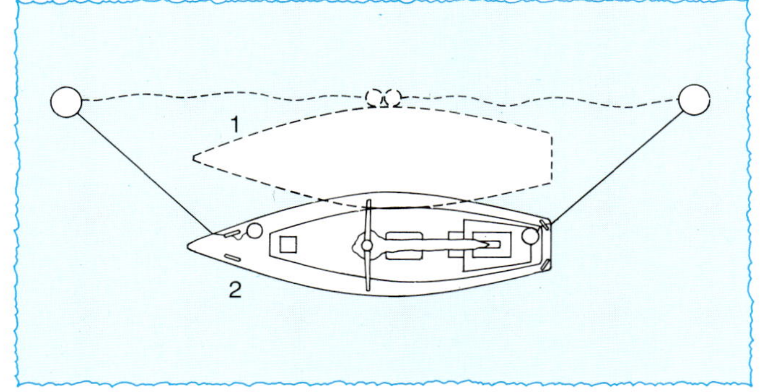

Auffischbojen
Die Hauptbojen der Doppelmurings sind manchmal mit kleineren Auffischbojen an Leinen oder Ketten versehen, die man leicht mit dem Bootshaken an Deck holen kann (1). Der eine Bojenstander wird vorn, der andere achtern belegt (2).

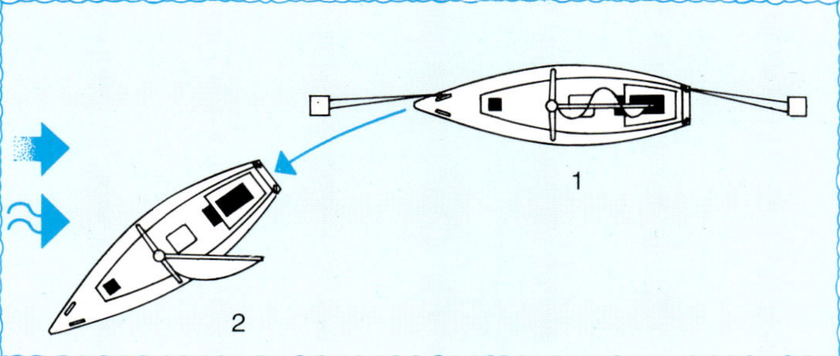

Wind vorlich
Dreh das Boot mit dem Bug gegen den Strom und mach beide Segel fertig zum Setzen. Vor- und Achterleine auf Slip. Setze das Großsegel (1). Schot anholen und Ruder auf Abfallen. Heck- und dann Vorleine los (2) und auf Kurs gehen. Sobald alles klar ist, heiß auf die Fock.

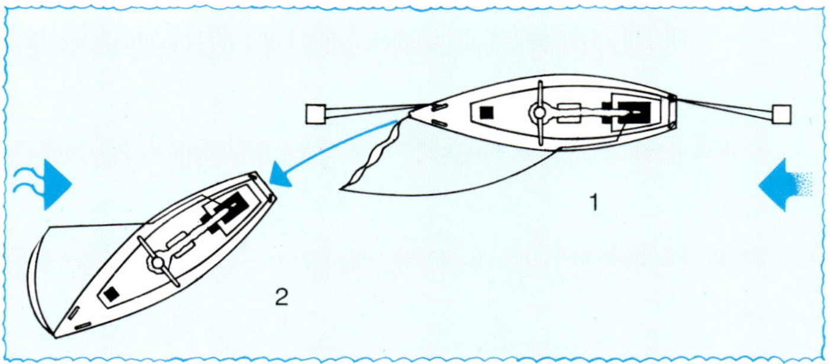

Wind seitlich bis achterlich
Boot mit dem Bug gegen den Strom. Beide Segel klar zum Setzen. Beide Leinen auf Slip. Heiß auf die Fock! (1). Schot anholen und beide Leinen los und ins Fahrwasser steuern, wenn das Boot Fahrt aufnimmt (2). Wenn alles klar ist, Boot in den Wind drehen, um das Großsegel zu setzen.

Festmachen unter Segel

Beabsichtigt man, eine Pfahlmuring unter Segeln anzusteuern, muß man sich selbstverständlich nach Wind und Strom richten, doch ist es meist richtig, den Anlauf gegen die Tide zu machen. Ob man mit dem Vorsegel oder mit dem Großsegel herangeht, ist dann von der Windrichtung abhängig. Kommt er vorlich oder raum? Weil man sehr langsam segeln muß, ist also eifrig mit der Schot zu spielen, um das Boot etwa bei den Wanten an den Luvpfahl zu bringen. Das Festmachen der Leine am Ring muß sehr schnell gehen. Wenn die Crew Knoten nur nach längerem Nachdenken beherrscht, soll sie die Leine besser durch den Ring geschoren als Doppelleine stecken.

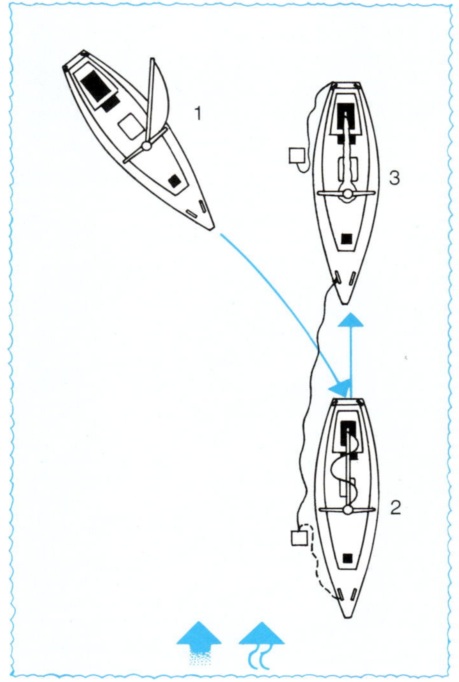

Vorlicher Wind
Auch bei schwachem Strom gegen den Wind nur unter Großsegel am Wind den Luvpfahl anlaufen (1), an ihm stoppen und Vorleine festmachen (2). Großsegel niederholen, zum Leepfahl zurückfallen lassen und Achterleine festmachen (3). Dann auf Mitte verholen.

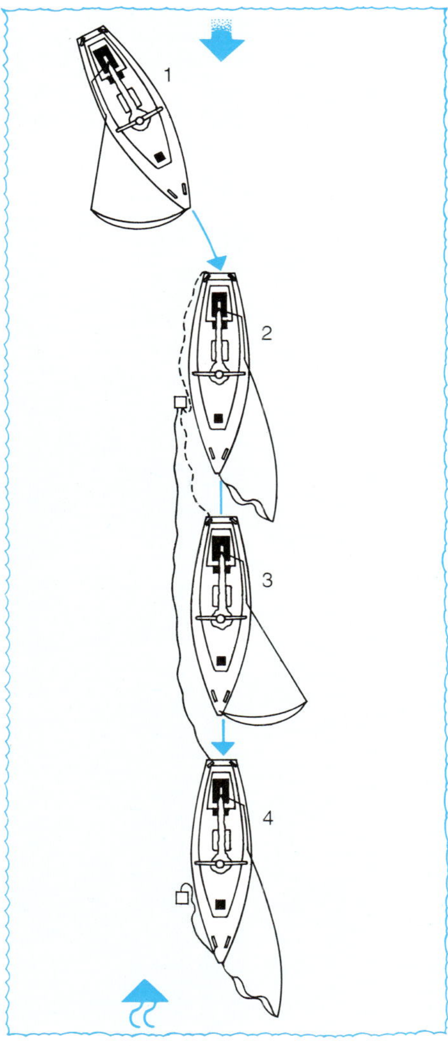

Wind seitlich bis achterlich
Setzt starker Strom bei leichtem Wind, nur unter Vorsegel (1) an den Pfahl herangehen, die Schot auffieren, damit das Boot stoppt, und Achterleine festmachen (2). Schot wieder anholen und zum Vorderpfahl weitersegeln (3), um die Vorleine festzumachen. Vorsegel niederholen (4). Boot auf Mitte verholen.

Ankern und muren

Der Unterschied besagt, anders als in der Berufsschiffahrt, in Yachtkreisen, daß man entweder mit dem eigenen Ankergeschirr am Meeresgrund festmacht oder an einer schon verankerten Muringboje. Ersteres macht der Crew mehr Arbeit und verlangt vom Skipper, daß er weiß, wo zu seinem Anker passender, gut haltender Grund zu finden ist. Auch muß er wissen, welche Ankergröße und welche Länge Kette oder Leine er einsetzen muß. Nur wenige Häfen haben vor ihren Molen eine für unsere kleinen Boote gut geschützte Reede, und die Angaben in offiziellen Seehandbüchern und Seekarten gelten meist nur für größere Schiffe. Festmachen an einer Muringboje kostet Geld, und ehe man es tut, sollte man den Hafenmeister fragen, ob man darf. Erstens gibt es unterschiedliche Haltekraft bei den Murings, zweitens könnte der Mieter der Muring gegen Abend zurückkommen.

Bojenfeld in einer Flußmündung

Grundgeschirr

Man muß ein ordentliches Ankergeschirr an Bord haben, passend zur Größe des Bootes. Die richtige Ankergröße ist aus den Tabellen der Ankerhersteller zu erfahren. Auf eine Ankerwinde kann der Fahrtensegler nicht verzichten, denn wenn ein Ankerplatz unsicher wird, muß er unter Umständen gegen einen schon kräftigen Wind die Kette oder Trosse einholen, was Hand über Hand sehr mühsam wäre. Am Vorsteven muß eine Rolle sein, über die man die Ankerkette oder -trosse führen kann, und sie sollte so beschaffen sein, daß Kette oder Trosse nicht herausspringen können, wenn das Boot vor Anker stampft. Anker werden auf verschiedene Weise an Deck gefahren; auf Holzpaßstücken (Schweinsrücken) gezurrt, an den Bugkorb gelascht oder am Bug stets fallbereit. Die Kette kommt aus dem Kettenkasten, in dem ihr Ende am Bitterbolzen angeschäkelt ist.

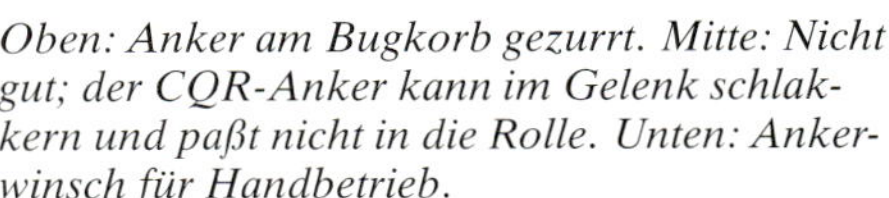

Oben: Anker am Bugkorb gezurrt. Mitte: Nicht gut; der CQR-Anker kann im Gelenk schlakkern und paßt nicht in die Rolle. Unten: Ankerwinsch für Handbetrieb.

Der Ausstich

Ausstich ist die Länge der ausgesteckten Ankerkette oder -trosse. Er wird gewöhnlich als Vielfaches der Wassertiefe bei Hochwasser genannt; das Minimum ist nebenstehend gezeigt. Zu beachten ist bei der Wahl des Ankerplatzes, daß man bei gestreckter Trosse nicht mit anderen Ankerliegern und nicht mit Felsen unter und über Wasser oder ähnlichen Gefahren kollidieren kann. Nur Seekarten großen Maßstabs geben genaue Auskunft über den Ankergrund. Ankere nie, wo „unrein“ oder „Steine“ steht, außer das Wasser wäre kristallklar.

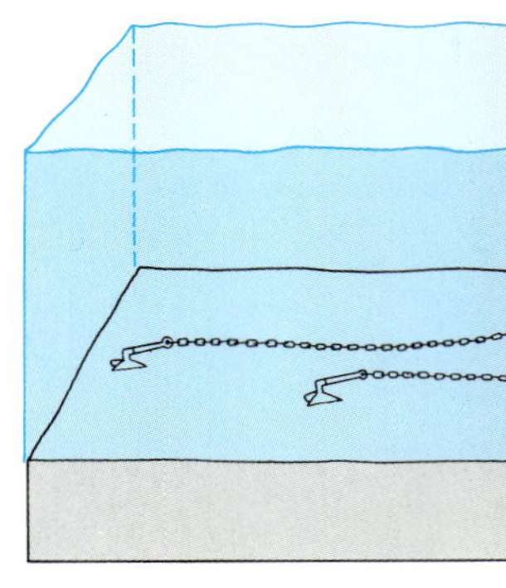

Anker-Typen und Trossen

Die Haltekraft des traditionellen Stockankers beruht hauptsächlich auf seinem Gewicht; außerdem ist er sperrig und deshalb auf Yachten nicht beliebt. Drei empfehlenswerte Leichtanker sind rechts gezeigt. Ihre Haltekraft beruht auf ihrer Fähigkeit, sich schnell mit ihrer großen Fläche einzubuddeln. Auf stark verkrautetem Grund halten sie aber, mit etwas Glück, erst nach mehrmaligem Versuch – nicht im Grund, sondern im Kraut, weshalb man das Boot nicht alleinlassen darf. Auf solchem Ankerplatz ist allein auf den Stockanker Verlaß; man sollte einen in der Backskiste haben. Ankerkette ist teuer und schwer, aber besser als alles andere; man sollte 15 m am Hauptanker angeschäkelt haben, was üblicherweise bei gutem Wetter reicht. Wird mehr Ausstich gebraucht, schäkelt man eine Nylontrosse an, die ein passendes Auge mit Kausch hat. Nylontrossen sind erstklassige Stoßdämpfer, aber man muß sie sorgfältig auf einem Poller belegen, weil sie glatt sind und rutschen.

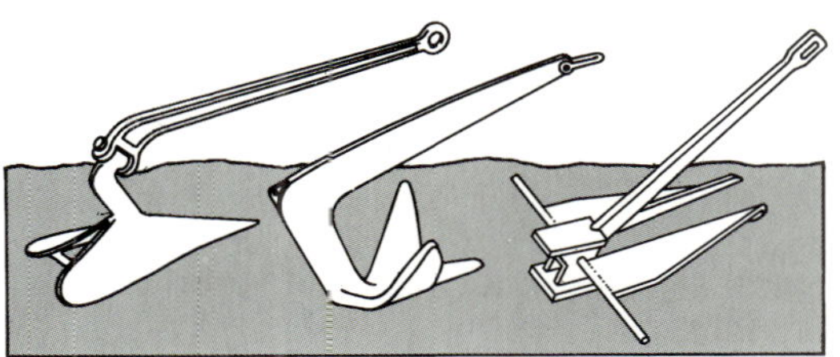

Moderne Anker, deren Haltekraft das Mehrfache ihres Gewichts beträgt, wenn der Haltegrund gut ist. Von links: CQR, Bruce und Danforth, der besonders leicht zu stauen ist.

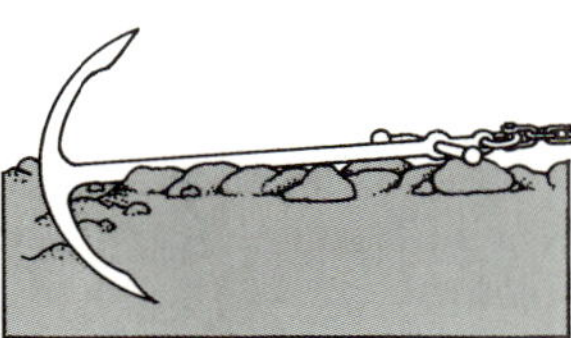

Rechts: Der schwere Stockanker ist unübertroffen auf verkrautetem und steinigem Grund.

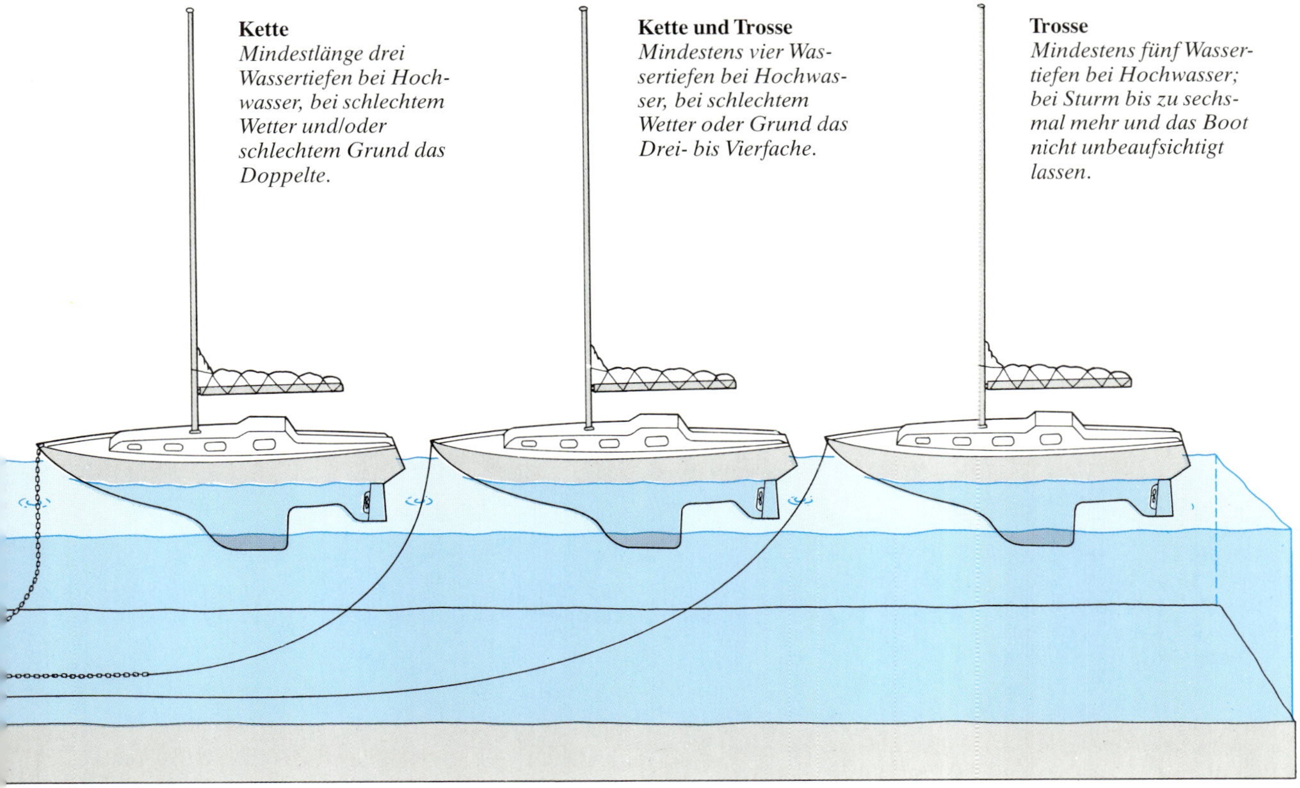

Kette
Mindestlänge drei Wassertiefen bei Hochwasser, bei schlechtem Wetter und/oder schlechtem Grund das Doppelte.

Kette und Trosse
Mindestens vier Wassertiefen bei Hochwasser, bei schlechtem Wetter oder Grund das Drei- bis Vierfache.

Trosse
Mindestens fünf Wassertiefen bei Hochwasser; bei Sturm bis zu sechsmal mehr und das Boot nicht unbeaufsichtigt lassen.

Wahl des Ankerplatzes

Man muß sich seinen Ankerplatz sorgfältig aussuchen, wenn das Boot sicher und ruhig liegen soll; vor allem, wenn man es alleinlassen will. Da ist allerlei zu beachten, ehe man den Anker fallen lassen kann. Wie ist der Grund beschaffen? Auskunft gibt eine Detailkarte, so man hat, selten das Seehandbuch, das ist für große Dampfer geschrieben. Man kann das Handlot mit Speise (Talg) hinablassen, an der dann etwas vom Grund klebt. Eignet sich der Grund nicht für den Anker, auf den man angewiesen ist, dann gehe man weiter auf Suche. Natürlich muß man nachrechnen, ob die Trossenlänge für die Wassertiefe auch bei Hochwasser reicht oder umgekehrt, ob das Boot bei Niedrigwasser auch noch schwimmt und schwojen (um den Anker kreisen) kann, ohne mit anderen Booten zu kollidieren oder auf Untiefen festzukommen. Man muß wissen, wo der Anker eines benachbarten Bootes liegt, denn als Hinzugekommener ist man verpflichtet, eine Kollision mit anderen schon ankernden Booten zu vermeiden. Boote einer ähnlichen Bauart wie das eigene schwojen auch ähnlich wie das eigene. Großer Tiefgang schwojt vornehmlich mit dem Strom, flachbodige Boote mit hohen Aufbauten (Motoryachten) tanzen nach dem Winde und liegen oft schief zur Kette. Von so artfremden Booten halte man gehörigen Abstand, weil Kollisionen möglich sind. Bei artgleichen Booten dürfen sich die Schwojkreise schneiden.
Aus Gründen der Sicherheit, aber auch der Annehmlichkeit, suche man sich einen Platz, der gegen möglichst viele Windrichtungen, vor allem aber gegen den Schlechtwetterwind geschützt ist, in dem nur geringer Gezeitenstrom setzt und der fernab vom Berufsverkehr liegt, will man nicht dauernd von dessen Fahrtschwell geschaukelt werden. Überhaupt verboten ist das Ankern in Fahrwassern.

Rechts: Eine geschützte und friedliche Reede in einer Flußmündung bei Sonnenuntergang.

Wahl einer Muring

Auch bei der Wahl einer Muring gelten die Überlegungen über Wassertiefe, Windschutz und Verkehrsruhe. Überdies muß man sicher sein, daß die Boje nicht Privateigentum, sondern frei ist, und daß sie das Boot auch halten kann. In manchen Häfen steht auf der Boje, für welche Bootsgröße sie gedacht ist, aber in metrischen Ländern ist manchmal unklar, ob Meter Länge oder Tonnen Verdrängung gemeint sind. Man wendet sich am besten gleich an den Hafenmeister. Der Schwojkreis an Murings ist kleiner als vor Anker, und die Bojen liegen in Abständen, bei denen nichts passieren kann, wenn Boote der für sie bestimmten Größe daran festmachen. In einigen vollen Häfen liegen Bojenreihen vor Stegen oder Schlengeln, an denen meist mehrere Boote mit einer durch den Bojenring geschorenen Slipvorleine festmachen. Rückwärts gehen sie dann mit dem Heck an den Steg. Auch Bojenreihen, zwischen denen man mit Bug- und Heckleine festmacht, findet man in vollen Häfen.

Nachdem festgestellt worden ist, daß die Haltekraft der Muring genügt, holt die Crew die Kette an Bord und macht sie fest.

Anker fallen, Anker lichten

Ehe der Anker fallen kann, muß die Trosse (Kette, Leine) auf Deck in Serpentinenbuchten oder überlappenden Achterbuchten, ohne Bucht zum Anker hin, aufgeschossen werden, damit sie ohne Kinken auslaufen kann. Bei Kettenwinden entfällt das, es wird nur die Kupplung der Kettennuß gelöst. Das Ende muß belegt sein, damit es nicht ausrauscht. Muß mit Unklarkommen des Ankers am Grund gerechnet werden, knote man eine Trippleine an sein Kreuz und stecke an ihren freien Tamp eine kleine Boje (Fender). Auf Zeichen des Skippers läßt die Crew den Anker fallen – er wird niemals geworfen! Ist der Anker am Grund angekommen, läßt man das Boot gewöhnlich vom Anker wegtreiben und gibt entsprechend Trosse aus. Ist ein Viertel der Trosse ausgefiert, stoppt man sie auf Poller oder Klampe, um zu prüfen, ob der Anker hält, die Trosse unter Spannung kommt. Bei leichtem Wind oder Strom sollte man versuchen, den Anker mit rückwärtsgehender Maschine zu setzen. Greift er dabei nicht, muß er gelichtet werden, um festzustellen, ob Kraut die Ursache ist. Gegebenenfalls muß an anderer Stelle ein neuer Versuch unternommen werden.
Zum Ankerlichten fährt, segelt oder verholt man das Boot zum Anker, bis die Trosse, die dabei stetig eingeholt wird, senkrecht steht. Gelingt es nicht, den Anker mit der Trosse auszubrechen, versuche man es mit der Trippleine. Den Anker durchs Wasser ziehen, damit er sauber an Deck kommt.

Die Fock ist klar zum Setzen. Einer holt die Ankerkette auf, ein anderer leitet sie in den Kettenkasten.

Anker mit dem Beiboot ausbringen

Es wird nur Trosse verwendet, weil Kette zu schwer ist. Gründe für das Manöver gibt es einige: Das Boot bei auflandigem Wind abwarpen oder bei Hafenschwell von der Mauer abhalten, oder das Boot beruhigen, wenn es an einem Anker hin und her giert (Skizze rechts). Dazu benutzt man meist den etwas leichteren Warp- oder Beianker. Man holt das Beiboot längsseits an der Seite der Yacht, an der die Trosse durch die Klüse läuft, belegt die Trosse an der entsprechenden Klampe, führt sie außen herum und schäkelt sie an den Ankerring, durch den man eine weitere dünne Leine schert, die lang genug ist, um das Beiboot quer ganz zu umfassen. So kann man den Anker unter das Boot hängen, wenn es sich um ein leichtes Schlauchboot handelt, denn im Wasser wiegt er weniger. Bei einem Festboot kann er auch übers Heck

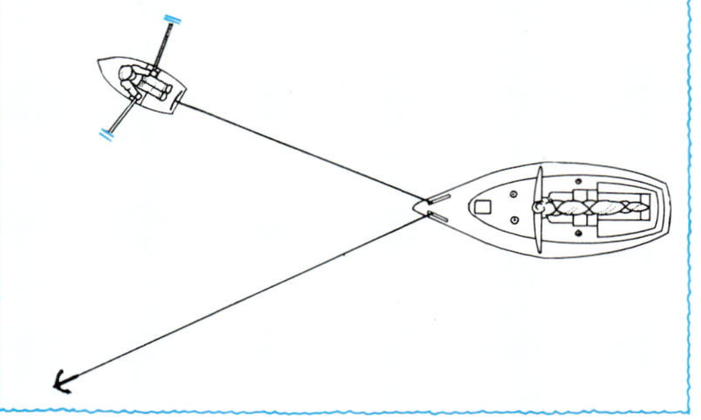

Ausbringen des Warpankers mit dem Beiboot, um das Boot am Gieren zu hindern.

gehängt werden. Die Trosse wird im Dingi in Buchten aufgeschossen, der Anker ausgefahren und an der vorgesehenen Stelle fallengelassen. Eingegraben wird der Anker durch Holen der Trosse von der Yacht aus.

Vermuren

Das Prinzip zeigt die Zeichnung rechts oben. Diese Muring mit eigenen Mitteln hat den Zweck, den Schwojkreis klein zu halten. Führt man sie mit dem Warpanker als zweiten Anker aus, dann muß der Hauptanker gegen die Richtung des (stärkeren) Ebbstroms gelegt werden. Die Trosse zum Anker A muß doppelt so lang gesteckt werden wie eigentlich nötig, um Anker B fallenlassen zu können. Dann wird das Boot an Trosse A zur Mitte verholt, und beide Trossen werden mit einem Stoppersteck, Ketten mit einem Kenterschäkel, in einer Wassertiefe C verbunden, die die Trossen frei vom Kiel der Yacht hält. Besser sind zwei gleichwertige Anker. Die Muring empfiehlt sich überall, wo der Schwojkreis begrenzt ist. Das Manöver mit zwei Ankern an V-förmig ausgesteckten Trossen dient nur der Ruhigstellung am Anker gierender Boote. Die Trossen müssen ungleich lang sein, weil bei starkem Zug und schlierenden Ankern die Anker allmählich zusammenkommen und sich bei gleicher Trossenlänge gegenseitig am neuen Eingraben hindern. Die Haltekraft ist proportional dem Quadrat des Ankergewichts. So hält ein Anker von 25 kg (625) gleich gut wie zwei Anker von je 15 kg und 20 kg (225 + 400 = 625).

Hauptanker A und Beianker B sind ausgelegt und bei C mit ihren Trossen verbunden, um den Schwojkreis zu verkleinern.

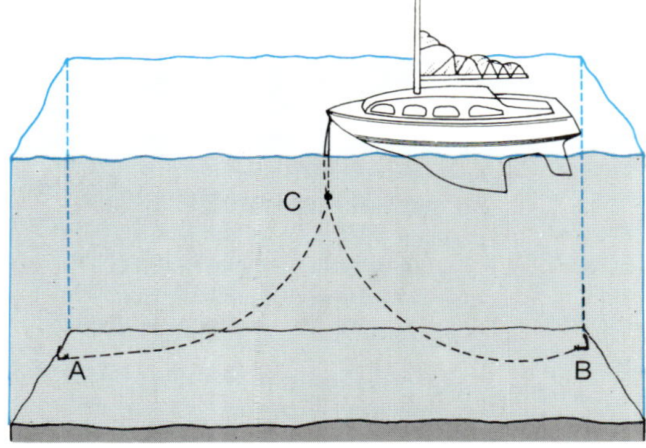

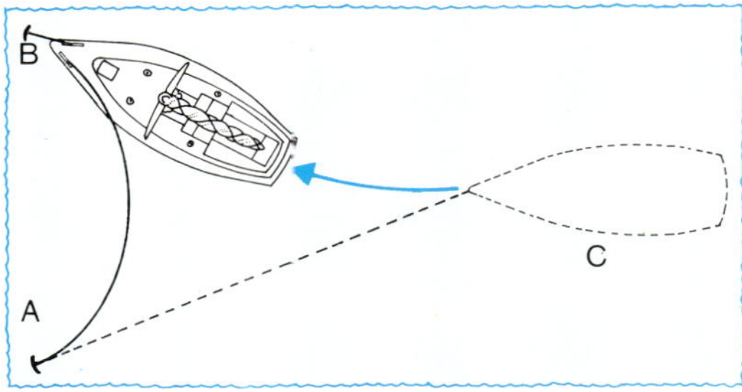

Nach Legen des Ankers A sofort mit möglichst kurz ausgegebener A-Trosse nach B fahren, den zweiten Anker legen, Motor aus und nach C zurückfallen lassen. (Der blaue Pfeil und die gestrichelte Linie sind falsch.)

An die Boje gehen

Bevor die Boje erreicht wird, muß die Crew mit Bootshaken und Festmacher bereitstehen, so daß die Boje schnell seitlich vom Bug gefaßt werden kann, wenn das Boot stoppt. Ob mit dem eigenen Festmacher am Bojenring oder mit dem meist schmuddeligen Bojenstropp festgemacht wird, ist Geschmackssache. Es ist jedenfalls nicht gut, den eigenen Festmacher einfach durch den Ring zu ziehen, wenn man länger liegen bleibt, weil er im Ring schamfilt.

Um von der Boje zu gehen, wird der eigene Festmacher durch eine auf Slip gefahrene Leine ersetzt, die auf Kommando losgeworfen wird. Den Bojenstropp kann man mit einem Törn um die Klampe halten, bis das Kommando „los“ kommt.

Die Auffischboje ist mit dem Bootshaken an Deck gezogen worden, nun wird an ihrer Leine der Bojenstropp geholt.

An- und Ablaufen

Die Methode, mit der das Boot an die Boje oder einen Ankerplatz gebracht wird, ist für den Skipper die gleiche. Er muß das langsame Segeln und präzise Stoppen beherrschen. Das Boot muß genau dorthin, wo der Anker liegen soll oder die Boje gefischt werden kann, und an dem Punkt soll es still liegen, zum Ankern besser schon leicht rückwärts treiben, damit auf das Kommando „Fallen Anker!" nicht alle Kette auf den Anker fällt und ihn unklar macht. Bei Beendigung das Manövers sofort einige Peilungen nehmen und aufschreiben. Nützlich ist auch eine Deckpeilung etwa querab, falls möglich. Im Nebel das Handlot hinablassen und mit etwas Lose in der Leine an der Reling festbinden. Es zeigt an, ob man vor Anker driftet und schwojt, vorausgesetzt, es wird entsprechend dem Tidenhub Leine gesteckt oder eingeholt.
Eine Boje so ansteuern, daß sie in Lee vom Bug kommt, damit man bei ungenauem Steuern auf sie zutreibt. Zum Ablaufen den Kurs im voraus so planen, daß man ohne Kollisionen an allen eventuellen Hindernissen klarkommt. Der Skipper soll der Crew immer seine Pläne vorher verklaren und ihr Zeit geben, alles für das Manöver vorzubereiten.

Mit Maschine

Man läuft den Ankerplatz oder die Boje gegen den stärksten Einfluß (Wind oder Strom) an. Was überwiegt, erkennt man daran, wie dem eigenen ähnliche Boote ausgerichtet liegen. So wird das Boot allmählich gestoppt, wenn man den Propeller auskuppelt, und man hat es besser unter Kontrolle. Man vergewissere sich, daß die Crew Bescheid weiß und alles vorbereitet hat. Beim Ankern mit dem Ankerfallen so lange warten, bis das Boot anfängt, rückwärts zu treiben. Den Ankerplatz so wählen, daß das Boot beim Schwojen auf keinen Fall ins Fahrwasser kommt. Beim Ankerlichten kann man der Crew mit kurzem Einkuppeln des Propellers helfen, die Trosse einzuholen. Den Anker zunächst nur bis zur Wasseroberfläche aufholen, wenn er sehr schmutzig ist, damit er bei langsamer Fahrt reinspülen kann. Nur bei Seegang muß er schnell an Deck gebracht werden, damit er nicht gegen den Rumpf schlägt und ihn beschädigt.
Eine Boje wirft man los und geht rückwärts mit der Maschine von ihr weg, bis man weit genug von ihr ab ist, um Kurs aufnehmen zu können.

Unter Segel

Der Anlauf wird nur unter Großsegel, bei vorlichem Wind, oder nur unter Vorsegel, bei raumem Wind, gemacht, um die Geschwindigkeit unter Kontrolle zu halten. Dazu muß man wissen, wie das Boot an der Boje, beziehungsweise beim Ankerfallen liegen wird. Es ist eine gute Idee, zur Orientierung erst mal eine Runde zu segeln. Der Crew ist reichlich Zeit zum Wegnehmen des jeweiligen Segels und zur Vorbereitung des Manövers zu geben. Die Fahrt regelt man jeweils durch Fieren und Holen der Schot.
Ankerlichten oder Loswerfen von der Boje und Ablaufen geschieht nach denselben Regeln. Kommt der Wind von vorn bis querab (vorlich), läuft man unter Großsegel ab. Das Vorsegel ist aber schon am Vorstag und Fockfall angepickt und bis auf wenige Zeisinge klar zum Setzen. An einer Muringboje holt man das Boot am Stropp heran, bis die Boje bei den Luvwanten liegt, und wirft dann erst los. Das erhöht die Ruderwirkung, so daß der Skipper gleich Kurs aufnehmen kann.
Bei raumem Wind (von achtern bis querab) setzt man das Vorsegel und wirft gleich los oder lichtet Anker. Bei starkem Wind das Vorsegel erst dann setzen, wenn der Anker ausgebrochen ist. Mit dem Heißen des Großsegels wartet man, bis freies Wasser erreicht ist.

Rechts: Um das Großsegel niederzuholen, ist das Boot zu einer Boje gesegelt, wo es vorübergehend mit einer Slipleine festgemacht wird.

Trockenfallen

Viele britische, französische und einige friesische Häfen fallen bei Niedrigwasser ganz oder stellenweise trocken, worauf man sich vorbereiten muß, ganz besonders mit Booten mit nur einem Flossenkiel. Kimmkieler sind demgegenüber weniger problematisch. Die Gewichte an Bord möglichst gleichmäßig über die Länge verteilen und seitlich etwas mehr Gewicht auf die Anlegeseite geben, damit das Boot sich beim Aufsetzen leicht zur Mauer hin neigt, aber nicht mehr als 10° aus der Senkrechten. Nie von Bord gehen, bevor das Boot trocken steht!

Vor- und Achterleine müssen in Häfen mit großem Hub sehr lang ausgebracht werden, am besten beschwert wie in der Zeichnung unten. Die beiden Springs müssen mit dem Tidenhub nachgesetzt werden. In einem unbekannten Hafen erkundige man sich nach der Grundbeschaffenheit, denn es tut nicht gut, zwischen Felsbrocken oder allerlei Unrat trockenzufallen. Einheimische warnen oft, aber nicht immer. Auch meide man Stellen, an denen der Grund steil von der Mauer weg abfällt. Vorsicht beim Festmachen an Schuten, die beim Aufsetzen schräg auf dem Boden liegen und Reling und Bordwand eindrücken, wenn die Yacht auf dem Kiel feststeht. Ist keine Auskunft zu bekommen, wartet man besser draußen vor Anker ein Niedrigwasser ab und schaut hinein, wie's drinnen aussieht, oder man kann an einer tieferen Stelle im Hafen ankern.

Beim Längstrimmen immer an das Gewicht des Motors denken, das in Schwimmlage nicht auffällt, weil der Motor etwa am breitesten Spant eingebaut ist, aber das trägt nicht mehr, wenn die Kielflosse aufsteht. So sieht man öfters in solchen Häfen eine achtern heruntergekippte moderne Yacht.

Schon beim Festmachen muß dafür gesorgt werden, daß die Springleinen klar von Reling, Fendern und Wanten bleiben. Damit sich die Fender beim Fallen des Bootes nicht an der Mauer hochschieben, sollten sie durch ein vorgehängtes Fenderbrett gesichert werden. Ostsee- und Binnenskipper sollten ihre offenen Lippklüsen zur Führung der Leinen durch geschlossene oder verschließbare Klüsen ersetzen, ehe sie sich in Häfen mit fünf und mehr Metern Tidenhub wagen.

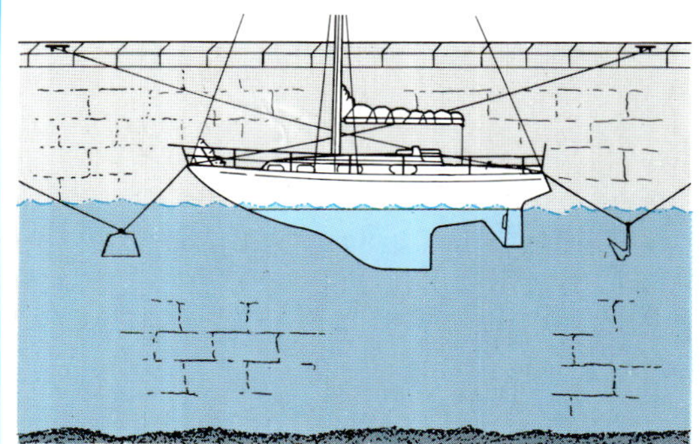

Befestigte Gewichte an der Vor- und Achterleine, um das Boot bei der Mauer zu halten.

Rechts: Ist das Boot trockengefallen, kann man Reparaturen und Ausbesserungen am Rumpf machen.

Spinnaker

Über den Ursprung der Bezeichnung wird immer wieder gerätselt. Im Jahre 1866 – so weiß eine Legende – tauchte die englische Yacht „Sphinx" mit einem ungewöhnlich großen bauchigen Vorsegel auf, das an einem Baum nach Luv ausgebracht war. Die Crew der Yacht, redliche britische Seeleute, paßte den exotischen Namen ihres Schiffes ihrer Zunge an und nannte es „Spinks". Da es für das neumodische Segel in der althergebrachten Seefahrtsterminologie keine Benennung gab, wurde es als „Spinker" bezeichnet, der sich zum Spinnaker wandelte.

Nach einer anderen Version wurde das ungewöhnliche Segel zuerst auf der englischen Yacht „Niobe" gefahren, und ein Crewmitglied soll begeistert ausgerufen haben: „That is the sail to make her spin!" (Das ist das Segel, das sie zum Laufen bringt!) Das Wort machte schnell die Runde, und daraus soll dann der Spin-maker entstanden sein.

Tatsächlich erschien das Wort „Spinniker" erstmals in der Ausgabe vom 18. August 1866 der englischen Wochenschrift „Field" und im darauffolgenden Septemberheft der Zeitschrift „Yachting Magazine" bereits als Spinnaker. Die Spinnaker wuchsen gewaltig im Laufe der Jahre. Die America's-Cup-Verteidigerin „Ranger" fuhr 1937 einen Spinnaker von zu jener Zeit unvorstellbaren 1675 m^2. Damals entstand das geflügelte Wort von dem Teufel, der allein im Stande sei, mit dieser seiner Erfindung fertig zu werden. Auf den heutigen sogenannten Maxiyachten, wie sie in Rennen rund um den Erdball geknüppelt werden, sind Spinnaker dieser Größenordnung durchaus kein ungewöhnliches Teufelswerk mehr. Sie zu beherrschen bedarf es lediglich einer erlernbaren Technik. Außerordentlich variantenreich sind inzwischen die Spinnakerschnitte geworden (s. Seite 110). Passend für unterschiedliche Bootsgrößen, unterschiedliche Kurse zum Wind und Windstärken.

Waren Spinnaker ursprünglich nur Attribute rekordsüchtiger Rennsegler, so sind sie heute auch auf Fahrtenkreuzern keine Seltenheit mehr. Tatsache ist, daß jede Yacht mit ihrer normalen Besegelung vor dem Wind an einem gewissen Vortriebsmangel leidet. Dem kann durch den Einsatz eines Spinnakers für leichte Brisen von achtern bis backstags abgeholfen werden. Denn immer häufiger wollen selbst Familiencrews mehr aus ihrem Boot herausholen. Sei es, daß eine Überfahrt schneller und damit sicherer werden soll, oder aber, weil es für sie zu einem erregenden Erlebnis werden kann, unter der bunten, von frischer Brise gefüllten „Blase" dahinzuschäumen und sogar kurzzeitig ins Surfen zu kommen. Es ist wirklich nicht allzu schwierig, auf einem Fahrtenboot, in leichtem Wetter, wenn man ihn am dringendsten braucht, einen Spinnaker zu meistern.

Mit der Anschaffung eines Spinnakers kommen allerdings weitere: der Spinnakerbaum – auf größeren Booten besser sogar zwei Bäume –, ein Spinnakerfall, Auf- und Niederholer, Schot- und Achterholer, nebst einem Arsenal von speziellen Beschlägen, Schäkeln, Leitblöcken und Winschen. Zudem muß die Crew zunächst einmal lernen, mit all dem richtig umzugehen und das leichte Segel ohne Vorstagwickel zu setzen und zu bergen: ein typischer Anfängerfehler. Setzen und Bergen sind freilich seit der Erfindung einer Art großen Netzstrumpfes einfacher geworden, in dem das Segel steckt, bis sein Kopf oben ist. Dann wird der Strumpf zum Kopf des Spinnakers hochgezogen, worauf dieser ausbrechen kann. Beim Bergen geht es umgekehrt, und der Spinnaker bleibt in der Socke aufbewahrt.

Spinnaker-Details

Spinnaker sind symmetrische dreieckige Segel, deren Seitenlieken abwechselnd als Luv- und Achterliek fungieren; die Rolle wechselt jeweils beim Schiften während des Halsemanövers. Der jeweilige Hals wird mit dem Spi-Baum ausgebaumt. Getrimmt wird das Segel mit Achterholer und Schot, die beide über Umlenkrollen beim Heck ins Cockpit geführt werden. Die Zeichnung zeigt ein für mittlere Fahrtenyachten typisches Spinnakerrigg.

Fall

Man kann das Reservevorsegelfall zum Heißen des Spi benutzen, besser hat er aber ein eigenes Fall, das über eine Rolle mit Wirbel führt, die dem größeren Richtungswinkel des Spi folgen kann. Abhilfe beim Reservefall: einen Wirbelschäkel dazwischen setzen.

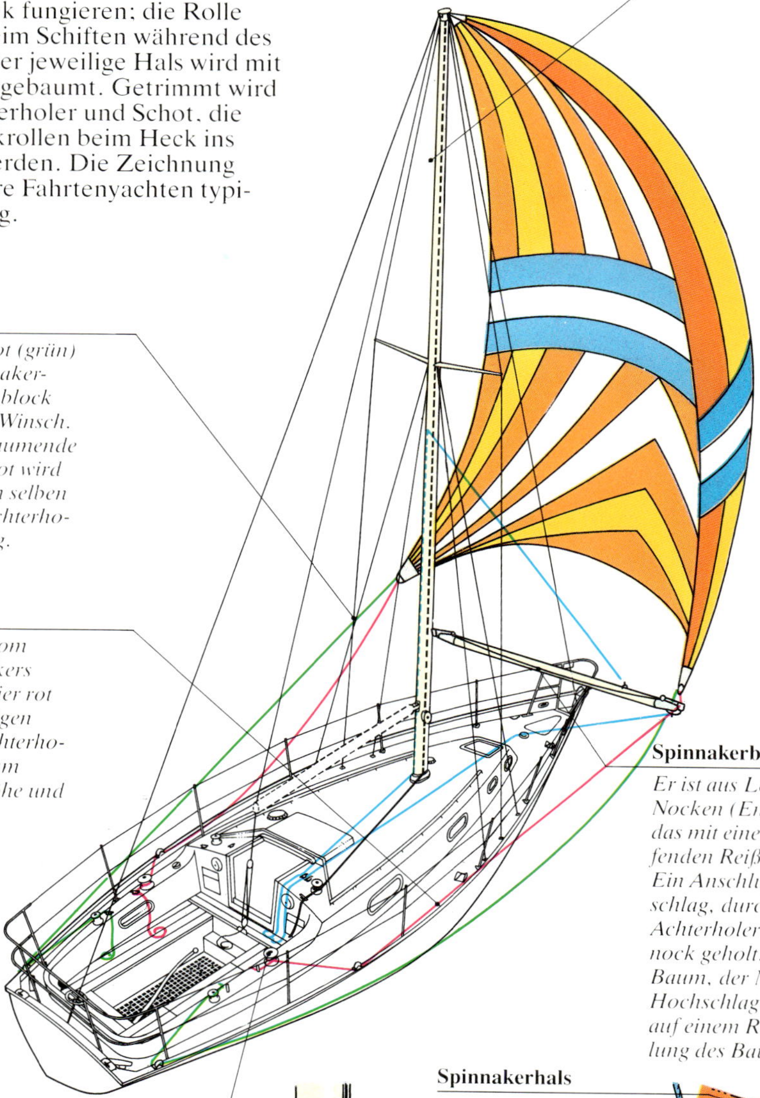

Schoten

Die durchgesetzte Schot (grün) führt vom freien Spinnakerhorn über den Umlenkblock beim Cockpitende zur Winsch. Die beim jeweiligen Baumende mit angeschlagene Schot wird lose gefahren; der beim selben Horn angeschäkelte Achterholer (rot) steht unter Zug.

Achterholer

Das ist die Leine, die vom Baumende des Spinnakers nach achtern führt – hier rot dargestellt. Vom jeweiligen Schothorn führt der Achterholer lose nach achtern zum Leitblock in Cockpithöhe und von dort zur Winsch.

Spinnakerbaum

Er ist aus Leichtmetall und hat an den Nocken (Enden) ein Kolbenanschlußteil, das mit einer längs des Baums verlaufenden Reißleine geöffnet werden kann. Ein Anschluß kommt an den Mastbeschlag, durch das andere wird mit dem Achterholer das Spihorn an die Baumnock geholt. Der Toppnant trägt den Baum, der Niederholer verhindert sein Hochschlagen. Der Mastbeschlag fährt auf einem Rutscher zur Höheneinstellung des Baumes.

Winschen

Bei den meisten mittleren Kreuzeryachten haben Schot und Achterholer auf jeder Seite ihre eigene Winsch auf dem Cockpitsüll, gleich hinter den Genuawinschen, aber kleiner als diese.

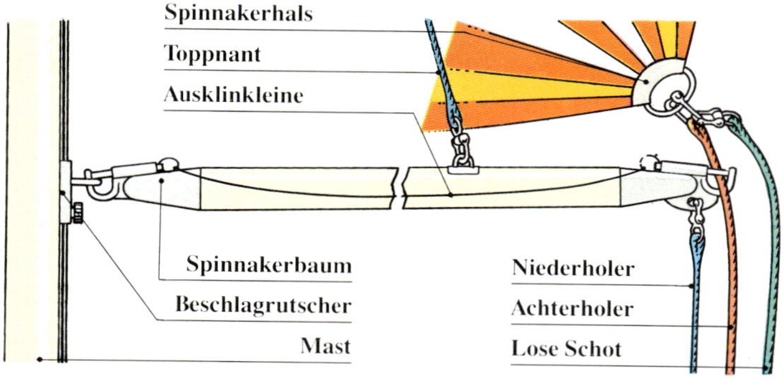

Spinnaker setzen

Selbst eine Fock kann man falsch setzen, wenn sie falsch eingesackt worden ist, aber ein Spinnaker kann sehr leicht unklar kommen. Deshalb sollte er mit gleicher Sorgfalt gepackt werden wie ein Fallschirm; jedesmal! Der Spisack wird am Bugkorb oder an der Leereling gesichert, wenn die Vorsegel an Stagreitern gefahren werden. Der Sack wird geöffnet und der Spinnakerkopf am Spifall befestigt und an jedem Hals ein Achterholer und eine Schot. (Auf kleinen Booten geht an jeden Hals nur eine Leine, die als Achterholer und Schot benutzt wird.) Die Leinen müssen außerhalb der Wanten nach achtern zu einer Winsch geführt werden. Vor dem Setzen das Boot auf Backstagskurs legen. Den Spibaum am Mast einhängen und den luvseitigen Achterholer in den Nockbeschlag des Baums einpicken. Den Baum mit dem Toppnant horizontal holen. Das Fall einen Törn um die Fallwinsch legen und nun sehr schnell holen und belegen, sobald der Spi oben ist. Den Achterholer mit der Winsch holen, bis der Spi an der Baumnock steht und der Baum etwa senkrecht zum scheinbaren Wind; belegen. Die Schot holen, bis der Spi sich füllt. Vorsegel nieder!

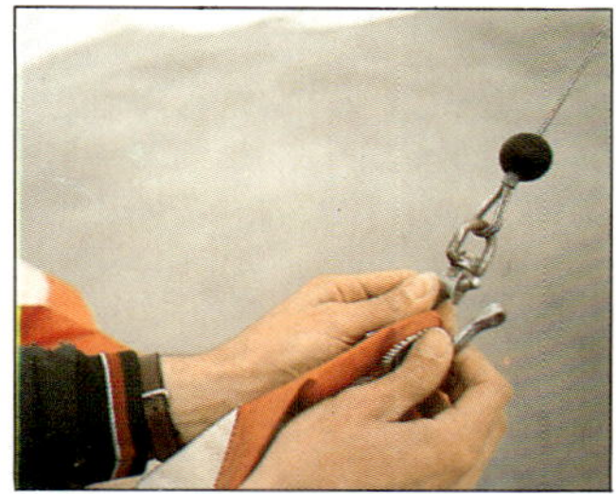

1 *Schäkel den Spinnakerkopf ans Spinnakerfall.*

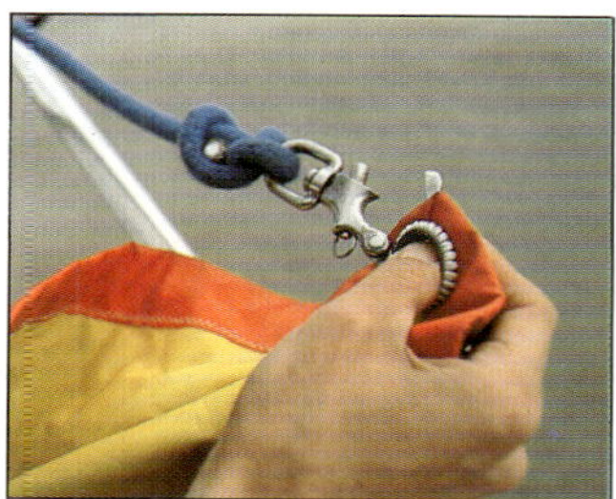

2 *Schäkel die Achterholer an die Hörner und führe sie außen um die Wanten herum zu Leitblöcken und Winsch. Schäkel die Schoten an und führ sie zum Cockpit.*

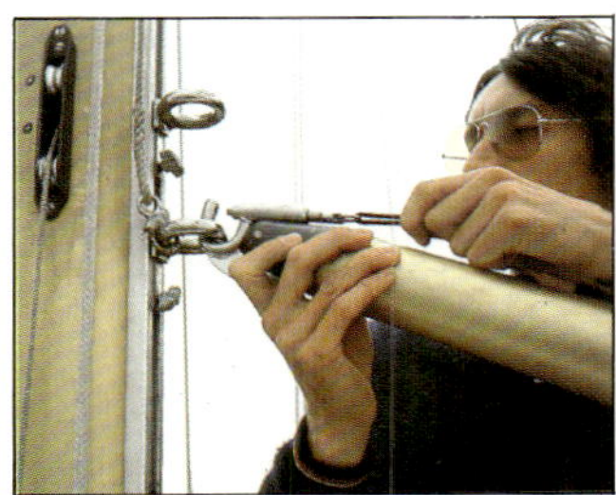

3 *Pick die Inbordnock des Baums am Mastbeschlag ein.*

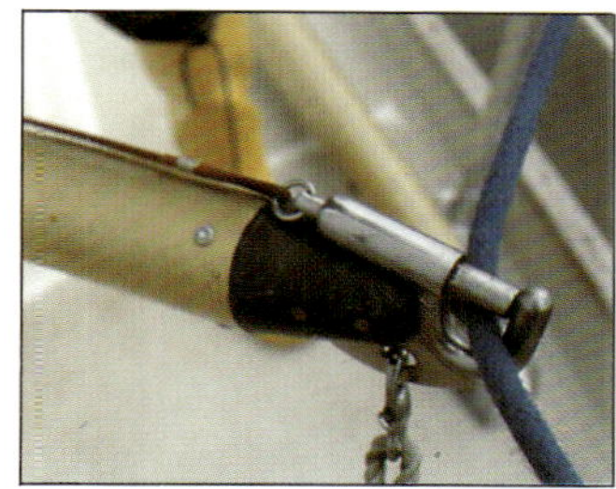

4 *Leg den Achterholer in den Außennockbeschlag des Baums. Geh auf Raumschots-Kurs.*

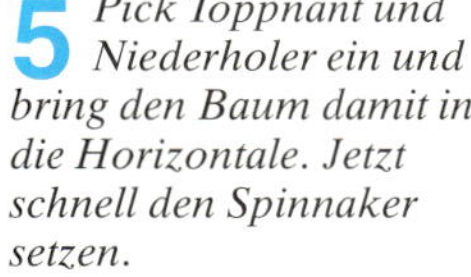

5 *Pick Toppnant und Niederholer ein und bring den Baum damit in die Horizontale. Jetzt schnell den Spinnaker setzen.*

6 *Den Luv-Achterholer holen und belegen. Die Spinnakerschot holen, bis der Spi voll steht. Anschließend die Fock bergen.*

Spinnaker trimmen

Die drei Dinge, die den Stand des Spinnakers hauptsächlich bestimmen, sind: die Schotspannung, die Höhe und die Seitenstellung des Spinnakerbaums. Hals und Schothorn des Spi sollen auf etwa gleicher Höhen „fliegen", damit der Spi symmetrisch steht. Der Baum soll im rechten Winkel vom Mast abstehen, aber Toppnant und Niederholer sollen nicht steif durchgesetzt sein, damit dem Baum etwas Spielraum für Seegangsbewegungen bleibt. Das Fall wird nicht so weit geholt, daß der Kopf an der Rolle steht; er darf bis zu 30 cm Abstand haben.
Wenn der Baum horizontal steht, hat er die weiteste Ausladung. Weil der Spi bei stärkerem Wind steigt, soll man den Baumbeschlagschlitten – falls es ihn gibt – am Mast entsprechend höher stellen.

Der Baum wird durch Fieren oder Holen des Achterholers so gestellt, daß er senkrecht zum scheinbaren Wind (s. Verklicker im Masttopp) steht.
Die Schot wird über eine Winsch, meist ohne Kurbel, so gefahren, daß das Luvliek gerade nicht einrollt oder „löffelt". Dieses ständige Spielen mit der Spinnakerschot ist bei Regatten wichtig, trägt aber nicht zum Glücksempfinden einer Fahrtencrew bei, die vornehmlich segelt, um sich zu erholen. Der ehrgeizige Skipper kann dem Rechnung tragen, indem er die Schot belegen läßt, sobald der Spi gut steht, und durch seine Steuermannskunst dafür sorgt, daß er nicht einfällt. Anders als die Rennkapitäne nimmt der Fahrtenskipper den Spi weg, wenn der Wind dwars (quer) einkommt, und setzt statt dessen die Genua, die fast ebenso wirkungsvoll, aber unproblematischer ist.

Damit der Spinnaker optimal zieht, fiert man die Schot so weit, daß sich das Luvliek etwas einrollt (links), und holt sie dann wieder so weit an, daß die Rolle gerade eben verschwindet (rechts). Der Baum muß beide Hörner auf gleiche Höhe bringen.

Rechts: Der Spinnaker steht so, daß sich das Luvliek gerade leicht einrollen will; so zieht das Segel optimal.

A-1323
KA
R333

Schiften mit gesenktem Baum

Das ist, mit wenigen Ausnahmen, die übliche Art, auf mittleren bis großen Kreuzern bei einer Halse den Spi auf die andere Seite zu bringen. Sie ist allerdings nur möglich, wenn auf jeder Seite Achterholer und Schot geriggt sind, sonst muß Nock für Nock (unten) geschiftet werden.
Zur Einleitung des Schiftens wird das Boot platt vor den Wind gebracht, Schot und Achterholer und der Spi entsprechend getrimmt. Ein Mann geht nach vorn und führt den losen Achterholer der bisherigen Leeseite. Mit der Ausklinkleine am Baum löst er den Achterholer aus dem Nockbeschlag und geht zum Bugkorb, wobei er den Baum etwas mit nach vorne nimmt. Gleichzeitig fiert ein zweiter im Cockpit, bei Crewmangel der Skip selbst, den Toppnant so weit, daß die Baumnock, in die der Mann vorne den neuen Achterholer einpickt, unterm Vorstag durchschwingen kann. Es kann sein, daß der Mann vorn dazu vorher auch noch den Baumbeschlagschlitten am Mast hat hochfahren müssen. Hat die Yacht ein Babystag, muß dies entspannt und ausgehakt werden. Ist das nicht möglich, sollte man die Takelung ändern lassen. Es sei denn, es sind, gut und teuer, zwei Spinnakerbäume vorhanden. Vom Cockpit her wird der Baum mit dem Toppnant angedirkt und Achterholer und Schot werden geholt, so daß der Spinnaker richtig steht. Nun kann das Großsegel rund achtern (geschiftet) gebracht werden und der Spi ist, wie beschrieben, für den neuen Kurs einzutrimmen.
Schot und Achterholer werden mit drei Törns um die Winschtrommel in Drehrichtung genommen und von Hand am Tamp geholt. Die Törns dienen als Bremse beim Fieren. Eine Kurbel ist nur bei sehr starkem Wind nötig.

Der Baum ist vom Achterholer gelöst und auf Deck gefiert.

Mit eingepicktem neuen Achterholer wird der Baum unterm Vorstag durch auf die neue Seite gebracht.

Das Groß wird geschiftet, der Spibaum zum Spihals gehoben.

Der Spinnakerbaum wird mit dem Achterholer für den neuen Kurs getrimmt.

Schiften Nock für Nock

Wenn Ihr Boot dieses einfache Spinnakersystem hat, bei dem an Hals und Schothorn nur eine Leine gefahren wird, die als Achterholer und als Schot verwendet wird, und bei dem Toppnant und Niederholer in Baummitte angreifen, dann müssen Sie Nock für Nock schiften. Das Boot wird vor den Wind gebracht, der Spi entsprechend getrimmt, Schot und Achterholer werden belegt.
Der Baum wird dann mit der Ausklinkleine vom Achterholer gelöst und anschließend vom Mast. Die Innennock des Baums wird übers Boot gebracht und mit der bisherigen Schot verbunden, die damit neuer Achterholer wird. Der Baum wird zur neuen Seite hinausgedrückt und sein freier Nockbeschlag am Mast eingeklinkt. Währenddem schiftet der Skipper das Großsegel, und der Spinnaker wird dem neuen Kurs entsprechend getrimmt. Man hüte sich aber, bei einer frischen Brise dieses Manöver zu praktizieren. Entweder man nimmt den Spi weg, halst und setzt ihn wieder neu, oder man entscheidet sich gleich für die ausgebaumte Genua.

Rechts: Auch ausgebuffte Renncrews können Schwierigkeiten mit dem Spi bekommen. Wenn die hier nicht schnell klarkommen, könnte der Spinnaker reißen.

Spinnaker bergen

Man sollte ein Vorsegel setzen, ehe man den Spinnaker niederholt, dann kann er sich nicht ums Vorstag wickeln, wenn man was falsch macht. Das Boot wird auf raum-achterlichen Kurs gebracht, dann der Achterholer so weit gefiert, daß der Wind aus dem Segel fällt. Auf großen Booten genügt das nicht. Einer muß nach vorn und die Kolbenleine des Schnappschäkels ziehen, der den Achterholer mit dem Spihals verbindet.

Der Spi weht daraufhin wie eine Flagge in Lee von Vor- und Großsegel aus. Einer der Crew steht im Niedergang und zieht an der Schot den Spi unterm Großbaum durch in den Niedergang, während ein anderer langsam das Spinnakerfall fiert, damit der Spi nicht ins Wasser weht. Unter Deck wird das Segel gleich in den Sack gepackt, wie unten beschrieben.

1 *Vorm Niederholen des Spinnakers das Vorsegel hoch und trimmen.*

2 *Achterholer aus der Spi-Baumnock lösen und Spi in Lee des Großsegels fliegen lassen.*

3 *Mit der losen Schot den Spi unterm Großbaum durch zum Niedergang ziehen, Spi-Fall fieren und Spi entsprechend in die Kajüte holen.*

Spinnaker einsacken

Um sicherzugehen, daß der Spinnaker beim nächsten Mal unverdreht in die Höhe steigt, muß er unter Deck mit Sorgfalt verpackt werden. Dafür übernimmt am besten nur einer die Verantwortung. Er sucht zuerst den Kopf und legt ihn auf die Seite, sucht dann entlang des jeweiligen Seitenlieks das zugehörige Schothorn und legt es unverdreht auf die Seite neben den Kopf. Nun packt er den Mittelteil des Segels in den Sack und als letztes die Lieken, Kopf und Schothörner. Kopf und Hörner läßt man hervorschauen. Man kann sie mit einem kurzen Ende verbinden, so daß klar ist, was beim nächsten Setzen wohin gehört.

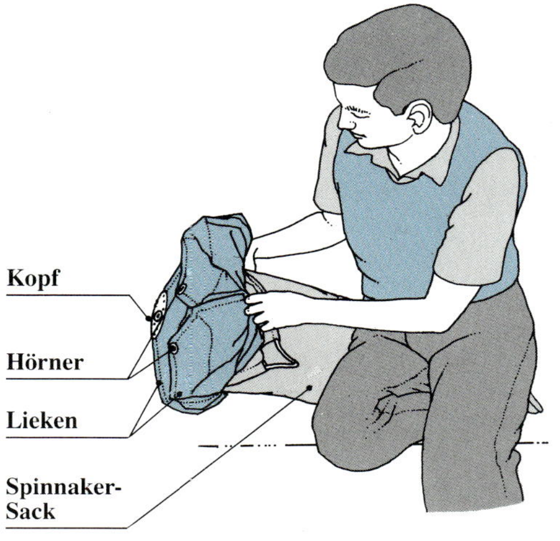

Rechts: Triradial-Spinnaker bei halbem Wind bei einer Regatta perfekt getrimmt. Die Vorsegel sind stehengelassen worden, um zusätzlichen Vortrieb zu leisten.

22500

Segel reffen

Wenn es auffrischt, kommt es zu dem Punkt, an dem das Boot nicht mehr alles Tuch tragen kann. Es hängt von der jeweiligen Bootsgröße und Konstruktion ab, wann dieser Punkt erreicht wird. Große Yachten können alle Segel meist bei stärkerem Wind noch tragen, aber viel hängt auch von anderen Gegebenheiten ab, wie Seegang, Verteilung der Segelflächen über die Länge, und der Unterwasserschiffsform beispielsweise.

Es gibt zwei Möglichkeiten, die Segelfläche zu verkleinern: Man wechselt die Segel gegen kleinere aus oder man refft sie. Gewöhnlich werden die Vorsegel gegen kleinere ausgewechselt, das Großsegel aber wird gerefft. Weil es zu groß und unhandig zum Auswechseln ist, wird es gewöhnlich erst bei schwerem Sturm durch ein kleines Sturmsegel ersetzt und dann auf dem Baum aufgetucht. Moderne Methoden haben das Reffen beschleunigt und vereinfacht. Gewöhnlich verkleinert man zuerst die Vorsegelfläche und refft bei weiter zunehmender Windstärke dann das Groß.

Es gibt keine eiserne Regel, wann man reffen muß. Der Skipper muß ein Gefühl dafür haben, wenn es seinem Schiff zuviel wird. Gewöhnlich ist das der Fall, wenn das Leedeck durchs Wasser zieht oder der Rudergänger Schwierigkeiten hat, das Boot auf Kurs zu halten. Wenn Sie fühlen, daß es Zeit zum Reffen ist, dann tun Sie es sofort, denn es wird bei zunehmendem Wind immer schwieriger. Einzige Ausnahme: Der Hafen ist schon in Sicht.

Es ist wichtig, beim Segelverkleinern zwischen Vorsegel- und Großsegelfläche eine Balance zu halten, bei der das Boot noch gut auf dem Ruder liegt. Man kann nicht bei Stärke 6 gleich die Sturmfock nehmen. Zuerst wird das Vorsegel etwas gerefft, wenn das möglich ist, oder gegen ein kleineres ausgetauscht, dann das Groß gerefft, wenn es nötig wird; dann wieder das Vorsegel und so weiter.

Zum Vorsegelwechseln reduziert man die Fahrt, legt das Boot am besten vor achterlichen Wind, wobei das Vordeck dann in Lee des Großsegels liegt, so daß die Crew nicht von den Füßen gerissen und von überkommendem Wasser durchgeweicht wird. Die Crew muß bei dieser Arbeit ihren Sicherheitsgurt tragen und die Leine einpicken. Das Groß refft man bei an den Wind gedrehtem Boot, so daß sich das Großsegel nicht mit Wind füllen kann. Zur Vermeidung von Unfällen darf keiner in Lee eines killenden (schlagenden) Segels stehen und nie auf einem an Deck liegenden Vorsegel – es ist naß und deshalb glatt.

Rennyacht beim Schnellreffen. Die vom Achterliek wehenden Leinen sind die Reffstander.

Schnellreff fürs Großsegel

Das Schnellreff ist die moderne Ablösung für das Bindereff, bei dem das durch teilweises Niederholen des Großsegels weggenommene Tuch gefaltet und mit Reffbändseln auf dem Baum festgebunden wird. Beim Schnellreff gibt's nur eine Reffkausch am Vorliek und eine am Achterliek, gewöhnlich in drei verschiedenen Höhen. Das Fall wird gefiert, bis die vordere Kausch in einen Haken beim Lümmel eingehängt werden kann, und das entsprechende hintere Auge wird mit seinem Reffstander auf die Baumhöhe heruntergeholt. Dann setzt man das Fall wieder durch. Das geht ruckzuck und das Segel steht gut. Das von den Briten „jiffy reefing" (jiffy = Augenblick) genannte Verfahren wurde von Rennseglern eingeführt, denen die umständliche Reffbinderei nicht schnell genug ging. Es ist rationeller als der Rollreff (nächste Seite), weil es von einem Mann ausgeführt werden kann, der nicht mal aus dem Cockpit zu steigen braucht, wenn statt des Reffhakens vorn eine Leine gefahren wird. Das Segel steht besser als beim Rollreff, und die ganze Einrichtung ist auch billiger. Zum Reffen werden Baumniederholer und Schot gelöst und der Baum angedirkt. Wird das Vorliek von Rutschern gehalten, muß die Mastschienensperre geöffnet werden, und alle Rutscher bis zur Reffkausch müssen heraus. Dann schiebt man den Riegel wieder vor, gibt der Dirk lose und holt den Baumniederholer steif. Den Segelbauch kann man hängen lassen, wie er ist, oder ihn zu einer Wurst wickeln und mit einer Reihleine an den Baum zurren. Ausgerefft wird in umgekehrter Reihenfolge.

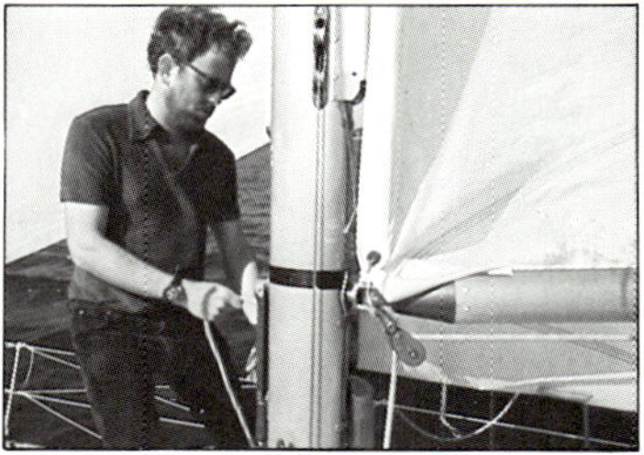

1 *Bei angedirktem Baum und gelöstem Niederholer das Fall fieren, bis das vordere Reffgat in den Reffhaken am Lümmel eingehakt werden kann. Dann das Fall wieder durchsetzen und belegen.*

2 *Mit dem entsprechenden Reffstander das achtere Reffgat auf den Baum niederholen und nach achtern ausholen.*

3 *Baumdirk fieren und Niederholer spannen.*

4 *Falls gewünscht, überschüssiges Segel zur Wurst rollen und mit Marlschlägen am Baum zurren – nötig ist das nicht.*

Das Reff der Rennyacht ist fertig, und das Segel steht gut.

Großsegel-Rollreff

Für manche ist das Rollreff schon „konventionell“. Bei ihm wird das Segel zum Reffen auf den drehbaren Baum gewickelt. So kann man die Segelfläche nach Bedarf stufenlos verkleinern. Die Kurbel befindet sich entweder seitlich beim Lümmelbeschlag und vor dem Mast. Vor Beginn des Reffens muß der Baum angedirkt und der Baumniederholer ausgepickt werden. Die Großschot wird gefiert, der Stopperriegel unten an der Mastschiene geöffnet, wenn das Vorliek an Rutschern hängt, und dann wird entsprechend den Drehungen an der Reffkurbel das Großfall gefiert, was mit etwas Geschicklichkeit ein Mann machen kann. Ein zweiter ist an der Baumnock nötig, um das Achterliek auszuholen, damit sich das Segel nicht als Knödel um den Baum wickelt. Liegen die Segellatten beim Aufwickeln nicht exakt parallel zum Baum, müssen sie herausgenommen werden. Ist das Segel genug gerefft, wird die Kurbel blockiert (oder der Kurbeltrieb bei abnehmbarer Kurbel), die Dirk gelöst und das Großfall durchgesetzt. Rollreffen ist im Hafen leicht, auf See jedoch nicht ganz so einfach, denn bei den Bootsbewegungen ist es schwierig, das Achterliek beim Rollen schön auszuholen, und die Mastrutscher am Vorliek können dabei auch Ärger machen. Das Resultat ist dann ein recht dürftig stehendes gerefftes Segel. Für den Baumniederholer braucht man eine besondere Haltevorrichtung, damit er über dem aufgerollten Segel festgemacht werden kann. In umgekehrter Reihenfolge wird das Reff wieder ausgeschüttet.

Bei neueren Reffvorrichtungen wird das Großsegel in den Mast oder in den Baum aufgewickelt. Sie können vom Cockpit aus bedient werden und ermöglichen, das Großsegel zu reffen, ohne die Fahrt aus dem Boot zu nehmen. Diese Systeme erfreuen sich, wegen ihrer einfachen Handhabung, unter Fahrtenseglern wachsenden Zuspruchs.

Ein Trysegel setzen

Bei sehr starkem Wind kann es sein, daß es nicht genügt, nur das Großsegel zu reffen. Man muß ein besonderes Segel setzen, das Trysegel, auch Sturmsegel genannt. Es wird gewöhnlich zusammen mit der Sturmfock gesetzt. Zwar braucht man das Trysegel nur sehr selten, aber weil es dafür keinen richtigen Ersatz gibt, muß auch ein Familienkreuzer ein solches Segel haben, wenn er die See befährt. Auch muß man es einmal bei nicht übermäßig bewegter See gesetzt haben, um im Sturm zu wissen, was zu tun ist.

Das Trysegel wird ohne Baum gefahren. Das Großsegel wird auf dem Baum aufgetucht und der Baum auf Deck herabgelassen und festgezurrt. Das Try wird mit Rutschern in der Mastschiene oder Mastkeep so gesetzt wie das Großsegel. Der Sperriegel wird eingesetzt und vom Hals des Segels ein Niederholer (Halstalje) zum Mastfuß geriggt. Der Trykopf wird am Großfall angeschäkelt, die Schot einfach oder als Talje am Schothorn befestigt durch kräftige Blöcke auf beiden Seiten des Hecks geschoren. Sodann kann das Segel gesetzt werden. Die Höhe muß so sein, daß die Schot im richtigen Winkel zieht. Das ist zumeist der Fall, wenn der Kopf des Try bei der unteren Saling steht. Die richtige Höhe kann man am Fall markieren. Das Segel hat ein zum Mast ansteigendes Fußliek und ist so geschnitten, daß es frei bleibt von über Bord gehenden Brechern und bei hartem Wind effektiv arbeitet. Ist es in richtiger Höhe gesetzt und sind die Schoten belegt, dann wird die Halstalje durchgesetzt. Sollte ihre Übersetzung zu klein sein, kann die holende Part auf eine Winsch genommen werden. Das Try wird nach Lee geschotet. Die Schoten werden wie Vorschoten behandelt, doch muß beim Wenden oder Halsen die Luvschot schon angeholt werden, ehe die Leeschot gefiert wird, denn das Segel soll in dem starken Wind möglichst nicht flattern und schlagen, weil die Kräfte auf dem Segel und den Rutschern enorm sind.

Trysegel, wie das rechts, sollten orange gefärbt sein, damit sie in rauher See besser auffallen.

K
106

Rollfock

Normalerweise wechselt man zu einem kleineren Vorsegel, wenn es auffrischt, aber mit einer Rollfock läßt sich die Zahl der Segelwechsel drastisch mindern, wie auch die Zahl der nötigen Segel. Eine Rollfockeinrichtung hat immer ein Profilstag. Mit ihr kann man sich auf drei Vorsegel beschränken: schwere Genua 1, Genua 3 und Sturmfock, die man wohl am besten an einem wegnehmbaren Stag hinter dem Rollstag fährt, weil es bei rauhem Wetter kein Vergnügen ist, Segel niederzuholen. Wahlweise könnte man die Sturmfock auch „fliegend" fahren, ohne sie an einem Stag anzupicken. Das aufgerollte Segel bleibt dabei aufgerollt stehen.

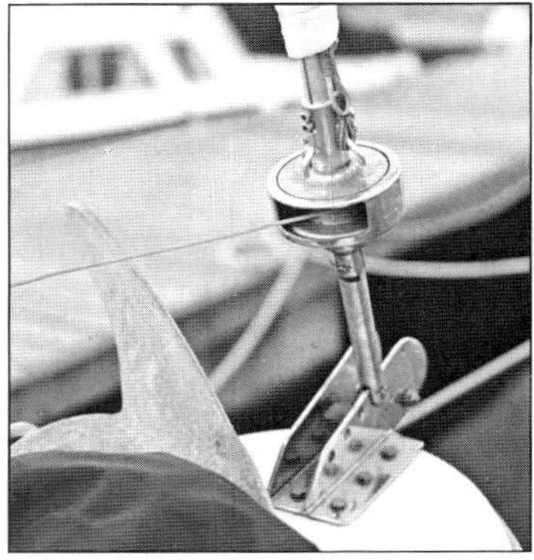

Mit der Drahttrommel kann das Profilstag gedreht und das Vorsegel mehr oder weniger aufgewickelt werden. Bleibt das Segel während der Liegezeit aufgewickelt, muß es gegen Sonnenbestrahlung mit einem Überzug abgedeckt werden.

Vorsegel reffen

Nach herkömmlicher Art wird ein Vorsegel mit Reffkauschen, Reffgatchen und Reffstander verkleinert. Zunächst muß man die Schoten an die achtere Reffkausch legen, wobei man mit der losen Luvschot beginnt. Wenn das Boot dann beigedreht mit backstehender Fock liegt, kann auch die Leeschot umgesetzt werden. Man kann nun ein Dreieck des Segelfußes vom Hals bis zum neuen Schotpunkt als Teilreff wegstecken oder voll reffen, indem ein Reffstander durch die vordere Reffkausch und den Halsbeschlag nach achtern zu einer Winsch geführt wird. Bei langsamem Fieren des Falls wird der Stander geholt, bis die Kausch am Halsbeschlag ist. Dann wird er belegt und das Fall wieder durchgesetzt. Das Reff wird eingerollt und mit einer Reihleine oder Reffbändseln gezurrt.

Führe den Reffstander durch die Reffkausch und den Bugbeschlag zu einer Klampe und hol die Kausch bei gleichzeitigem Fieren des Falls bis an den Bugbeschlag. Beleg den Reffstander und setz das Fall durch. Rechts: Das überschüssige Tuch ist aufgerollt und beigezeist.

Segeln im Sturm

Stürmischer Wind und hochgehende See mögen einer unbefahrenen Crew Angst machen, sind aber keine wirkliche Gefahr für ein seetüchtiges Boot und die Leute an Bord, wenn Skipper, Navigator und Mannschaft wissen, wie man solches Wetter abreitet. Am wichtigsten ist, daß die Ausrüstung sicher und in Ordnung ist und gehalten wird, so daß sie den erhöhten Beanspruchungen durch Sturm und grobe See standhalten kann. Kleine Boote vertragen erstaunlich harte Knüppelei, und ein Skipper mag sich schon mal wünschen, seine Mannschaft wäre ähnlich gut im Nehmen. Besonders eine unbefahrene Crew wird in einem Wetter schwach und müde, das einer befahrenen Crew gerade Spaß zu machen anfängt. Zwar bekommt es weder der sportlichsten Crew noch dem festesten Boot, wenn der Skipper unnötig lange gegen eine See anknüppelt. Wenn's nicht unbedingt sein muß, segelt man besser einen ruhigeren Kurs. Der Sturm könnte länger dauern, und eine am Ende doch abgewirtschaftete Crew ist ein Sicherheitsrisiko, auch wenn sie Sicherheitsgurte und Rettungswesten trägt – sie macht Fehler

Die Sicherungsleine muß schon vor dem Aussteigen aus dem Niedergang eingepickt werden, warme Kleidung an Deck ist Vorschrift. Warme Getränke und energiereiche Kost müssen zur Verfügung stehen. Notfalls müssen die Wachzeiten an Deck auf eine Stunde verkürzt werden. Keinen Hafen in Lee ansteuern, wenn keiner in Luv zu erreichen ist. Den Sturm auf See unter größter Schonung des Bootes abreiten, notfalls vor Topp und Takel (ohne jedes Segel) Nie das Boot verlassen, wenn es nicht wirklich sinkt; es ist mit Wasser in der Kajüte sicherer im Sturm als die Rettungsinsel.

Die in schwerem Wetter wirkenden Kräfte sind enorm. Boot und Ausrüstung müssen dem gewachsen sein.

Wind und See

Was genau ist rauhe See? Windstärke 7 (28 bis 33 kn) gelten als Yachtmanns Sturm, aber für fahrtensegelnde Familien fängt's schon bei Windstärke 5 (17 bis 21 kn) an; berechtigt, wenn es gegenan geht. Die Wetterberichte geben gewöhnlich regelmäßige Voraussagen, die größtenteils auch stimmen. Ist Dreckwetter angesagt, sollte ein Skipper mit unerfahrener Crew seinen Reiseplan entsprechend ändern. Bei Stärke 7 sollte man auf kleinste Fläche heruntergerefft und alle lose Ausrüstung weggestaut haben. Man ist dann gewöhnlich auf dem Wege zu einem sicheren Hafen. Stärke 8 (34 bis 40 kn) ist für eine kleine Yacht äußerst ungemütlich; man sollte sich da tunlichst heraushalten. Als Segel fährt man Sturmfock mit drittem Reff im Groß, und wenn nicht ein sicherer Hafen in der Nähe ist, muß man sehen, genug Seeraum zu gewinnen, um driften oder beiliegen zu können, bis das Wetter vorüber ist.

Stärke 5 (17 bis 21 kn): Frische Brise
Der Seegang ist mäßig mit vielen Schaumkronen, Höhe im freien Wasser um 1,8 m. Gegenan wird es mit einer Familiencrew schon ungemütlich.

Stärke 7 (28 bis 33 kn): Steifer Wind
Seegangshöhe im freien Wasser im Mittel 4 m, leichte Schaumstreifen in Windrichtung. Es wird hart. Wer kann, verkriecht sich in einen geschützten Hafen.

Vorbereitung und Taktik

Wenn Sturm angesagt worden ist, muß der Skipper entscheiden, ob er versuchen soll, einen Hafen zu erreichen, oder ob er's draußen abreiten will. Es ist gefährlich, zu einem Hafen an einer Leeküste zu laufen, wenn er nicht sicher vor Eintreffen des Sturms erreicht werden kann. In Leehäfen kann man bei Sturm nicht einlaufen und muß dann dicht vor der Küste kreuzen und hat keinen Seeraum zum Reparieren, falls am Rigg etwas bricht. Es lohnt hingegen immer, zu einer Luvküste zu segeln, weil man Seeraum gewinnt und vielleicht noch rechtzeitig Landschutz findet. Doch Vorsicht vor schwierigen Küsten! Ist man im Hafen, verdoppelt man alle Festmacher und bleibt an Bord, bis das Wetter vorüber ist.
Als nächste Aufgabe muß das Boot auf den Sturm vorbereitet werden, und zwar rechtzeitig. Beiboot und Rettungsinsel müssen auf Deck mit zusätzlichen Laschings gesichert werden. Unter Deck müssen alle losen Dinge in Kästen und Schüben weggestaut werden, denn sie können gefährlich wie Geschosse werden. Nochmal den Lukenverschluß prüfen und Lüfter stopfen, wenn sie zur leckenden Sorte gehören. Die Steckschotten im Niedergang müssen gesichert werden und sollten im Sturm nur zum Ein- und Aussteigen teilweise weggenommen werden. Man dränge die Crew, sich warm anzuziehen und den Sicherheitsgurt anzulegen. Die Sorgleine muß an Deck eingepickt werden, noch bevor man aus dem Niedergang steigt, denn ein plötzliches Überlegen könnte einen über Bord katapultieren. Bei Sturmmeldung sollte unverzüglich eine kräftige Dosensuppe aufgewärmt und in dichtschließende Thermosbehälter gefüllt werden, ebenso heißer Kaffee oder Tee. Vielleicht ist noch Zeit für ein Essen. Schließlich die Bilge lenzen, ehe es losgeht und dann in regelmäßigen Abständen, wenn man drinsteckt. Radarreflektor hoch! Bei schlechter Sicht: Positionslichter an!

Eine Yacht unter Arbeitsfock und gerefftem Groß unterwegs bei frischer Brise, doch unter Landschutz und mit halbem Wind. Am Wind müßte die Segelfläche noch weiter verkleinert werden.

Der Skipper, links, steuert nicht gerade rücksichtsvoll für seine Crew auf dem Vordeck. Statt ihr beim Segelwechsel ein Vollbad zu geben und sie riskanten Situationen auszusetzen, sollte er die Großschot fieren und langsamer segeln oder, noch besser, auf Raumwind-Kurs gehen.

Segeln im Seegang

Mit auffrischendem Wind wird man nach und nach die Segelfläche verkleinern müssen, entweder durch Reffen oder Auswechseln. An der Kreuz merkt man die Wetterverschlechterung eher und muß schneller Segel kürzen. Vor Wind und See laufen ist angenehmer und sollte, falls möglich, als Kurs gewählt werden. Dabei besteht jedoch die Gefahr, daß das Boot zu schnell wird und man eine der Bremstechniken (siehe unten) anwenden muß. Wächst sich das Wetter zum Sturm aus, wird man nur noch mit einem kleinen Vorsegel weitermachen können, und bei Orkan bleibt einem nur das Ablaufen vorm Wind unter „Topp und Takel" (ohne jedes Segel). Auf allen Kursen versuche man, das Boot so schonend über die Seen zu bringen wie möglich; das schont auch die Crew.

Hoch am Wind – wenn es sein muß – luvt man an, um dem Kamm zu begegnen und fällt nach dessen Überwindung ab. Bei Halbwind läuft das Boot parallel zu den Wellen; man sollte auf dem Vorderhang versuchen abzufallen, wenn es eine besonders hohe Welle ist, um zu verhüten, daß das Boot kentert. Auf raumen Kursen sollte schon bei frischer Brise ein Bullenstander geriggt werden, damit der Großbaum nicht versehentlich auf die andere Seite wuchten kann, was schwere Schäden am Rigg verursachen könnte. Auf keinen Fall darf das Boot die Seen überholen, sonst unterschneidet der Bug in der See voraus.

Beiliegen

Der Ausdruck besagt, daß man das Boot im Sturm, mit dem Ruder hart zu Luv gelascht, vor „Topp und Takel" treiben läßt. Es liegt dabei etwa 70° am Wind und treibt nach Lee, wobei es ein breites Kielwasser zieht, an dem sich die Seen in einigem Abstand vom Boot brechen, so daß nur wenig Wasser an Deck kommt. Am ruhigsten liegen so Langkieler; annehmbar sind auch Boote mit geteiltem Lateralplan, wenn das Ruder eine größere Vorfläche (Skeg) hat. Yachten mit Schweberuder lassen sich kaum beilegen. Voraussetzung ist immer genügend Leeraum.

Ablaufen vorm Wind

Ist das Boot beigedreht zu unruhig, bleibt einem nur das Ablaufen vorm Wind unter Topp und Takel, vorausgesetzt, man hat genug Seeraum. Der Baum wird auf Deck abgedirkt und gründlich festgelascht. Es muß mit großer Aufmerksamkeit gesteuert werden, damit das Boot die Seen spitz von achtern nimmt; es darf nicht aus dem Kurs laufen. Wenn es zu schnell läuft und die Seen achteraus durch Überlagerung mit der eigenen Heckwelle zum Brechen bringt oder den Seegang überholt, muß gebremst werden (siehe unten). Tatsächlich hält ein Boot meistens viel mehr aus als die Crew, besonders wenn sie eine noch unerfahrene ist.

Fahrt mindern

Es gibt mehrere Bremsmethoden, doch am verbreitetsten ist das Ausstecken einer schweren Trosse von 45 m Länge in einer Bucht, von der Heckklampe an Backbord zu der an Steuerbord, wobei man einen Tamp noch um eine achtern stehende Winsch törnen kann, bevor man ihn belegt. Hat man keine Leine, die lang genug ist, schleppt man zwei getrennte Leinen, wie in der Abbildung. Man kann auch einen Seeanker schleppen, aber meist bremsen die zu schlecht oder zu gut und brechen die Leine oder halten das Boot zu fest, wenn ein schlimmer Brecher heranrollt.

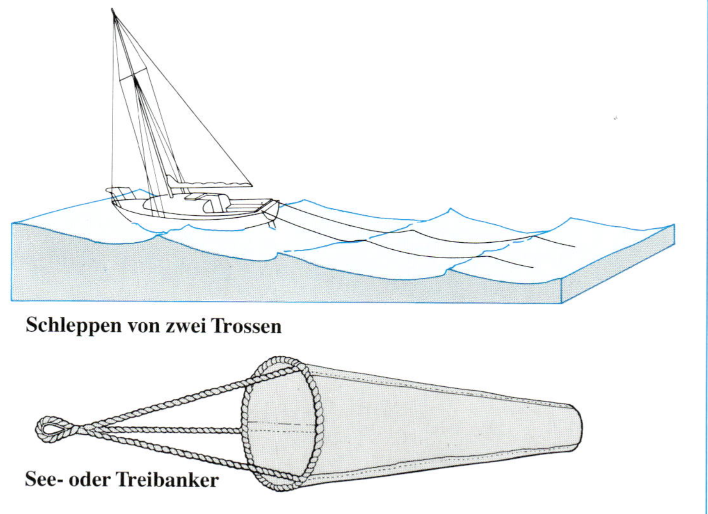

Schleppen von zwei Trossen

See- oder Treibanker

Mann über Bord

Einen Mann von Bord zu verlieren ist das übelste, was einem auf See passieren kann. Es ist deshalb überaus wichtig, daß Skipper und Mannschaft wissen und beherrschen, was dann zu tun ist, und es muß immer wieder exerziert werden; unter Segeln und unter Motor. Zum Üben benutzt man eine Netzboje oder einen Fender mit einem kleinen Treibanker, damit der Wind das Ding nicht unnatürlich schnell übers Wasser hinwegpustet. Auf einem neuen Boot oder mit einer neuen Crew sollte dieser Drill das erste sein, was Sie vor dem Hafen üben, bis es klappt und jeder seine Rolle bei diesem Manöver beherrscht. Es könnte ja sein, daß Sie selbst über Bord gefallen sind. Das im Folgenden beschriebene Manöver ist kurz, unkompliziert und erfüllt meist seinen Zweck.

Auf Segelbooten fallen Leute gewöhnlich beim Segeln über Bord. Sollte es bei Maschinenfahrt passieren, dann tun Sie *nicht,* was in allen Schulbüchern steht: Legen Sie *nicht hart Ruder* zu der Seite, an der der Mann über Bord ging, denn das erzeugt am Heck möglicherweise erst den Sog, der ihn in den laufenden Propeller zieht und verletzt. Reißen Sie schnell den Gang heraus, sollte es – bei Zweihebelbedienung – auch ein paar Ersatzteile für den Motor kosten. Ist der Mann vom Heck frei, kann man den Gang wieder einlegen und auf Gegenkurs gehen und den Mann so ansteuern, daß man gegen den Wind und in seinem Luv nicht zu dicht bei ihm zum Stillstand kommt. Dann sollte die Maschine abgestellt werden, damit der Propeller garantiert nicht wegen einer klebenden Kupplung noch läuft. Schon bei leichtem Wind driftet ein Boot schneller, als selbst Wettkampfschwimmer in Kleidern schwimmen können. Die Person im Wasser mit einer Leine davor sichern, von der Bootsdrift unter Wasser gezogen zu werden – Palstek oder weiter Augspleiß unter den Armen durch. An Deck bringt man die Person mit einer der im Folgenden beschriebenen Methoden.

Das Rettungsmanöver unter Maschine ist etwas anders, wohl auch einfacher als das auf Seite 254 beschriebene unter Segeln. Eine unbefahrene Crew tut deshalb besser, die Segel zu bergen und mit der Maschine das Rettungsmanöver zu versuchen. Bei Wassertemperaturen unter 22° C ist immer Eile geboten, bei solchen unter 18° C große Eile, um Unterkühlung vorzubeugen. Aus demselben Grund nie die Kleidung nach dem Überbordgehen ausziehen; sie zieht nicht hinab, sondern trägt und hält auch im Wasser warm.

Sehr ernst ist der Unfall, wenn man den außenbords Gegangenen wegen Seegang, Nebel oder Nacht aus den Augen verliert. Die Rettungs-Chance hängt davon ab, daß Zeitpunkt, Kurs und Fahrt beim Überbordfallen festgehalten werden, daß der Steuermann – der Beste ans Ruder! – exakten Kurs steuern kann und der Navigator Gegenkurs, Fahrt und Zeit bis zum Unfallpunkt berechnen kann. Gelingt es nicht, damit in Sicht- oder Rufweite zu kommen, muß mit dem Abfahren eines Suchquadrats begonnen werden, wie in der Skizze gezeigt. Diese Lage wäre schon fast hoffnungslos ohne Mithilfe von anderen.

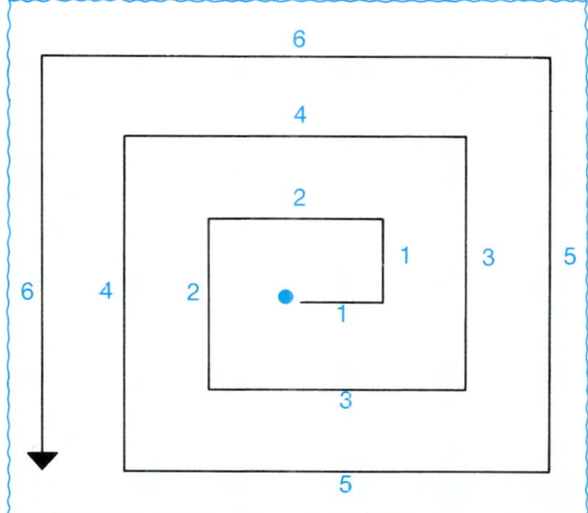

Die Quadratsuche muß gefahren werden (Motor), wenn einer bei Nacht oder Nebel über Bord gefallen ist. Der Navigator muß die Länge des ersten Schlags doppelt so lang berechnen, wie man von der Person im Wasser entfernt sein möchte. Die folgenden Schläge werden wie in der Skizze gezeigt gefahren.

Bergung unter Segeln

Fällt einer über Bord, müssen ein paar Dinge sehr schnell getan werden: Ihm muß ein Rettungsring mit Markierungsboje zugeworfen werden, dabei luvwärts vom Schwimmer zielen, denn der Ring treibt mit dem Wind. Es muß laut „Mann über Bord!" gerufen werden und „alle Mann an Deck!" Einer muß abgestellt werden, den Schwimmer dauernd im Auge zu behalten und mit ausgestrecktem Arm zu ihm hinzuweisen. Ist der Spinnaker gesetzt, muß er schnell weggenommen werden. Der Navigator muß Zeit und Kurs notieren für den Fall, daß man den Schwimmer im Seegang aus den Augen verliert. Der Steuermann muß so schnell wie möglich auf Gegenkurs wenden; segelt er nur unter Vorsegel, kann es nötig sein zu halsen, weil das Boot nicht durch den Wind geht. Der Aufpasser darf während der Manöver nicht einmal vom Schwimmer wegsehen, denn alle anderen werden durch die Manöver desorientiert. Zwei Leinen müssen während des Rücklaufs zum Werfen bereitgelegt werden, ebenso ein Bootshaken. Rücklaufkurs und Zeit muß der Navigator notieren, da dies zur Berechnung der Ankunftszeit beim Schwimmer eventuell wichtig ist. Der Steuermann muß das Boot in Luv des Schwimmers stoppen – eventuell mit Maschine, doch zum Bergen muß der Motor abgestellt werden. Es genügt nicht, nur den Propeller auszukuppeln, denn er könnte versehentlich eingekuppelt werden und die Person im Wasser verletzen. Also Motor aus!

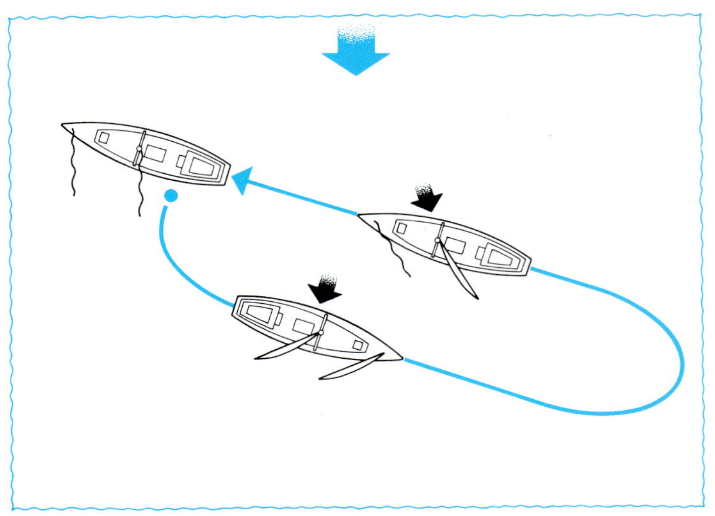

Halse so schnell wie möglich auf Halbwind-Kurs (1) und bei genug Seeraum, nach etwa 10 Bootslängen, wende zum Kurs hoch am Wind auf Gegenkurs (2). Vorschot los, um die Fahrt zu mindern. Stoppe in Luv der Person im Wasser (3).

Zur Übung des Manövers wirft man einen Rettungsring oder beschwerten Fender über Bord. Kommando: „Boje über Bord!" Hier ist die Yacht aufgestoppt beim Dummy angekommen.

Jemand an Bord holen

Zum über Bord Gefallenen zurückkehren ist nur der erste Akt des Dramas. Der zweite, recht schwierige Akt ist, ihn wieder an Bord zu hieven, vor allem wenn das Wasser sehr kalt ist, was den Schwimmer schnell klamm und lethargisch macht. Als erstes muß man eine Leine unter seinen Armen durch um Rücken und Brust bekommen, um ihn beim Boot und seinen Kopf über Wasser zu halten, bis alles zur Bergung bereit ist. Man hole ihn neben das Cockpit, weil aus diesem heraus am sichersten zu arbeiten ist. Welche Methode zum Erfolg führt, das ist von Boot zu Boot verschieden, hängt außerdem vom Seegang und der Anzahl der Leute an Bord und von deren Kräften ab. Das beste ist, man probt das mal an einem schönen warmen Tag mit einem Freiwilligen als Versuchskaninchen. Danach wird man vielleicht etwas erfinden müssen, um den unteren Relingsdurchzug loswerfen zu können. Eine über die Seite einhängbare Badeleiter kann eine Hilfe sein, aber die Leine unter den Armen durch darf dabei nicht fehlen. Man kann eine Leine mit einem Palstek, in den der Schwimmer einen Fuß setzt, über die Seite geben und versuchen, sie mit einer Winsch so weit zu hieven, daß die Person sich mit der Brust auf Deck legen kann; dann kann man mit Griff am Hosenboden und Hosenbein meist auch ein Bein an Deck bringen. Oder man befestigt eine Talje (evtl. den Baumniederholer) am ausgeschwenkten Baum und hievt ihn damit. Oder man senkt den Baum aufs Seitendeck oder in die Plicht, fiert das Großsegel, hängt es in einer Bucht ins Wasser, schwimmt die Person in die Bucht ein und holt dann mit der Großfallwinsch das Segel wieder an. Ähnlich mit dem Vorsegel, dessen Hals und Schothorn aber zuvor an der Fußreling oder an Relingsstützen festgezurrt werden müssen. Die Bergung mit dem Segel empfiehlt sich vor allem für schwere Personen, denn die Holekraft im Fall beträgt nur die Hälfte seines Gewichts. Auch ist die Methode gut für den Fall, daß die Person schon unterkühlt ist (Muskelzittern oder Bewußtseinstrübung), denn Unterkühlte sollen möglichst horizontal geborgen werden. Der Geborgene soll so wenig wie möglich bewegt werden und sich nicht selbst bewegen. Bei Muskelzittern entkleiden, nicht frottieren, in die Koje bringen und in Decken einhüllen. Stärker Unterkühlte mit den nassen Kleidern in die Koje legen und in Decken und Rettungsfolie (aluminiumbedampftes Plastik) einhüllen, durch Gespräche wachhalten. Bei Bewußtsein reichlich stark gesüßten warmen Tee trinken lassen. Auf keinen Fall Unterkühlte warm duschen lassen, das kann tödlich sein. Holen Sie über Funk ärztlichen Rat, wenn nötig und wenn möglich. Und üben Sie mit Ihrer Crew das Bergen bei nächster Gelegenheit und nicht nur bei glattem Wasser.

Möglichst den zu Bergenden immer mit einem Palstek unter den Armen abfangen. Es bleibt fraglich, ob der Frau gelingt, den Mann mit der Schotwinsch hoch genug zu hieven.

Eine Badeleiter ist eine große Hilfe (aber die wackelige Konstruktion auf dem Bild ist für diesen Zweck völlig ungeeignet).

Nebel

Der befahrene Segler fürchtet Nebel mehr als wirklich schlechtes Wetter, denn schlechte Sicht steigert die Gefahr von Kollisionen mit anderen Schiffen. Hören Sie immer den Wetterbericht und bleiben Sie im Hafen, wenn Nebel angesagt wird. Es wäre Leichtsinn, bei Nebel auszulaufen.

Wird man auf See vom Nebel überrascht, sind die Maßnahmen zur Minimierung der Gefahren vor allem Navigatorsache. Alles tun, um die eigene Position festzustellen und einen Kurs wählen, der das Boot am schnellsten aus dem Dampfertrack und regem Schiffsverkehr herausführt, auch wenn das vom Reiseziel wegführt.

Möglichkeiten, andere zu entdecken und seine eigene Anwesenheit bekanntzugeben, bieten die in den Kollisionsverhütungsregeln und der Seeschifffahrtsstraßen-Ordnung beschriebenen Nebelsignale und ein Radarreflektor.

Da mit Kollision und Untergang gerechnet werden muß, Schläfer unter Deck wecken, Rettungswesten anlegen lassen, Personalpapiere, Schiffspapiere und Geld einstecken, um dies dabei zu haben, wenn das Boot aufgegeben werden muß.

Schallsignale

Ist man in Nebel geraten, muß man mit gesetzlich geregelten Signalen kundtun, daß man vorhanden ist. Außerdem muß man horchen und verstehen, wer sonst noch im Nebel steckt, und was der über seine Aktionen tutend, läutend und gongend bekanntmacht. Macht er unter Segel oder Maschine Fahrt durchs Wasser? Ist er in Fahrt oder liegt er gestoppt im Wasser und hat keine Verbindung zum Land? Ankert er oder sitzt er auf Grund? Je größer er ist, um so tiefer seine Stimme. Boote von weniger als 12 m Länge über alles brauchen nur ein beliebiges kräftiges Schallsignal zu geben, beispielsweise ein Gasflaschenhorn, dessen Druckflasche freilich schnell die „Luft“ ausgeht, so daß man einen ziemlichen Vorrat davon haben muß. Man kann auch mit einem Schraubenschlüssel auf die Bratpfanne schlagen. Größere Boote haben eine Glocke, und Schiffe von 100 m Länge und mehr noch zusätzlich einen Gong. Mit dem Horn werden kurze Töne (1 Sekunde) und lange Töne (4 bis 6 Sekunden) gegeben. Mit der Glocke gibt es den Einzelschlag und schnelles Läuten. Mit dem Gong gibt es nur den Einzelschlag. Es gibt im Zubehörhandel Merktafeln, wasserfest und selbstklebend, die man sich ins Cockpit pappt, weil man nicht alles behalten kann, zumal auch viele Fahrwasser- und Untiefentonnen Schallsignale geben, die in der Karte genannt sind. (Überdies muß man als deutscher Segler die amtlichen Vorschriften an Bord haben, in denen das alles umständlich beschrieben ist. – Bearbeiter)

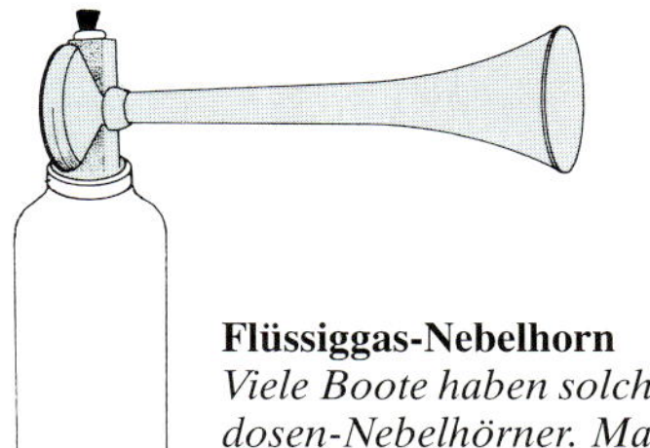

Flüssiggas-Nebelhorn
Viele Boote haben solche Spraydosen-Nebelhörner. Man braucht viel Ersatzdosen, denn der Gasverbrauch ist beträchtlich während einer Stunde Nebel.

Hornsignal

Glockenschlag

Schnelles Läuten

Gongschlag

Unter Segel
Ein langer und zwei kurze Töne alle 2 min; ebenso manövrierfähiges, manövrierbehindertes und tiefgangbehindertes Fahrzeug, trawlender/nicht trawlender Fischer.

Mit Motor Fahrt durchs Wasser
Alle 2 min ein langer Ton.

Treibend (in Fahrt)
Alle 2 min zwei lange Töne.

Am Grunde fest, bis 100 m
3 Einzelschläge gefolgt von schnellem Läuten jede Minute.

Am Grunde fest, ab 100 m
3 Einzelschläge, Läuten, 3 Einzelschläge, Gong jede Minute.

Ankernd, bis 100 m
Läuten jede Minute.

Ankernd, ab 100 m
Läuten auf dem Vorschiff, danach Gong auf dem Achterschiff jede Minute.

Lotsenboot im Dienst
Ein langer, vier kurze Töne alle zwei Minuten.

Maßnahmen

Der Radarreflektor sollte auf einer Yacht eigentlich immer oben sein, nicht nur im Nebel. Es ist freigestellt, ob man auf See bei Nebel die Positionslichter anzündet oder nicht. Am Tage nützt es nichts, sparen Sie die Batteriespannung für die Nacht. Solange Sie nicht mit Motor fahren, brauchen Sie einen Ausguck vorn im Bugkorb vor dem Segel. Nach achtern kann der Steuermann selber aufpassen. Jeder an Bord muß die Rettungsweste angelegt haben; bei einer Kollision ist dazu keine Zeit mehr. Aber nicht anleinen! Am besten sind alle an Deck, jedenfalls keiner im Vorschiff. Wenn möglich, das Beiboot zu Wasser lassen und nachschleppen. Die Rettungsinsel sollte einsatzbereit liegen, ebenso rote und weiße Signalmunition (Seite 274). Um sich ein Bild von der Sichtweite zu machen, wirft man ein Knäuel Papier ins Heckwasser und stoppt die Zeit, bis es außer Sicht kommt. Aus Zeit mal Fahrt ergibt sich die Sichtweite: Knoten × 0,514 × Sekunden = Meter Sichtweite. So weiß man, auf welche Entfernung andere Schiffe sichtbar werden. Als erstes sieht man meist die Bugwelle.

Man fahre nicht schneller als zum Steuern gerade nötig ist, doch dazu reicht im Nebel oft nicht der Wind, und man muß motoren, wobei man aber nichts hört. Drum ab und an mal den Motor abstellen, aber nicht alle paar Minuten, denn der Anlasser braucht mehr Strom als die Lichtmaschine in kurzen Abständen nachladen kann. Schiffahrtswege sollte man im Nebel nicht kreuzen, sondern im flacheren Wasser, das Großschiffe nicht befahren können, ankern und abwarten, bis die Sicht besser wird. Es ist eine gute Idee, sich in flacheres Wasser zu verholen, aber die Idee können auch andere haben. Doch besser mit einer Yacht kollidieren als mit einem Tanker. Vor Anker das Signalgeben nicht vergessen! Man darf nicht damit rechnen, daß die Großschiffahrt die Schallsignale kleiner Boote hört. Allein der Fahrtwind eines Großschiffs erzeugt in den Ohren des Ausgucks auf der Back ein Geräusch von wenigstens 85 db(A) (wenn ein Ausguck überhaupt vorhanden ist). Also halte man selbst aufmerksam Ausschau und gebe als der kleinere und wendigere den Leviathans den Weg frei.

Der schnellste Weg, einem herankommenden Schiff aus dem Kurs zu gehen, ist, rechtwinklig zu dessen Kurs mit aller Kraft abzulaufen. Nur ein 90°-Ausweichmanöver hat überhaupt eine Chance, auf dem Radarbild noch erkannt zu werden.

Radar-Reflektoren

Die Berufsschiffahrt in Europa und Nordamerika ist ausnahmslos mit Radar ausgerüstet, aber Segelyachten geben nur ein gut erkennbares Radarecho auf dem Bildschirm, wenn sie mit einem Radarreflektor ausgerüstet sind, der richtig montiert oder geheißt wird und eine Innenkantenlänge von wenistens 30 cm hat. Je höher er gesetzt wird, um so besser hebt er sich aus den Seegangsechos heraus. Sehr wichtig ist, daß die Flächen exakt senkrecht aufeinanderstehen, daß die Bleche nicht verbogen oder verbeult sind. Er muß so montiert oder geheißt werden, daß eine Tripelecke nach oben weist, „Regenfängerstellung“. Fast gar nicht reflektiert er, wenn man ihn an einer seiner äußeren Ekken aufhängt. Die untere Halteleine muß außermittig angebracht werden, damit der Reflektor sich nicht dreht.

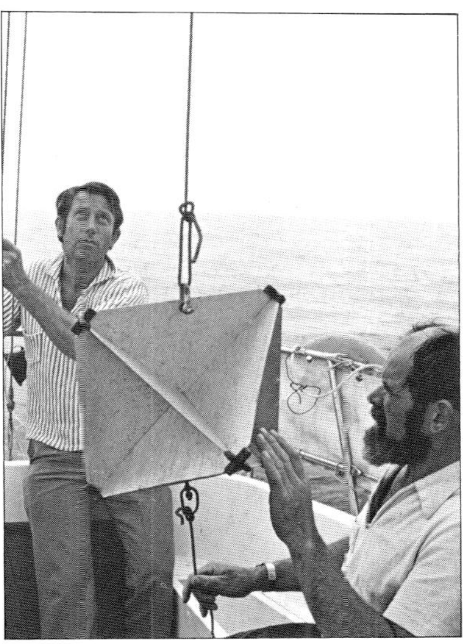

Es gibt viele Möglichkeiten, einen Radarreflektor zu zeigen. Diese ist wenig effektiv und nach den Empfehlungen des Bundesamtes für Seeschiffahrt und Hydrographie falsch. (Bearbeiter)

Das Navigationskonzept

An Bord einer jeden Yacht, klein oder groß, muß wenigstens eine Person Küsten- und Fahrwassernavigation beherrschen, um das Boot sicher an sein Ziel zu bringen. Auf kleinen Kreuzern besorgt der Skipper meist auch diese Aufgabe, was indes nicht ideal ist, wenn beide Künste gleichzeitig gebraucht werden, beispielsweise beim Ansteuern von Häfen. Es ist eine große Hilfe, wenn da noch einer oder eine an Bord ist zur Bestimmung von Positionen und der Berechnung von Fahrt und Strom und Kursbeschickung zu einem Kurs, der am Kompaß zu steuern ist.

Was verlangt wird, hängt von der Art der Reise und den durchsegelten Gewässern ab. Beim Segeln in Landsicht und in bekanntem Gewässer, etwa Kieler Bucht, genügt gewöhnlich Navigation nach Sicht und Ortskenntnis. In der Küstensegelei aber führt der Kurs oft auch über Strecken ohne Landsicht, und man braucht Mittel und Kenntnisse, um die Schiffsposition wenigstens rechnerisch schätzen zu können, was nicht ohne Seekarten möglich ist. Funkpeilungen sollte man machen können. Abstandsbestimmungen mit dem Sextanten ebenso, zumal das Künste sind, die auch Weltumsegler beherrschen müssen, sobald ein Landfall ansteht.

Außer Landsicht ist die Navigation meist gemütlich. Gewöhnlich wird auf dem Ozean nur einmal täglich ein astronomischer Schiffsort bestimmt, und es ist nicht schlimm, wenn der zehn Meilen falsch ist. Erst wenn man dem Lande näherkommt, muß es wieder genauer werden, bis auf eine Zehntel-Seemeile genau.

Raffinierte Ausrüstung braucht man nicht, obwohl davon eine Menge angeboten wird, die manches vereinfacht – solange sie funktioniert. In kleiner Fahrt (Ostsee, Mittelmeer) braucht man keine astronomische Navigation, kann sich aber manchmal gut damit helfen, wenn eine Insel zu gegebener Zeit nicht da liegt, wo sie sollte. Man muß die Navigation auch ohne Elektronik und programmierte Rechner beherrschen. Die nachstehende Ausrüstung sollte vorhanden sein:

Revierfahrt

Unbedingt: Logbuch, Fernglas, Radio, Karten, Tidenkalender, Hafen- oder Seehandbuch, zwei Kursdreiecke oder Kurslineal, Kartenzirkel, Bleistifte, Radierer, Steuerkompaß, Handpeilkompaß, Lotleine oder Echolot, Log (eingebaut) mit Fahrtanzeige und Streckenzähler.

Empfehlenswert: UKW-Seefunkstelle (Radiotelefon).

Küstenfahrt

Unbedingt: Wie für Revierfahrt

Ratsam: UKW-Seefunkstelle, Sextant, Radarreflektor.

Seesegeln

Unbedingt: Wie Revier- und Küstenfahrt, guter Kurzwellen- oder Weltempfänger statt einfaches Radio (Zeitzeichen, Weltnachrichen), Nautisches Jahrbuch, Höhen- und Azimuttafel(n) für astronomische Navigation, Quarzuhr.

Empfehlenswert: SSB-Empfänger, Wetterkartenschreiber. Nur begrenzt anwendbar: Decca (europäische Atlantikküste, Nordsee, Ostsee). Loran C (nordeuropäische Atlantikküste, Nordsee außer Deutsche Bucht, Mittelmeer, Nordamerika), GPS (auf allen Meeren mit der größten Genauigkeit), Radar.

Kartentisch einer mittleren Fahrtenyacht.

Nachtfahrt

Nachtfahrten gehören zu jedem Törn, der länger als 12 Stunden dauert, aber viele Fahrtensegler verschwenden viel Reisezeit, um sich davor zu drükken. Ihre Abneigung ist verständlich, aber ihre Befürchtung unbegründet. Nachtsegeln ist nicht schwierig und gewöhnlich wirklich lohnend. Wie immer beim Segeln muß man sich ein paar spezielle Kenntnisse aneignen, aber damit wird die Nachtfahrt zum selbstverständlichen Bestandteil einer Kreuzerreise, und man verplempert keine Zeit mehr in uninteressanten Häfen, um durch eine Nacht zu kommen.

Zur ersten Nachtfahrt nimmt man am besten einen mit, der sich auskennt, die Lichter der anderen Schiffe erläutert, das Erkennen und Bestimmen der Feuerkennungen zeigt. Vor Einbruch der Dunkelheit muß die Crew sich mit allem an Deck auskennen und alles, was nicht zum Segeln gebraucht wird, unter Deck verstaut haben. Ist für die Nacht mir Segelwechsel zu rechnen, wechselt man schon in der Dämmerung oder zeist das Vorsegel auf dem Vordeck schon zum Setzen bereit.

Eine Wacheinteilung (Seite 163) muß gemacht und strikt eingehalten werden. Der Navigator sollte für die Nacht vorgearbeitet haben, vor allem eine Liste der Feuer und der ungefähren Zeit ihres Insichtkommens anfertigen. Auf größeren Yachten ist er wachfrei und darf geweckt werden, wann immer etwas unklar ist. Prinzipiell wird an Deck der Sicherheitsgurt getragen und benutzt. Die Positionslichter müssen bei Sonnenuntergang angeschaltet und geprüft werden, Ersatzglühlampen an Bord sein.

Das Boot segelt bei Nacht nicht anders als am Tage, aber erst mal kommt es einem anders vor, und mancher wird dabei unnötig nervös und kurzzeitig desorientiert. Kein Licht, vor allem kein weißes Licht an Deck gebrauchen. Die Kompaßbeleuchtung so dunkel wie möglich dimmen, außer sie wäre rot; rotes Licht stört die Dunkeladaption der Augen nicht, aber jede andere Farbe. Kajütsbeleuchtung nicht zu hell und so abschirmen, daß die Lampe aus der Plicht nicht zu sehen ist. Zehn Minuten vor Wachwechsel Kajütsbeleuchtung ausschalten; an Deck dauert es noch weitere zehn Minuten, bis volle Nachtsicht erreicht ist.

Zwar muß dauernd Kompaßkurs gesteuert werden, aber nicht dauernd auf den Kompaß starren. Das macht dösig. Bei klarem Himmel bietet sich immer ein Stern als Steuermarke für eine Weile – auf Nord-Süd-Kursen ändert er sein Azimut in 4 Minuten um ein Grad. Entfernungen in der Nacht zu schätzen, ist eine Fähigkeit, die erst mit längerer Praxis kommt. Am besten sind nachts immer zwei auf Wache; einen allein könnten Halluzinationen befallen. Bleiben Sie ruhig und freundlich, wenn Sie nachts mal unnötig geweckt werden.

Arbeit in der Dämmerung während eines Nachtrennens.

Positionslichter

Ein Schiff ist verpflichtet, bei Nacht und unsichtigem Wetter die Positionslichter anzuzünden. Über die Lichterführung und Art der Lichter bestehen internationale Gesetze, und Sie müssen die für Ihr Boot vorgeschriebenen Lichter führen. Die Lampen müssen eine amtliche Zulassung haben. An der Art der Lichterkombinationen ist erkennbar die Art des Schiffes, wie es sich bewegt, ob es sich bewegt und zum Teil, welches seine Aufgabe ist und mit was es gerade beschäftigt ist. Der Steuermann auf Wache muß dem Skipper unerwartete Lichter melden und sie beschreiben können. Da man als Amateurschiffsführer nicht alle Lichterkombinationen im Kopf haben kann, muß eine Merktafel zur Hand sein. Gleichbleibende Peilungen von Schiffslichtern bedeuten Kollisionskurs. Aufgabe des Navigators ist, die Lichter der Tonnen und Küstenfeuer zu kennen und der Wache zu sagen, welche Feuer sie als nächste zu erwarten hat. Die für Segel- und Motorboote in Fahrt vorgeschriebenen Positionslichter sind unten gezeigt. Sie bestehen aus einem weißen Hecklicht, einem roten an Backbord, einem grünen an Steuerbord und für Motorboote oder ein motorendes Segelboot einem weißen Licht am Mast. Über die Sektoren, in welche diese Lichter scheinen sollen, bestehen sehr genaue Vorschriften, und man muß immer wieder prüfen, ob deren Ausrichtung noch stimmt. Kleine Boote, kürzer als 7 m und unter Motor langsamer als 7 kn brauchen nur ein weißes Rundumlicht zu führen. Zu ihrer eigenen Sicherheit sollten sie aber auch Seitenlichter zeigen.

Alle Boote sollten immer eine kräftige weiße Stablampe und weiße Handfackeln für Notfälle an Bord haben (Seite 274).

Links: Ein Segler länger als 7 m führt ein weißes Hecklicht 135° und Seitenlichter 112,5°. Backbord rot, Steuerbord grün.

Links unten: Ein Motorboot unter 20 m Länge und ein unter Motor fahrendes Segelboot müssen im Mast ein weißes Licht 225° zeigen. Die Seitenlichter können in einer Laterne kombiniert sein.

Unten: Segelboote unter 12 m Länge dürfen im Masttopp die Dreifaltigkeitslaterne führen, Seiten- und Hecklichtsektoren aus einer Laterne; aber nicht, wenn der Motor mitläuft.

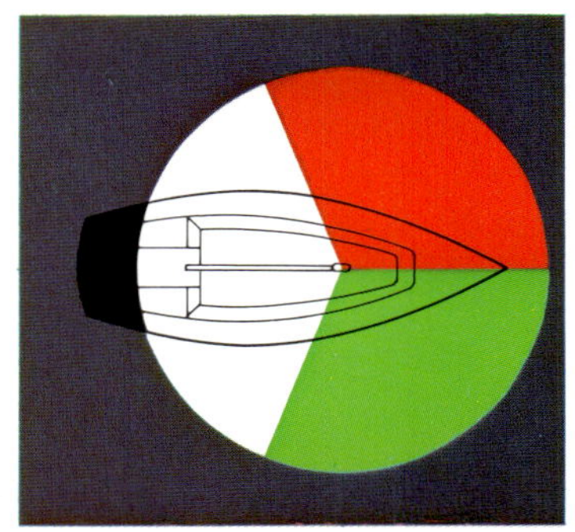

Schiff länger als 50 m, führt ein zweites, höheres Mastlicht achtern. Seitenlichter- und Hecklicht-Sektoren wie auf gegenüberliegender Seite links.

Ankerlieger länger als 50 m mit 2 weißen Rundumlichtern, die tiefere Ankerlaterne hängt achtern.

Fischer mit rotem über weißem Rundumlicht. Zusätzliches weißes Rundumlicht auf der entsprechenden Seite, wenn sein Schleppnetz weiter als 150 m ausgebracht ist.

Nicht mit Fischer verwechseln; das ist ein Lotse (weißes über rotem Rundumlicht).

Ein wegen seiner Arbeiten manövrierbehindertes Fahrzeug hat rot-weiß-rotes Rundumlicht zusätzlich zum Mastlicht im (Fock-) Mast.

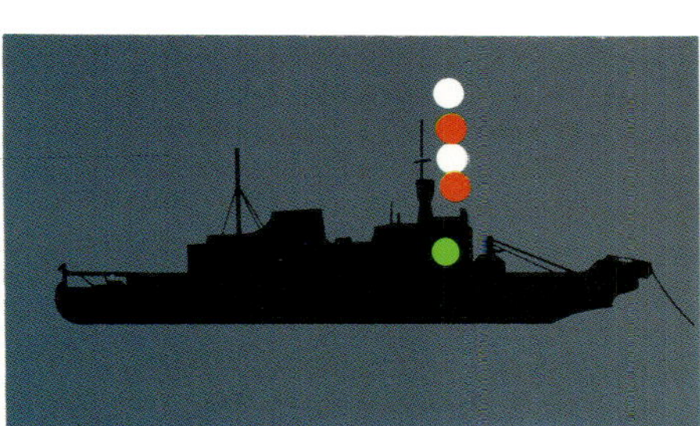

Schiff auf Grund. Nur wenn es länger als 50 m ist, zeigt es die Heckankerlaterne. Zeigt es zu den 2 roten Rundumlichtern die In-Fahrt-Lichter, ist es nur manövrierunfähig.

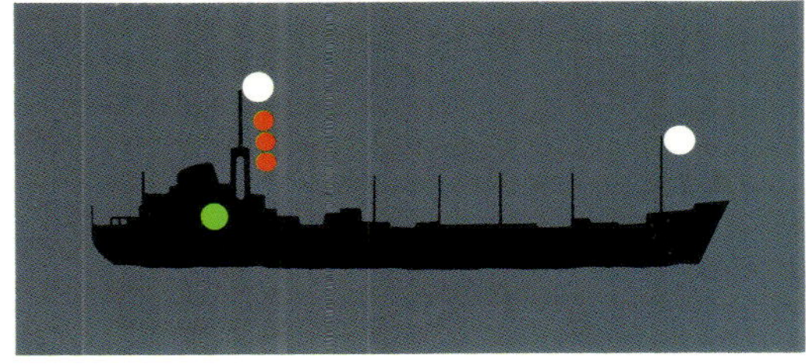

Wegerechtschiff, das wegen seines Tiefgangs in der Manövrierfreiheit beschränkt ist (zusätzlich 3 rote Rundumlichter).

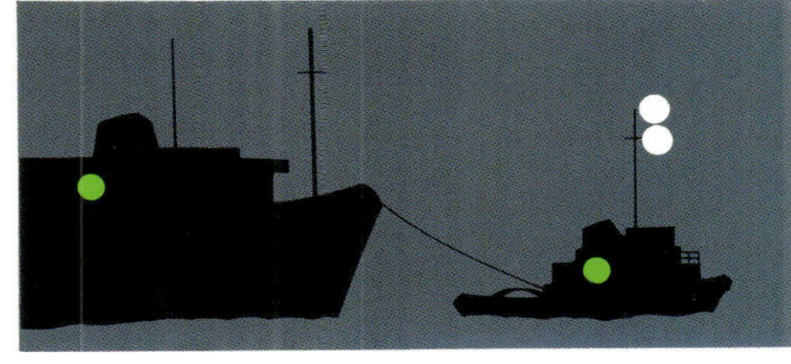

Schlepper mit Anhang unter 200 m. Der Schlepper führt 2 weiße Rundumlichter und am Heck ein gelbes Steuerlicht. Der Anhang nur Seiten- und Hecklaternen.

Das ist ein Hecktrawler von weniger als 50 m Länge beim Schleppnetzfischen. Grünes über weißem Rundumlicht und Seitenlichter.

Verkehrsregeln

Auch auf See und den mit ihr verbundenen Gewässern gibt es Verkehrsregeln, die man kennen und befolgen muß. Deutsche lernen sie zwangsläufig, weil sie die Kenntnis der Regeln zur Erlangung des Sportbootführerscheins nachweisen müssen. Für die offene See gelten die Kollisionsverhütungsregeln (KVR) von 1972, die 1977 international in Kraft getreten sind. Neben diesen gibt es für nationale Hoheitsbereiche der Länder noch besondere Vorschriften und Hafenordnungen – in der Bundesrepublik Deutschland ist dies die Seeschiffahrtsstraßen-Ordnung. Wenn man ein fremdes Land anläuft, muß man sich Kenntnis über diese nationalen Verordnungen verschaffen; etwa bei der Kreuzer-Abteilung des Deutschen Segler-Verbandes, die entsprechende Druckschriften zur Verfügung hat. Wer ein fremdes Land durchfährt – und selbst sein eigenes – muß auch die schiffahrtspolizeilichen Verordnungen für die Binnenwasserstraßen kennen und an Bord haben; für beinahe jeden Fluß, Kanal und Bach gibt es eine besondere.
Als Skipper muß man das alles recht ernst nehmen, denn Unkenntnis schützt nicht vor Strafe.

Maßnahmen

Segelt man auf einer verkehrsreichen Schiffahrtsstraße, muß man dauernd aufpassen. Auf den meisten kleinen Kreuzern ist die Mannschaft klein und unerfahren. Als Skipper muß man deshalb auch unter Deck immer informiert sein, was sich oben ringsherum so tut. Am besten sagt man der Crew, sie solle einem jedes Schiff nach der Uhrzeigermethode (siehe Zeichnung) melden. Man muß dann feststellen, ob man mit dem Schiff auf Kollisionskurs liegt oder nicht. Dazu peilt man das Schiff in zeitlichen Abständen mit dem Handpeilkompaß; hat man keinen, wählt man irgendwas an Bord, etwa eine Relingsstütze, hinter oder über der das andere Schiff peilt, und beobachtet, ob sich die Peilung mit der Zeit ändert. Überholt das andere Schiff den bordeigenen Peilpunkt, dann kreuzt man selber den Kurs des anderen hinter seinem Heck. Wandert die eigene Marke aber vor den Bug des anderen, dann heißt auch das „kein Kollisionskurs" – aber aufgepaßt! Man wird den Kurs des anderen vor seinem Bug kreuzen, aber man muß auch sicher sein, daß das in einem großen Abstand erfolgen wird, wenn der andere ein großes Schiff mit langem Stoppweg ist. Es könnte ja sein, daß der Wind einen just dann im Stich läßt, wenn man in dessen Kurs liegt. Ändert sich die Peilung nicht, „steht" sie, dann läuft man auf Kollisionskurs.
Maschinenschiffe sind gegenüber Segelfahrzeugen ausweichpflichtig, außer sie führen das Signal eines manövrierbehinderten Schiffs (Ball-Rhombus-Ball am Tag, rot-weiß-rote Lichter nachts), aber als Skipper eines Segelbootes bedenke man immer die Schwerfälligkeit von 10000 und mehr Tonnen Masse.
Macht man als der Kleinere und Klügere ein Ausweichmanöver auch dann, wenn man es nach den Kollisionsverhütungsregeln nicht braucht, dann mache man es deutlich mit einer radikalen Kursänderung und nicht in kleinen Raten, die nur schwer zu erkennen sind. Immer daran denken, daß die Reaktionszeit eines Großen nicht nach Sekunden, sondern nach Minuten und Viertelstunden zählt.

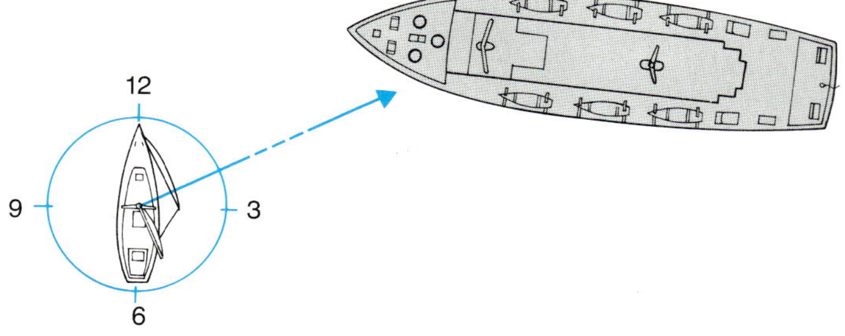

Das große Schiff würde als „Schiff peilt zwei Uhr, läuft von rechts nach links" gemeldet. Natürlich würde die Meldung schon auf größere Distanz erfolgen.

Schallsignale

Boote machen ihre Kursabsichten anderen Schiffen durch Schallsignale klar. Diese werden mit dem Horn oder der Pfeife gegeben. Die in den Schiffahrtsordnungen enthaltenen Bestimmungen schreiben bestimmte Signale für Schiffe unter Maschinenkraft vor, die einander in Sicht haben (die wichtigsten unten), den Kurs ändern oder ein besonderes Manöver fahren wollen. Nachts kann die Absicht durch ein weißes Rundumlicht mit oder ohne synchrones Schallsignal signalisiert werden. Nähert sich ein Schiff einer nicht einsehbaren Kurve, soll es einen langen Ton blasen. Ein eventuell entgegenkommendes Schiff muß dann mit dem gleichen Signal antworten. Auch die Absicht, in einem engen Fahrwasser zu überholen, muß mit Schallsignal angekündigt werden.

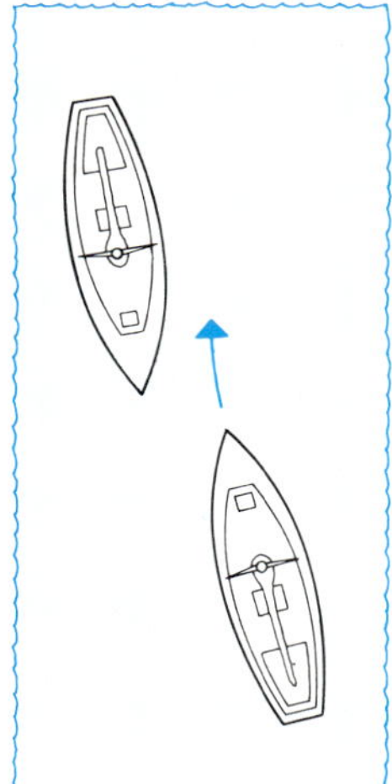

Ein kurzer Ton
Ich ändere meinen Kurs nach Steuerbord.

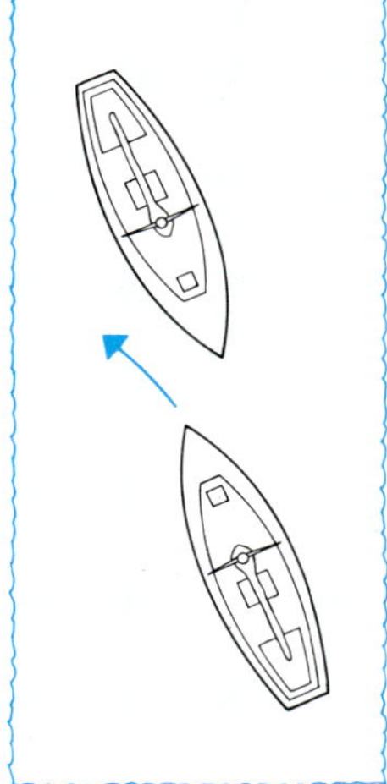

Zwei kurze Töne
Ich ändere meinen Kurs nach Backbord.

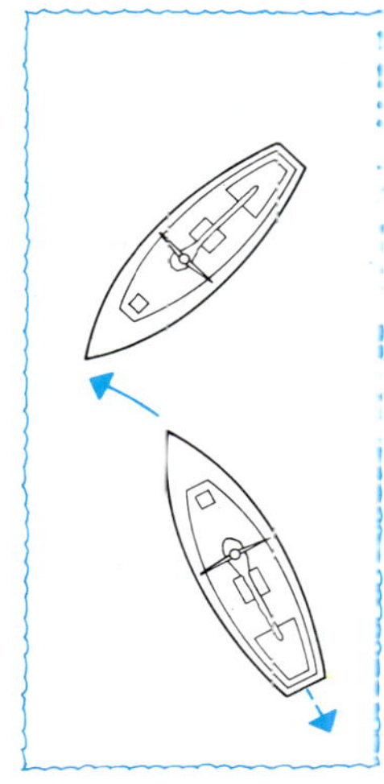

Drei kurze Töne
Meine Maschine geht rückwärts.

— — •

Zwei lange, ein kurzer Ton
Ich möchte Sie an Ihrer Steuerbordseite überholen (enges Fahrwasser).

— — • •

Zwei lange, zwei kurze Töne
Ich möchte Sie an Ihrer Backbordseite überholen (enges Fahrwasser).

— • — •

Lang kurz lang kurz
Ich bin mit Überholung einverstanden.

• • • • •

Fünf kurze Töne
Ihre Absicht ist nicht klar oder nicht möglich.

Signalkörper

Diese Körper aus Metall oder Plastik dienen zu besonderer Kennzeichnung von Schiffen, die einer speziellen Beachtung bedürfen oder besondere Rechte haben. Die Körper werden dort gesetzt, wo sie am besten von allen Seiten zu sehen sind. In der Nacht werden sie durch Lichter ersetzt (Seite 260/261).

Unter Segel und Motor

Beim Schleppnetzfischen – länger als 20 m

Ankerlieger

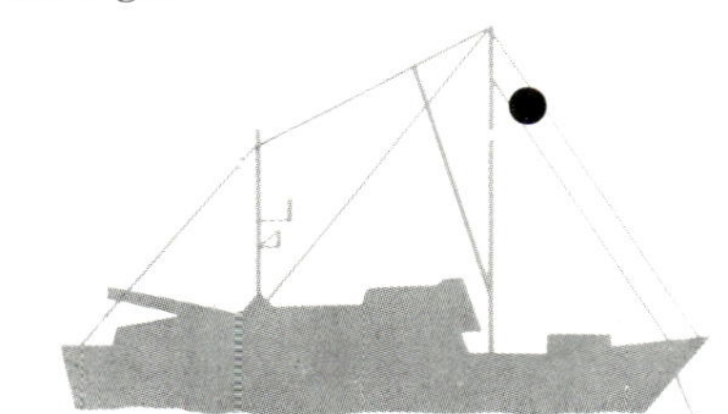

Tiefgangbehindert

Manövrierbehindert

Ausweichregeln

Die Regeln legen fest, welches Schiff Kurs und Geschwindigkeit beibehalten und welches ausweichen muß. Die grundsätzlichen drei Regeln für Begegnungen von Segelbooten untereinander werden in den drei Skizzen unten gezeigt. Dazu einige für die häufigeren Begegnungen mit anderen Schiffen. Doch muß hier auf die amtlichen Texte verwiesen werden, die man an Bord haben und kennen muß. Da die Regeln in großem Maße durch die Art der beteiligten Schiffe bestimmt werden, muß man in der Lage sein, die Art des Fahrzeugs zu erkennen. Das erleichtern zum Teil die Signalkörper am Tage und die besonderen Lichterführungen bei Nacht. In verkehrsreichen Gebieten sind Trennungsgebiete eingerichtet worden, so vor der niederländischen und deutschen Nordseeküste, wo der ostgehende Verkehr einen küstennäheren Streifen befährt, der westgehende einen abgetrennten Weg im Norden. Doch diesen Zwangsweg mit Mittelstreifen trennt noch ein Streifen für Küstenfahrer von der Küste. Der Mittelstreifen darf nur rechtwinklig überquert werden.

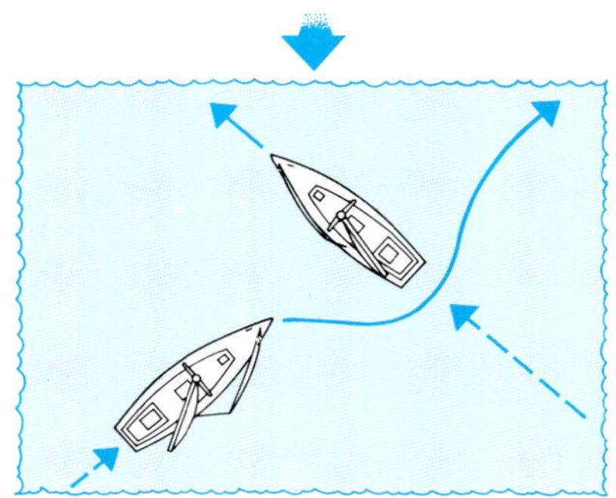

Segeln zwei Boote auf verschiedenem Bug, so muß das ausweichen, das den Wind von Backbord hat.

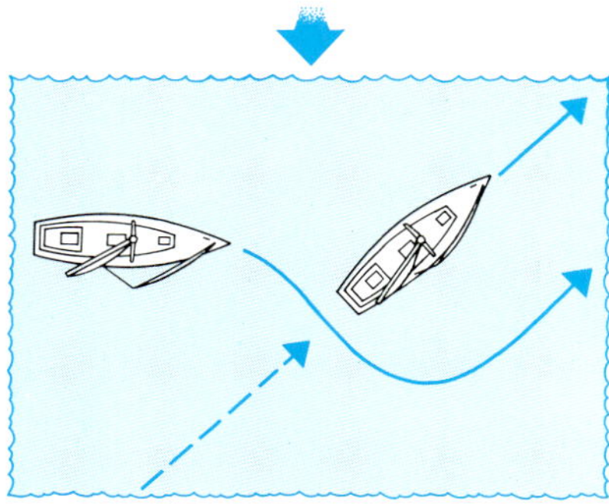

Ein überholendes Boot muß sich in jedem Fall von dem langsameren freihalten.

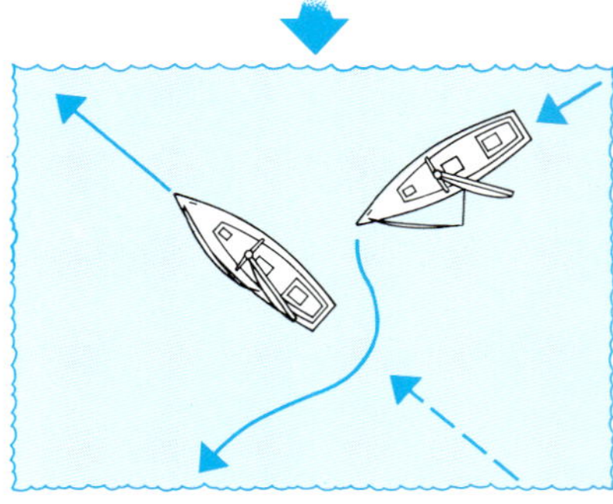

Segeln zwei Boote auf demselben Bug, dann muß sich das luvwärtige Boot vom leewärtigen frei halten.

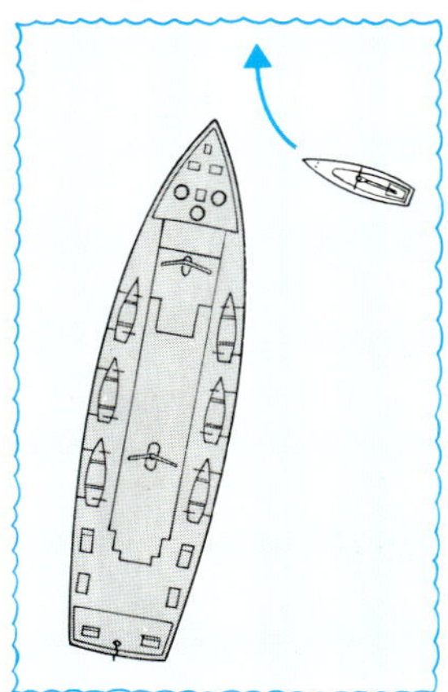

Alle Fahrzeuge, außer manövrierbehinderten, müssen einem tiefgangsbehinderten Schiff ausweichen.

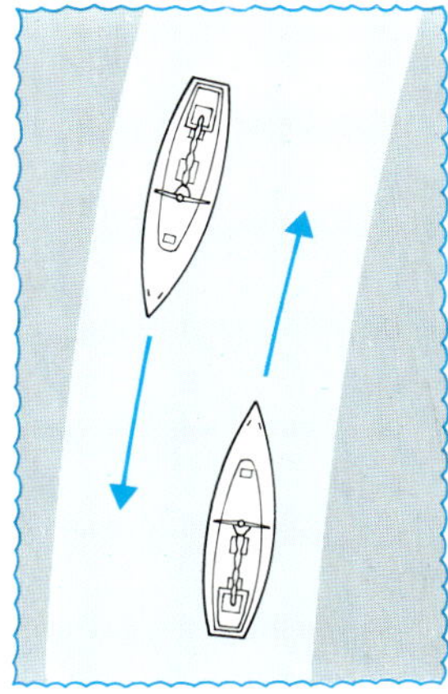

In engen Fahrwassern und Kanälen ist die rechte Fahrwasserseite einzuhalten.

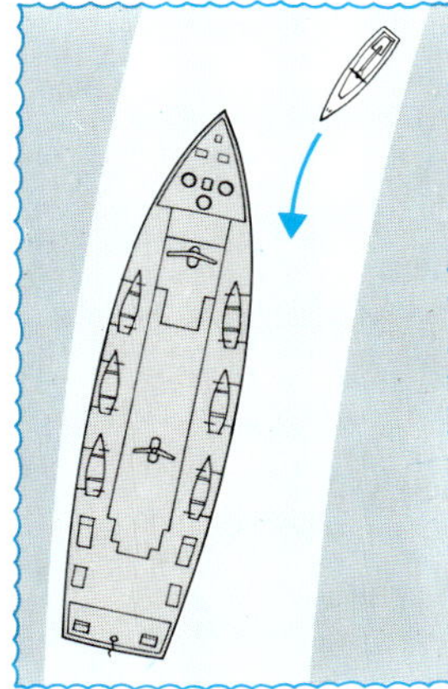

Fahrzeuge von weniger als 20 m Länge müssen sich klar von Fahrzeugen halten, die wegen ihrer Größe nur im Fahrwasser operieren können.

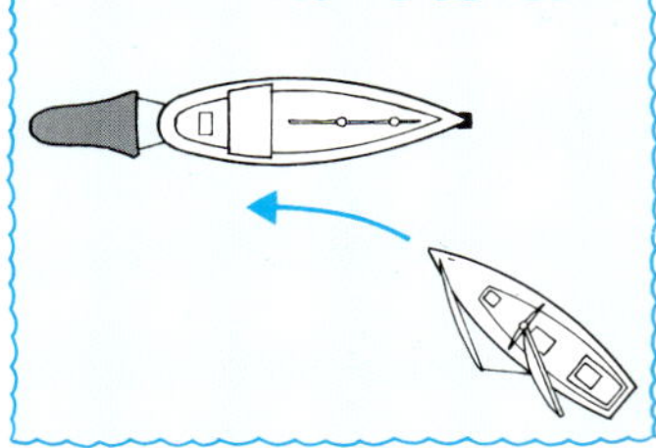

Fischenden Fahrzeugen, ausgenommen solche mit Angelleinen, haben alle anderen Fahrzeuge auszuweichen, sofern sie nicht manövrierbehindert oder -unfähig sind.

Rechts: Das ist genau die Situation, die man vermeiden muß, wenn man nicht ganz firm in Ausweichregeln ist.

K 46
3
LUV

Sicherheit an Bord

Jeder Segler weiß, daß zu seinem Sport ein nicht geringes Gefahrenrisiko gehört, und mancher würde sagen, daß dieses Wissen ein wichtiger Bestandteil des Spaßes am Segeln ist. Der Skipper trägt aber eine große Verantwortung und ist verpflichtet, nicht unnötig mit Gefahren zu flirten, sondern sein Boot und seine Mannschaft vernünftig gegen mögliche Gefahren zu sichern.

Leider gibt es viele Skipper, die sich zu optimistische Vorstellungen über ihre zukünftigen Törns machen, und dieser Optimismus wächst mit jeder gelungenen Segelpartie. Aus „ich fahre nur bei guten Wetterberichten“ wird mit der Zeit „ach es wird so schlimm nicht werden“, oder „bis das Sturmtief da ist, sind wir längst in Dings“. Wer lange genug zur See fährt, weiß es genau, weil er es wenigstens einmal erlebt hat: Gute Wetterberichte können falsch sein. Der vom 13. August 1979 um 18.00 Uhr GMT gab keinen Anlaß zur Beunruhigung und führte – zum großen Unglück eines Fastnet-Rennens. Schlimmer noch sind für den Neuling die Sturmansagen, die nicht eintreffen. Glücklich, wer seine Denkzettel von der See in der Ausbildung unter einem befahrenen Mann bekommt.

Die Seetüchtigkeit des Boots, seiner Ausrüstung, Stauordnung und Sicherheitsausrüstung muß routinemäßig vor jeder Ausreise aus einem Hafen überprüft werden. Einmal im Monat Mann-über-Bord üben und extra jedesmal, wenn einer neu zur Crew kommt – eisern, auch wenn's stur ist, Skipper, denn Sie könnten der Nächste im Bach bei Windstärke 8 sein. Mit einer neuen Crew muß man alles üben, sie einweisen. Werden nur einige Leute ausgewechselt, kann das die Stammbesatzung besorgen, sofern die Neuen mitmachen, was sie oft nicht tun, wenn sie „erfahrene“ Segler sind. Dann muß sich der Skipper ruhig, aber bestimmt durchsetzen: „Noch ist das mein Schiff, also fahrt es auf meine Weise!“ Besserwisserei mitten in einem Routinemanöver führt nicht zum Erfolg, selbst wenn sie richtig ist. Ein kluger Skipper akzeptiert besseres Wissen, verlegt dessen Aneignung aber auf einen Zeitpunkt, wenn das nicht stört.

Es ist besser und für die Rettungsdienste und deren Finanziers auch billiger, wenn sich Sportskipper zur übervorsichtigen Seite der Möglichkeiten hin irren. Es gibt etwas zuviel Rettungseinsätze wegen der Sportskipper, und sie kosten viel Geld.

Sicherheitsausrüstung

Ehe man in See geht, muß man immer prüfen, ob man außer den persönlichen Dingen, wie Kleidung, Ausweis und Bettzeug sowie Wasser und Brennstoff, bestimmte notwendige Ausrüstungsgegenstände an Bord hat. Selbst wenn man nur ein paar Stunden segeln will, darf es nicht passieren, daß man wegen irgendeiner Panne draußen ohne Proviant und Hilfsmittel liegenbleibt. Die wichtigsten Ausrüstungsteile sind hier aufgelistet.

- **Sicherheitsgurte**
- **Rettungswesten**
- **Rettungsinsel**
- **Seenotfeuerwerk**
- **Nebelhorn**
- **Rettungsring mit Blitzlicht u. Treibanker**
- **Markierungsboje**
- **Seeanker**
- **3 Feuerlöscher u. 1 Löschtuch**
- **Bordapotheke**
- **Wasserdichte Stablampen mit Reservebatterien u. -birnen**
- **Radio**
- **Fernglas**
- **Reserve-Gasflasche**
- **Reserve-Winschkurbel**
- **Reserve-Pumpenhebel**
- **Reserve-Glühlampe für Positions-Lichter**
- **Navigationsbesteck**
- **Gezeitentafel**
- **Seekarten**
- **Logbuch**
- **Eimer mit Handleine**
- **Reserveleinen**
- **Notproviant**
- **Kanister mit Trinkwasser**
- **Notreparaturmaterial (Seite 272)**

Feuerverhütung

Feuer im Schiff ist eins der schlimmsten Risiken und muß deshalb unter allen Umständen vermieden werden. Sorgfältige Wartung der Maschine, der Elektrik, der Kochstelle, der Tank- und Gasanlage trägt ein gut Teil zur Minderung des Feuerrisikos bei. Eine weitere Maßnahme ist, das Rauchen in der Koje zu verbieten. Weil es kein praktisch verwendbares Schalldämm-Material gibt, das unbrennbar ist, sollte der Motorraum mit einer automatischen Halon-Löscheinrichtung ausgerüstet sein. Wird ein Benzinmotor gefahren, dann muß ein Sauglüfter mit einem ganz nach unten in den Raum reichenden Saugrohr installiert und vor jedem Anlassen des Motors zwei Minuten lang betätigt werden, um eventuelle Benzindämpfe abzusaugen, die sich an Kommutatorfunken des Anlassers entzünden könnten. Beim Tanken ist der Motor abzustellen, der Niedergang und alle Luken und Fenster sind zu schließen, damit die aus dem Tank verdrängten Brennstoffdämpfe nicht ins Bootsinnere wehen können – sie sind schwerer als Luft und sinken nach unten. Lassen Sie keine öligen Lappen offen im Maschinenraum oder in Staukisten herumliegen; sie gehören in verschlossene Blechbehälter, weil sie sich selbst entzünden können. Der Gasherd in der Pantry muß Sicherheitsbrenner haben, die das Gas abstellen, wenn die Flamme durch Luftzug oder Überkochendes verlöscht. Flüssiggas ist schwerer als Luft und in einem schon explosiblen Gas-Luftgemisch noch nahezu geruchlos. Ein Gaswarngerät am Kajütsboden ist deshalb eine lohnende Anschaffung. Nach dem Kochen Hauptventil an der Gasflasche schließen. Elektrokabel sollten nach jeder Segelsaison nach schadhafter oder brüchig gewordener Isolation abgesucht und schadhafte ausgewechselt werden.

Wenn ein Feuer ausbricht, Ruhe bewahren, elektrischen Hauptschalter abschalten und Hauptabsperrventile der Brennstoffleitungen schließen. Ein Mann muß sofort mit der Brandbekämpfung beginnen. Mit dem Feuerlöscher auf den Brandherd zielen, nicht in die Flammen. Brennende Polster sind schwer zu löschen; solange es noch geht, Polster an Deck bringen, eventuell über Bord werfen. Das Boot so drehen, daß man nicht durch Rauch behindert wird. Wenn möglich Durchzug in der Kajüte vermeiden. Rettungsinsel einsatzbereit machen, Seenotfeuerwerk daneben an Deck, Rettungswesten, Trinkwasserkanister, Notproviant. Wichtig ist eine reibungslose Arbeitsteilung.

Feuerlöschmittel

Kleine Brände und brennende Kleidung löscht man mit einer Löschdecke, auch nasse Decken aus Schurwolle eignen sich, nicht aber solche aus Kunstfaser. Für Kajüt-, Gas- und Elektrobrände außerhalb des Maschinenraums sind Pulverlöscher geeignet. Doch richte man sie nicht ohne Not auf Elektronik. Fettbrände (Pantry) löscht man besser mit CO_2, ebenso alle Brände im Maschinenraum, denn mit Pulver oder Schaum macht man den Motor betriebsunfähig. Universellstes und sauberstes Löschmittel ist Halon, auf Yachten weltweit eingesetzt, in Deutschland jedoch aus Gründen des Umweltschutzes seit 1993 verboten. Schlägt eine Flamme in die Bratpfanne, löscht man mit dem passenden Deckel, der immer griffbereit sein sollte.

Löschdecke

Pulverlöscher

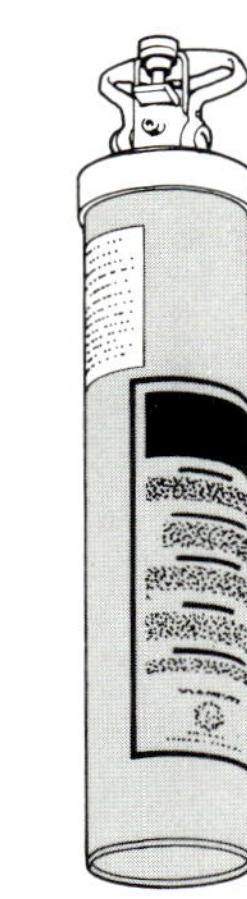

CO_2-Löscher

Technik an Bord

Der größte Unterschied eines heutigen Kreuzers gegenüber einem von vor rund 25 Jahren ist seine Vielfalt an Hilfsmaschinerie. Ein Motor gilt heute als unerläßlich, und die Eigner erwarten, daß er ebenso zuverlässig läuft wie der in ihrem Auto, dazu kräftig und so leise, daß man ihn über lange Strecken fahren kann, ohne einen Gehörschaden zu bekommen.

Die Hilfselektrik und Elektronik hat in einem kurzen Zeitraum geradezu dramatisch zugenommen. Man legt Wert auf Annehmlichkeiten wie daheim und auf elektronische Navigationshilfen. Die meisten Eigner erwarten, daß dies alles störungsfrei und ohne große Wartungskosten funktioniert, obwohl die Salzwasseratmosphäre gerade dieser Technik hart zusetzt. Wenn diese meist teure Ausrüstung fehlerlos arbeiten soll, muß man sich schon pfleglich um sie kümmern und Wartungstermine einhalten, sonst sind Pannen – meist im ungeeigneten Augenblick – unvermeidlich.

Elektro-Installation

Üblich ist auf kleinen und mittleren Booten ein Gleichstromnetz von 12 V oder besser 24 V Spannung. Das Netz wird gewöhnlich von Bleibatterien versorgt, die größere Kapazität haben als bei Autos, weil sie nicht im Pufferbetrieb arbeiten, sondern Versorgungsaufgaben haben. Wenn der Motor zu groß ist, um ihn noch mit der Hand starten zu können, sollte eine besondere Starterbatterie neben der Versorgungsbatterie vorgesehen werden, damit der Motor immer gestartet werden kann, auch wenn die Batterie im Nachtbetrieb und Funkverkehr heruntergefahren ist. Eine ordentliche Elektro-Installation ist Sache der Bootswerft. Darum sehe man sich schon beim Kauf an, ob die Kabel ordentlich verlegt und farbkodiert sind, ob eine ordentliche Schalt- und Verteilertafel mit Stromkreissicherungen und Hauptschalter vorhanden ist. Alle Massen müssen durch ein Erdungskabel miteinander verbunden sein, damit keine korrodierenden Potentialunterschiede auftreten können. Es dient auch dem Blitzschutz. Die Kapazität der Versorgungsbatterie sollte für zwei bis drei Tage ohne Nachladen reichen. Nachgeladen wird mit der Lichtmaschine des Motors, und das sollte heute nur noch eine Drehstromlichtmaschine (Alternator) sein. Ein automatisches Ladegerät zum Anschluß ans Landstromnetz in Häfen ist empfehlenswert, doch sollte ein Trenntransformator (keine Sparschaltung!) zwischen Land- und Bordnetz geschaltet sein. Nur wenn Sie selbst in diesen Dingen absolut firm sind, sollten Sie die Installation selber machen. Sonst geht Ihr schöner Propeller womöglich in Lösung. Bootselektriker können Sie für Schaltfehler zur Verantwortung ziehen.

Gleichstromnetz *Normale Elektrik einer mittleren Kreuzeryacht.*

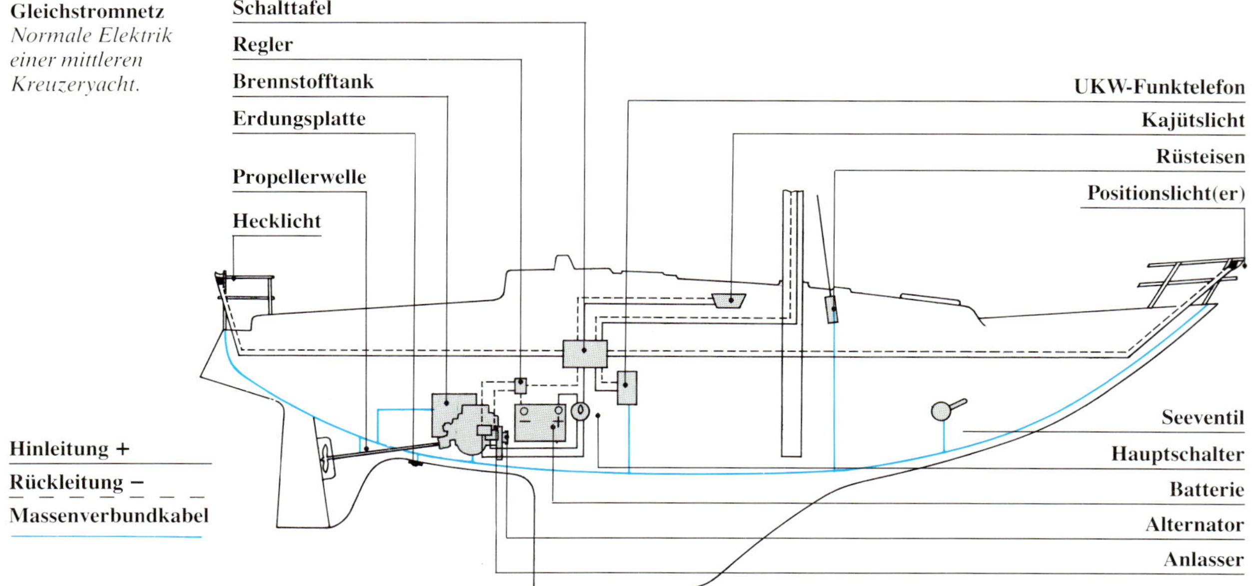

Motoren

Heutzutage ist der Motor nicht nur als Antrieb, sondern auch als Stromlieferant ein wichtiger Teil einer Yacht. Meist ein Kleindiesel wegen des ungefährlicheren Brennstoffs und seiner Zuverlässigkeit. Ob Diesel oder Benziner, beide brauchen ausreichend Luft und sauberen Brennstoff. Die Zündprobleme bei Benzinmotoren sind durch elektronische Anlagen weitgehend überwunden. Motorversager kommen bei beiden Typen gewöhnlich von der Brennstoffseite, nämlich Wasser oder Schmutz im Sprit und blokkiertes Filter. Ersatzfilterpatronen sollten an Bord sein. Ein ernsteres Problem ist eine Blockierung der Kühlung durch das viele achtlos ins Wasser geworfene Plastikzeug. Ehe man das merkt, kann ein Kolben schon gefressen haben. Wenn keine Temperaturwarnung am Motor ist, sollten Sie sofort eine einbauen lassen, die auch akustisch warnt.
Wer Wert darauf legt, möglichst wenig Kondenswasser im Tank zu sammeln, der tankt gleich nach dem Einlauf in den Hafen auf, denn je größer das Gasvolumen im Tank ist, um so mehr kann es wasserdampfhaltige Luft einatmen, wenn der Tank abkühlt.

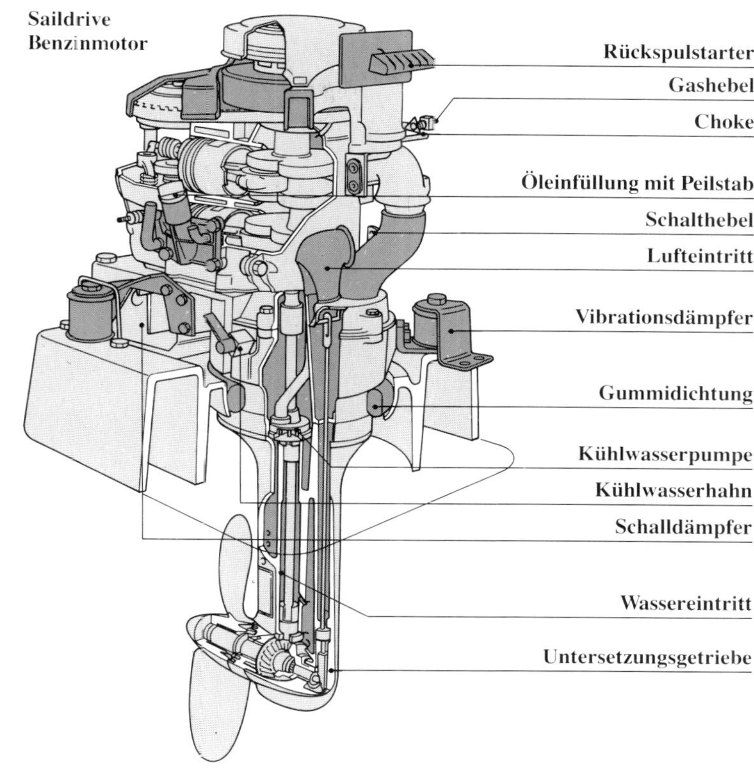

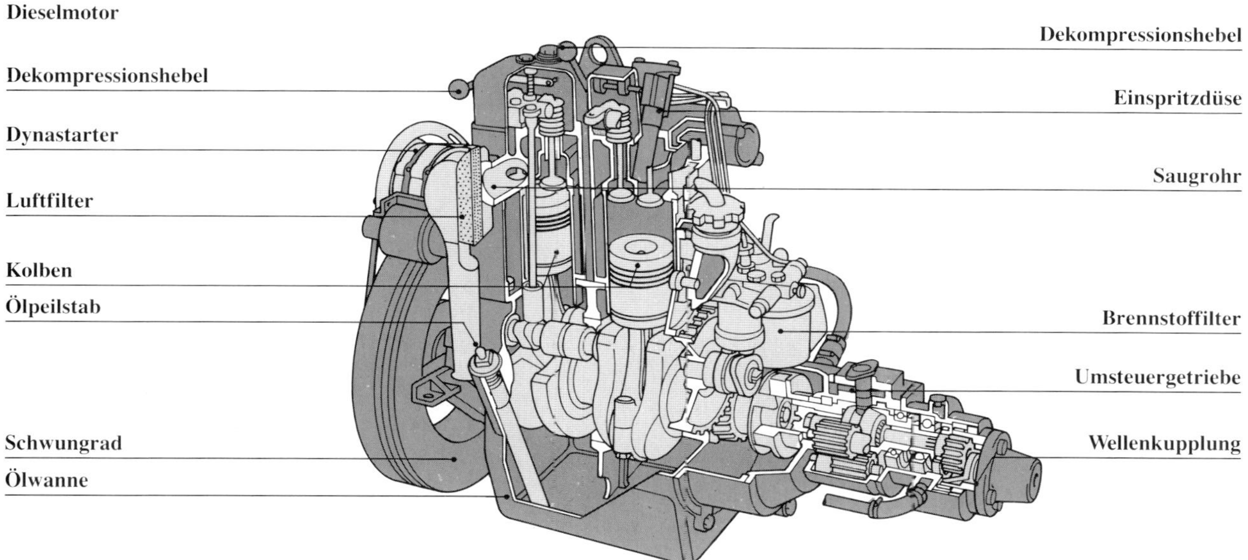

Festkommen auf Grund

Die meisten Skipper setzen ihr Boot unabsichtlich auf Grund, wobei gewöhnlich, außer verletztem Stolz, kein schlimmer Schaden entsteht. Es kann zuweilen aber auch gefährlich werden, sei es wegen der Grundbeschaffenheit oder der See. Hat das Boot einen einziehbaren Kiel, dann lupft man den etwas an und ist wieder frei. Sonst muß man warten, bis das Wasser steigt und einen herunterspült, oder schnellere Maßnahmen ergreifen, wieder in tieferes Wasser zu kommen. Ein kleines Boot kann man vielleicht mit dem Bootshaken oder Spinnakerbaum in tieferes Wasser staken, nachdem man mit demselben Gerät gelotet hat, wo das tiefere Wasser ist. Pech hat, wer bei Springhochwasser festkommt; dann kann er ein paar Wochen warten, bis das Wasser wieder hoch genug ansteigt, um einen Versuch zu starten, freizukommen. Bis dahin muß das Boot mit ausgebrachten Ankern (Seite 231) gegen Vertreiben gesichert werden, falls es sich selbst befreien sollte. Sitzt das Boot auf abfallendem Grund, muß gesorgt werden, daß es nicht talwärts kippt – Anker zum flacheren Wasser hin!

Anker ausfahren zum Abwarpen beim nächsten Hochwasser.

Fürs Boot sorgen

Wenn man das Pech hat, auf Grund zu laufen, mühe man sich, ruhig zu bleiben und die Methode zu überlegen, mit der man wieder loskommt. Wo ist tieferes Wasser, wie ist der Grund beschaffen? Bietet sich keine Chance, das Boot gleich wieder flottzumachen, muß für bestmöglichen Komfort für Mannschaft und Boot gesorgt werden? Steht das Boot auf abfallendem Grund, muß schnell dafür gesorgt werden, daß es sich nicht den Hang hinunter legt; bei der nächsten Flut würde es vollaufen (rechts). Ballast und das Crewgewicht auf die sichere Seite bringen. Auch kann man einen Anker ausbringen. Besteht Gefahr, daß sich der Rumpf auf felsigem oder steinigem Grund ein Leck drückt, polstere man ihn mit Kojenpolstern ab, die man mit Leinen festmacht, damit sie nicht aufschwimmen. Es ist auf jeden Fall nützlich, bei Niedrigwasser einen Anker zum tiefen Wasser hin auszubringen, am besten wohl in die Richtung, aus der man gekommen ist, um sich später freizuholen.

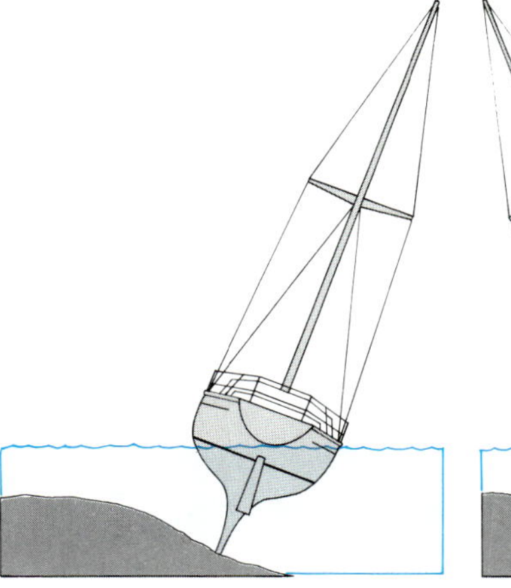

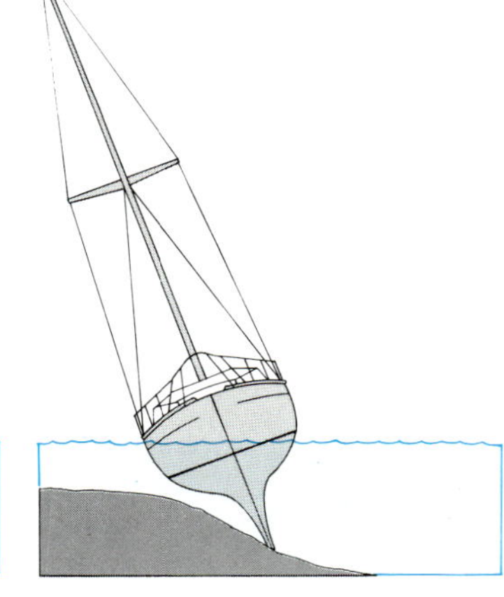

Das Boot links ist am Rand eines Kolks festgekommen und krängt zum tieferen Wasser. Es könnte bei der nächsten Flut vollaufen, wenn es nicht schnell zur anderen Seite gekrängt wird; entweder durch Ballasttrimmen oder durch Abstützen in die Gegenrichtung.

Freikommen

Als erstes ist festzustellen, ob das Wasser steigt oder fällt. Steigt es, kann man mit etwas Glück warten, bis es hoch genug ist. Doch muß man aufpassen, daß der Flutstrom das Boot nicht noch weiter auf die Untiefe treibt, und erforderlichenfalls einen Anker zum tiefen Wasser hin ausbringen. Fällt das Wasser, muß sehr schnell alles versucht werden, wieder freizukommen. Wenn die Segel beim Manöver nicht helfen können, müssen sie schnell niedergeholt werden. Sitzt man am Rande eines Fahrwassers, versuche man, den Bug mit Bootshaken oder Spinnakerbaum zum tiefen Wasser hin herumzustaken oder, wenn der Grund gut und fest ist, kann man angeleint über Bord gehen und schieben, während gleichzeitig der Tiefgang verringert wird. Solange das Boot nur mit dem Kiel aufsteht, kann man selbstverständlich auch Maschinenkraft einsetzen. Das empfiehlt sich vor allem dann gleich, wenn man bei fallendem Wasser festkommt.

Eine gestrandete Yacht in Erwartung des nächsten Hochwassers.

Tiefgang verringern

Die grundsätzliche Methode ist, das Boot zu krängen – mit allen Mitteln und Möglichkeiten, die sich gerade zu diesem Zweck anbieten. Das kann der Winddruck in die Segel sein, wenn es sich gerade günstig ergibt – aber dann holen Sie sich auch mit der Maschine frei. Das kann die Mannschaft sein, die das Boot rhythmisch in Rollschwingung bringt, während man mit der Maschine rückwärts geht. Das kann ein Mann sein, der mit Sicherungsgurt am Großfall angeschäkelt und sich an der Dirk haltend mit dem Baum außenbords geschwenkt wird – er bringt mehr als ein Anker am Baum.

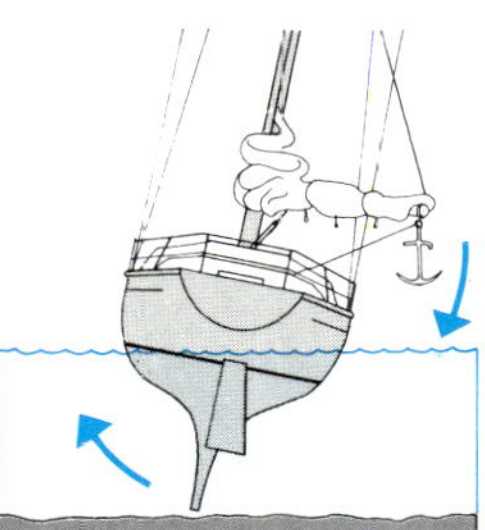

Ein schweres Gewicht am ausgeschwungenen Baum kann das Boot freikrängen.

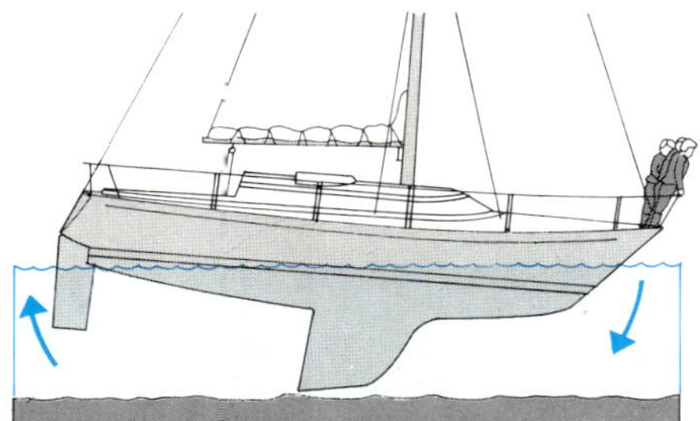

Viele Kiele sind achtern tiefer als vorn. Dann hilft kopflastiges Trimmen.

Abwarpen mit Anker

Es ist schon sehr schwer, ein schwimmendes Boot gegen einen kräftigen Wind mit einem Anker abzuwarpen. Noch viel frustrierender ist der Versuch bei einem auf Grund festsitzenden Boot. Nahezu unmöglich ist es, wenn der Kiel im Schlick sitzt und der Anker im Schlick nicht hält. Sie können einen Anker wie in der Skizze gezeigt benutzen, um dem Boot Richtung zu geben, wenn man versucht, rückwärts mit Motor freizukommen. Wie auch immer, halten Sie Ausschau nach einem Schiff, das Sie freischleppt.

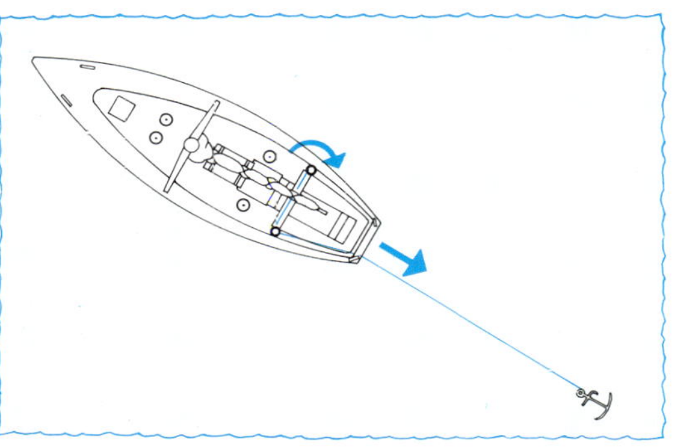

Versuch, sich mit einem Anker in der Richtung abzuwarpen, aus der man kam. Dazu setzt man eine Schotwinsch ein.

Reparaturen auf See

Routinemäßige Unterhaltsarbeiten und Sicherheitsprüfungen mindern beträchtlich die Möglichkeit, daß mal etwas bricht. Bruch gibt es meist in hartem Wetter, und die Schwierigkeit ist dann, daß die Reparatur auf einem sehr unruhigen Boot gemacht werden muß. Vordringlich ist dann, das Boot so schnell wie möglich wieder seetüchtig zu machen, es zu einem Hafen zu bringen, der angelaufen werden kann, oder Hilfe herbeizuholen.
Ein zerrissenes Segel sofort niederholen und durch ein anderes ersetzen. Ist das Großsegel gerissen, muß man mit dem Vorsegel allein oder mit Trysegel, bei Zweimastern mit Vorsegel und Besan weitersegeln. Man kann anstelle des Groß- auch ein Vorsegel am Großfall heißen, dessen Hals am Baumlümmel und dessen Schothorn an der Baumnock festgebändselt wird; das Fußliek fährt man lose.
Natürlich muß man alles Reparaturwerkzeug an Bord haben und für den Motor die von dessen Hersteller vorgeschlagenen Ersatzteile. Material zum Segelflicken, Segelmacherhandschuh, Ersatzstagreiter und -mastrutscher, Marlspieker, Segelpflaster und etwas Segeltuchreserve und gewachstes Segelgarn.
Man braucht Ersatzfallen und -schoten, Blöcke, Schäkel, Spannschrauben, Klipps, Splinte und Ringsplinte, ein Nägelsortiment und einen Werkzeugkasten mit Schraubendreher, Drahtschneider, Maulschlüsselsatz, Hammer, Zangen, Gripzange und Metallsäge, Isolierband, Silikonspachtel, Epoxidkleber, kräftige Schere, scharfe Messer, Schäkelöffner, Ölkännchen und Schmierfett.
Eins wird seltsamerweise auf den bestausgestatteten Booten häufig vergessen: Ersatzkeilriemen für Lichtmaschine und Wasserpumpe am Motor. Nicht zu vergessen: Schlauchschellen passend zu allen Schlauchverbindungen am Motor und WC und an der Lenzpumpe.
Was man wirklich mitnehmen sollte, hängt vom Geld, von der Länge der geplanten Reise, vom Stauraum und von der Art des Bootes ab.

Ein Leck

Hat der Rumpf knapp über oder unterhalb der Wasserlinie ein Leck bekommen, muß man sich bemühen, das Leck rasch zu stopfen – wenigstens so weit, daß der Wassereinbruch stark reduziert wird. Jedes Mittel ist recht: Decken, Polster, Bretter zum Halten und Verkeilen. Merke: Der Wasserdruck ist nicht sehr hoch. Ist das geschehen, kann man versuchen, um das Boot herum ein Segel über das Leck zu ziehen; der Wasserdruck drückt es in das Leck. Die Halteleinen müssen recht stramm gespannt sein, und es darf nicht zu schnell gesegelt werden. Die Crew muß zum wechselweisen Pumpen eingeteilt werden. Man kann das Bodenventil der Kühlwasserleitung schließen, den Schlauch davon abschließen und den laufenden Motor sein Kühlwasser aus der Bilge entnehmen lassen; das schafft viel. Kleinere GFK-Lecks kann man mit Unterwasser-Epoxid dichten. (Manche Firmen bieten Leckstopf-Kits an.)
Bei einem Holzboot kann man, nachdem das Lecksegel erfolgreich ausgebracht worden ist, das Leck mit einem innen aufgeschraubten Brett und Silikondichtungsmasse stopfen. Auf jeden Fall versucht man mit einer solchen Havarie den nächsten Hafen zu erreichen. Wenn dies nicht gelingt, dann ist es vielleicht möglich, das Boot an einer geeigneten Stelle auf Grund zu setzen, wo es bei Niedrigwasser genug trockenfällt, um mit mehr Ruhe eine Behelfsreparatur auszuführen oder dazu Hilfe herbeizurufen. Ist das Boot nicht zu retten, dann vielleicht seine Innenausrüstung.
Leider kann man sich auch auf hoher See Lecks stoßen, weil die Berufsschiffahrt Ölfässer, Paletten absichtlich und gelegentlich einen Container unabsichtlich über Bord wirft. Da mag es sein, daß man sein Boot aufgeben muß (Seite 278).

Ruderschaden

Eine solche Havarie verlangt von der Mannschaft etwas ingeniöses Talent, um etwa aus dem Spinnakerbaum und einer Schranktür ein Behelfsruder zu basteln. Es gibt auch Vorschläge, einen Treibanker an einer über Winschen gefahrenen Hahnepot (Doppelleine mit einem Schenkel nach Backbord und einem nach Steuerbord) zu steuern, indem man ihn nach Bedarf zur einen oder anderen Seite holt – die Ruderwirkung ist jedoch minimal. Bei Kurzkielern aber ist dies vielleicht die einzige Möglichkeit, sie einigermaßen auf Kurs zu halten, wenn sie ihr Ruder verloren haben. Ansonsten steuert man durch das entsprechende Trimmen von Groß- und Vorsegel.

Riggschäden, Stagbruch

Manchmal bricht etwas ohne Vorwarnung. Wenn es das Luvwant ist, muß sofort gewendet werden. Ein richtig abgemessenes Reservewant ist hoffentlich an Bord. Auch Spannschrauben brechen mal. Wenn das Vorstag bricht, kann man sich mit dem Fockfall helfen. Bricht ein Stag in Decksnähe, kann man ihm mit Gripzange, Kausch und zwei Seilklemmen ein Behelfsauge machen, und die Verkürzung wird mit Bändselgut behelfsmäßig ausgeglichen (Skizze rechts). Eine Gripzange sollte immer an Bord sein. Ist etwas oben im Mast gebrochen, muß einer mit dem Bootsmannsstuhl (Foto) am Großfall in den Mast gehievt werden; auf See nur ein Experte.

Links: Fertig zum Aufheißen in den Mast, der Bootsmannsstuhl ist am Fall angeschäkelt. Die Sicherungsleine wird um den Mast gelegt, um Pendeln zu vermeiden.

Unten: Behelfs-Auge mit Hilfe einer Gripzange und einer Seilklemme hergestellt. Eine zweite Seilklemme ist in etwa 8 cm Abstand von der ersten erforderlich.

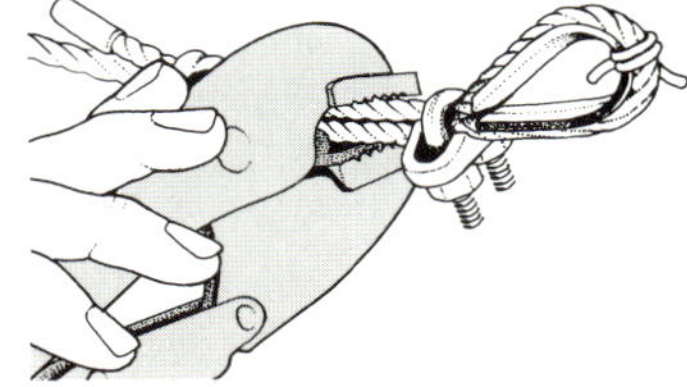

Entmastet

Wer das Achterstag zu sehr spannt, um ein schön gerades Vorliek bei der Genua zu erzielen, setzt den Mast unter sehr hohen Druck, der ihn knicken könnte. Zu geringe ebenso wie zu harte Spannung des Oberwants kann dazu führen, daß der Mast bei der Saling bricht oder knickt – gewöhnlich nach Lee. Man steuert das Boot dann am besten herum, um den Verhau in Luv zu bringen, damit das Boot nicht darüber treibt und sich den Rumpf beschädigt. Man darf auf keinen Fall den Motor starten, denn ein Drahtseil, das sich im Propeller verwickelt hat, ist mit Bordmitteln nicht zu lösen, und zu allem Pech kann es zu verbogenen Pleueln im Motor führen. Man muß versuchen, alle Teile an Bord zurückzuholen, und wenn das nicht gelingt, alles über Bord Hängende mit dem Bolzenschneider kappen. Dann muß man ein Notrigg bauen. Das kann mit dem Maststumpf oder dem Spinnakerbaum oder auch dem Baum des Großsegels versucht werden. Verlangt werden Erfindungsgabe und seemännische Geschicklichkeit. Leinen und Drahtreste dienen zum Abstagen des Notmastes. Ist der Maststumpf kurz, kann man vielleicht den Baum anlaschen und daran ein Vorsegel mit losem Fußliek setzen. Zahlreiche Yachten haben mit einem Notrigg einen Hafen erreicht.

Mit einem Notrigg segelt man zwar nicht gut, aber man kommt damit zu einem Hafen.

Notsignale, Notrufe

Sie müssen Mittel an Bord haben, mit denen Sie im Notfall Hilfe herbeirufen, andere Schiffe oder Leute an Land auf sich aufmerksam machen können. In manchen Ländern ist genau vorgeschrieben, welches und wieviel Seenotfeuerwerk an Bord zu führen ist. Auch wer nur vor der heimischen Küste herumschippert, sollte einige Handfackeln der unten gezeigten Art an Bord haben. Sie können bei Tag und Nacht gebraucht werden. Natürlich ist die Sichtweite unterschiedlich, und es hat nur Sinn, sie abzubrennen, wenn auch eine Chance besteht, daß sie gesehen werden.
Wer einen UKW-Sender hat, wird diesen selbstverständlich zum Notruf oder Pannenruf auf Kanal 16 benutzen, was den Vorteil hat, daß man gleich sagen kann, wo man steht und welcher Art das Problem ist, das man hat. Während eines Notfunkverkehrs haben alle nicht Beteiligten strenge Funkstille zu halten. Störer werden durch den Ruf „silence" (sprich „siloonß") zur Ordnung gerufen.

Handfackeln, Raketen

Notfeuerwerk darf nur in unmittelbarer Not verwendet werden, und dann brenne man es nur ab, wenn Aussicht besteht, daß es auch gesehen wird. Rotfeuer, ob als Handfackel, Fallschirmrakete oder Stern aus einer Signalpistole, ist bei Tag und Nacht ein Notsignal. Die Fallschirmrakete steigt am höchsten und brennt am längsten. Bei niedrigen Wolken kann dieses Signal am Tage wegen seiner Steighöhe unsichtbar bleiben. Als Notsignal gilt auch der Rauchtopf, der auf dem Wasser schwimmt und organgefarbenen Rauch verströmt. Natürlich hat es keinen Sinn, dieses Mittel nachts einzusetzen, und bei starkem Wind ist es ziemlich wirkungslos. Der Rauchtopf ist mehr ein Markierungssignal für Such- und Rettungsflugzeuge. Bei leichtem Wind kann der Rauch auch von Schiffen bemerkt werden. Weiße Handfackeln oder weiße Leuchtkugeln aus der Pistole werden verwendet, um auf sich selbst aufmerksam zu machen, wenn eine Kollision droht – ein im Nebel wirksameres Mittel als Positionslichter! Die Leuchtkugel schießt man am besten vor die Brücke des Schiffs, aber nur, wenn es kein Tanker ist. Weiß wird auch geschossen für „Notsignal erkannt".

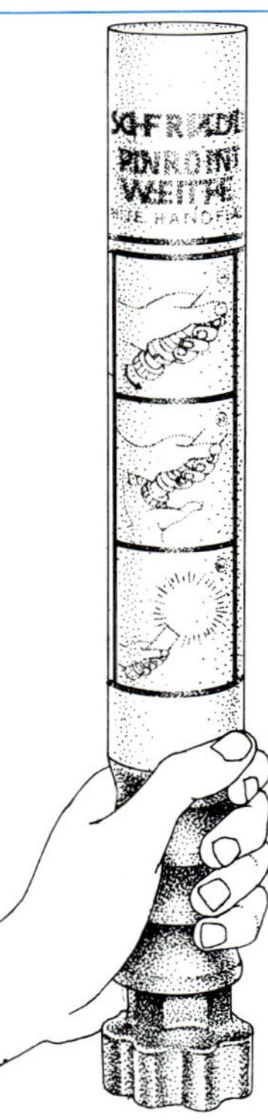

Weißfeuer-Handfackel
Starkes weißes Licht, um bei Kollisionsgefahr auf sich aufmerksam zu machen. Übliche Packung: vier Stück.

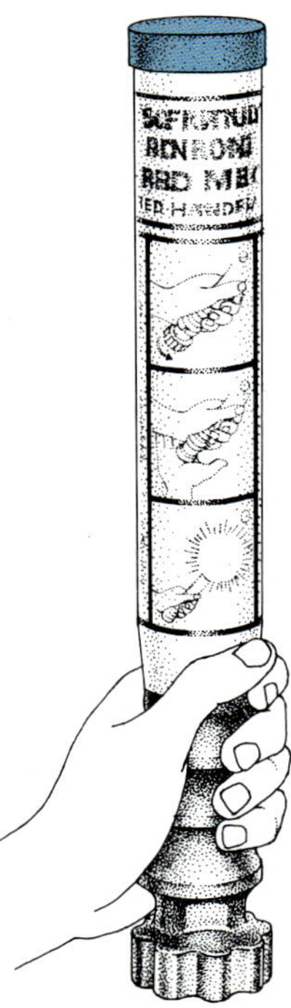

Rotfeuer-Handfackel
Grelles Rotlicht, brennt 1 min, sichtbar auf etwa 2,5 sm.

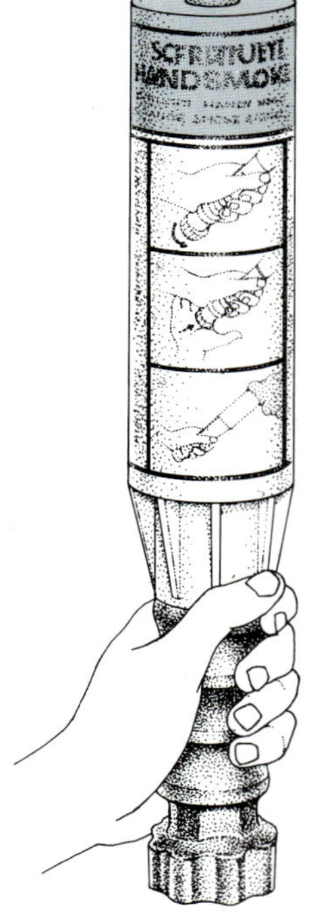

Hand-Rauchpatrone
Entwickelt 40 s lang orangefarbenen Rauch, nur bei guter Sicht und leichtem Wind verwendbar.

Weitere Notsignale

Daß man Hilfe braucht, kann auch auf andere Weise angezeigt werden. SOS mit Scheinwerfer oder Morselampe signalisiert unmittelbare Lebensgefahr, die auch durch das Zweiflaggensignal NC angezeigt werden kann, das aber nur aus geringer Entfernung zu erkennen ist. Da setzt man besser eine rechteckige Flagge und einen Ball darüber oder darunter. Ein Hilferuf ist auch, wenn eine Person die seitlich ausgestreckten Arme gleichmäßig auf- und abbewegt. Das Flaggensignal V bittet um allgemeine Hilfe, W um medizinische Hilfe.

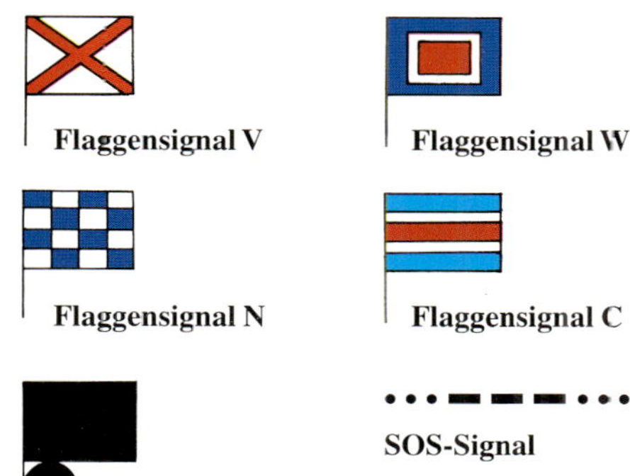

UKW-Funktelefon

Zum Betrieb eines Senders braucht man ein Funksprechzeugnis, aber die Mühe und die Ausgabe lohnen sich, weil man auf dem Anruf- und Notkanal 16 sagen kann, wo man ist und was einen bedrängt. Mayday dreimal hintereinander bedeutet lebensbedrohende Gefahr. Pann dreimal hintereinander ruft man, wenn man Schlepphilfe braucht oder ärztlichen Rat. Sseeküritee ruft man, wenn man eine Sicherheitsmeldung durchgeben will, etwa wenn man eine auf Drift gegangene Tonne entdeckt hat. Es gibt Notsender, die nur mit dem UKW-Kanal 16 ausgestattet sind, und solche mit der Notfrequenz 2182 kHz, für die man kein Funkzeugnis braucht, die aber auch nur im Notfall benutzt werden dürfen. Man kann sie mit in die Rettungsinsel nehmen, die Gebrauchsanweisung steht drauf.

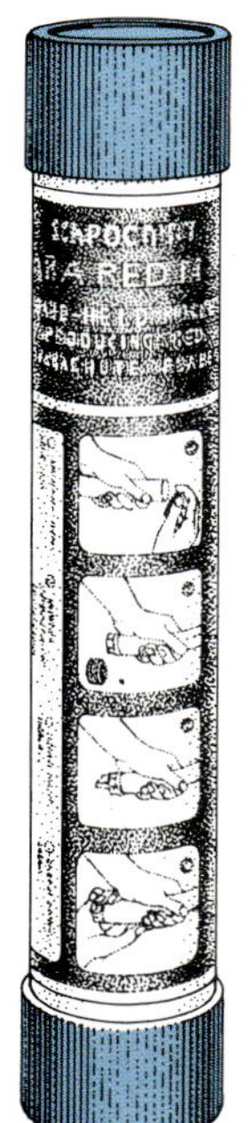

Rotlicht-Fallschirmrakete
Steigt etwa 330 m hoch bei senkrechtem Start, weit sichtbar. Brenndauer 40 s.

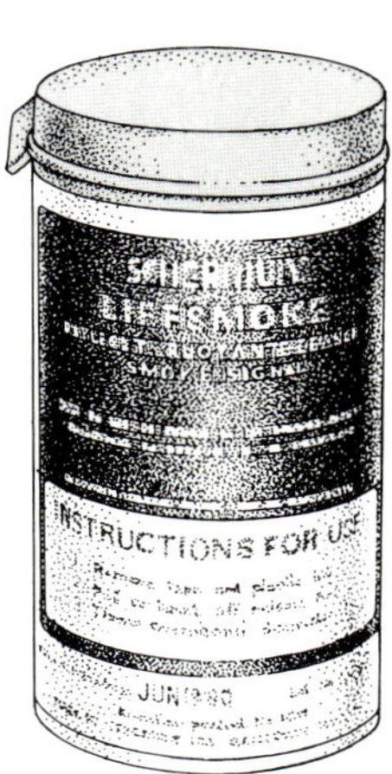

Rauchboje, orange
Wird nach dem Zünden ins Wasser geworfen, brennt etwa 3 min. Hauptsächlich zur Positionsmarkierung gegenüber Suchflugzeugen.

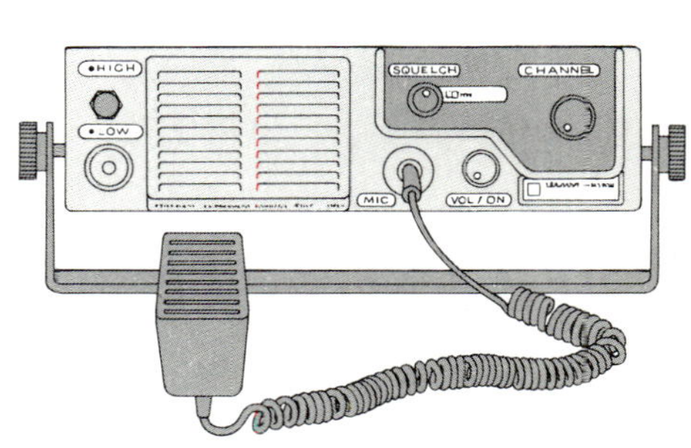

Typische UKW-Seefunkstelle (Funksprechgerät). Rechts: Notfunksprechgerät nur für den Seenotfall. Arbeitet nur auf der Notfrequenz. Kann in die Rettungsinsel mitgenommen werden.

Das Schiff retten

Ein Unfallschaden am Boot mag nicht so gravierend sein, daß man das Boot aufgeben muß, aber doch schwer genug, die Reise abbrechen zu müssen. Es ist Sache des Skippers, den Schadensumfang zu untersuchen und zu entscheiden, was zu tun ist. Es ist in solchem Falle immer richtig, die nächste Küstenfunkstelle oder Schiffe in der Nähe über UKW-Kanal 16 über die Schwierigkeiten, die man hat, zu unterrichten; falls man UKW hat. Sonst muß man mit einem Notsignal (Rotfeuer) versuchen, ein Schiff oder Boot zum Beistand aufzufordern für den Fall, daß etwas schiefgeht, oder es um Schlepphilfe bitten. Ein Leck läßt sich mit Kissen, Decken und Holzstücken des Innenausbaus oft soweit stopfen, daß die Lenzpumpe ausreicht, das noch eindringende Wasser wieder außenbords zu schaffen. Es lohnt sich, um sein Schiff zu kämpfen, denn die Rettungsinsel ist weniger sicher.

Havarierte Segelyacht im Schlepp.

Bergung

Es dauert oft sehr lange, bis auf einen Notruf hin Hilfe kommt, die auch das Boot retten kann. Große Schiffe sind auch bei langsamer Fahrt zu schnell, um ein kleines Boot zu schleppen. Solche Versuche enden meist mit dem Untergang der Yacht. Hilfe aus der Luft kann sehr bald zur Stelle sein – und es ist verführerisch, die Yacht aufzugeben, wenn es gar nicht nötig ist. Immerhin kann man im Funksprechverkehr darum bitten, der SAR-Hubschrauber möge einem eine tragbare Motorpumpe bringen, die er an seinem Heißgeschirr zu dem Havaristen hinabläßt.

Man kann das Schlauchboot unter Deck bringen und als Auftriebskörper aufblasen, wenn Aussicht besteht, daß bald Hilfe kommt, oder wenn es nicht weit bis zum Hafen oder zu einem Strand ist, auf den man sein Boot ohne Schaden setzen kann. Dann kann man auch die Rettungsinsel unter Deck aufblasen, um für zusätzlichen Auftrieb zu sorgen. Ein Diesel kann auch unter Wasser laufen, wenn man sein Luftfilter so dreht, daß der Rüssel nach oben zeigt und man einen Schlauch hat, mit dem man den Rüssel verlängern kann. Er hört aber auf, wenn der Tankatmer unter Wasser kommt. Bergung kostet Geld. Nur die Rettung von Menschenleben ist kostenfrei. Yachtskipper leisten gewöhnlich Schlepphilfe ohne Bergelohn.

Zusätzlichen Auftrieb, mit dem die Yacht eventuell sogar unsinkbar gemacht werden kann, erreicht man, wenn man das Schlauchboot und/oder, wenn das Risiko nicht zu groß ist, auch die Rettungsinsel in der Kajüte aufbläst. Im Hafen kann der Havarist mit Unterfangtrossen an einem größeren Boot (Fischkutter) festgemacht werden.

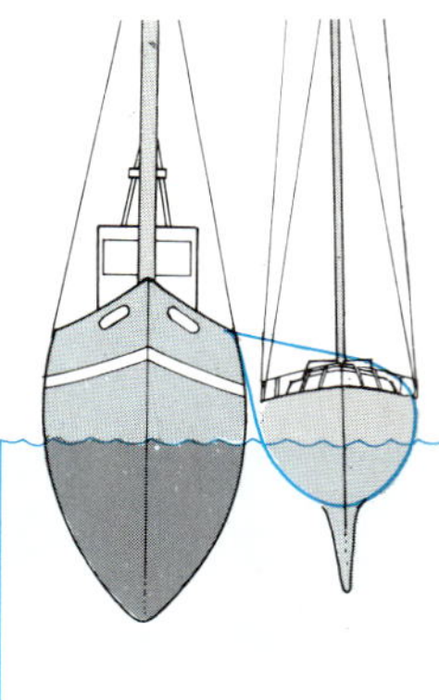

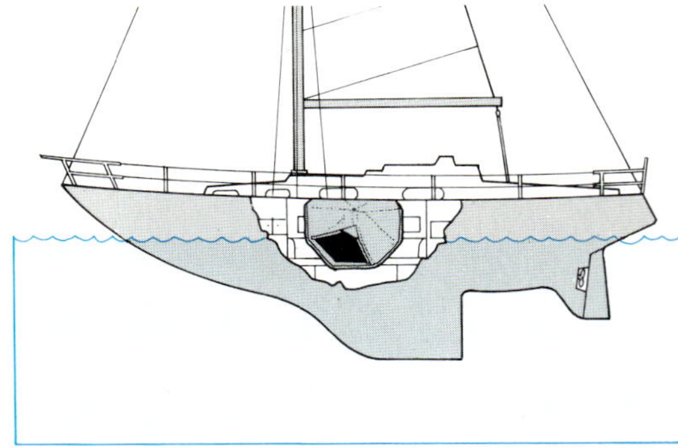

Schlepphilfe

Es sind einige juristische Dinge zu beachten. Lassen Sie sich möglichst mit eigenem Tauwerk abschleppen und lassen Sie keinen vom Schlepper an Bord kommen, sonst müssen Sie dem noch Heuer zahlen. Vereinbaren Sie vor Annahme der Schlepphilfe Schlepplohn, nicht Bergelohn. Versuchen Sie wenigstens mit dem Skipper zu Lloyd's Terms einig zu werden und sagen Sie kein Wort über den Wert Ihres Bootes. Beachten Sie, was Ihre Versicherung für den Fall Schleppen und Bergen von Ihnen als Handlungsweise erwartet. Es genügt, die Schlepptrosse am Mast zu belegen, denn der überträgt ja auch sonst die Antriebsleitung, aber vorne muß sie über die Ankerrolle geführt und in dieser gesichert werden, damit sie nicht herausspringt. Die Trosse sollte aus Nylon oder Perlon sein, der guten Ruckdämpfung wegen. Hat das Boot eine Ankerwinsch und Ankerkette, kann man den Anker abschäkeln und die Trosse an die Kette schäkeln, sofern sie einen Augspleiß mit Kausch hat. Dann gibt man drei bis vier Meter Kette aus, die aber mit dem Kettenstopper gesichert werden muß, weil Ankerwinschen die Schleppkräfte gewöhnlich nicht aushalten. Das gilt übrigens auch für Schotwinschen, die für Schotkräfte, aber nicht für Schleppkräfte berechnet sind. Beim Schleppen muß das eigene Boot im Kielwasser des Schleppers gesteuert werden. Ist das wegen Ruderbruch nicht möglich, muß wenigstens eine Leinenbucht zum Bremsen achtern ausgebracht werden (Seite 248), um das Boot am Gieren zu hindern, das übergroße Kräfte im Schleppgeschirr verursacht und zur Kenterung führen kann. Vereinbaren Sie ein Signal mit der Schleppercrew, um sie gegebenenfalls zum sofortigen Stoppen aufzufordern. Auf dem geschleppten Boot soll sich keiner unnötig auf dem Vordeck aufhalten. Brechende Trossen schlagen ganz fürchterlich zu. (Die Zeichnung zur Sicherung und Verteilung der Schleppkraft auf das Boot enthält einige Fehler. Es hat keinen Sinn, Leinen um die Aufbauten zu legen, wenn die Aufbauten schräge Wände haben. Ein grober Fehler ist es, diese Leinen auch noch achtern um das Cockpit herumzuführen. Sollte die Trosse zum Mast brechen, könnten die Schotwinschen abgerissen und die Besatzung im Cockpit geköpft werden. – Bearbeiter)

Damit das geschleppte Boot die Schlepptrosse nicht überläuft, schleppe man einen Treibanker oder Eimer achteraus oder halte ihn wenigstens einsatzbereit am Heck.

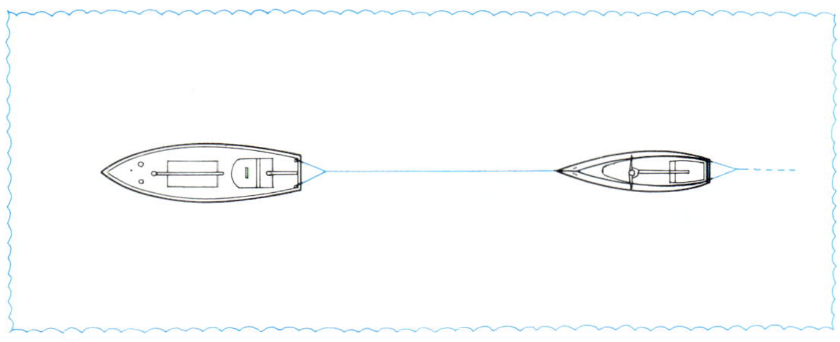

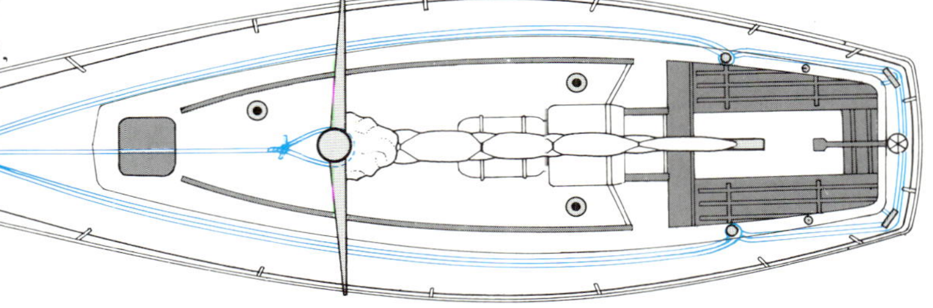

Yacht im Schlepp. Die Schlepptrosse ist zusätzlich um den Mastfuß herum gesichert.

Das Schiff aufgeben

Mit etwas Glück werden Sie Ihr Boot nie aufzugeben brauchen, aber Sie sollten auf diese Situation vorbereitet sein; ebenso das Boot. Seit dem Desaster beim Fastnet Race 1979 werden Qualität und Art der Rettungsinseln kritisch betrachtet, und man weiß seitdem, wie wichtig Wartung und Überholung aller Rettungsmittel ist. Es zeigte sich nach dem Rennen, daß Boote, die von ihren Besatzungen aufgegeben worden waren, als sie manövrierunfähig wurden, zum größten Teil noch schwammen und geborgen werden konnten, nachdem sich der Sturm gelegt hatte. Nach Ansicht einiger Segelexperten eignet sich in Küstennähe und in Flußmündungsgebieten das Beiboot besser zum Absetzen vom Boot als die Rettungsinsel.

Hat man sich entschlossen, das Boot aufzugeben, muß man ausreichend Vorräte in die Insel oder das Beiboot mitnehmen, um überleben zu können. Die Rettungsinseln haben gewöhnlich eingepackten Notproviant und Hilfsmittel (nächste Seite), aber zuverlässiger ist wohl ein „Panikbeutel", der an einer Stelle aufbewahrt wird, wo man ihn schnell greifen kann. Er sollte alles enthalten, was auf der nächsten Seite verzeichnet ist, dazu noch Wasser und Proviant, und alles sollte in einem wasserdichten Behälter gestaut sein. Wenn keine Eile geboten ist, sollten an Bord alle losen Teile gezurrt, die Seeventile geschlossen und der Niedergang verschlossen werden. Das Boot könnte geborgen werden. (Nur, warum sollte man es dann aufgeben?)

Wird man von Bord gerettet, sei es durch ein großes oder kleines Schiff oder von einem Hubschrauber, ist das bei rauher See oft nicht einfach. Die Schiffe haben große Schwierigkeit, längsseits heranzukommen. Man kann dann die Wurfleine der Rettungsmänner am Dingi festmachen und sich mit diesem hinüberholen. Gewöhnlich sagen die Rettungsmänner einem, was man tun soll. Hubschrauber bergen einen nicht vom Boot ab, weil die Gefahr besteht, daß sich der Heißdraht im Rigg oder an der Reling verfängt. Man muß die Rettungsweste anlegen und ins Wasser springen. Bleiben Sie als Skipper ruhig und besonnen, und gehen Sie erst von Bord, wenn Ihre Crew versorgt ist.

Aufgabe des Schiffs. Die Rettungsinsel liegt, von der Fangleine gehalten, in Lee des Havaristen, so daß ihr Einstieg für die von Bord gehende Mannschaft gut erreichbar ist.

Rettungsinseln

Die Rettungsinsel ist das letzte Mittel zum Überleben, und keineswegs ein ideales. Das Leben in ihr hängt von der Qualität des Produkts ab, für die es noch keine Normen gibt. Die für Yachten angebotenen Inseln sind für kleines Maß und geringes Gewicht konstruiert, aber einen doppelten Boden sollten sie aus Isolationsgründen haben. Am Ende jeder Saison sollte die Insel zur Inspektion gebracht werden. Achten Sie darauf, daß die Einstiegleiter weit genug ins Wasser reicht; auch dann ist der Einstieg noch schwierig.

Die Rettungsinsel rechts ist für vier Personen und komplett mit Notpäckchen ausgerüstet.

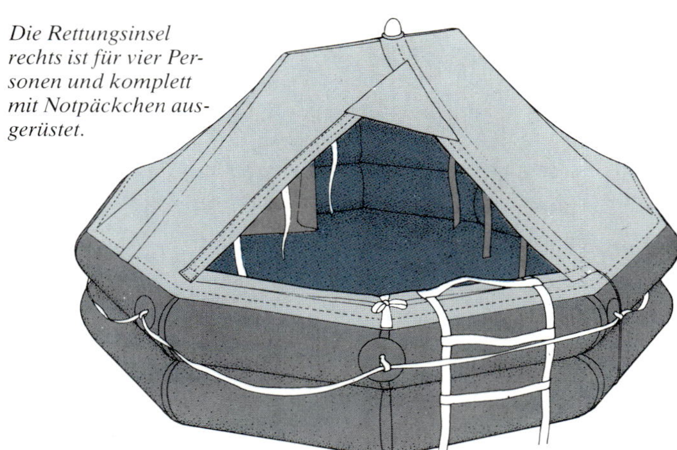

All dies ist im Notpäckchen enthalten. Vor allem Trinkwasser sollte man jedoch zusätzlich mitnehmen.

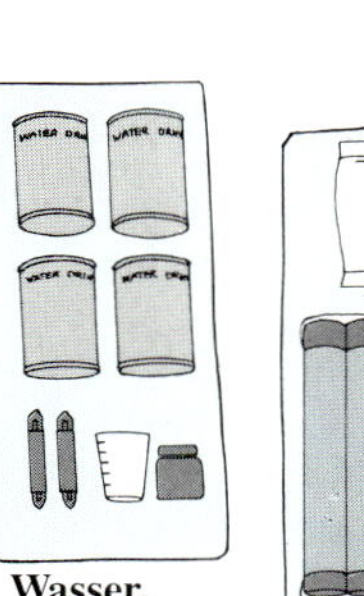

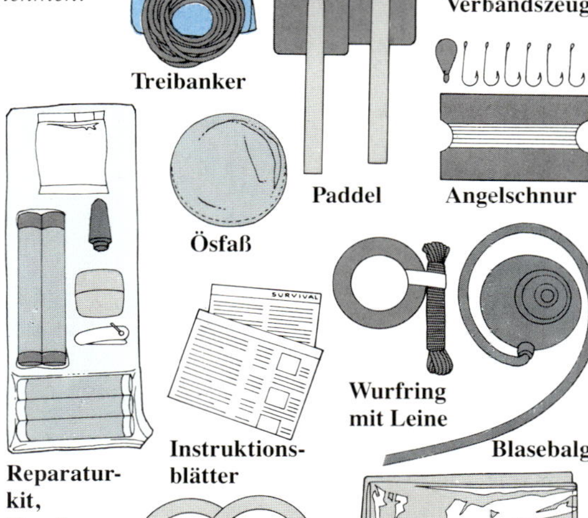

Überstieg in die Insel

Vor Aufgabe des Bootes soviel warme Kleidung anziehen wie möglich. Notsignale, Notsender, Personalpapiere, Logbuch, und soviel Trinkwasser und Proviant wie möglich hinübernehmen. Die Insel wird auf der Leeseite des Bootes ausgesetzt, aber erst wenn die Fangleine an der Reling befestigt ist, damit die Insel nicht abtreibt. Sollte die Yacht sinken, macht sich die Insel von selbst los und schwimmt wieder auf. Der Überstieg in die Insel geschieht auf ähnliche Weise wie der Einstieg ins Beiboot.

1 *Erst die Fangleine an der Reling festmachen, dann den Kasten oder das Paket über Bord werfen.*

2 *Warte, bis die Insel voll aufgeblasen ist – es dauert etwa 30 s nach dem Aufschlag aufs Wasser.*

3 *Der erste in der Insel übernimmt, was mitzunehmen ist, dann steigen die anderen über. Der letzte löst oder kappt die Fangleine.*

Kleines Segellexikon

A

Abdrift (auch Abtrift) Seitliches Versetzen eines Bootes durch Wind oder Strom.

abfallen Eine Kursänderung vom Wind weg. (Gegenteil: anluven)

ablandig Wenn der Wind vom Land in Richtung See weht. (Gegenteil: auflandig)

abschlagen Das Abnehmen der Segel. (Gegenteil: anschlagen)

abtakeln Die gesamte Takelage vollständig abnehmen, also stehendes und laufendes Gut mit dem Mast, etwa um das Boot einzuwintern. (Gegenteil: auftakeln.) Oft fälschlich verwandt für Segel abschlagen.

achteraus Alles, was hinter einem Boot liegt. (Gegensatz: voraus)

Achterholer Jeweils die Spinnakerschot, die sich in Luv befindet, also am Spinnakerbaum.

Achterleine Festmacherleine, die vom Heck eines Bootes schräg nach achtern an Land oder zu einem Pfahl führt. Bisweilen auch als Heckleine bezeichnet. (Gegenteil: Vorleine)

Achterliek (das) Die hintere Kante eines Segels.

Achterstag (das) Vom Masttopp zum Heck verlaufendes Stag, das die nach vorne gerichteten Kräfte des Mastes aufnimmt. (Gegensatz: Vorstag)

anluven Eine Kursänderung höher an den Wind heran. (Gegenteil: abfallen)

anstecken Einen Gegenstand mit einem Ende oder zwei Enden miteinander verbinden.

aufbrisen Der Wind nimmt an Stärke zu.

auffieren Dem Zug auf einer Leine nachgeben, ohne sie ausrauschen zu lassen. Häufiger auch nur: fieren

aufklaren 1. Das Wetter „klart auf", es wird besser. – 2. An und unter Deck, im Spind Ordnung schaffen.

aufkommen 1. Mit Ruderlage mittschiffs die Drehbewegung des Schiffs allmählich verringern. –
2. Ein voraus laufendes Schiff einholen. –
3. Schlechtes Wetter, Gewitter, Sturm oder dergleichen kommt auf.

auflandig Wenn der Wind von See in Richtung Land weht. (Gegenteil: ablandig)

aufschießen 1. Mit dem Boot in den Wind drehen, um es zum Stehen zu bringen. –
2. Eine Leine in regelmäßigen Buchten zusammenlegen.

auftakeln (auch aufriggen) Die gesamte Takelage (Rigg) an Bord bringen und aufrichten. (Gegenteil: abtakeln.) Oft fälschlich verwandt für Segel setzen.

auftuchen Ein Segel oder auch eine Abdeckplane ordentlich zusammenlegen.

Auge Seemännische Bezeichnung für verschiedene Arten von Ringen, Ösen, Löchern oder Schlingen. In Wortverbindungen entfällt das „e" (Augspleiß, Augbolzen).

B

back (engl.) Zurück, rückwärts. Wird ein Segel back geholt, fällt der Wind von der „Rückseite" ein. Entweder segelt das Boot dann rückwärts oder man erhöht dadurch das Drehmoment beim Wenden.

Backbord (Bb) In Fahrtrichtung gesehen die linke Seite eines Bootes. Links.

Baum Eine Stange aus Holz, Kunststoff oder – heute meistens – Aluminium, an der die untere Kante eines Segels angeschlagen (Großbaum) oder auch „fliegend" gefahren wird (Spinnakerbaum).

Baumniederholer Unten am Baum angreifende Talje, die ein Steigen des Baums auf Vorm-Wind-Kursen verhindert.

beidrehen Eine Yacht hoch am Wind, durch entsprechende Segelstellung, etwa das Backholen der Fock, nahezu zum Stehen bringen.

beiliegen Beigedreht einen Sturm abwettern, aber auch längere Zeit annähernd an einer Stelle liegen bleiben, um etwas zu bergen oder eine Reparatur auszuführen.

bekneifen Festklemmen (von Leinen).

belegen Eine Leine festmachen.

Beplankung (die) Außenhaut eines hölzernen Schiffes.

bergen 1. Die Segel herunternehmen. –
2. Einen Gegenstand in Sicherheit bringen. –
3. Ein in Seenot geratenes Schiff einbringen. Die Besatzung oder Ladung von einem gestrandeten Schiff herunterholen (abbergen).

Bermuda-Rigg Bezeichnung für die Hochtakelung, die von Fischerbooten der Bermuda-Inseln stammt. Das dreieckige Hochsegel löste in den 30er Jahren das viereckige Gaffelsegel als Yachttakelage ab.

Bindereff (auch Bändselreff) Die Segelfläche wird bei starkem Wind verkleinert, indem man das Tuch auf den Baum herunterholt und dort festbindet.

Block Gehäuse aus Holz, Metall oder Kunststoff mit einer oder mehreren Rollen, über die Leinen laufen.

Boje 1. Im Grund verankerter Schwimmkörper zum Festmachen von Booten. –
2. Nicht ganz korrekte Bezeichnung für Tonnen, die als Seezeichen oder Wendemarken bei Regatten dienen.

Bord (der) Eigentlich die Schiffsseite (Backbord, Steuerbord), besonders deren Oberkante, daher „über Bord" fallen. „An Bord" heißt allgemein sich auf einem Schiff befinden.

brechen 1. Seemännischer Ausdruck für das Reißen von Leinen und Ketten (nicht jedoch für Segel). –
2. Das „Überkämmen" der Wellen, wenn sich auf einer Welle eine Schaumkrone bildet.

Bucht 1. Zurückspringendes Küstenstück. –
2. Schleife in einer Leine. Sie wird „in Buchten" aufgeschossen.

Bug (der) Das vordere Ende eines Schiffes. Steuerbord- bzw. Backbordbug bezeichnet jedoch jeweils die Seite einer Yacht, auf der der Großbaum geführt wird.

C

Cockpit (das) Vertiefung im Deck, in der sich während des Segelns die Besatzung aufhält. Auf Jollen der gesamte nicht eingedeckte Raum.

Cunningham-Hole (auch C-Kausch) Nach seinem Erfinder, dem Amerikaner Briggs Cunningham benannter Vorliekstrecker am Großsegel. Eine zweite Kausch, etwa 15 cm über dem Segelhals, durch die ein Niederholer führt, mit dem das C-Hole auf den Baum heruntergeholt werden kann. So läßt sich die Großsegel-Wölbung unterschiedlichen Windverhältnissen anpassen.

Curryklemme Nach ihrem Erfinder Dr. Manfred Curry benannte gezahnte Federklemme, die sich unter Zug bekneift. Vorwiegend zum Festsetzen von Schoten und Streckern verwendet.

D

Deckpeilung (die) Zwei Objekte (Landmarken) werden in Deckung gebracht. Die Deckpeilung zweier bekannter Objekte ergibt eine terrestrische Standlinie.

Deutscher Segler-Verband (DSV) 1888 gegründeter Dachverband der deutschen Segelclubs und oberste Segelsportautorität der Bundesrepublik.

Dolle (die) Gabelförmiges Auflager aus Metall oder Kunststoff für den Riemen (von Landratten fälschlich als Ruder bezeichnet) beim Pullen (Rudern).

Draggen (der) Kleiner, vierarmiger Anker, auch als Suchdraggen zum Auffischen über Bord gefallener Gegenstände verwendet.

Ducht (die) Quer oder längs liegendes Sitzbrett in einem offenen Boot.

dwars Querab, rechtwinklig zur Fahrtrichtung.

E

Ende Leine, Tau; ausgenommen sehr dicke Taue. Sie heißen Trossen. Die Enden eines „Endes" bezeichnet man als Tampen oder auch Tamp.

F

Fahrwasser An engen Stellen oder zwischen Untiefen, Sandbänken usw. die durch Seezeichen markierte Fahrrinne mit tiefem Wasser.

Fall (das, Mehrz.: Fallen)
1. Leinen oder Drähte zum Setzen der Segel. Entsprechend Großfall, Fockfall oder Spinnakerfall. –
2. Der Fall = Neigung eines Mastes nach vorne oder achtern.

Fender (der) Polster aus unterschiedlichen Materialien, um

die Bordwand vor Beschädigungen an Stegen, Nachbarschiffen oder ähnlichem zu schützen.
fieren Dem Zug auf einer Leine nachgeben, ohne sie ausrauschen zu lassen. Häufig auch: auffieren.
Fock (die) Dreieckiges Vorsegel. Es gehört zu den Haupt- oder Arbeitssegeln.
Fockroller Mechanische Vorrichtung, um die Fock vom Cockpit aus auf das Vorstag aufzurollen.
Freibord (der) Höhe der Bordwand über der Wasserlinie.

G

Gaffel (die) Rundholz, an dem das viereckige Gaffelsegel mit seinem Oberliek angeschlagen wird.
Gatchen (auch Gattchen) Kleines, meist mit einer Metallkausch eingefaßtes Loch in Segeln oder Planen, durch das Bändsel, Strecker oder ähnliches gezogen werden können.
geigen Schaukeln des Bootes um die Längsachse, besonders vor achterlichem Wind.
Genua (die) Eine große Fock für leichtere Winde. Sie zählt zu den Beisegeln. Regatta-Yachten haben bis zu vier Genuas unterschiedlicher Größen und Tuchstärken, die meist römisch beziffert werden. Also Genua I, II usw.
GFK Abkürzung für glasfaserverstärkter Kunststoff, das Baumaterial, aus dem heute die meisten Jollen und Yachten hergestellt werden. Andere gebräuchliche Bezeichnungen: Fiberglas- oder Polyesterharz-Boote.
Gezeitenstrom-Atlas Vom Bundesamt für Seeschiffahrt und Hydrographie herausgegebene Sammlung von Gezeitenstrom-Karten, die Richtung und Stärke des Tidenstromes an bestimmten Bezugsorten enthalten.
Gezeitentafel Vom Bundesamt für Seeschiffahrt und Hydrographie herausgegebene Tabellen, die für verschiedene Bezugsorte die Zeiten für Hoch- und Niedrigwasser und die Tidenkurven angeben.
gieren Seitliches Ausscheren eines Bootes aus seinem Kurs, besonders vor achterlichen Seen.
gleiten Ein Zustand, der von leichten Booten (Jollen) durch einen teilweisen dynamischen Auftrieb erreicht wird. Dabei reiten sie auf ihrer Bugwelle und können ein Mehrfaches ihrer Rumpfgeschwindigkeit erreichen.
Gut (das) Das gesamte Faser- und Drahttauwerk der Takelage eines Segelbootes, unterteilt in „stehendes Gut" – dazu zählt die feste Verstagung des Mastes mit Vorstag, Wanten und Achterstag – und „laufendes Gut". Dazu gehören die Fallen zum Setzen der Segel und die Schoten zur Segelführung.

H

Hahnepot (die) Ein gespreiztes Ende, das die in seinem Scheitel angreifende Kraft auf zwei Punkte verteilt.
Hals Die vordere untere Ecke eines Segels.
halsen Mit dem Heck durch den Wind gehen.
Havarie Beschädigung einer Yacht durch Grundberührung, Kollision oder Sturm.
Heck (das) Das hintere Ende eines Schiffes.
heißen/hissen Das Hochziehen eines Segels oder einer Flagge.
holen Das Ziehen an einem Ende (anholen, durchholen, einholen, ausholen, aufholen). (Gegensatz: fieren)

I

International Yacht Racing Union (IYRU) 1907 in London gegründeter Welt-Segler-Verband, dem heute die nationalen Segelsportverbände aus rund 70 Ländern angehören.

J

Jolle 1. Allgemein ein kleines offenes Boot. –
2. Ein offenes Segelboot mit Schwert im Gegensatz zum Kielboot.

K

Kat 1. Eine Takelung mit einem Mast und nur einem Großsegel, also ohne Vorsegel. –
2. Gebräuchliche Abkürzung für Katamaran.
Kausch (die) Eine ring- oder auch herzförmige Metall- oder Kunststoff-Verstärkung für ein Auge.
kentern Umkippen eines Bootes, nachdem es den Kenterpunkt überschritten hat. Alle Schwertboote können kentern.
killen Flattern der Segel.
Kinken (die) Eine in sich verdrehte Leine hat Kinken. Aus den Kinken treten = jemand aus dem Wege gehen.
Klampe (die) Eine doppelarmige Knagge aus Holz, Metall oder Kunststoff zum Belegen von Leinen.
Knickspanter Boote, deren Rümpfe einen eckigen Querschnitt haben. Es kann ein einfacher oder ein doppelter Knickspant sein. (Gegensatz: Rundspanter.)
Knoten (kn) Nautische Geschwindigkeitsbezeichnung für Seemeilen pro Stunde. Der Ausdruck stammt von der Markierung der Logleine des alten Handlogs mit Knoten.
Kopf Die obere Ecke eines Segels, an der man das Fall anschäkelt.
Kopfschlag Beim Belegen auf einer Klampe wird das letzte Ende so über Kreuz gelegt, daß es sich bekneift.
Krängung Schräglage (eines Bootes).
Kreuzen Mit Zickzack-Kurs auf ein Ziel in Windrichtung zusegeln.

L

Lateralplan Die Silhouette des Unterwasserschiffs von der Seite gesehen. Je nachdem ob der Kiel lang, kurz oder tief ist, spricht man von einem langen, kurzen, tiefen oder auch flachen Lateralplan.
laufendes Gut Alles Tauwerk, das beweglich ist und über Blöcke, Scheiben und dergleichen läuft (Fallen, Schoten, Dirken, Flaggleinen usw., aber nicht Backstagen).
Lee Die dem Wind abgekehrte Seite.
leegierig Ein Boot, das die Eigenschaft hat, ständig abzufallen.
lenzen 1. Ein Boot leerpumpen oder ausschöpfen. –
2. Mit einem Schiff vor einem Sturm herlaufen.
Liek (das, Mehrzahl: Lieken) Die verstärkten Kanten eines Segels (Vor-, Achter-, Ober-, Unterliek).
Lippe (Lippklampe) Klauenartige Durchführung für eine Leine im Schanzkleid oder auf Deck.
Lose Wenn ein Ende nicht dichtgesetzt ist, hat es Lose. Lose geben heißt, mit einem dichtgesetzten Ende nachgeben.
Lümmel Die Verbindung zwischen Baum und Mast, bestehend aus dem Lümmelbeschlag am Baum und dem Lümmellager am Mast. Das kann ein einfacher Haken sein, ein rundum schwenkbarer Zapfen, eine Steckbolzen-Verbindung, ein Schlitten mit Manschette und ist – sofern vorhanden – mit dem Patentreff kombiniert.
Luv Die dem Wind zugekehrte Seite.
luvgierig Ein Boot, das die Eigenschaft hat, ständig in den Wind zu drehen.

M

Marlspieker Ein starker Stahldorn, zum Arbeiten mit Drahttauwerk, hauptsächlich jedoch zum Öffnen festgefressener Schäkelbolzen verwendet.
Mastspur Eine Ausnehmung im Kielschwein oder ein Beschlag, der den Mastfuß hält und mitunter in der Längsschiffsrichtung verstellt werden kann, um den Mast weiter nach vorne oder achtern zu trimmen.

N

Nock (die) Das Ende des Baumes, nicht aber des Mastes. Das heißt Topp. Auch die Enden der Kommandobrücke auf Großschiffen werden als Brükkennock bezeichnet.

O

Ösfaß Gefäß zum Wasserschöpfen (ösen), meist aus Kunststoff.

P

Patenthalse Unfreiwilliges Halsen, verursacht durch Unaufmerksamkeit des Rudergängers oder starkes Gieren oder Rollen des Bootes. Auf Jollen kann sie leicht zum Kentern führen, auf schweren Kielyachten zu Bruch in der Takelage.

Patentreff (auch Rollreff) Die Segelfläche wird verkleinert, indem man das Tuch auf den Baum wickelt.
Persenni(n)g (die) Eine wasserdichte Abdeckplane für die Segel, das Cockpit oder das ganze Boot.
Pinne (auch Ruderpinne) Waagerechter Hebelarm am Kopf des Ruderschaftes, oft klappbar. Gelegentlich wird das Steuern auch als Pinnieren bezeichnet.
Plicht (die) Seltenere Bezeichnung für das Cockpit, der Vertiefung im Deck, in der die Crew, die Besatzung sitzt.
Poller (der) Starker, kurzer Pfahl aus Holz, Metall oder auch Stein zum Festmachen von Leinen an Land. Auch die kleineren Versionen an Deck heißen Poller. Man unterscheidet, je nach Form, einfache, Doppel-, Kreuz- und Doppelkreuzpoller.
Protest Einspruch einer Yacht gegen eine andere, die in einer Regatta gegen die Wettsegelbestimmungen verstoßen hat. Er wird durch eine Protestflagge angezeigt.
pullen Seemännische Bezeichnung für rudern.
Pütting (das; auch Rüsteisen) Beschlag, mit dem die Wanten am Bootsrumpf befestigt sind.

R

raumen Eine günstige Winddrehung mehr nach achtern. (Gegensatz: schralen)
reffen Ein Segel verkleinern.
Regatta Ursprünglich die venezianische Bezeichnung für das Wettrudern der Gondolieri, heute zum Begriff für segelsportliche Wettkämpfe geworden. Eine Regatta umfaßt im allgemeinen mehrere Wettfahrten, die an einem Tag hintereinander oder auf mehrere Tage verteilt ausgetragen werden.
Reitbalken Eine quer übers Cockpit laufende Strebe, unter die man beim Ausreiten des Bootes die Füße haken kann.
Riemen Seemännischer Ausdruck für „Ruder", mit denen nicht gerudert, sondern gepullt wird.
Rigg (das) Moderne Bezeichnung für Takelage, Sammelbegriff für Masten, Bäume, stehendes und laufendes Gut. Entsprechend wird eine Yacht „geriggt" oder „aufgeriggt".
rollen Die Bewegung einer Yacht im Seegang um ihre Längsachse.
Ruder Seemännischer Ausdruck für „Steuer", auch „Rohr" genannt. Verballhornung des flämischen Roer. Man steuert mit dem Ruder. Jollen haben meist einen Steuermann, Yachten dagegen einen Rudergänger.
Ruderblatt Der unter Wasser befindliche Teil des Ruders.
Rumpfgeschwindigkeit Jedes Schiff hat eine konstruktiv bedingte Rumpfgeschwindigkeit, die es nicht überschreiten kann. Sie ist leicht zu errechnen: Wurzel aus der Wasserlinienlänge in Metern × Faktor 2,43 = Geschwindigkeit in Knoten. Nur bei Gleitfahrt wird die Rumpfgeschwindigkeit überschritten.
Rundspanter Boote, deren Rümpfe einen runden Querschnitt haben. Er kann sehr schmal oder auch extrem breit sein. (Gegensatz: Knickspanter)
Rüsteisen Pütting (s. dort).
Rutscher (auch Schlitten) Gleitschuh am Vorliek eines Segels, der in der Gleitschiene an der Rückseite des Mastes läuft.

S

Saling (die) Waagerechte Streben am Mast, die im oberen Bereich die Wanten abspreizt, um eine bessere Mastverspannung zu erzielen.
Schäkel (der) Durch Schraub- oder Steckbolzen verschließbarer Metallbügel unterschiedlicher Größen und Stärken, um stark beanspruchte Teile an Bord miteinander zu verbinden. Beispielsweise den Anker mit der Kette oder das Fall mit dem Segel.
schamfilen Scheuern, reiben.
scheren 1. Ein Ende durch einen Block, ein Auge oder eine Leitöse führen. – 2. Im Sinne von „laufen". Ein Schiff schert aus dem Kurs.
schiften Den Baum von einer Seite auf die andere nehmen.
Schlag Die zwischen zwei Wendemanövern beim Kreuzen zurückgelegte Strecke.
schlingern Eine periodische Bewegung um die Längsachse.
Schot (die) Leine zum Regulieren der Segelstellung. Entsprechend Fockschot, Großschot oder Spinnakerschot.
Schothorn Die hintere untere Ecke eines Segels.
Schotring Ein runder Bügel am Großbaum, an dem die Schot angreift.
schralen Eine ungünstige Winddrehung mehr nach vorne. (Gegensatz: raumen)
schricken Etwas fieren. „Einen Schrick in die Schot geben."
Schwell (der) In Häfen hineinstehende schwache Dünung. Von vorbeifahrenden Schiffen verursachter Wellenschlag.
Schwert Senkrecht in einem Schwertkasten steckende Platte auf Jollen, die beim Segeln der seitlichen Abdrift entgegenwirkt. Es gibt Steckschwerter und drehbar gelagerte Senkschwerter.
schwojen Das Pendeln eines Bootes um seinen Anker oder seine Muring, hervorgerufen durch Wind oder Strom.
Seemeile (sm) Sie ist 1852 m lang. Das entspricht der Länge des 60. Teils eines Längengrades, also einer Längen- oder Meridianminute. In der Seefahrt werden alle Entfernungen in sm angegeben.
slippen 1. Das Zuwasserbringen eines Bootes auf einem Slip, einer Bootsrampe. – 2. Schnelles Loswerfen einer Leine. „Auf Slip belegen."
Spant (das; Mehrz.: Spanten) Die Quer- und Längsrippen eines Schiffes. Der Kunststoff-Bootsbau kommt weitgehend ohne sie aus. Längsspanten werden auch Stringer genannt.
Spiegel Der Abschluß des Hecks. Ist er einwärts geneigt, spricht man von einem einfallenden Spiegel, bei Neigung nach auswärts entsprechend von einem ausfallenden.
spleißen Das dauerhafte Verflechten von Tauwerk. Entweder, um zwei Enden miteinander zu verbinden oder um ein Auge zu bilden.
Spring Zusätzliche Festmacheleinen zu der Vor- und Achterleine, die eine Bewegung des Bootes in der Längsrichtung verhindern. Die Vorspring verläuft vom Vorschiff schräg nach hinten, die Achterspring vom Achterschiff nach vorne.
Stag (das) Drahttauwerk zum Abstützen und Versteifen der Masten nach vorne und achtern.
Über Stag gehen: dasselbe wie wenden.
Stander 1. Für bestimmte Zwecke fertig gespleißtes Drahtende, z. B. der Bojenstander. – 2. Kurze, dreieckige Flagge (Vereinsstander), im Gegensatz zum Wimpel, der auch dreieckig, aber lang und schmal ist.
Steuerbord (Stb) In Fahrtrichtung gesehen die rechte Seite eines Bootes. Rechts.
Steven Vorderer und hinterer Abschluß des Bootsrumpfes, entsprechend Vor- und Achtersteven.
Stringer Versteifung des Bootsrumpfes in Längsrichtung (s. Spanten).

T

Takelage Sammelbegriff für Masten und Bäume, stehendes und laufendes Gut. Moderne Bezeichnung: Rigg.
Takelung Die Art und Weise, wie ein Boot getakelt oder geriggt ist: Slup, Ketsch usw.
Tamp(en) Die beiden Enden einer Leine (seemännisch: eines Endes).
Tide (die) Eine Tide oder auch Gezeit umfaßt Flut und Ebbe. Sie reicht von einem Niedrigwasser über das Hochwasser zum darauffolgenden Niedrigwasser.
Tonne Bezeichnung von „schwimmenden Seezeichen". Je nach ihrer Form bezeichnet man sie als Baken-, Spieren-, Spitz-, Stumpf-, Kugel- oder Faßtonnen. Unter den Bakentonnen gibt es wiederum Heul-, Leucht- und Glockentonnen.
Topp Spitze des Mastes.
Toppnant Aufholer für den Spinnakerbaum.
Törn 1. Eine Segelfahrt. – 2. Ein ungewollt in eine Leine eingedrehtes Auge. Eine vertörnte Leine = unklare Leine.
Trailer Ein- oder doppelachsiger Bootsanhänger. Bis zu einer Achsbelastung von 375 kg kann er ungebremst sein, darüber hinaus muß er eigene Bremsen haben.

Trapez Ein auf Rennjollen oben im Mast befestigter Draht mit einem Gurt, in dem sich der Vorschotmann weit nach Luv aus dem Boot hängt, um als „lebender Ballast“ die Stabilität zu erhöhen.

Traveller (engl. Laufkatze) Genaugenommen der Schlitten, an dem der Großschot-Fußblock auf einer Schiene oder einem Rohr gleitet. Inzwischen aber hat sich die Bezeichnung für die gesamte Einrichtung eingebürgert, die dem besseren Trimm des Großsegels dient.

trimmen (der Trimm) Alle Maßnahmen, die ein Boot schneller machen und sein Seeverhalten verbessern.

U

über Stag gehen Eine andere Bezeichnung für „wenden“.

V

verholen Ein Schiff mit Leinen von einem Platz zu einem anderen bringen.

Verklicker Drehvorrichtung für einen Stander am Masttopp zur Windrichtungsanzeige.

Verstagung Dasselbe wie „stehendes Gut“. Sammelbegriff für die Masthalterungen: Vor- und Achterstag und Wanten.

Vorschiff Der vor dem Mast liegende Teil eines Bootes. Entsprechend das Vordeck.

Vorschoter Derjenige, der nicht steuert, sondern die Vorschot bedient.

Vorsegel Alle Segel vor dem Mast, also Fock, Genua, Klüver, Spinnaker.

W

Want (das; Mehrz.: Wanten) Das stehende Gut rechts und links vom Mast. Kleine Boote haben nur ein Wantenpaar, größere Yachten mehrere (Topp-, Ober- und Unterwanten).

wenden Mit dem Bug durch den Wind gehen.

Wirbelschäkel Schäkel mit einem drehbaren Auge oder drehbar verbundene Doppelschäkel.

wriggen (auch wricken) Ein Ruderboot mit einem Riemen am Spiegel durch schraubenartige Bewegung vorwärtsbewegen.

Y

Yardstick Von dem Engländer Zillwood Milledge 1951 ausgeknobelte Handikap-Methode, nach der Jollen und Yachten, Einrumpf- und Mehrrumpfboote gegeneinander segeln können. Jedes Boot erhält eine empirisch ermittelte Yardstick-Zahl, durch die die gesegelte Zeit geteilt wird.

Z

zeisen Zusammen- oder anbinden, etwa aufgetuchte Segel. – Beschlag-Zeiser = Bänder zum Zeisen der Segel.

zurren Zusammenschnüren, festbinden. Etwas seefest zurren.

Diese Aufstellung ist nur ein kleiner Ausschnitt aus dem seemännischen Vokabular, das von Seglern verwendet wird. Wer mehr wissen möchte, dem empfiehlt sich das „Segler-Lexikon“ von Joachim Schult mit über 4000 Stichwörtern. (Verlag Klasing + Co. Bielefeld)

Stichwortverzeichnis

T

U

V

W

Y

Z

Quellenhinweise

Fotos
Avon Inflatables Ltd.
R. R. Baxter
Alastair Black
Bob Bond
Jack Coote
Dick Everitt
Bob Gordon
Ambrose Greenway
Colin Jarman
National Maritime Museum
Mike Payton
Sue Rawkins
RNLI
Stephen Sleight
M. A. Stock
John Watney
Rodger Witt
Steven Wooster

Praktische Ratgeber

Floris Hin / Theo Kampa / Jaap Hille
Knoten, Fancywork und Spleiße
Farbige Fotos zeigen und erklären vielerlei Gebrauchsknoten, Spleiße und eine große Anzahl schöner Zierknoten.
160 S. mit 193 Farbfotos, geb.

Dieter Karnetzki
Das Wetter von morgen
Praxis für den Yachtsport
Eine Anleitung, alle Hilfsmittel der Wettervorhersage auszunutzen und richtig zu deuten, mit meteorologischer Revierkunde für Nordsee, Ostsee und Mittelmeer.
180 S. mit 201 meist farb. Abb., geb.

Hans Donat
Yacht-Bordbuch
Ein Handbuch fürs Cockpit
Die gut geordnete Gedächtnisstütze für all das Wissen, was man als Küsten- und Seesegler zwar nicht jeden Tag braucht, im Bedarfsfall aber schnell parat haben muß.
256 S. mit 220 meist farb. Abb., flexibel geb.

Hans Donat
Tafeln Seemannschaft
Leicht an Bord mitzuführen, geben diese Tafeln schnell und anschaulich Antworten auf seemännische Fragen, die einem nicht gleich geläufig sind.
11 farb. Tafeln DIN A 5 in Klarsichthülle

Signaltafeln für die Berufs- und Sportschiffahrt
Alle Tag- und Nachtsignale, alle Lichter und Schallsignale der großen Verordnungen übersichtlich auf Tafeln. Hervorragend zum Lernen und zum Gebrauch an Bord.
11 farb. Tafeln DIN A 5 in Klarsichthülle

Joachim Schult
Bootspflege selbst gemacht
Für Eigner großer und kleiner Segel- und Motorboote, die während der Saison und im Winter Wert auf die richtige Pflege legen.
244 S. mit 251 Zeichn., kt.

Bobby Schenk
Hafenmanöver
Von der Vorbereitung bis zur Ausführung zeigt der Autor alle Manöver, zu denen die Umstände eine Yacht zwingen können.
144 S. mit 137 Abb., kt.

Joachim Schult
Mayday – Yachten in Seenot
Ein aufschlußreiches Buch, das in spannender Form zeigt, wie klein oft der Schritt vom Abenteuer zum Verhängnis sein kann.
360 S. mit 75 Abb., geb.

Joachim Schult
Segler-Wörterbuch
Deutsch / Englisch, Englisch / Deutsch
Deutsch / Französisch, Französisch / Deutsch
Ein maritimes Fachwörterbuch mit über 6000 Stichwörtern für den Fahrtenskipper und Charterer.
448 S., kt.

Harald H. Mertes / Neil Hollander
Nautische Schnapspostille
Zum Schnapsen, Mixen und Lesen
Die Geschichte von der Rolle des Alkohols in der Seefahrt und über 100 Rezepte zum Mixen mehr oder weniger harmloser Getränke für die Hausbar ebenso wie für den Bordgebrauch.
96 S. mit 40 Abb., Leinen

Reinhard C. Böhle
Lieder-Seesack
Seemannslieder und Shanties zum Mitsingen
Eine sichere Grundlage für fröhliche Runden an Bord und im Club und eine Geschenkidee, mit der man nie etwas falsch machen kann.
144 S. mit 19 Zeichn., flexibel geb.

Jack Needham
Buddelschiffe
Miniaturen in der Flasche
Anleitungen und Tips, wie man kleinste Schiffchen und andere Figuren baut und in die Flasche bringt.
160 S. mit 112 z. T. farb. Abb., geb.

Viele andere Bücher beschäftigen sich neben diesen noch mit dem Segeln und auch mit dem Motorbootfahren. Verlangen Sie unser ausführliches Verzeichnis über Ihre Buchhandlung oder direkt vom Verlag (33516 Bielefeld, Postfach 10 16 71).